“高速铁路工程技术创新丛书”
专家委员会

“高速铁路工程技术创新丛书”
编委会

高速铁路工程技术创新丛书
国 家 铁 路 局 组 织 编 写

高速铁路运营安全管理

朱晓宁　秦　勇　等编著
陈兰华　主　审

中国铁道出版社有限公司

2021年·北　京

内 容 简 介

本书是高速铁路工程技术创新丛书之一，由国家铁路局组织编写。本书依托安全工程学科的系统工程方法、安全本质化法、主动安全保障方法、风险管理方法等基础理论体系，详细阐述了高速铁路运营安全的现状、特点与发展趋势，高速铁路运营安全管理的基础理论方法，高速铁路运营安全的安全管理、监控技术、预警技术、应急管理技术等内容。

本书可供高速铁路规划、建设、运营等各专业工程技术人员学习参考，也可作为高等院校交通运输专业学生的教材及广大铁路爱好者了解高速铁路发展的科技图书。

图书在版编目(CIP)数据

高速铁路运营安全管理/朱晓宁等编著. —北京：中国铁道出版社有限公司，2021.6

(高速铁路工程技术创新丛书)

ISBN 978-7-113-27912-7

Ⅰ.①高… Ⅱ.①朱… Ⅲ.①高速铁路-铁路运输管理-安全管理 Ⅳ.①U238

中国版本图书馆 CIP 数据核字(2021)第 073242 号

书　　名：高速铁路运营安全管理
GAOSU TIELU YUNYING ANQUAN GUANLI
作　　者：朱晓宁　秦　勇　等

策　　划：金　锋
责任编辑：金　锋　悦　彩　　**编辑部电话：**(010)51873125　　**电子信箱：**jinfeng88428@163.com
封面设计：高博越
责任校对：孙　玫
责任印制：樊启鹏

出版发行：中国铁道出版社有限公司(100054，北京市西城区右安门西街8号)
网　　址：http://www.tdpress.com
印　　刷：北京盛通印刷股份有限公司
版　　次：2021年6月第1版　2021年6月第1次印刷
开　　本：787 mm×1 092 mm　1/16　**印张：**16　**字数：**408千
书　　号：ISBN 978-7-113-27912-7
定　　价：98.00元

主要编著者简介

朱晓宁，1965年11月出生，分别于1988年、1991年、2000年毕业于北方交通大学工业管理工程、物资流通工程、交通运输规划与管理学科专业，获得学士、硕士、博士学位。2003年同济大学交通运输工程博士后流动站出站。现为北京交通大学交通运输规划与管理学科运输与物流工程方向责任教授、博士生导师、研究生院常务副院长。获北京市教学名师、宝钢优秀教师等称号。担任交通运输部多式联运发展专家组专家，全国综合交通运输标准化委员会委员，中国应急管理学会轨道交通应急管理工作委员会副主任，教育部高等学校交通运输类专业教学指导委员会秘书长，中国工程教育专业认证协会交通运输类专业委员会委员、副秘书长，全国高等教育自学考试指导委员会交通类专业委员会秘书长。主要研究领域有集装箱运输与多式联运理论与技术、快捷货物运输组织理论与技术、轨道交通运营组织优化、交通运输系统运营安全理论与技术等。近十年，主持来自国家自然科学基金委员会、科学技术部、交通运输部、国家铁路局、中国铁路总公司及其他企业项目50余项。出版专著3部、教材2部，共发表学术论文100余篇，其中SCI、EI检索论文50余篇。获中国铁道学会科学技术奖一等奖1项、二等奖1项、三等奖2项。

秦勇，1971年12月出生，1999年毕业于铁道部科学研究院交通信息工程与控制专业，获工学博士学位。现为北京交通大学安全科学与工程学科教授，轨道交通控制与安全国家重点实验室副主任，运营主动安全保障与风险防控铁路行业重点实验室主任。国家“十三五”综合交通运输与智能交通重点专项总体专家组专家、中国智能交通协会轨道智能运输系统专委会副主任兼秘书长、中国电工技术学会轨道交通电气设备技术专委会副主任兼秘书长、国际期刊 *Journal of Smart and Resilient Transportation* 主编、国际工程资产管理协会（ISIEAM）会士。长期从事高速铁路、高原铁路、城市轨道交通路网的主动安全保障与运输组织领域的科研教学工作，近年来在轨道交通关键装备监控预警、复杂系统风险可靠性分析以及路网应急指挥调度等学术领域取得突出成果。先后主持承担国家自然科学基金重点/面上、国家863计划、国家科技支撑计划、国家重点研发计划等国家及省部级科研项目50余项。发表SCI、EI论文155篇，2篇入选ESI高被引论文；出版中英文专著6部、教材3部、国际学术会刊4部；授权发明专利43项、美国专利2项，并获瑞士日内瓦、德国纽伦堡、美国硅谷国际发明金奖各1项；编制国家行业标准3项。

序

铁路是国民经济大动脉、关键基础设施和重大民生工程,是综合交通运输体系的骨干和主要交通方式之一,在我国经济社会发展中的地位和作用至关重要。高速铁路集聚了现代工业文明的丰硕成果,以其安全、便捷、舒适、环保等技术经济优势,显示出强大生命力。我国高度重视发展高速铁路,经过几代人的不懈努力,实现了从无到有、从探索到突破、从制造到创造,特别是党的十八大以来,我国高速铁路快速发展,已建成世界上最现代化的高铁网络,成为高铁运营里程最长、在建规模最大、高速列车数量最多、商业运营速度最高、高铁技术体系最全、运营场景和管理经验最丰富的国家。“复兴号奔驰在祖国广袤的大地上”。截至2020年底,我国高速铁路已达3.8万公里,占世界高铁总里程的三分之二以上。四通八达的高铁网,在服务国家重大战略、支撑经济社会发展、满足人民群众美好生活需要、助力“一带一路”建设、推动世界铁路发展等方面做出了巨大贡献。

我国高速铁路借鉴世界高铁发展的成功经验,通过原始创新、集成创新、引进消化吸收再创新,坚定不移地走出了一条符合国情路情、具有中国特色的自主创新道路。系统掌握了艰险山岭、风沙戈壁、黄土湿地、高寒酷热等各种复杂地质及气候条件下高速铁路建造成套技术,建成了一大批世界级标志性工程;创建了成套的高速铁路列车运行控制技术标准体系、认证体系和仿真平台,具备从列控系统设计、生产制造到工程实施的全过程能力;具有成熟的高速动车组设计、制造、测试技术,构建了科学的高速动车组技术标准体系,打造了规模强大的生产基地和完整的产业链;形成了适应复杂路网条件下长距离跨线运行的高铁运营管理成套技术,构建人防、物防、技防“三位一体”的高铁主动安全保障机制。我国高速铁路技术已经走在世界前列,成为推动世界高速铁路发展的重要力量。

习近平总书记指出:“我国自主创新的一个成功范例就是高铁,从无到有,从引进、消化、吸收再创新到自主创新,现在已经领跑世界。要总结经验,继续努力,争取在‘十四五’期间有更大发展。”今年,习近平总书记对发展职业教育做出重要指示。国家铁路局坚决贯彻习近平总书记重要指示精神,牵头组织铁路行业科研和工程技术人员编写了“高速铁路工程技术创新丛书”(以下简称“丛书”),旨在全面梳理创新成果,系统总结建设经验,进一步厚植技术优势,持续推进高质量发展;旨在集聚行业智慧,丰富教学载体,助力高铁专业人才培养;旨在分享我国高铁科技创新成果,促进各国铁路合作交流,服务“一带一路”建设。丛书共31册,涵盖高速铁路规划设计、土木建筑、装备制造、生态保护、运营管理、安全工程等高速铁路工程技术全产业链、全寿命周期。丛书力求全面反映我国高速铁路科技创新发展成就，体现铁路行业科技创新水平；阐述高铁工程基础理论、规律、机理，呈现技术、方法、路径，可验证，可复制，可传承；汇集专业积累和经验积淀，源于实践，指导实践；涵盖高铁主要工程技术领域，内在统一、自成体系。丛书坚持理论与实践、规范与实证、传承与创新相结合，着力构建"理论+技术+实践"三位一体的高铁工程技术框架，矢志推动建立反映时代特征、体现中国特色、具有世界高度的高铁工程技术创新体系。丛书得到了国家出版基金的大力支持，已列为2021年度资助项目。

我们深刻地认识到，我国高速铁路科技创新能够取得丰硕成果，是以习近平同志为核心的党中央坚强领导亲切关怀、铁路全行业攻坚克难实干奉献的结果，是集中力量办大事的社会主义制度优势的突出体现，是坚持改革开放强国之路的最好例证；得益于中央各部门和地方政府的协同奋战、通力合作，得益于广大人民群众的广泛参与、大力支持。丛书编著人员来自于我国高铁各领域一线，长期从事高铁技术研究与实践，具有深厚理论功底和丰富实践经验，是我国高速铁路建设发展的亲历者、见证人，是铁路各专业具有代表性和影响力的领军人物。丛书专家委员会由行业内具有崇高威望、为我国高速铁路发展做出重大贡献的资深权威专家组成，全程指导丛书编著，并进行审定把关。丛书既是高铁工作者的智慧和汗水的结晶，更是追逐梦想、奋发有为的写照。

当今世界正经历百年未有之大变局，我国正处于两个百年奋斗目标的历史交汇期，开启了全面建设社会主义现代化国家的新征程，立足新发展阶段，贯彻新发展理念，构建新发展格局，实现高质量发展，铁路面临新形势、新使命。我们必须坚决贯彻习近平新时代中国特色社会主义思想，全面落实《交通强国建设纲要》，不忘初心、牢记使命，传承守正、培元固本，继续推进高速铁路创新发展，高质量建设铁路强国，为全面建设社会主义现代化国家当好先行。

国家铁路局"高速铁路工程技术创新丛书"编委会

2021年6月

前　言

党的十八大以来，我国高速铁路快速发展，取得了举世瞩目的成就。为了全面梳理我国高铁工程技术创新成果、系统总结建设经验、推进高铁持续创新，国家铁路局组织一批具有深厚理论功底和丰富实践经验的科研和工程技术人员编写了“高速铁路工程技术创新丛书”，并请高铁工程领域资深权威专家全程指导、审定把关。丛书共31册，本书为丛书之一。

目前我国已成为世界上高速铁路运营里程最长、建设规模最大的国家。随着高速铁路大规模投入运营，高速铁路安全问题日益凸显。相对普速铁路，高速铁路列车运行速度快、发车频次高，运营组织涉及因素较广等特点带来高速铁路运营安全管理的新形势，在运营安全方面对管理人员、设施设备、沿线环境等都有更高的要求。运营过程中，任何一个不安全因素都可能造成大面积晚点，甚至造成重大人员伤亡及经济损失。高速铁路运营安全关系到生命财产安全、社会安定、国家声誉，还关系到铁路行业的发展和铁路现代化建设的进程。因此，高速铁路运营安全管理是高速铁路运营管理的重中之重。此外，中国高速铁路已经成为国家名片，在国际市场拥有较强的竞争力，中国高速铁路“走出去”是新时期国家面向未来长远发展的全球布局和国家战略，提升中国高速铁路的国际竞争力，需要高速铁路运营安全管理提供保障。

本书结合我国高速铁路运营的新形势、新趋势、新技术等的实际情况，坚持“安全第一、预防为主、综合治理”的方针，依据“人-机-环”管理系统工程方法、安全本质化法、风险管理方法和主动安全方法等基础理论方法，深入分析了影响高速铁路运营安全的要素，充分利用现代技术手段，提出并构建了高速铁路运营安全管理的监控技术、预警技术、管控技术以及应急管理技术、事故救援和事故调查处理技术等运营安全管理技术体系。本书全面地介绍了我国高速铁路运营安全管理依据的基本理论，使用的技术方法，使读者能够较为系统地了解我国高速铁路运营安全管理的状况。

本书由北京交通大学朱晓宁、秦勇等编著而成，由国家铁路局原副局长陈兰华主审。具体编写分工如下：第1章由朱晓宁、赵佳昊、杨宜佳、王帅编写，第2章由朱晓宁、秦勇、程晓卿、李斯乔编写，第3章由朱晓宁、王力、姚宇、夏天编写，第4章由王力、谢征宇、辛格、刘文茜编写，第5章由朱晓宁、王力、谢征宇、张琴编写，第6章由朱晓宁、闫柏丞、程晓卿、邓宇君编写，第7章由秦勇、王力、程晓卿、洪晨俞编写，第8章由朱晓宁、闫柏丞、张琼、迟美燕编写。北京交通大学贾利民对本书的框架结构和内容提出了宝贵意见。

我国高速铁路的成就是一代人集体智慧和努力工作的伟大成就，本书只是从编者的视角、从一个侧面构建了全书的结构框架和内容，对高速铁路运营安全管理进行介绍。在此向所有提供给编者思路、资料、素材等的人们致以衷心的感谢。参与我国高速铁路伟大工程的所有人，无论是科技工作者，还是一线建设及运营员工，都是英雄，向他们致敬。

编著者

2021年3月

目　　录

1 绪　论

高速铁路的技术特点决定了运营安全的特点。国外建有高铁的国家针对高速铁路采取了非常严格的安全管理措施，提高高速铁路运营的安全性和可靠性。我国高铁运营里程长，路网规模大，高速铁路运营安全面临巨大的挑战，高速铁路运营管理部门根据高速铁路运营的实际状况，构建了高速铁路运营安全的保障体系。

1.1 高速铁路运营安全概述

随着高速铁路大规模投入运营，高速铁路安全问题日益凸显。高速铁路列车运行速度快、发车频次高，运营组织涉及因素较广，高速铁路运营安全面临巨大挑战。高速铁路运营过程中任何一个不安全因素都可能造成大面积晚点，甚至重大人员伤亡及经济损失。高速铁路运营安全是高速铁路运营管理的重中之重。

1.1.1 高速铁路运营安全的特点

相对普速铁路，高速铁路因速度快而形成运营安全的新特点。主要表现在以下方面：

1. 高速运营带来的高风险对高速铁路的设备要求高

高速铁路技术不仅仅是列车运行速度应达到一定的标准，在列车运行速度提升的同时，线路基础设施、牵引供电系统、信号与控制系统、通信系统和高速动车组等设备都需要配合提升，这样才能全面保证高速列车在高速运行下的稳定性及安全性。因此，与普速铁路相比，高速铁路在运营安全方面对各类设备提出了更为严格的要求。

2. 高速运营带来的高风险对高速铁路的环境要求高

在高速铁路运营系统中，高速铁路沿线环境是系统运行的客观条件，是影响系统安全的要素群。沿线环境影响安全的各种隐患是造成高速铁路运营安全问题的关键所在，保障高速铁路运营的安全、顺畅，必须注重沿线环境条件的影响。高速铁路对外界条件的要求比普速铁路高得多。要保证高速铁路安全、顺畅运营，必须重视高速铁路沿线环境条件的影响。

3. 高速运营带来的高风险对高速铁路的人员要求高

绝大多数事故的发生均与人的不安全行为有关，人员对安全的影响十分突出。在高速铁路运营系统中，人员既是管理的主体，又是管理的对象，是最活跃和具有创造性的因素，始终处于系统的主导地位。高速铁路是一个复杂的系统工程，涉及的技术面较广，其较高的技术水平条件也对工作人员素质提出了较高的要求。因此，要降低高速铁路事故发生的概率，必须加强对高速铁路运营过程中涉及人员的管理。

4. 运营安全需要靠技术设备的先进性、可靠性来保障

高速铁路运营的技术设备是高速铁路系统安全运行必不可少的物质手段和工具。高先进性的技术条件和高可靠性的装备是高速铁路运营安全的基础与保障。各类事故的发生大多是由人的不安全行为和物的不安全状态引起的。要通过先进的技术和可靠的设备对人的不安全行为和物的不安全状态进行有效管控，来有效保障高速铁路运营安全。

1.1.2 加强高速铁路运营安全管理的必然性

高速铁路运营安全不仅关系到人民生命财产安全、社会安定、国家声誉，还关系到铁路行业的发展和铁路现代化建设的进程。因此，加强高速铁路运营安全管理是必需的工作。

1. 确保人民生命财产安全的需要

保障人民生命财产安全，是高速铁路安全管理的首要要求。如果人民的生命财产安全没有保证，就谈不上维护人民的根本利益和造福人民，更难以实现"全心全意为人民服务"和"人民铁路为人民"的服务宗旨。

2. 实现高速铁路现代化发展的需求

党的十九大明确提出建设科技强国和交通强国，这为今后一个时期高速铁路的现代化发展提出了新的要求。高速铁路是铁路技术集成和创新的重要标志，涉及多个技术领域，其中高速铁路运营安全管理是高速铁路核心技术的重要内容。高速铁路运营安全管理水平的提升，可以为我国高铁现代化发展和技术创新提供强有力的支撑。

3. 高速铁路健康发展的内在需要

高速铁路系统的科学技术包括设计施工、装备制造、车辆控制、系统集成、运营管理五大系统，是一个十分庞大复杂的工程体系。五大系统的技术体系中，均包含安全技术的内容和要求，没有安全保障的技术体系无法使用。中国高速铁路技术起步虽晚但发展迅猛，目前已经达到了世界先进水平，然而在高速铁路运营安全管理方面还有待进一步加强和完善。

4. 中国高速铁路"走出去"的需要

中国高速铁路"走出去"是新时期我国面向未来长远发展的全球布局和国家战略。世界公认的高铁技术强国有中国、日本、德国、法国、西班牙等，中国高速铁路已经成为国家名片，在国际市场拥有较强的竞争力。提升中国高速铁路的国际竞争力，需要高速铁路运营安全管理提供保障。

1.2 国外高速铁路运营安全现状与借鉴

在高速铁路的设计、建设和运营过程中，世界各国都将安全放在了首位，安全技术在高速铁路的建设施工、运营管理运用中得到了不断完善。在高速铁路运营过程中，主要通过制定安全标准、提高技术装备质量、建立自动化运行管理和安全监控等来保证高速铁路的安全。以日本、德国、法国、西班牙等国家为代表的高速铁路，均采取了相应的安全管理措施，提高各自高速铁路系统的安全性和可靠性。

1.2.1 日本高速铁路运营安全管理现状

得益于日本政府20世纪对新干线的政策性扶持，新干线已基本成为日本铁路的主体。针对原来的铁路干线而增设的新干线，既能够联通城际，也可以负责城市内部的交通。正是这样的运营特性使得它具有路网密度高、客流强度大的特点。从盈利构成来看，日本铁路以客运为主、货运为辅，且货运日渐萎缩。

1960年，日本政府制定了专项法律《全国新干线铁道整备法》，方便新干线的建设和管理，并且随着新干线的发展而不断完善。1987年铁路民营化后，根据《新干线铁道保有机构法》，新干线的管理体制发生了重大转变，将国土交通省负责行政部分、日本国有铁路负责建设和业务运营部分体制改变为“由国家指定新干线铁道保有机构全权代表，把新干线铁路设施租借给东日本旅客铁道公司、西日本旅客铁道公司、东海道旅客铁道公司三家公司运营”。此后，通过若干程序，这些公司已从国家购买了新干线铁路设施，建立了相应的运营体系。

日本铁路独立咨询机构“交通政策审议会”对于负责运营监管的国土交通省日常的工作会有相应的意见，从而保证铁道公司运营商的独立性，防止中央政府对铁路行政的垄断和干预，但它针对的是总体框架，即确保行政和运营的独立，与欧洲针对项目的安全评估与监督有所不同。

为了保证铁路的运营安全，日本通过国会颁布了有关铁路安全的系列法令和法规，通过法制对铁路安全运营实行监督和管理，通过设立独立第三方的运输安全委员会来确保面对铁道事故时调查的公正性，同时设立有严格的惩罚制度，由信号系统、电源、线路、站台、车辆技术、轨道和列车防护装置等组成的综合安全技术系统共同确保新干线的安全运行。运营公司对于安全运营非常重视，体现在严格的管理规程、人员的安全意识培养和先进设备的采用等方面。

在相关的技术标准方面，主要措施包括制定技术政策、管理新技术开发、对新设备进行技术鉴定。隶属交通省的铁道局定期对各公司进行安全检查，具体的运营公司建立了涉及各专业的技术管理规范(称为实施基准)。

日本铁路安全管理特点体现在以下方面：

(1)建立完善的法律及技术规范体系

日本政府对铁路的宏观管理是通过颁布法律、政令、省令和告示，并监督其实施来实现的。国土交通省铁道局将涉及铁路的相关法律法规汇编成的《铁道六法》，是日本铁路法规体系的纲领性文件，它由6类铁道法规及相关法规(铁道事业、铁道营业、设施车辆运转保安、轨道、铁道整备和国铁改革)和附录构成。各铁路公司制定了各自的管理规程，即社规。

(2)努力提高全体员工的安全意识

铁路公司对于事故原因分析的优先级高于对事故责任的追究，并认为过于强调事故责任的调查会伤害员工工作的积极性，并无法完全避免同类型事故再次发生。在这个前提下，铁路公司更希望去构建一个完善的人机协调系统，从根源上最大限度地规避风险。做到这一点，需要对员工犯错误的原因进行调查，在设备上最大限度地促进人机的协调性，以防止同类型事故。对机构、装备的构成进行缺陷调查，以此来完成人与机器的协调。铁路公司侧重于在技术管理上对事故原因进行调查，使安全管理不断趋于科学化、规范化，进一步提高安全管理水平。

(3)重视培养高素质的员工队伍

日本铁路的教育尤其重视员工安全责任意识的培养,认为高素质的员工是确保铁路安全的重要基础。日本政府对铁道公司有定期对员工进行教育的法令,并将员工的利益与公司的利益捆绑在一起,使得员工收益与企业效益挂钩。用这种方法建立企业文化,增强了员工的信任感、荣誉感和责任感。

(4)采用先进的技术装备保障运输安全

日本铁路通过高质量的设备来确保铁路系统的安全和高效,包括采用 ATOS 列车运行管理系统,开发高速综合检测列车实现对固定设施相关技术指标的综合检测,单独发布铁道运输规则,确保新干线全封闭、全立交,根据环境的不同采用三种不同制式的列车自动停车装置等。

1.2.2 德国高速铁路安全管理现状

德国的高速铁路“城际特快列车”将德国境内 130 多个大小城市连为一整片高速铁路网。为了应对高速铁路事故危机,德国铁路公司制定了应急管理预案,首要原则就是在人为或自然灾害发生后,能够及时有效准确地给予救援人员以专业建议和施救措施,把事故影响减到最低,并能短期内恢复铁路营运状态,避免更大的经济损失。

德国为高速列车运行配置了独立的安全主管人员,并通过法律规定来确保列车的安全管理。他们享有特殊的法律权力,首要维护的是安全利益,而非经济利益。铁路公司在每个城市的重要枢纽站点都会安排一个有专业资质的高水平企业安全主管。安全主管是通过国家严格的专业考试才能获得的工作资格。作为应急预案的重要组成部分,德国的高速铁路实行的是紧急状况经理负责制。政府在德国全境内根据铁路实际所处环境情况及交通地带,设置多个紧急状况区,每个区由一名紧急状况经理全权负责处理突发事故。紧急状况经理随时待命,其责任重大,事故发生后必须即刻赶到事故现场,控制事故发展局势,给予救援人员专业施救建议和意见。

根据应急管理预案的布局方案,铁路部门在全国范围设置数个事故控制中心,与紧急状况经理相互配合、协调工作。事故控制中心的职能是接受和分析事故信息,并直接报告给紧急状况经理和事故救援机构人员。事故控制中心下设专业救援队伍、医疗队伍和技术装备,以保证在事故或险情发生后迅速实施救援。

在德国《通用铁路法》中,有高速铁路运营的专项规定来保证德国高速铁路安全运营。法律明确规定了德国铁路公司的权利和义务,职责明确、问责机制完善。德国铁路公司有对高速铁路列车基本设施、配套设施建设的权利,也负有安全事故发生时进行妥善处理的义务。

1.2.3 法国高速铁路安全管理现状

法国高速铁路建设首要的原则就是对与铁路相关的所有工程设施和技术系统的建设水平有十分严格的规定。

法国的高速铁路正式运营前须经过半年以上的试运营期,主要用于调试相关设备和系统,然后再投入正式运营。正式运营初期,有半年左右的运行磨合期,期间将出现的缺点和问题将加以总结和分析,对出现问题的设备和系统再进行重新调试和修改,从而保证磨合期结束以后的安全和稳定运营。

法国高速铁路设置了事故监测报警系统。在铁路沿线采用全自动的安全信号系统,列车司机可通过轨道传递的低频电流,监测到前方线路情况。列车的自动控制系统除了完成对列车速度的自动控制以外,还内置了检测设备状态和铁路沿线周边自然环境的报警系统,车内还设有防范司机打瞌睡的监视系统、道路灾情报警系统、火灾报警系统、旅客报警系统等,列车通过与控制中心不间断的信号联系,有效地保证高速铁路的运营安全。

法国高速铁路沿线设置防护开关装置和事故灾害应急电话。法国铁路公司还与国家地震局开展深度合作,在地中海沿线设置了极其灵敏和能够准确预报地质灾害的监测系统。以上这些组成了法国高速铁路的安全技术机制,保障了高速铁路在高度安全的条件下运行。

在速度与安全的博弈方面,法国铁路公司选择在安全的前提下兼顾速度,将高速列车的时速控制在 220 km 以内,以确保其安全性。

1.2.4　西班牙高速铁路安全管理现状

1997 年 4 月,西班牙政府根据欧盟 91/440/EEC 指令的要求成立了铁路基础设施管理局(GIF)。GIF 的主要职责是建设新的高速铁路线路,同时西班牙发展部铁道司(General Direction of Railways)负责既有线路的高速化改造,而高速铁路的运营则由西班牙国营铁路公司(RENFE)负责。2003 年欧盟颁布法令要求各成员国积极推动铁路的竞争,为此西班牙制定了新的铁路法 LSF(Law 39/2003 of the Sector Railroad)。该法令于 2004 年 12 月 31 日正式实施。自 2005 年开始,西班牙政府为统一管理全国铁路网,成立了基础设施管理局(ADIF),负责西班牙铁路网的建设,高速铁路的运营则由 RENFE 负责。

2005 年以来,西班牙铁路主要的管理机构主要有发展部、铁路监督管理委员会、基础设施管理局(ADIF)、西班牙国营铁路公司(RENFE)。国家发展部主要负责铁路政策的制定以及中长期铁路发展战略规划,并通过与铁路基础设施管理局签订项目建设管理合同支持铁路路网建设,同时负责发放铁路运营许可证,将铁路运营职责交给西班牙国营铁路公司,并将铁路公共运输服务也委托给铁路运营公司。西班牙在进行"网运分离"的同时也建立了相应的铁路监管机构——铁路监督管理局,承担铁路监管职能并负责协调铁路基础设施管理局与铁路运营公司之间的关系。

1.2.5　典型国家高速铁路运营安全的借鉴

从国外高速铁路的建设及运营经验看,为确保高速铁路运营安全,主要采取了以下措施:

(1)根据列车高速运行的特点,利用先进的科学技术,不断强化和完善技术设备的安全性能,以科技保安全,把先进的计算机技术与高科技通信、信号技术结合起来,建立了高速列车运行的指挥调度和运营管理自动化体系,具有很高的自动化特征和科学严密的联动控制特性。在很大程度上实现了以技术装备来代替工人的功能,特别是对于列车作业人员疏忽大意而违反正常的操作程序的错误操作,给予有效的预防。这些高新技术的运用,为高速列车的安全运行提供了必需的技术基础和保证。

(2)以完善的设备和环境监测预警体制对列车运营进行安全监督，自始至终都把高速列车的安全运行置于严密的监督和控制之下，绝不允许任何危害到列车行车安全的因素存在和扩展。各国的高速铁路无一例外地都对列车设备的正常工作、工作人员的操作情况以及外界自然环境因素实行严格有效的监控和监测。

(3)极其重视人才的作用，实现人与列车系统的高度协调和统一，采用高技术资格标准选人，以素质保安全。高速铁路人机系统的高度结合，是列车运营安全的重要保证。高速铁路的技术设备非常先进，几乎代表了一个国家的总体科技水平，但是在列车实际的运行过程当中，各种状况瞬息万变，需要人及时进行决策和处理。因此，各国铁路部门对于高速列车司机及安全管理人才的选拔要求极其严格，资质评估的标准很高，包括专业技能、身体状况、心理素质等，并经常对他们进行职业技能和应变能力培训，提高业务质量。

(4)高速铁路公司几乎无一例外地建立了完善的高速铁路运营的法律法规体系，建立了高速铁路运营的监管体制，形成一套较完备的法律制度体系，对促进高速铁路的建设和发展起了重要的制度保证作用。健全法制，以法治路，是这些国家管理高速铁路运营的最高宗旨，为铁路的行车安全创造了良好的政策和法律环境。

1.3 我国高速铁路运营安全现状

高速铁路是一个由复杂技术装备组成，在复杂的环境中运行，完成具有复杂时空分布特征的位移服务的整体，是一个复杂的巨系统工程，在不同情况下决定其安全的要素众多、耦合复杂、涌现丰富。因此，高速铁路安全相关要素辨识、要素间关联影响机理、涌现规律、异常行为预测及基于预警的主动安全控制，已成为高速铁路整体安全行为理解、系统安全保障和各尺度下安全保障策略形成的重大科学问题。

我国高速铁路运营安全的研究工作，通过国家重点研发计划、国家重点基础研究发展计划(973 计划)、国家高技术研究发展计划(863 计划)和国家科技支撑计划的有序推进，以“应用一代、实验一代、研究一代、储备一代”的思想为指导，形成了具有我国特色的高速铁路系统安全理论和安全保障方法体系，对我国高速铁路体系化安全保障技术的形成以及高速铁路整体安全水平保持与提高具有重要的基础性和战略性意义，也是我国高速铁路在保障安全前提下可持续发展的根本保障。

为保障高速铁路运营过程中事故的最小化，以及一旦发生事故后能够实施有效救援，最大程度上减轻事故后果，我国高速铁路按照“安全管理及事故预防—运营过程安全监测—事故管理及应急救援”体系架构对高速铁路实施安全管理。

1.3.1 安全管理及事故预防机制

我国高速铁路延续铁路“安全第一，预防为主”的理念，对安全管理及事故预防从源头抓起，建立了高速铁路安全运营的管理制度和预防机制。

1. 安全规章制度

我国高速铁路安全法规体系与安全生产的法律体系是对应的，根据法律地位和效力的不同，分为上位法和下位法，依次分为以下四个层级。

(1)国家法律

与铁路有关的法律主要有《中华人民共和国铁路法》《中华人民共和国建筑法》《中华人民共和国招标投标法》《中华人民共和国土地管理法》等。

(2)行政法规

高速铁路安全行政法规分为国家行政法规和地方性行政法规，国家行政法规的法律效力高于地方性行政法规。

(3)规章

高速铁路部门安全规章是贯彻国家法律法规、用于规范和管理具体行为的部门文件，以部令形式发布，其法律效力低于国家法律和行政法规而高于地方政府规章。

(4)规范性文件

近年来，国铁集团为了加强铁路安全管理，保证铁路建设的顺利推进，颁布实施了许多相关的规范性文件。这些相应的规范性文件适用顺序是以上位法规定为准，上位法没有规定再适用下位法。

2. 行业标准体系

中国铁道行业标准体系包括工程建设标准体系和技术标准体系，它们的技术范畴分别为：

(1)铁道行业工程建设标准

为各类铁道建设工程的勘察、规划、设计、施工、安装验收及质量评定等技术事项以及对作业、安装、鉴定、管理等技术要求和实施程序所做的一系列规定。

(2)铁道行业技术标准

为铁道各系统和技术装备(包括材料)的设计、制造、检验、测试、维护、评价、作业等技术事项所做的一系列规定。

3. 设备养护维修

在建设高速铁路相关的动车检修基地、基础设施维修基地时，遵循“总体设计、分步实施、优化配置、合理布局”的原则，对资源最优分配、合理利用、强化专业管理。

针对高速铁路的养护维修，高级修程以及工务、电务和通信信号等设施，由各铁路局的专业维护站段以及相应的基础设施维修基地负责。

全路动车组的修程总体分为五级，一级、二级的日常维修由各铁路局集团公司动车组运用所负责，三级至五级交由动车检修基地(或制造厂)负责。

4. 职工素质及安全文化建设

中国铁路管理层建立起了培训、考核、使用相统一的职工培训机制，建设了一支能够适应高速铁路运营快速发展需求的具备学习能力的职工队伍，完善了人才制度，吸引具有高学历、高素质、高技能的人才加入其中，以确保高速铁路的可持续发展。同时，建设了完备的培训体系，强化岗位培训，构建了“内外结合、分工负责、分层培训”的职工培训网络。

中国高速铁路用新的管理理论统一思想，将铁路安全文化建设分为由表层、中层、深层组成的三个层面，以此确立安全文化建设的基本架构。表层是指存在于调度控制中心、动车段等工作场所中的可以见到、可以听到的文化环境建设；中层是指各类组织机构、作业标准、规章制度等安全管理制度的运用和落实机制的建设;深层是指对安全运营具有指导性意义的安全思维方式和行为准则,正确的安全道德观和安全价值观深入人心的意识形态建设。

安全文化与安全管理息息相关,加强二者的紧密联系,有助于加强安全文化建设。我国高速铁路运营企业在把握和探索生产规律和特点的道路上,形成了大量的安全生产经验,这些安全生产经验完全可以上升到文化层面,并反过来推动安全文化建设。这一态势是顺应历史潮流且不可逆转的,是确保高速铁路安全运营的基石,也是全体职工的共识。

5. 治安防范制度

为防止铁路沿线人员、动物等有意或无意进入高速铁路限界,中国高速铁路采用全封闭、全立交设计,线路两侧设置栅栏封闭,公铁并行路段设置防护桩,桥涵下设置限高防护架,并合理设置人畜通道。线路防护栅栏在一般地段地面以上高度为 1.8 m,在村庄、城镇、车站等人口较为密集地段,栅栏高度采用 2.2 m。

中国高速铁路各铁路公安局、公安处结合辖区实际,制定了线路巡防工作规范,按照 2～3 人/km 标准,配备线路巡护人员。巡防工作采取有道路条件的车巡、徒步巡,不具备道路条件的设岗瞭望,重点桥隧、跨线桥、低路基等关键部位设点看守;线路及两侧列为要害的重要行车设备设施,设备管理部门确定专人 24 h 看护。

以沿线两侧 5 km 范围内的中小学生、“五残”人员、放牧户、机动车驾驶员等为重点,采取宣传队下乡、民警进校入户宣传等多种形式,开展经常性爱路护路专题宣传教育工作,努力提高宣传效果。对可能发生路外伤亡事故、“五类”案件和大牲畜上道的区段,在加强宣传教育的同时,采取切实可行的对策措施,确保沿线民众人身安全和高速列车运行安全。

由于高速铁路治安环境和路外安全是一种社会问题,仅靠铁路部门的努力还远远不够。为此,高速铁路沿线运营管理单位广泛寻求地方政府和法律机构的支持,建立路地联防机制,与沿线机关、工厂、学校签署铁路安全教育协议,与沿线地方政法部门协商制定高速铁路治安等相关法律规定,确保高速铁路沿线治安环境完好。

1.3.2 运营安全监测机制

为保障高速铁路系统运营安全,我国高速铁路建立了包括基础设施、移动设备及防灾系统在内的相对完善的安全监测机制。为保障安全监测的有效性,在此基础上建立了安全监督检查机制,包括基础设施安全检测及监测、移动设备状态监测及养护维修、防灾减灾及环境监测,并建立了安全监督及检查机制。

1. 基础设施安全检测及监测

我国高速铁路建立了严格的对基础设施安全状态的检测和监测制度,主要包括准备车开行制度、高速综合检测车检测制度、基础设施服役状态实时在线监测。

(1)准备车开行制度

高速线路安全状态、限界内异物等是危及高速铁路行车安全的重要因素,我国高速铁路实施以每日首趟列车(不载客)为准备车,以检查基础设施状态或夜间(天窗)维修后线路安全状态,确保高速铁路旅客列车运行安全。

(2)高速综合检测列车检测制度

由于高速铁路基础设施是一个复杂的系统,我国铁路的每条铁路线每 10 日都会开行一次高速综合检测列车，对高速铁路轨道状态、接触网状态、轮轨动力学性能、通信信号设备等实施检测，为高速列车运行安全和养护维修提供指导和参考。

(3)基础设施服役状态实时在线监测

我国铁路建立了高速铁路线路、桥梁、隧道、牵引供电、通信信号等设备设施长期状态监测的机制，并按照《国家中长期科学技术发展规划纲要》的要求，开发基于传感网、数字化和决策支持的高速铁路基础设施服役状态监测系统，对高速铁路钢轨受力状态、道岔及伸缩调节器、无砟轨道、桥梁、隧道、线路沉降、路基及过渡段、边坡及支挡结构、声(风)屏障、线路净空变化、牵引变电设备、高速接触网及支柱、牵引供电质量、综合接地、电磁辐射、CTCS-3 级列控与 GSM-R 通信接口等设备设施状态实施监测。

同时，以高速铁路沿线监测设备为基础，应用高可靠传感网和接入网技术，开发建立基于沿线实时在线监测和移动检测的监测网络和综合数据处理、分析评估和监测预警网络平台系统，以识别或预测基础设施的不良状态，为指导养护维修及保证高速铁路运营安全提供技术支撑。

2. 移动设备状态监测及养护维修

移动设备状态监测及养护维修主要包括高速动车组功能安全设计和高速列车运行状态综合监控及分析。

(1)高速动车组功能安全设计

为了保证高速列车的运行安全，动车组设计中将功能设计和安全设计进行了融合，通过列车网络控制系统，对高压系统、牵引系统、制动系统、监控系统、车门系统、通信系统等方面监控项点及安全策略进行了充分考虑，实现了高速动车组运行状态自监测设计。通过车载计算机及车地通信系统就可实现动车组运行状态实时监测，以保证动车组的正常运用，也实现了动车组部件故障及损坏条件下报警功能。

(2)高速列车运行状态综合监控及分析

为实现高速列车运行状态动态分析，中国铁路建立集高速动车组车载安全计算机、列控车载设备记录数据为一体的列车运行数据分析系统，针对高速列车运行状态、设备及部件状态、司机操纵状态进行综合监控及分析，研究分析列车故障规律，为移动设备安全运行和维修提供决策支持。

3. 防灾减灾及环境监测机制

风、雨、雪、地震等自然灾害、不良地质和异物侵限等是危及高速列车安全运行的因素之一。中国高速铁路在设计时充分考虑了系统抗灾能力，例如对桥隧设施按国家相关要求进行了抗震设计、选线时尽量避让不良地质路段、风区路段设置风屏障、电子电气设备考虑了防雷设计、设置道岔除雪融雪装置等。

由于各类自然灾害的发生具有一定的不确定性，除了具备抗灾设计外，中国高速铁路还建立了包括应对风、雨、雪(预留)、地震和异物侵限等的防灾安全监控系统，与高速铁路工程建设同时设计、同时施工、同时投入运用。

(1)风监测系统

京津、武广、郑西、石太、甬台温及温福、福厦、沪宁等高速铁路均建立风监测系统，在高速铁路沿线按平均 5～10 km 设置风速风向仪，风监测系统直接连接到高速铁路运营调度中心，每当监测到报警值的风速时，风监测系统都会自动向运营调度中心发出报警信息，以控制列车限速或停止运行。

(2)雨量监测系统

与风监测系统类似,高速铁路沿线相关区段设置雨量监测,与运营调度中心连接,当监测的雨量达到报警值时,向运营调度中心发出报警信息,以控制列车限速或停止运行。

(3)地震监测系统

已在京津高速铁路设置地震监测系统试点,按平均 20 km 左右设置地震仪,与运营调度中心、列控系统和牵引供电系统连接。当监测到 40 gal(伽)及以上地震波时,将直接向列控系统发出停止列车运行的指令、向牵引供电系统发出停止供电指令,同时向运营调度中心发出报警,在地震发生的第一时间控制列车停止运行并防止次生灾害的发生。

(4)异物侵限监测系统

在异物侵限的高发地点设置异物侵限监测系统,在所有公跨铁桥梁上方、部分公铁并行路段和部分隧道口设置落物检测系统,与列控系统和运营调度中心连接。当监测到落物侵入铁路限界,直接向列控系统发出停止列车运营指令并向运营调度中心报警,防止事故及次生事故的发生。

(5)地质灾害监测

中国高速铁路在部分特殊路段设置了地质沉降、滑坡及泥石流等地质灾害长期监测机制,监测数据提供工务部门,作为维修和采取防灾措施的参考数据。

4. 安全监督及检查机制

高速铁路安全监管是国家安全生产监督管理体系的一个组成部分,国家铁路局作为铁路的政府主管部门,按照分级监管、分工负责的模式,统一领导各级铁路安全监管机构的工作。

全路安全监管的执行机构为国家铁路局安全监察司及 6 个地区铁路监管局,负责监督检查部属单位、国家和合资地方铁路安全生产、拟定安全工作规章、组织相应等级的事故调查处理及事故统计分析、指导部署全路安全生产值班监察工作。

根据相关法规规定,我国铁路保留了在全路的 18 个铁路局的安全监管办公室。按照法律法规所规定的管理权限和程序,其主要职责为对铁路实施安全监督管理,具体到本区域内的运输安全监督检查、事故应急救援、行政许可、事故调查处理工作。

由于我国铁路点多线长,为确保对各铁路局及运输站段的实时有效监管,各铁路安全监管办公室在辖区内各地设置铁路办事处,对驻地铁路运行生产进行安全监督,协调地方有关机构与驻各地的铁路单位之间的关系。

主要的安全监督和检查机制措施有:

(1)贯彻科学的安全监管理念

“安全第一,预防为主”是我国高速铁路运输安全管理方针。“安全第一”就是坚持把安全运营作为发展的第一要素和保证条件;“预防为主”就是要求增强运输安全保障系统的整体功能,把事故遏制在萌芽状态,做到防患于未然。

(2)严格源头控制和源头治理

把严格事故和设备故障管理作为抓小防大、防微杜渐的有效抓手,集中组织开展自查自纠活动,使安全隐患得到及时消除。

(3)完善高速铁路安全检查机制

高速铁路安全检查的重点是安全突出问题的检查监督,通过检查发现安全突出问题,解决最有危险性的安全隐患，实现运营安全的基本稳定。

(4)根据高速铁路实际运营情况确定检查的重点

例如，在一定时期内对特定线路上移动设备质量，特别是走行部的安全进行重点检查，对接触网断线、倒杆等问题进行重点检查等。

(5)加强对惯性突出问题的检查监督

针对可能引发严重问题的惯性违章违纪和惯性设备故障，采取有力的检查监督手段，及时进行纠正和查处。特别是加大对列车调度员、机车乘务员、电务信号工、车站值班员等关键岗位行车人员和工务领工员等管理人员的监督检查力度，加大线路基础质量维修养护和机车、车辆走行部检修质量的检查监督力度，确保安全突出问题得到有效遏制。

(6)加强对季节性突出问题的检查监督

针对季节性安全特点，加强对恶劣天气条件下高速列车运行和防洪防汛以及春运、暑运、黄金周等安全检查，确保在特定季节和环境条件下高速铁路运行安全平稳有序。

(7)加强对阶段性突出问题的检查监督

对阶段性安全重点工作，做到高度重视、及时部署、加强督查，全面发现存在的突出问题，督导各单位及时补强。

(8)突出施工安全检查

重点对施工防护、施工质量、数据管理和施工文电命令发布进行重点检查。

(9)加强对其他突出问题的检查监督

全面督查与重点检查相结合，加大对客车、路外等安全问题的检查监督力度，加强对大型养路机械、轨道车等自轮运转设备质量的检查监督，加强对偏远单位、作业岗点的检查监督，实现了检查监督工作的全面覆盖。

1.3.3　事故管理及应急救援

目前，我国铁路建立了国铁集团、铁路局、运输站段组成的三个级别的应急管理体系，实现了应急管理和应急救援指挥在全路的覆盖。

国铁集团设立应急救援指挥中心并制定了相应的规章制度。同时，在加强应急工作人员面对自然灾害、事故灾难、公共卫生事件、社会安全等突发事件时的反应能力，对信息处理、预案管理、应急处置和应急值守等工作的具体细则加以完善。

铁路局设立相应的应急管理机构，设立专门的应急小组常驻于大型客站，对工作人员加以培训和整合，明确其具体工作职责，以应对在铁路行车安全过程中可能出现的各种情况。

1. 应急管理体系

2005 年 8 月，铁道部仿照国务院应急管理办公室和国家安全生产应急救援指挥中心设立的模式设立了应急管理办公室，并于 2006 年 6 月设立应急救援指挥中心，组织人员根据实践经验总结制定和完善了相应的工作职责和工作制度。补足和加强人力资源，确立工作职责，完善和细化信息处理、应急值守、应急处置和预案管理等工作职责，保证他们在面对自然灾害、公共卫生事件、社会安全等突发事件时有准确的反应能力。

针对不断有大量动车组列车投入运营的新态势，铁路部门与时俱进，在铁路局层级设立了专门的应急管理机构，在大型客站专门设立应急小组，补足人手和完善相应的人员制度，以此来随时应对动车组运行中的新情况、新问题。

针对高速铁路在线路防护、施工安全、货运安全等方面面临的新情况，铁路部门明确具体的工作职责，专门设立相应的应急管理机构和人员。所有铁路局对应急管理人手和设备加以补足和完善，强化信息处理、应急值守、应急处置和综合协调等工作，同时在各级站段建立建设应急管理机构的问题上还需要发挥指导作用，明确具体的工作职责。

目前，由国铁集团、铁路局、运输站段三个层级所组成的应急管理体系已建成，实现了应急管理和应急救援指挥在全路的完全覆盖。

2. 事故应急预案

我国高速铁路系统运营以事前预防为主，做到“安全第一，预防为主，综合治理”。对于路网中发生的不可预知突发事件，制定了完善健全的应急预案，保证做到正确、迅速、高效的处置，争取将突发事件造成的不利影响减至最小。

2006 年 1 月 22 日，国务院发布了《国家处置铁路行车事故应急预案》，作为中国铁路应急管理的基本预案。以国家基本预案为基础，原铁道部相继发布《铁路交通伤亡事故应急预案》《铁路处置群体性事件应急预案》《铁路地质灾害应急预案》《铁路火灾事故应急预案》《铁路防洪应急预案》《铁路破坏性地震应急预案》《铁路突发公共卫生事件应急预案》《铁路网络与信息安全事故应急预案》《铁路危险化学品运输事故应急预案》《铁路暴风雨雪等恶劣天气应急预案(暂行)》。

随着铁路提速和高速铁路建设，国铁集团针对高速铁路特点和动车组运行发布了一系列补充预案，包括《铁路 200～250 公里/小时动车组突发事件应急预案》《CRH 型时速 300～350 公里动车组在运行途中发生突发事件应急处理暂行办法》《动车组故障应急处置预案(暂行)》《CRH 系列动车组途中应急故障处理手册》《CTCS3-300T 应急操作办法 V1.0》《关于“和谐号”动车组晚点应急处置的通知》《重联动车组单组故障情况下应急运行办法》《关于动车组列车空调装置故障后应急处置有关要求的通知》等，对高速铁路故障情况下应急处置提供了依据。

此外，由于各条高速铁路均由相关辖区的铁路局担当运营管理和养护维修，各铁路局按照应急管理的要求，针对各高速铁路运营制定了相关应急预案。

3. 故障、事故管理及反馈机制

规范故障、事故管理是高速铁路安全闭环管理的重要环节。我国高速铁路管理部门一贯重视故障、事故的调查分析工作，运用安全系统工程理论、技术及方法分析故障、事故发生的内在规律，找出导致故障、事故发生的危险有害因素，并切实落实整改措施，保证了高速铁路的安全高效运营。

铁路事故调查处理坚持以事实为依据，以法律、法规、规章为准绳，认真调查分析、查明原因、认定损失、定性定责、追究责任、总结教训、提出整改措施。《铁路交通事故应急救援和调查处理条例》和《铁路交通事故调查处理规则》对铁路交通事故调查处理基本程序做出了详细的规定。

而在事故已经发生的情况下，在事故现场值守的铁路运营部门工作人员或其他人员则需要立即向邻近铁路车站、公安机关、列车调度员或者相关单位负责人报告，有关单位和人员接到报告后，应立即将事故情况按照规定逐级上报。

2 高速铁路运营安全的基础理论方法

高速铁路运营安全管理是以安全为目的，进行计划、组织和控制等的活动，这些活动需要有科学的理论方法作为支撑。目前，比较有代表性的系统工程方法、安全本质化法、风险管理方法和主动安全方法等，也是高速铁路运营安全的基础理论方法。

2.1 基础理论方法概述

2.1.1 安全管理的含义

在企业管理系统中，包含许多具有某种特定功能的子系统，如安全管理子系统是由企业中有关部门的相应人员组成，其主要目的是通过管理的手段，实现控制事故、消除隐患、减少损失，使整个企业达到最佳的安全水平，为劳动者创造一个安全舒适的工作环境。故安全管理是以安全为目的，进行有关决策、计划、组织和控制方面的活动。

控制事故是安全管理工作的核心，包括事故预防、应急管理和保险补偿三种手段。

(1)实施事故预防是控制事故的最好方式，即通过管理和技术手段的结合，消除事故隐患，控制不安全行为，保障劳动者的安全，这也是“预防为主”的本质所在。但根据事故的特性可知，由于受技术水平、经济条件等各方面的限制，有些事故是难以完全避免的，这就需要进行应急管理。

(2)应急管理是通过抢救、疏散、抑制等手段在事故发生后控制事故，将损失减少到最小。

(3)保险补偿是在实施事故预防和应急措施的基础上，通过购买财产、工伤、责任等保险，以保险补偿的方式，保证企业的经济平衡和在发生事故后恢复生产的基本能力。

安全管理将事故预防、应急措施与保险补偿三种手段有机地结合在一起，以达到保障安全的目的。

在企业安全管理系统中，专业安全工作者起着非常重要的作用。他们既是企业内部上下沟通的纽带，也是企业领导者在安全方面的得力助手。在掌握充分资料的基础上，为企业安全生产实施日常监管工作，并向有关部门或领导提出安全改造、管理方面的建议。归纳起来，专业安全工作者的工作可分为分析、决策、信息管理以及测定四个部分。

2.1.2 安全生产方针政策

安全生产方针是安全工作的总指导方针。根据党和政府关于安全生产的指示，我国的安全生产方针可以概括为“安全第一、预防为主、综合治理”。

“安全第一”是在进行工业生产时，时刻把安全工作放在重要位置，当作头等大事来做好。必须正确处理安全与生产的辩证统一关系，明确“生产必须安全，安全促进生产”的道理。搞好安全工作，创造安全的生产劳动条件，不仅可以避免或减少各种事故，而且还能更好地发挥职工的积极性和创造性，促进工业生产迅速发展。

“预防为主”是针对生产过程中可能出现的不安全因素，预先采取防范措施，消除和控制它们，做到防微杜渐、防患于未然。科学技术的进步、安全工程的发展，使得人们可以在事故发生之前预测事故、评价事故危险性、先行采取措施消除或控制不安全因素，实现“预防为主”。

“综合治理”是指适应我国安全生产形势的要求，自觉遵循安全生产规律，正视安全生产工作的长期性、艰巨性和复杂性，抓住安全生产工作中的主要矛盾和关键环节，综合运用经济、法律、行政等手段，人管、法治、技防多管齐下，并充分发挥社会、职工、舆论的监督作用，有效解决安全生产领域的问题。

“安全第一、预防为主、综合治理”的安全生产方针是一个有机统一的整体。在“安全第一、预防为主、综合治理”方针指导下，我国制定了一系列安全生产政策、法规、制度，具体指导各项安全工作。为了使这些安全生产政策、法规、制度得到认真贯彻，我国实行国家监察、行业管理、群众监督的安全监察体制，并颁布了许多安全法规，使工业安全工作走上了法治的轨道。

2.1.3 安全管理制度

安全管理制度体现在政府安全生产体制和企业安全生产管理制度两个层面。

1. 政府安全生产管理体制

在1993年国务院《关于加强安全生产工作的通知》中指出，实行“企业负责，行业管理，国家监察，群众监督”的安全生产管理体制。它体现了“安全第一，预防为主”的安全生产方针，强调了“管生产必须管安全”的原则，明确了生产经营单位和企业在安全生产管理中的职责。

(1)企业负责

企业是国民经济的基本单位，是从事生产和经营活动的实体。安全生产是企业自身的需要，是参与市场竞争、寻求发展的前提和保证。企业必须提高自己的安全管理水平，做好事故预防工作，才能适应社会主义市场经济的要求。企业的法人代表是企业的安全生产第一负责人，是企业事故预防工作的直接组织者和指挥者，要全面负责企业的事故预防工作，企业领导要牢固树立“安全第一”的观念。企业要建立健全安全组织机构，认真建立和执行安全生产责任制等安全生产管理制度；在发展生产的同时，不断改善劳动生产条件，消除、控制生产过程中的各种不安全因素，提高企业预防事故的能力。

(2)行业管理

行业管理部门与企业主管部门必须根据“管生产的必须管安全”的原则，在组织管理本行业、本部门经济工作中，加强对所属企业的安全管理。行业安全管理是对行业所属企业贯彻执行国家安全生产方针、政策、法规和标准，进行计划、组织、指挥、协调、宏观控制，以提高整个行业的安全管理和技术装备水平，控制和防止伤亡事故的发生，保障职工安全健康和生产任务顺利完成。

(3)国家监察

国家监察指国家安全监察部门对安全生产工作进行的监察，具有权威性和相对的独立性、公正性。安全监察对象主要是企事业单位。安全监察的任务主要是依法对上述被监察对象履行安全生产职责和执行安全法规、政策的情况进行监督检查，及时发现和揭露存在的问题和偏差，纠正和惩戒违章失职行为。安全监察工作程序因被监察对象的不同而不完全相同，一般来说是一检查、二处理、三惩罚。检查是为了了解企业单位遵循安全法规的情况，发现存在的问题。处理是就检查发现的问题，向企事业单位提出监察意见，令其改正。如果企业不按监察意见进行整改，监察部门便可依法惩罚，强迫其改正。

(4)群众监督

群众监督是广大职工通过工会或职工代表大会监督和协助各级领导贯彻落实安全生产方针、政策、法规，做好事故预防工作。工会作为劳动关系中的一方、工人群众的代表，具有广泛的群众性。工会组织可以在监督领导执行安全生产方针、政策、法规和标准方面，充分行使自己的权利。对于领导的严重官僚主义、忽视安全生产等问题，工会有权提出批评和建议，并督促有关方面及时改进。由于工会组织不直接参与企业的经营和管理工作，在安全监督方面能够比较客观公正地履行职责。工会是群众团体，它代表的群众监督只是通过批评、建议、揭发、控告等手段来实现，因而它通常不具有法律的权威性。

2. 企业安全生产管理制度

在我国，企业必须建立以安全生产责任制为核心的安全管理制度。企业必须建立安全生产责任制度、安全技术措施计划、安全生产教育制度、安全生产检查制度以及伤亡事故的调查和处理制度，它们构成了我国企业安全管理基本制度，称为“五项制度”。在此基础上，国家又制定了建设项目安全审查制度。

(1)安全生产责任制度

安全生产责任制度规定各级领导应对本单位安全生产负总的领导责任以及各级工程技术人员、职能科室和生产工人在各自的职责范围内对安全生产应负的责任。安全生产责任制度根据“管生产的必须管安全”的原则，对企业各级领导和各类人员明确地规定了在安全生产中应负的责任。它是企业岗位责任制度的重要组成部分，是企业中一项最基本的安全生产制度，是安全管理制度的核心。

(2)安全生产教育制度

安全生产教育制度是对企业各类人员进行安全生产教育的制度，包括“三级教育”、特种作业人员的专门训练、经常性的安全教育等内容。所谓“三级教育”，是对新工人、参加生产实习的人员、参加生产劳动的学生和新调到本厂工作的工人集中一段时间，连续进行入厂教育、车间教育和岗位教育三个级别的安全教育；对从事特种作业的人员，要进行专门的安全技术和操作知识的教育和训练，经过国家有关部门考核合格后，发给“特种作业人员操作证”；企业进行经常性安全生产教育，建立安全活动日和在班前班后会上布置、检查安全生产情况等制度，对职工经常进行安全教育，并且注意结合职工文化生活，进行各种安全生产的宣传活动。

(3)安全生产检查制度

安全生产检查是安全生产管理工作的一项重要内容。要制定安全生产检查制度，除了经常的检查外，每年还应该定期地进行2～4次群众性的检查。这些检查包括普遍检查、专业检查和季节性检查，也可以把这几种检查结合起来进行。开展安全生产检查，必须有明确的目的、要求和具体计划，并建立由企业领导负责、有关人员参加的安全生产检查组织，以加强领导，做好这项工作。

(4)安全技术措施计划

安全技术措施计划是企业计划的重要组成部分，是有计划地改善劳动条件的重要手段，也是做好安全生产工作、防止工伤事故和职业病的重要措施。企业在编制生产技术、财务计划的同时，必须编制安全技术措施计划。企业领导人应对安全技术措施计划的编制和贯彻执行负责。安全技术措施计划的范围包括以改善劳动条件、防止伤亡事故和职业病为目的的一切技术措施，大体分为安全技术措施、工业卫生技术措施、辅助房屋及设施、宣传教育、安全科学研究与试验设备仪器、减轻劳动强度等其他技术措施六个方面。

(5)伤亡事故报告和处理制度

根据《生产安全事故报告和调查处理条例》，伤亡事故发生后，负伤者或者事故现场有关人员应当立即直接或者逐级报告企业负责人。企业负责人接到重伤、死亡、重大死亡事故报告后，应当立即报告企业主管部门和企业所在地劳动部门、公安部门、人民检察院、工会。轻伤、重伤事故，由企业负责人或其指定人员组织生产、技术、安全等有关人员以及工会成员参加的事故调查组，进行调查；重大死亡事故，按照企业的隶属关系由省、自治区、直辖市企业主管部门或者国务院有关主管部门会同同级劳动部门、公安部门、监察部门、工会组成事故调查组，进行调查。事故处理结束后，应当把事故资料归档。事故档案是企业技术档案的一个组成部分。事故档案建立后，应送企业技术档案室编号归档。

(6)建设项目安全审查制度

建设项目的安全审查包括由可行性研究报告开始到初步设计、施工直至竣工验收的全过程的审查。我国境内的新建、改建、扩建的基本建设项目(工程)、技术改造项目(工程)和引进的建设项目(工程)的安全设施必须符合国家规定的标准，必须与主体工程同时设计、同时施工、同时投产使用(“三同时”审查)。安全审查包含着对建设项目安全性的分析、评价、监督和检查。实施安全审查就是运用科学技术原理、技术知识和标准识别、消除或控制不安全因素，保证从早期的设计阶段就把事故危险性降到最低的程度。

2.2 系统工程方法

1981年，在著名科学家钱学森院士的亲自指导下，一门综合性边缘技术科学——“人-机-环境”系统工程(man-machine-environment system engineering，MMESE)在中国诞生。

“人-机-环境”系统工程是运用系统科学理论和系统工程方法，正确处理人、机、环境三大要素的关系，深入研究“人-机-环境”系统最优组合的一门科学，其研究对象为“人-机-环境”系统。系统中的“人”，是指作为工作主体的人(如操作人员或决策人员)；“机”是指人所控制的一切对象(如工具、机器、计算机、系统和技术)的总称；“环境”，是指人、机共处的特定工作条件(如温度、噪声、振动等)。

系统最优组合的基本目标是“安全、高效、经济”。所谓“安全”，是指不出现人体的生理危害或伤害，并避免各种事故的发生；所谓“高效”，是指全系统具有最好的工作性能或最高的工作效率；所谓“经济”，就是在满足系统技术要求的前提下，系统的建立要投资最省。

2.2.1 研究内容

“人-机-环境”系统工程示意图如图 2.1 所示，其研究内容主要包括七个方面：人的特性的研究、机的特性的研究、环境特性的研究、“人-机”关系的研究、“人-环”关系的研究、“机-环”关系的研究、“人-机-环境”系统总体性能的研究。

1. 人的特性的研究

人的特性的研究包括人的工作能力研究，人的基本素质的测试与评价，人的体力负荷、脑力负荷和心理负荷研究，人的可靠性研究，人的数学模型（控制模型和决策模型）研究，人体测量技术研究，人员的选拔和训练研究等。

2. 机的特性的研究

机的特性的研究包括被控对象动力学的建模技术、机的可操作性研究、机的可维护性研究、机的本质安全性（防错设计）研究等。

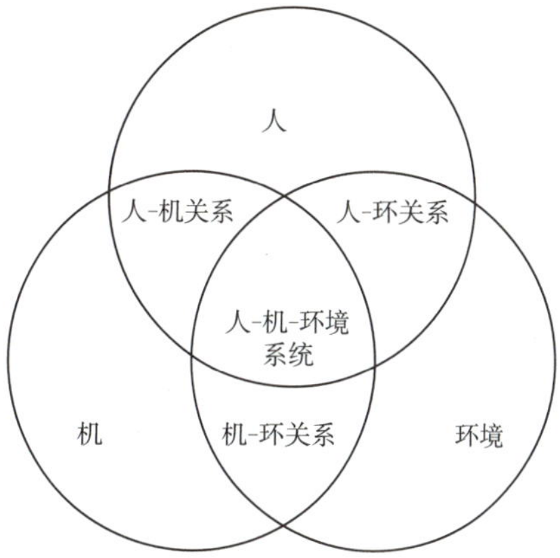

图 2.1 “人-机-环境”系统工程示意图

3. 环境特性的研究

环境特性的研究包括环境检测技术的研究，环境控制技术的研究，环境建模技术的研究等。

4. “人-机”关系的研究

“人-机”关系的研究包括针对作业域布局与设计的静态“人-机”关系研究，针对“人-机”界面研究、显示和控制、“人-机”界面设计及评价、人和机功能比较与分配方法、人工智能的动态“人-机”关系研究，多媒体技术在“人-机”关系研究中的应用，数字人体在“人-机”关系研究中的应用等。

5. “人-环”关系的研究

“人-环”关系的研究包括环境对人影响的研究，人对环境影响的研究，个体防护措施的研究等。

6. “机-环”关系的研究

“机-环”关系的研究包括环境对机器性能影响的研究，机器对环境影响的研究等。

7. “人-机-环境”系统总体性能的研究

“人-机-环境”系统总体性能的研究包括“人-机-环境”系统总体数学模型的研究，“人-机-环境”系统模拟技术的研究，安全、高效、经济的“人-机-环境”系统总体性能的分析和评价研究，虚拟技术（Virtual Reality）在系统总体性能研究中的应用等。

2.2.2 实施方法

“人-机-环境”系统工程的实施方法可以概括为四句话、24 个字，也即：基于三个理论(控制论、模型论、优化论)、分析三个要素(人、机、环境)、历经三个步骤(方案决策、研制生产、实际使用)、实现三个目标(安全、高效、经济)。

1. 基于三个理论

“人-机-环境”系统工程是一门综合性边缘技术科学，为了形成其理论体系，它从一系列基础学科中吸取了丰富营养，并奠定了自身的基础理论。“人-机-环境”系统工程的基础理论可以概括为控制论、模型论和优化论。

控制论的根本贡献在于，它用系统、信息、反馈等一般概念和术语，打破了有生命与无生命的界限，使人们能用统一的观点和尺度来研究人、机、环境这三个物质属性本是截然不同、互不相关的对象，并使其成为一个密不可分的有机整体。

模型论能为“人-机-环境”系统工程研究提供一套完整的数学分析工具。很显然，“人-机-环境”系统工程不仅要求定性，而且要求定量地刻画全系统的运行规律。为此，就必须针对不同客观对象，引入适当数学模型，并通过建模、参数辨识、模拟和检验等步骤，用数学语言来阐明真实世界的客观规律。

优化论的基本出发点是在“人-机-环境”系统的最优组合中，一般总有多种互不相同的方法和途径，而其中必有一种或几种最好或较好的，这样一种寻求最优途径的观点和思路，正是“人-机-环境”系统工程的精髓。优化论正是体现这一精髓的数学手段。

2. 分析三个要素

对人、机、环境三个要素进行分析，主要是研究如何运用这三个要素来构成所需的、具有特性功能的“人-机-环境”系统。通常，根据各种系统的性能特点及复杂程度，我们将“人-机-环境”系统分为三种类型：

(1)简单(或单人、单机)“人-机-环境”系统

在这种系统中，一名操作人员只使用一台机器在特定环境中工作。现行的汽车、火车、飞机等都属于这类系统。

(2)复杂(或多人、多机)“人-机-环境”系统

这类系统的特点是一名操作人员可以操作两台以上的机器，或者是一台或多台机器同时可以被几名操作人员使用。目前许多工业生产机器的操作，都类似于此。

(3)广义(或大规模)“人-机-环境”系统

这类系统广泛存在于各种生产部门。各生产部门的最高决策者通过一套指挥/控制系统，对下属各基层单位的生产状况实施统一的管理和调度，这是一种典型的广义“人-机-环境”系统。

很显然，无论是简单的、复杂的，还是广义的“人-机-环境”系统，都是一个复杂的巨系统。这是因为，人体本身是一个巨系统，机器(或计算机)也是巨系统，再加上各种环境因素的作用和影响，因而形成“人-机-环境”这个复杂巨系统。

实践证明，对任何一个系统来说，系统的总体性能不仅取决于各组成要素的单独性能，更重要的是取决于各要素的关联形式，也即信息的传递、加工和控制方式。因此，要实现人、

机、环境的最优组合，其难度是相当大。

人们对“人-机-环境”这三个要素的研究，原先都是隶属于不同的学科领域，其研究方法和研究思想也大不相同。为了将它们组合成一个复杂巨系统，必须有一个能够统一描述人、机、环境各自能力及相互关系的理论，没有这样一个理论作指导，就根本谈不上对整个系统作深入研究，也就更谈不上实现全系统的最优化组合设计。所以，“人-机-环境”系统工程正是针对这种现实应运而生。

3. 历经三个步骤

为了将“人-机-环境”系统工程理论应用于各个领域，一般都应经历方案决策、研制生产和实际使用三个阶段。

(1)方案决策，属于理论分析范畴，也是最关键步骤。在这个阶段，“人-机-环境”系统工程能为“人-机-环境”系统的总体方案设计提供一套完整的决策理论，其中最主要的任务是建立人、机、环境的各自数学模型和系统的总体模型，并借助计算机进行全系统的数学模拟和优化计算，以确定人、机、环境的最优参数和系统的最优组合方案。

(2)在研制生产阶段，“人-机-环境”系统工程的任务是确定实现最优方案的最佳途径。在这个阶段，始终强调把作为工作主体的人参与到系统中去，并通过半物理模拟或全物理模拟，不断分析和检验“人-机-环境”系统的整体性能和局部性能，并协调各分系统的技术指标，使总体性能达最佳状态。

(3)在实际使用阶段，“人-机-环境”系统工程的任务是通过实际使用的验证，提出充分发挥现存系统性能的意见(如选拔操作人员的标准和训练操作人员的方案和计划)，全面做到物尽其用、人尽其才，并为进一步改善和提高系统性能提出新的建议。

4. 实现三个目标

一般而言，要同时满足安全、高效、经济这三个指标是困难的，而且有时是矛盾的。因此，为了用系统工程方法使建造的“人-机-环境”系统实现安全、高效、经济这三个目标，首先必须假设几种设计方案，然后针对每种方案用全数学模拟、半物理模拟或全物理模拟方法，获得安全、高效、经济这三个效能指标的关系曲线。根据关系曲线就能预测人、机、环境的最优参数。基于这些参数，就可确定最优方案。在进行系统方案可行性(或可实现性)研究之后，最后可对最优方案进行决策。据此选择的方案，就是比较理想的方案。

总之，运用“人-机-环境”系统工程的实施方法，能为人们在设计和建立任何“人-机-环境”系统时，从定性走向定量、从不精确走向精确、从经验走向科学。这不仅可以实现“人-机-环境”系统的最优组合，而且可以避免工程技术的大量返工和经济上的巨大损失，并可加速“人-机-环境”系统的研制进程。

2.2.3 分析方法

“人-机-环境”系统工程认为，凡是有人参与的工作系统，都可以定义为一个“人-机-环境”系统。“人-机-环境”系统工程已深入到国民经济的各条战线。在各个领域的实际应用中，应根据具体应用对象的各自特点，明确界定“人-机-环境”系统的具体功能与内涵，选择合适的分析方法，以便取得最佳应用效果。

系统分析的方法有很多，如故障树分析法、事件树分析法、贝叶斯网络、马尔可夫链等，本书重点介绍贝叶斯网络和马尔可夫链两种方法。

1. 贝叶斯网络

贝叶斯网络是一种使用概率来表达相关变量之间连接关系的图形模式，它为因果信息之间的表达提供了一种自然化的方法，是建立在贝叶斯概率公式基础之上的图形化方法，也是数理学科中贝叶斯(Bayes)方法向着深层次理论的发展与工程应用领域的扩充。

贝叶斯方法是一种概率化的学习方法，它以概率的形式来对不确定性问题的学习和推理过程进行表达。贝叶斯学习和推理的结果也是随机变量的概率分布，这个随机变量就是所关心的问题或者是解决办法，它的概率分布可以理解为对不同结果的可能性的信任程度。

贝叶斯定理和贝叶斯假设，是贝叶斯方法最基本的两项内容。在贝叶斯定理中，它将随机事件的先验概率和后验概率统一到一个公式中。假设有随机向量 x、θ，x 作为观测向量，θ 作为未知参数，其联合概率分布为 $p(x,\theta)$，边缘密度分别为 $p(x)$、$p(\theta)$，则可以由观测向量对未知参数进行估计，贝叶斯定理表示为

$$p(\theta \mid x)=\frac{\pi(\theta)p(x \mid \theta)}{p(x)}=\frac{\pi(\theta)p(x \mid \theta)}{\int \pi(\theta)p(x \mid \theta)\mathrm{d}\theta} \tag{2.1}$$

式中，$\pi(\theta)$是 θ 的先验分布。

从上面的表达式中可以看出，贝叶斯方法对未知变量的估计综合了变量的先验概率和观测样本的信息，相比于极大似然估计这样的一些传统的参数估计方法只是从观测样本中获得信息，贝叶斯方法更具有优势。

此外，在式中，我们认为$\pi(\theta)$是 θ 的先验分布，并且已知该先验分布的信息，那么在没有任何先验信息的情况下，也就是无法确定 $\pi(\theta)$时，贝叶斯方法提出可以假设以均匀分布作为其先验分布信息，即参数取其变化范围内的任何值的机会均等，称这个假设为贝叶斯假设。

在贝叶斯网络的推理计算中，涉及比较多的概率论基本知识：

(1)先验概率，就是指之前没有经过实验验证，属于实验前的概率，这类概率一般是通过对以往相关资料的统计分析，或者是主观判断总结出来的概率，根据这两者的不同，前者又称为客观先验概率，后者称为主观先验概率。

(2)后验概率，通常是指凭借贝叶斯计算公式，并且结合相关附加信息，对原来的先验概率进行修正以后得到的更加符合真实情况的概率。

(3)条件概率，是指在一定的先决条件下计算得到的概率，设有 A、B 两个随机事件，$p(B)>0$，将事件 B 发生的前提下 A 发生的概率记为 $p(A|B)$，并且称这个概率为事件 A 发生的条件概率，则

$$p(A|B)=p(AB)/p(B) \tag{2.2}$$

(4)联合概率，也被称为乘法公式，是指两个或者多个事件的概率的乘积，设有 A、B 两个随机事件，则

$$p(AB)=p(A)p(B|A)\text{或者 }p(AB)=p(B)p(A|B) \tag{2.3}$$

(5)链式规则，主要用在事件变量较多的情况下，为了便于计算，而把联合概率分布以条件概率分布链的形式表现出来。设有随机变量 $V_1,V_2,\cdots,V_k$，则

$$p(V_1,V_2,\cdots,V_k)=\prod_{i}^{k}p(V_i|V_{i-1},\cdots,V_1) \tag{2.4}$$

(6)全概率公式,设有随机变量 $B_1,B_2,\cdots,B_k$ 为某事件 E 的一个互不相容的完备事件组,并且满足条件 $B=\bigcup_{i}^{k} B_i, B_i \bigcap B_j=\phi$,各个随机变量 B_i 的先验概率分布为 $p(B_i)$,现在假定 E 的一个任意事件 A,其概率 $p(A)$可以表示为

$$p(A)=\sum_{i=1}^{k} p(B_i) * p(A|B_i) \tag{2.5}$$

贝叶斯公式也被称为后验公式或者逆概率公式,设有随机变量 $B_1,B_2,\cdots,B_k$ 为某事件 E 的一个互不相容的完备事件组,且满足 $p(B_i)>0$,A 为事件 E 的一个任意事件,则其贝叶斯后验概率为

$$p(B_i \mid A)=\frac{p(B_i)p(A|B_i)}{\sum_{i=1}^{k} p(B_i)p(A|B_i)} \tag{2.6}$$

简单来说,贝叶斯网络是一个带有概率条件约束的有向无环图,这个图模型的拓扑结构代表着相关随机变量或者事件之间的相互影响关系,图模型的概率条件约束代表着相关随机变量或者事件的概率分布信息,借助这个有向无环图可以实现变量之间的相互关系的分析。

对某一组随机变量 $V=\{V_1,V_2,\cdots,V_k\}$,其贝叶斯网络包含以下两个部分:

(1)一个能够代表变量组合 V 中各个变量之间条件独立性的网络结构。

(2)一组与各个变量相关联的局部概率分布集合 P。

这两部分共同定义了这组变量 V 的概率分布,有向无环图中的节点一一对应着变量中的各个分量。

贝叶斯网络模型的建立步骤如图 2.2 所示。

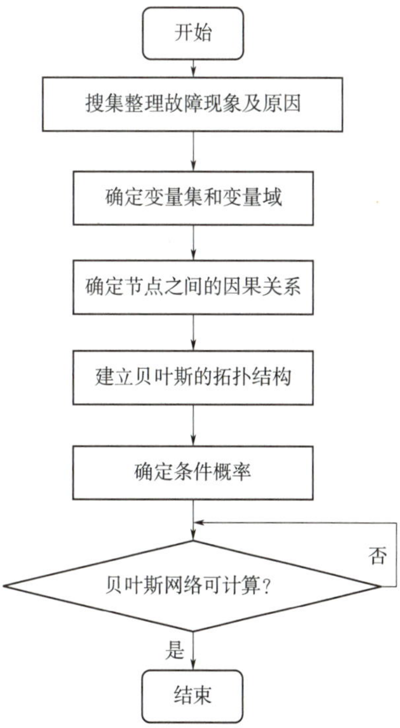

图 2.2　构建贝叶斯网络模型的流程图

2. 马尔可夫链

马尔可夫过程是指具有马尔可夫性(或无后效性)的随机过程。马尔可夫性或无后效性是指系统在时刻 t_n 所处的状态已知的条件下,在时刻 $t>t_n$ 所处状态的条件分布,与时刻 t_n 之前所处的状态无关,即 $X(t_{n+1})$的取值只和 $X(t_n)$的取值有关,而和 $X(1)$,$X(2),\cdots,X(t_{n-1})$的取值无关。

马尔可夫过程的数学表述如下:

设$\{X_t,t\in T\}$为随机过程,其状态空间为 S,在条件 $X(t_i)=x_i,x_i\in S_i=1,2,\cdots,n-1$ 的情况下,对于时间 t 的任何时刻 $t_1<t_2<\cdots<t_n,n\geqslant 3,t_i\in T$,如果 $X(t_n)$的条件概率分布函数正好等于 $X(t_{n-1})=x_{n-1}$ 时 $X(t_n)$的条件概率分布函数:

$$P\{X(t_n)\leqslant x_n \mid X(t_{n-1})=x_{n-1},X(t_{n-2})=x_{n-2},\cdots,X(t_1)=x_1\}= P\{X(t_n)\leqslant x_n \mid X(t_{n-1})=x_{n-1}\} \tag{2.7}$$

则称$\{X(t),t\in T\}$为马尔可夫过程。

马尔可夫链是时间和状态参数都离散的马尔可夫过程。其数学表述如下：

设随机过程$\{X(n),n\in T\}$，其中时间集合记为$T=\{0,1,2,\cdots\}$，系统状态集合记为$S=\{S_1,S_2,\cdots\}$，对任何时刻$n,n\in T$及任何状态S_i，有

$$P\{X(n+1)=S_{n+1}\mid X(n)=S_n,X(n-1)=S_{n-1},\cdots,X(1)=S_1\}=P\{X(n+1)=S_{n+1}\mid X(n)=S_n\} \tag{2.8}$$

则称$\{X(n),n\in T\}$为马尔可夫链。

状态转移概率指的是从一种状态转移到另一种状态的概率，其数学表述如下：设$\{X(n),n\in T\}$为马尔可夫链，则对任何整数$n(1\leqslant k\leqslant n)$，系统在$m$时刻所处状态为$S_i$的条件下，在$m+k$时刻所处状态为$S_j$的概率，即状态转移概率为

$$P_{ij}^{(k)}=P\{X(m+k)=S_j\mid X(m)=S_i\} \tag{2.9}$$

对于马尔可夫模型的转移概率矩阵，当$k=1$时为一步转移概率矩阵，具有如下基本性质：

一是矩阵中的任何一个元素均为小于1的正数：

$$0<P_{ij}<1 \tag{2.10}$$

二是矩阵中任何一行的元素和均恒等于1：

$$\sum_{i=1}^{n}P_{ij}=1 \tag{2.11}$$

当$k=n$时则为n步转移概率矩阵，它除了具备一步转移概率矩阵的基本性质以外，还具有如下的性质：

$$p^{(n)}=p^{n-1}p \tag{2.12}$$

$$p^{(n)}=p^n \tag{2.13}$$

同时平稳分布和遍历性是马尔可夫链的两个重要性质。

2.3 安全本质化法

2.3.1 安全本质化法的概述

本质安全一词的提出源于20世纪50年代世界宇航技术的发展，这一概念的广泛接受是和人类科学技术的进步以及对安全文化的认识密切相关的，是人类在生产、生活实践的发展过程中，对事故由被动接受到积极事先预防，以实现从源头杜绝事故和人类自身安全保护需要，在安全的认识上取得的一大进步。

从狭义的角度，本质安全是通过设计手段使生产过程和产品性能本身具有防止危险发生的功能，即使在误操作的情况下也不会发生事故。从广义的角度，本质安全则是通过各种措施(包括教育、设计、优化环境等)从源头上堵住事故发生的可能性，即利用科学技术手段使人们生产活动全过程实现安全无危害化，即使出现人为失误或环境恶化也能有效阻止事故发生，使人的安全健康状态得到有效保障。

本质安全包含的安全功能分为两类：一是“失误—安全”功能，设备或系统能阻止人员操作失误或者人员的操作失误不会导致事故的发生；二是“故障—安全”功能，设备或系统有故

障时，具备主动转化为安全状态或者具备短时间内正常工作的功能。这两种安全功能均是设备、设施和生产技术工艺本身固有的，即在它们的设计阶段就被考虑加入其中的。

从系统安全的角度，追求系统的本质安全是一个最终目标，是个不断地靠近这个目标的过程，这个过程就是安全本质化。安全本质化的目标是致力于系统追问，本质改进，强调透过繁复的现象，把握影响安全目标实现的本质因素，找准可牵动全身的那"一发"所在，纲举目张，通过思想无懈怠、管理无空档、设备无隐患、系统无阻塞，实现质量零缺陷、安全零事故。

安全本质化的基本思路是针对事故发生的主要原因，采取物质技术措施，使其从根本上消除发生事故的可能条件。

安全本质化管理体系是一种全新的安全管理模式，是使人、机、环境达到统一的体系。简单来说，就是通过优化资源配置和提高其完整性，使整个系统安全可靠。一是人的安全可靠性，不论在何种作业环境和条件下，都能按规程操作，杜绝"三违"，实现个体安全；二是物的安全可靠性，不论在动态过程中，还是静态过程中，物始终处在能够安全运行的状态；三是系统的安全可靠性，在日常安全生产中，不因人的不安全行为或物的不安全状况而发生重大事故，形成"人机互补、人机制约"的安全系统。它通过加强对危险源辨识和风险评估，规范管理流程、操作程序和操作标准，施行精细化管理，把人的不安全行为管理和风险管理技术纳入安全管理体系之中，使职业健康、环境保护、全面质量管理等与其得到紧密结合。

安全本质化管理体系在生产过程中要求做到：人员无失误、设备无故障、系统无缺陷，从而达到人员、设备、环境的本质安全。安全本质化并不表明本系统绝对不会发生安全事故。其原因如下：

(1)安全本质化的程度是相对的，不同的技术经济条件有不同的安全本质化水平，当前的安全本质化并不是绝对安全本质化。由于经济技术的原因，系统的许多方面尚未安全，事故隐患仍然存在，事故发生的可能性并未彻底消除，只是有了将安全事故损失控制在可接受程度的可能。

(2)生产是一个动态过程，许多情况事先难以预料。人的作业还会因为健康或心理因素引起某种失误，机具及设备也会因为因日常检查时未能发现的缺陷而产生临时性故障，环境条件也会由于自然的或人为的原因而发生变化。因此，"人-机-环境"系统不确定的一般性事故损失并未彻底消除。

安全本质化方法主要是从物的方面考虑，包括降低事故发生的概率和降低事故严重程度。

2.3.2 降低事故发生概率的措施

影响事故发生概率的因素很多，如系统的可靠性、系统的抗灾能力、人的失误和违章等。在生产作业过程中，既存在自然的危险因素，也存在人为的生产技术方面的危险因素。这些因素能否导致事故发生，不仅取决于组成系统各要素的可靠性，还受到企业管理水平和物质条件的影响。

降低系统事故的发生概率，最根本的措施是设法使系统达到安全本质化，使系统中的人、物、环境和管理安全化。一旦设备或系统发生故障时，能自动排除、切换或安全地停止运行。当人发生操作失误时,设备、系统能自动保证“人-机”安全。

实现系统安全本质化的措施主要有:

1. 提高设备的可靠性

提高设备的可靠性是控制事故发生概率的基础,可采取以下措施:

(1)提高元件可靠性

设备的可靠性取决于组成元件的可靠性,要提高设备的可靠性,必须加强对元件的质量控制和维修检查,采取措施使原件的结构和性能符合设计要求和技术条件,选用可靠性高的元件代替可靠性低的元件,合理规定元件的使用周期,严格检查维修,定期更换或重建。

(2)增加备用系统

在规定时间内,多台设备同时全部发生故障的概率等于每台设备单独发生故障的概率的乘积。因此,在一定条件下,增加备用系统,使每台单独设备或系统都能完成同样的功能。一旦其中一台或几台设备发生故障时,系统仍能正常运转,不致中断正常运行,从而提高系统运行的可靠性,也有利于系统的抗灾救灾。例如,对企业中的一些关键性设备,如供电线路、电动机、水泵等均配置一定量的备用设备,以提高其抗灾能力。

(3)采取安全防护措施

对处于恶劣环境下运行的设备采取安全保护措施是为了提高设备运行的可靠性,防止发生事故。例如,对处于有摩擦、腐蚀、侵蚀等条件下运行的设备,应采取相应的防护措施;对震动大的设备应加强防震、减震和隔震等措施。

(4)加强预防性维修

预防性维修可以有效排除事故隐患、排除设备的潜在危险。为此,应制定相应的维修制度,并认真贯彻执行。

2. 减少人的失误

由于人在生产过程中的可靠性远比机电设备差,很多事故是因人的失误造成的。降低系统事故发生概率,首先应减少人的失误,主要方法有:

(1)对操作人员进行充分的安全知识、安全技能、安全态度等方面的教育和训练。

(2)以人为中心,改善工作环境,为工人提供安全性较高的劳动生产条件。

(3)提高机械化程度,尽可能用机器操作代替人工操作,减少现场工作人员。

(4)注意用人机工程学原理进行系统设计,合理分配人机功能,并改善人机接口的安全状况。

3. 选用可靠的工艺技术,降低危险因素的感度

危险因素的存在是事故发生的必要条件。危险因素的感度是指危险因素转化成为事故的难易程度,降低危险因素的感度,关键是选用可靠的工艺技术。

4. 提高系统的抗灾能力

系统的抗灾能力是指当系统受到自然灾害和外界事物干扰时,自动抵抗而不发生事故的能力,或者指系统中出现某危险事件时,系统自动将事态控制在一定范围的能力,例如,采用漏电保护装置、安全监制、监控装置等安全防护装置。

5. 加强监督检查

建立健全各种自动制约机制,加强专职与兼职、专管与群管相结合的安全检查工作。对

系统中的人、事、物进行严格的监督检查，这在各种劳动生产过程中是必不可少的。实践表明，只有加强安全检查工作，才能有效地保证企业的安全生产。

2.3.3 降低事故严重度的措施

事故严重度是指因事故造成的财产损失和人员伤亡的严重程度。事故的发生是由于系统中的能量失控造成的，事故的严重度与系统中危险因素转化为事故时释放的能量有关，能量越高，事故的严重度越大。因此，降低事故严重度，具有十分重要的作用。一般可采取的措施有：

1. 限制能量或分散风险

为了减少事故损失，必须对危险因素的能量进行限制。例如，各种油库、火药库的储存量的限制，各种限流、限压、限速等设备对危险因素的能量进行的限制。此外，通过把大的事故损失化为小的事故损失可达到分散风险的效果。

2. 防止能量逸散

防止能量逸散就是设法把有毒、有害、有危险的能量源储存在有限允许范围内，而不影响其他区域的安全。例如，防爆设备的外壳、密闭墙、密闭火区、放射性物质的密封装置等。

3. 加装缓冲能量的装置

在生产中，设法使危险源能量释放的速度减慢，可大大降低事故的严重度，而使能量释放速度减慢的装置称为缓冲能量装置。在工业和生活中使用的缓冲能量装置较多。例如，汽车、轮船上装备的缓冲装置，缓冲阻车器，以及各种安全带、安全阀等。

4. 避免人身伤亡

避免人身伤亡的措施包括两个方面：一是防止发生人身伤害；二是一旦发生人身伤害时，采取相应的急救措施。采用遥控操作，提高机械化程度，使用整体或局部的人身个体防护都是避免人身伤害的措施。在生产过程中及时注意观察各种灾害的预兆，以便采取有效措施，防止事故发生。即使不能防止事故发生，也可及时撤离人员，避免人员伤亡。做好救护和工人自救准备工作对降低事故的严重度有着十分重要的意义。

2.3.4 实现本质安全化的技术模型

1. 容错关键技术

工程学中，为提高系统的可靠性，通常使用备份或者自动防故障装置。容错技术是通过增加资源来换取系统可靠性的，目前防止系统崩溃的方法有两种：故障屏蔽方法和系统重组方法。

故障屏蔽技术通过屏蔽系统中出现的故障来防止系统运行发生错误，不要求一定要具备故障检测单元，但要求系统能够包容故障的发生，能够将某一点上的故障屏蔽起来，使之不会影响系统整体的性能。通过隔离故障模块或者校正故障模块的输出结果来实现容错，又被称为被动容错技术。例如，常见的三模块表决系统即采用故障屏蔽技术，通过比较三个模块的输出结果，取其中超过两个以上的相同结果进行输出，本质上并没有解决故障问题，当三个模块中有两个以上发生故障时，系统就无法输出正确结果。

系统重组则是首先需要通过故障检测单元获取到系统的故障信息，针对故障的不同类型进行相应的故障处理直到修复故障。这种容错方法由于具有主动容错能力使得容错效果更佳，进而被广泛应用。

容错技术是在资源冗余的基础上实现的，冗余是指复制关键的部件或者系统的主要功能，资源冗余的方式主要包括硬件冗余、软件冗余、时间冗余和信息冗余四种。

(1)硬件冗余

硬件冗余是容错系统中最常用的冗余方式，采用系统部件的重复来实现冗余。增加硬件能够隐藏系统的故障，使系统在局部发生故障时继续正常工作。硬件冗余结构中可以从元件级、模块级、系统级来构建冗余系统。由于元件级冗余结构过于烦琐，所以在设计时一般不会采用，在实际工程中通常采用模块级和系统级冗余结构。硬件冗余包括静态冗余和动态冗余两种，静态冗余属于被动容错结构，使用多余部件来屏蔽故障。动态冗余属于主动容错结构，采用故障检测、定位和故障恢复来进行容错。与静态冗余相比，动态冗余具有以下特点：能够主动检测系统是否发生故障，判断发生故障的具体位置；降低容错系统的成本；故障后通过故障恢复可以将系统恢复到完全正常的工作状态。常用的硬件冗余系统有多模冗余系统、三模表决系统、混合冗余系统等。

(2)软件冗余

软件冗余与硬件冗余思想相同，同样是采用多个同样的模块来实现容错。当其中某个模块的输出结果有问题时，可以将其屏蔽由其他备用模块代替。软件冗余包括动态软件冗余和静态软件冗余两种。动态软件冗余的常用手段是将实现同一功能的模块用不同方法来编写，然后在同一时间运行，对得到的结果进行表决来获得正确结果。软件冗余的应用可以替代一部分硬件冗余的功能，从而降低系统的硬件成本。静态软件冗余是指将程序备份在存储器中，当正常运行的程序遭到破坏时，可以调用备份程序继续工作。

(3)时间冗余

时间冗余是通过对时间资源的利用来实现容错，实现方法是在程序中对代码进行多次执行来消除错误。时间冗余可以分为指令重复执行和程序重复执行。最常用的时间冗余方法是在程序中设置监测点，在监测点处保存系统当时的运行状态和参数。当检测到系统发生故障时，使程序回到上一个监测点然后重新执行，这样就不需要从程序的开始处重新执行。这种后向恢复技术不仅可以处置已知的故障问题，同时对无法预料的故障问题一样可以恢复。应用这类技术可以大幅降低软件误差带来的问题。

(4)信息冗余

信息冗余是将冗余的信息添加到数据中，来保证数据的可靠性。目前常用的方法是在数据中加入校验码和纠错码，附加的信息越多，校验和纠错的性能越好。校验码通常添加到一组数据的最末端，数值由数据通过某种特定的运算得出。接收到数据时，可以通过相同的运算来检验数据是否正确，如果数据发生错误，可以申请重发或者丢弃。常见的校验码有奇偶校验码和循环冗余校验码。纠错码则是将原始数据按照特定的规则编码来增加数据的剩余度。接收时可以根据编码关系判断是否发生错误，如发生错误可以按照一定规则进行纠错，常用的纠错码有汉明码、分组码和卷积码等。

2. 经验模型

经验模型亦称“黑箱模型”，是指不分析实际过程的机理，而是根据从实际得到的与过程有关的数据进行数理统计分析，按误差最小原则归纳出该过程各参数和变量之间的数学关系式，用这种方法所得到的数学表达式称为经验模型。经验模型只考虑输入与输出而与过程机理无关。

寻找或选择适当的函数拟合变量之间的关系（函数关系或回归关系）是其重要的环节，其一般的步骤为：绘制数据散布图（或连线图）—分析数据散布图（或连线图）—选择函数关系形式。通过分析数据散布图可以获得对变量间关系的感性认识，形成初步看法，以便对问题做进一步的分析。对于函数关系要形式尽可能简洁，尽可能线性化；要实际问题的精度要求，合乎实际规律。常用的模型有最小二乘法和插值方法。

（1）最小二乘法

最小二乘法又称最小平方法，是一种数学优化技术。它通过最小化误差的平方和寻找数据的最佳函数匹配。利用最小二乘法可以简便地求得未知的数据，并使得这些求得的数据与实际数据之间误差的平方和为最小。最小二乘法还可用于曲线拟合。其他一些优化问题也可通过最小化能量或最大化熵用最小二乘法来表达。

（2）插值法

插值法又称“内插法”，是利用函数 $f(x)$ 在某区间中已知的若干点的函数值，作出适当的特定函数，在区间的其他点上用这特定函数的值作为函数 $f(x)$ 的近似值，这种方法称为插值法。如果这特定函数是多项式，就称它为插值多项式。

2.4 风险管理方法

风险管理在 20 世纪 30 年代从美国起源，50 年代发展成为一门学科，70 年代以后在全球各行业开始普遍应用。风险管理是通过识别风险、评估风险、控制风险，将风险造成的不良后果降低到最低限度的方法。纵观其发展过程，风险管理最早应用于金融和信贷行业，主要研究信用和财务风险的管理评估方法，没有形成管理体系和通用的管理语言，采取的风险控制措施多是以保险的方式进行风险转移。

现代风险管理方法从 20 世纪 80 年代开始发展，管理者意识到损失是多种因素共同作用的结果，单一因素的风险管理方式已无法应对复杂环境，必须从整个系统的角度出发，强调综合各种风险因素全面考虑、全面评估，逐渐形成通用的风险管理模式、管理标准和管理语言。

21 世纪后，全面风险管理的概念开始发展，对整个系统风险分类更加详细，管理程序更加明确和完善，风险管理的思想贯穿到整个企业管理过程中。本质上，风险管理就是采用科学的管理方式对系统中存在的风险进行识别、分析、响应、控制，使风险造成的后果降至最低的动态管理过程。

2.4.1 风险管理的概述

1. 风险和风险管理

风险的一般表述是伤害发生的可能性和严重性的组合。风险（risk）包括两个要素：一是风险事件发生的可能性；二是危险事件后果的严重程度。

$$R=f(P_r,C) \tag{2.14}$$

式中 P_r——风险事件发生的可能性(频率或在所考虑时间内发生的概率);

C——风险事件可能导致危害的严重性。

如图 2.3 所示,风险与风险因素、风险事故、损失间的关系为:风险因素导致或增加风险事故;风险事故的发生可能导致损失;风险是由风险因素、风险事故和损失统一构成的。

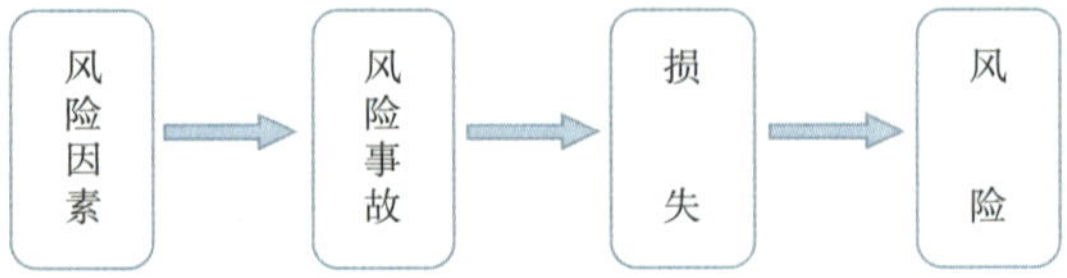

图 2.3 风险的构成关系

风险管理是指在存在风险的一个环境里,如何将风险降到最低的管理过程。通过识别风险,分析原因、频率、危害事件产生的后果及后果的严重性,最后采取一系列措施来防范风险。风险管理三个主要要素为风险识别、风险分析评估、风险控制。

传统使用的安全管理方法大部分是由发生事故得到的经验教训总结后才得以强制实施。安全风险管理是对有可能发生风险的事件,通过安全风险管理方法识别出安全风险源,进而制定相应的卡控措施,安全风险管理改变了安全管理方式,更体现了安全管理的提前介入原则。

风险管理是在日常生产及管理活动的基础上,进一步对生产和管理各个环节进行分析,然后在提供相对应的卡控措施,是生产管理重要的组成部分。通过构建风险管理体系,把安全风险管理融入日常生产管理过程中,并通过不断的安全风险管理等过程的实施,达到安全管理目标,进而降低风险事件发生概率。

项目风险管理应从项目成本、进度和质量等目标出发,从而减少或避免项目损失的发生。进行项目风险管理应遵循如下一些原则:

①主动意识原则。在意识上应主动,积极地识别风险,采取主动方式应对风险。

②经济性原则。应综合考虑项目成本等因素,做到项目总成本最低,而不能以不计成本的方式过度应对风险。

③满意原则。允许项目存在一定的不确定性,风险管理只要达到项目目标需求即可,不一定完全消除风险。

④社会原则。风险管理计划和处理措施必须考虑周围环境、法律法规等相关影响,统筹兼顾。

2. 风险管理程序

在《风险管理原则与实施指南》中对于风险管理过程的描述如图 2.4 所示。

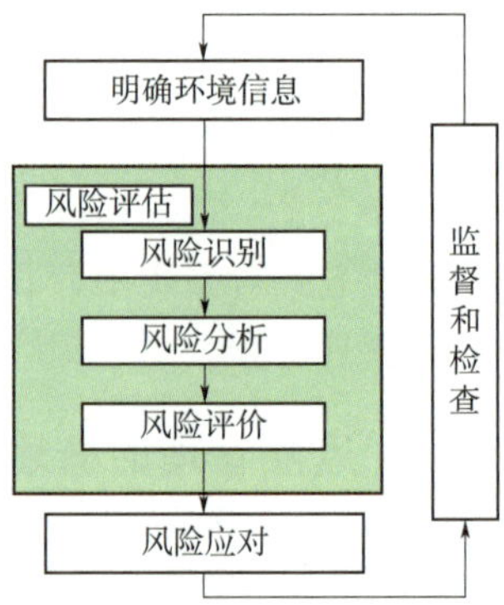

图 2.4 风险管理的基本过程

明确环境信息过程主要包括两方面:一方面要针对企业外部环境进行明确,包括国家法律法规、行业有关规定、自然环境有关要求等;另一方面要对企业内部环境进行明确,包括企业管理准则、企业风险承受能力、企业的准求目标以及企业内控机制等方面信息。

(1)风险识别

风险识别是通过识别风险源生成最终的全面风险因素列表。风险识别要在准确掌握企业内部及外部环境信息的基础上,一方面按照导致风险事件发生原因的分析思路对风险源进行识别,另一方面也要对风险事件发生后可能导致后果的严重程度进行识别。进行分析识别不仅要重点关注曾经发生的风险事件,而且也要对新风险事件识别发现。

(2)风险分析

风险分析是对风险识别出的风险因素进行定性、定量分析,是为企业领导决策提供依据,为企业进行风险评价和风险控制提供技术支持。风险分析不仅要应对导致风险的风险源进行分析,同时也要对风险事件发生可能造成的后果程度进行分析。在风险分析时要考虑现有管理措施,以及现有管理措施在风险管控中发挥的作用。

(3)风险评价

风险评价是通过风险分析结果一方面与组织的风险准则对比,另一方面在风险导致的结果之间进行比较,确定风险卡控点,进行确定风险应对措施。若风险评价的结果符合风险准则时,维持现有的风险应对措施即可,无须采取新的风险应对措施。在进行安全风险管理过程中并不是所有的风险评价都要制定新的风险应对措施。

(4)风险应对

风险应对是针对风险评价出对企业不利的安全风险影响项目,结合组织实际情况,选择制定改变风险的措施,包括事前防范措施和事后防范措施。通过对所有影响因素进行对比分析后,选择制定高风险项目的相应卡控措施,并实施。风险应对措施主要包括:规避风险、消除风险、降低发生概率、减轻损害程度等方式。

(5)监督和检查

监督和检查过程是企业在对外部环境和内部环境监测的过程,全面抓好企业的内控管理机制,组织检查部门应进行常规、定期、不定期的检查方式,通过明查、暗查、跟踪查、突击查等方式对管理风险管控措施的效果进行监督检查,发现风险项目发生变化应及时修正安全风险防控措施,必要时及时向企业领导汇报。

3. 风险管理的基本原理

(1)海恩法则

在事故致因理论中,德国人帕布斯海恩提出了著名的“海恩法则”,如图 2.5 所示,即每一起严重事故的背后,必然有 29 次轻微事故、300 起未遂事故以及 1 000 起事故隐患。

海恩法则表明了风险管理的主要思想,主要体现为:任何事故的发生都是有原因的,并且是有征兆的,是一系列风险事件发生的量的积累;先进的技术设备、完美的管理措施或规章都无法保证绝对安全,其在实际操作层面无法取代人为因素的风险;不仅要重视已发生事故的分析,更重要的是要在日常安全管理中对事故征兆、事故隐患等风险事件进行分析和控制。

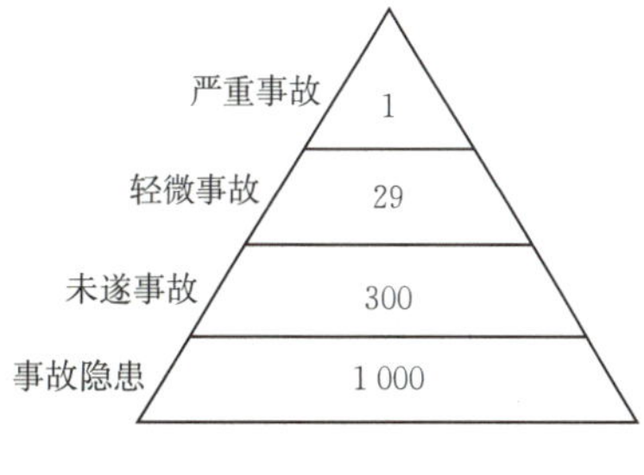

图 2.5 海恩法则

海恩法则揭示了风险管理的主要原理,即对日常安全管理中的风险事件进行归纳、识别、分析,通过制定风险控制措施减少风险事件发生的频率、降低风险事件导致的后果,以降低或消除重大安全事故的发生。

(2)木桶理论

木桶理论又被称为"短板效应",是管理学中的一个著名理论。如果用一个木板参差不齐的木桶来装水,那么这个木桶盛水的容量既不是取决于这个木桶中最长的木板的长度,也不是取决于组成这个木桶的全部木板长度的平均值,而是取决于最短的木板的长度。由此看出,要提高这个木桶的整体容量,增加最长的木板长度是没有用的,必须要增加组成木桶的木板中最短的那块木板的长度。依此可以发现,在诸多事物的发展过程中,"木桶中的短板"的长度是决定整体发展程度的关键因素。举例来说,一件产品质量的好与坏,并不是取决于整个产品中质量最好的零部件,而是取决于质量最差的零部件。也就是说,一个系统的整体可靠度,并不是取决于整个系统的最优秀组成部分的可靠度,而是取决于这个系统中可靠度最低的组成部分。

对于木桶理论,更进一层分析可以知道:高于短板的那部分木板是没有意义的,并且高出越多,浪费也就越大;要提高整个木桶的容量,唯一的途径就是增加短板的长度,这也是最有效的途径。

(3)ALARP 原则

从"风险是事故发生可能性"的角度,理论上不存在零风险的事件。风险等级的确定除了风险矩阵外,还存在一个风险可接受性分析的概念。目前,在轨道交通领域,世界各国普遍采用"尽可能低成本下力求合理原则(ALARP)"来判断风险是否可接受和是否需要实施控制,在《轨道交通可靠性、可用性、可维修性和安全性规范及示例》(GB/T 21562—2008)中,ALARP 原则描述如图 2.6 所示。

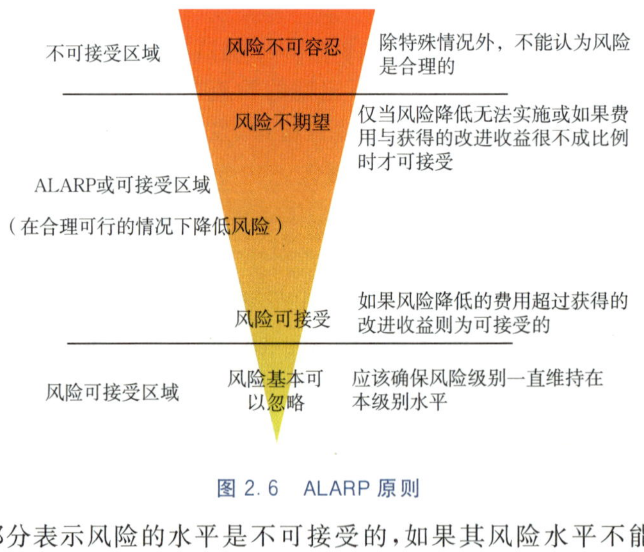

图 2.6 ALARP 原则

图 2.6 的上部分表示风险的水平是不可接受的,如果其风险水平不能降到这条边界以下,则必须对系统进行改进以降低风险;下部分定义了能够被广泛接受的区域,可认为其中的风险水平是相当低的,其程度低到不必再花费任何努力去进一步降低风险。上边界和下边界之间的区域统称区域,这里必须强调的是仅证明风险级别在区域内是不够的,必须在现实条件下尽量地降低的风险至可接受的等级。只有在整改难度很大的情况下才采用区域的

评估模式。

(4)GAMAB(globalemem au moins aussi bon)原则

该原则是指产生任何一个新运输系统,都需要提供一个相当的既有系统作为参照。该新运输系统所产生的风险等级应与该既有系统持平,也因此会从该表现良好的既有系统的统计数据中提取伤亡人数/乘客人数的数值,作为产生的新系统的参考值。此原则主要在法国实行。

(5)MEM(minimum endogenous mortality)原则

该原则即最小内成因死亡率原则,是指发达国家 5～15 岁的年龄段由于运输系统事故所导致的死亡人数水平是最低的。该原则认为,新运输系统所产生的风险所导致的同年龄段的死亡人数水平不应明显高于既有系统所产生的死亡人数水平。其具体方法是将危害因素导致的后果换算成死亡率,用这个数据来判别风险是否可接受。此原则主要在德国实行。

2.4.2 风险辨识的方法

风险辨识是运用系统分析的方法,发现并识别系统内部隐藏的危险源,为后续的风险分析、控制和治理风险因素提供重要基础。风险辨识是风险管理的重要组成部分,是风险管理的首要步骤。风险分析与控制是否有效,很大程度上取决于系统风险辨识的全面性和准确性。只有全面了解各种风险,才能够预测可能造成的危害,进而选择处理风险的有效方法。

1. 风险辨识的步骤

风险辨识的一般步骤为:

(1)将与系统运营过程中有关的原始数据搜集起来并作处理,编制业务活动表,这是为后续的风险管理工作奠定信息基础。

(2)根据系统运行流程,逐项、逐阶段、逐岗位地辨识运营过程中地主要危害,包括危害对象和危害方式。

(3)分析风险可能导致损失出现的主要影响因素,并进一步探索该因素背后的直接原因、间接原因和根本原因。

(4)分析风险可能造成的是人员损失、财物损失还是时间进度损失,或是综合损失。风险辨识是一项制度性、系统性的持续工作,是风险管理成功的关键。

(5)建立风险数据库,在建立过程中应该注意采用信息化手段,与系统的管理信息系统有机地结合起来,并注意对风险辨识结果实行动态维护,保证数据真实、完整,以便于实际应用。

2. 风险辨识的方法

风险辨识的方法一般在风险信息资料收集、风险信息资料分析和风险信息资料库建立三个阶段中实施。风险辨识并不是一劳永逸的,当系统运营环境发生重大变化时,要及时重新进行风险辨识。目前比较常用的风险辨识方法有故障模式及影响分析、预先危险性分析、故障树、事件树和贝叶斯网络等。

(1)故障模式及影响分析

故障类型和影响分析(FMEA)是安全系统工程中重要的分析方法之一。它采用系统分割的概念，根据实际需要，把系统分割成子系统或进一步分割成元件；然后，逐个分析元件可能发生的故障和故障呈现的状态(即故障类型)，进一步分析故障类型对子系统以致整个系统产生的影响；最后采取措施加以解决。

使用 FMEA 方法，基本上能够查明元件发生各种故障时带来的危险，是一种比较周密和完善的方法。它既可以用于定性分析，又可以用于定量分析。在对系统进行初步的分析后，对于其中特别严重的甚至会造成死亡或重大财物损失的故障类型，需要单独进行致命度分析(criticality analysis)。

FMEA 和致命度分析结合使用时，又称作故障类型影响致命度分析(failure mode, effect & criticality analysis, FMECA)。FMEA 工作主要包括以下四个方面的内容：

①故障模式分析。故障模式分析不但要分析产品的功能故障，而且还要分析产品的潜在故障，即逐一列出每一功能的所有潜在故障模式，进而分析可能造成这些故障的原因。

②故障影响的确定。故障影响的确定应依据每一故障模式对系统所产生的后果。该后果包括每一故障模式对系统的安全(含人员)、任务、经济等方面的综合影响。

③严酷度及可能性等级分类。进行严酷度分类是为了给产品故障造成的最坏潜在后果规定一个量度。应将每一个故障模式和每一个被分析的产品按下列对损失程度的表述进行分类。当产品或故障模式不能按下列进行分类时，则应按系统的输入或输出的丧失程度拟定类似的损失程度的表述，并将其列入 FMEA 基本准则。

《故障模式、影响及危害性分析指南》(GJBZ 1391—2006)中规定，依据产品故障对装备造成的最坏潜在后果，以及事故发生概率的大小的分类方式见表 2.1。

表 2.1　严酷度及可能性等级分类

严酷度等级	解释说明	可能性等级	解释说明
Ⅰ类(灾难的)	这是一种导致人员死亡或系统(如列车)毁坏的故障	A级(经常发生的)	产品在工作期间发生故障的概率是很高的，即一种故障模式出现概率大于总故障概率的 0.02
Ⅱ类(致命的)	这种故障会导致人员受到严重伤害，造成重大经济损失或导致任务失败的系统严重损坏	B级(很可能发生)	产品在工作期间发生故障的概率为中等，即一种故障模式出现的概率为总故障概率的 0.001～0.02
Ⅲ类(临界的)	这种故障会使人员受到轻度伤害，有一定的经济损失或导致任务延误或降低的系统轻度损坏	C级(偶然发生)	产品在工作期间发生故障的概率是偶然的，即一种故障模式出现的概率为总故障概率的 0.000 1～0.001
Ⅳ类(轻度的)	这是一种不足以导致上述三类后果的故障，但它会导致非计划性维护或修理	D级(很少发生)	产品在工作期间发生故障的概率是很小的，即一种故障模式发生故障的概率为总故障概率的 0.000 01～0.000 1
		E级(极不可能发生)	产品在工作期间发生故障的概率接近于零，即一种故障模式发生的概率小于总故障概率的 0.000 01

④改进措施。应针对每一故障模式，特别是单点故障模式、严酷度类别高(如Ⅰ、Ⅱ类)

的故障模式，制定有效的改进措施，以最终消除和减少这些故障模式。

在完成FMEA分析后，应将结果写成报告。报告中要明确指出分析的等级，总结出分析的结果，写明分析使用的数据及方法，并应包括系统定义说明，所得到的分析数据及表格。FMEA报告应着重说明Ⅰ类和Ⅱ类故障模式，潜在的单点故障和建议的设计改进措施。FMEA的表格形式并不单一，应该按照实际要求添加想要的内容，表2.2给出了一种FMEA表格的形式。

表2.2 故障类型分析表

<table>
<tr><td colspan="3">系　统＿＿＿＿＿
子系统＿＿＿＿＿</td><td colspan="5">故障类型影响分析</td><td colspan="3">日期＿＿＿＿＿
制表＿＿＿＿＿
主管＿＿＿＿＿
审核＿＿＿＿＿</td></tr>
<tr><td rowspan="2">(1)
项目号</td><td rowspan="2">(2)
分析项目</td><td rowspan="2">(3)
功能</td><td rowspan="2">(4)
故障类型</td><td rowspan="2">(5)原因</td><td colspan="2">(6)影响</td><td rowspan="2">(7)故障
检测方法</td><td rowspan="2">(8)故障
等级</td><td rowspan="2">(9)故障
频率</td><td rowspan="2">(10)修正
措施</td></tr>
<tr><td>子系统</td><td>系统</td></tr>
<tr><td></td><td></td><td></td><td></td><td></td><td></td><td></td><td></td><td></td><td></td><td></td></tr>
</table>

(2)预先危险性分析

预先危险性分析(preliminary hazard analysis，简称PHA)是在进行某项工程活动(包括设计、施工、生产、维修等)之前，对系统存在的各种危险因素(类别、分布)出现条件和事故可能造成的后果进行宏观、概率分析的系统安全分析方法，其目的是早期发现系统的潜在危险因素，确定系统的危险性等级，提出相应的防范措施，防止这些危险因素发展成为事故，避免考虑不周造成的损失。

进行预先危险性分析的一般步骤为：

①对系统的生产目的、工艺过程以及操作条件和周围环境进行充分的调查了解。

②收集以往的经验和同类生产中发生过的事故情况，分析危险、有害因素和触发事件。

③推测可能导致的事故类型和危险或危害程度。

④确定危险、有害因素后果的危险等级。

⑤制定相应安全措施。

预先危险性分析的结果将以表格的形式呈现，表格的一般形式见表2.3。

表2.3 危险性预先分析(样表)

潜在事故	危险、危害因素	触发事件	现象	形成事故原因事件	事故后果	危险等级	措施

2.4.3 风险评价的模型

风险评价是对危险源导致的风险进行评估、对现有控制措施的充分性加以考虑以及对风险是否可接受予以确定的过程。风险来自危险源，在危险源辨识的基础上，采用科学的方法，评估危险源可能产生的风险大小和现有风险控制的充足性。一方面应根据潜在事故的可能性和严重性对风险大小进行分析评估，对风险进行分级；另一方面是依据法规要求、相关方投诉、抱怨和组织的情况判定风险是否可接受，可将风险划分为可接受风险和不可接受风险（重大风险）两类。

1. 风险评价的步骤

风险评价一般分为以下四步：

(1)确定风险评价基准。风险评价基准就是项目主体针对每一种风险后果确定的可接受水平。单个风险和整体风险都要确定评价基准，可分别称为单个评价基准和整体评价基准。

(2)确定项目整体风险水平。项目整体风险水平是综合了所有的个别风险之后确定的。

(3)将单个风险与单个评价基准、项目整体风险水平与整体评价基准对比，确认项目风险是否在可接受的范围之内，进而确定该项目是停止或继续进行。

(4)根据风险发生的概率及对工程目标的影响程度，采用定性或者定量的方法进行分析，对不同风险对工程目标的重要性进行排序，确定风险等级，为项目决策提供依据。

2. 风险评价的方法

风险评价的方法有很多，这里重点介绍几种。

(1)概率风险评价法

概率风险评价法（probability risk assessment，PRA）是根据事故基本致因因素的发生概率，应用数理统计中的概率分析方法，求取事故基本致因因素的关联度（或重要度）或评价整个系统事故发生概率的安全评价方法。它综合了两方面因素：一是事故发生的概率，二是造成后果的严重度。数值上等于事故的概率（频率）与严重度的乘积，计算公式如下：

$$R=S\cdot P \tag{2.15}$$

式中 R——风险率，事故损失/单位时间；

S——严重度，事故损失/事故次数；

P——事故发生概率（频率），事故次数/单位时间。

由此可见，风险率是表示单位时间内事故造成损失的大小。单位时间可以是年、月、日、小时等；事故损失可以用人的死亡、经济损失或是工作日的损失等表示。计算出风险率就可以与安全指标比较，从而得知危险是否降到人们可以接受的程度。要求得风险率必须首先求出系统发生事故的概率，因此下面就概率的有关概念和计算做以简述。生产装置或工艺过程发生事故是由组成它的若干元件相互复杂作用的结果，总的事故发生概率取决于这些元件的故障概率和它们之间相互作用的性质，故要计算装置或工艺过程的事故发生概率，必须首先了解各个元件的故障概率。

(2)风险矩阵评价方法

风险发生的可能性与风险影响程度两个因素对风险程度的高低有主要影响。在风险决策中，这种有两个自变量的函数的决策问题可以用矩阵来进行定量的分析。风险矩阵评价方法是一种运用于管理过程中识别风险重要性的定性与定量相结合的方法。我国将风险矩阵的理论引入了安全评价，并用于安全等级的划分，见表 2.4。

表 2.4 设备单体风险评价分级模型方案

后果严重度 L					概率(可能性)P			
等级	人员伤亡	财产损失	环境危害	社会影响	1	2	3	4
					可能性较小	可能性一般	可能性较大	可能性特大
1	一般	一般	一般	一般	1×1	1×2	1×3	1×4
2	较大	较大	较重	较重	2×1	2×2	2×3	2×4
3	重大	重大	严重	严重	3×1	3×2	3×3	3×4
4	特大	特大	特大	特大	4×1	4×2	4×3	4×4

注:(1)后果定义特种设备可能发生事故造成的人员伤亡、经济损失、环境危害、社会影响等后果的严重程度。
(2)概率定义:影响设备事故发生可能性相关的因素或变量。

(3)蒙特卡洛法

蒙特卡洛法是第二次世界大战期间对物理中的中子动态进行研究而发明的。

蒙特卡洛法也称随机模拟法,有时也被称为随机抽样技术或者统计试验方法。这种方法基于随机取样实验,其基本方法为:首先建立一个概率模型或随机过程,使它的参数等于问题的解;然后通过对模型或过程的观察或抽样试验来计算所求参数的统计特征,最后给出所求解的近似值,解的精确度可用估计值的标准误差来表示。蒙特卡洛方法以概率统计理论为其主要理论基础,以随机抽样(随机变量的抽样)为其主要手段。

蒙特卡洛法能够比较全面地反映出客观世界中的随机因素,通过增加试验次数,可以提高模拟的真实性。蒙特卡洛法的精度和有效性取决于数学模型的精度和各种输入量概率分布估计的准确度。传统的蒙特卡洛法并不考虑各输入因素间的相关性,在具体的应用实践中,针对此问题可采取一些相应的改进措施来体现不同因素间的这种关系。

(4)可拓评价法

可拓评价法也称为可拓物元评价模型。可拓学原称物元分析,是由我国著名学者蔡文教授于 1983 年创立的一门系统科学、思维科学和管理科学,是贯穿于自然科学和社会科学而应用较广的横断学科。可拓学是研究事物的可拓性和事物开拓的规律和方法,并用以解决矛盾问题的科学。

在可拓模型中,把描述现实世界中客观事物的物元作为最基本的单元,并通过与事元、关系元两者一起来对事物的运动变化状态进行描述,可拓变换是通过引入特定的运算方法来实现对事物的变换,对量以及特征的变换,该过程既包含量的变换同时也包含质的变换。可拓物元模型是将可拓学的知识体系作为基础,采用形式化模型来对事物的变化规律和方法进行模拟,并对事物拓展的创新性和可能性进行描述的模型,擅长处理不相容问题。从定性和定量的角度来描述事物所从属于可拓变换的范围,并通过计算关联函数的数值大小来确定元素的位置。最后根据对综合函数结果的分析,来使矛盾问题得到解决。

可拓物元认为利用物元的可拓性可以对研究对象进行定性分析,再利用可拓集合论算出经典域和节域,通过关联函数定量算出各事物及其对应区间加权后的关联度。

(5)灰色模型分析法

如何解决缺少信息不确定性问题,是现代科学研究必须回答的重要命题。20 世纪 70 年代末由邓聚龙教授于《Systems & Control Letters》上发表论文提出的灰色系统理论(grey theory)是基于解决缺少信息不确定性问题而产生的一门新兴的理论体系。

灰色系统是按照颜色来命名的,在控制论中,人们通常用颜色的深浅来形容信息的明确程度。结构完全已知的称为白色系统;全部未知的称为黑色系统;介于二者之间,既有"白色"信息又有"黑色"信息的系统称为灰色系统。灰色系统理论是以灰色系统作为研究对象,站在灰色系统的角度,研究已知确定信息和未知不确定信息间的相互联系,利用已知的信息来预测将来未知的信息。

灰色模型(grey model,GM)或称为灰色动态模型 GDM 或 DM,是抽象系统(即本征性灰色系统)的基本模型。在大多数情况下灰色系统并不是实体,我们并不清楚系统中究竟应包括哪些变量及其之间的关系。因此灰色系统的 GM 模型的建立,必须和定性分析结合。灰色系统的逆过程,应是定性定量的综合过程。这一综合过程可以分为五个阶段,并可以相应的建立五个模型。

第一阶段:开发思想逐步明确,形成概念、方向、目标等,用准确明炼的语言形成语言模型。

第二阶段:将语言模型中各种因素进行分析、对比,找出影响事物发展的前因、后果,并用一定的框图,将前因与后果的关系表示出来,构成一个相互关联的、多环节的网络模型。

第三阶段:将各环节间的前因后果加以量化。比如若第 i 个前因记为 x_i,第 i 后果记为 y_i,倘使 y_i 与 x_i 之间是一种比例关系,且比例系数为 K_i,即

$$\frac{y_i}{x_i}=K_i \tag{2.16}$$

便将第 i 个环节的方框中填入 K_i。将系统中所有环节的量化关系都填上,即是量化模型。

第四阶段:找到各环节前因 x_i 与后果 y_i 的时间序列,分别记

$$\{x_i^{(0)}(k)\},k=1,2,3,\cdots,N \tag{2.17}$$

$$\{y_i^{(0)}(k)\},k=1,2,3,\cdots,N \tag{2.18}$$

然后建立 GM 模型,并将 GM 模型的 Laplace 关系填入环节的框内。将系统所有环节的传递函数都填上,便成为动态模型。第四阶段才是真正的量化模型(特指动态量化)的建立阶段。

第五阶段:按 GM 模型分析系统动态品质,对系统结构、参数等做适当调整、修改、处理,保证系统尽可能最优。这样处理后的模型,称为优化模型。

(6)神经网络法

在当今社会,所面对的大量决策或评估问题,由于传统的数学模型是用显式的数学表达式加以描述,这就决定了传统的预测模型的局限性,运用线性或者数学模型无法求得最佳解。为了解决这个问题,人们提出了模拟人脑的神经网络原理,建立能够"学习"的模型,并能将经验性知识积累并充分运用,从而使求出的最佳解与实际解之间的误差最小化。

人工神经网络(artificial neural networks,ANN)理论是人工智能的一个前沿研究领域。所谓人工神经网络,是指利用工程技术手段模拟大量与自然神经细胞类似的人工神经元互联而形成神经网络的结构与功能的一种技术系统,是一种大规模并行的非线

性动力学系统。神经网络具有自学习、自适应和大规模并行处理信息的能力，能自行领悟训练样本的内在规律，并把这些规律存储于网络之中。应该指出，这里所指的人工神经网络，并不是人脑神经系统的真实写照，而只是对其结构进行了大量简化后保留其主要特性的某种抽象与模拟。

人工神经网络将根据评价准则体系收集上来的原始数据作为神经网络的输入向量，将综合评价的结果作为输出；然后利用模糊综合评价方法，分析专家的评价原则，形成一系列样本；再用足够多的样本训练神经网络，使它能够达到规定的误差要求；再将现有的实际数据（需要评价的数据）输入神经网络，最后的输出即是综合评价的结果。

人工神经网络的评价步骤如图 2.7 所示。

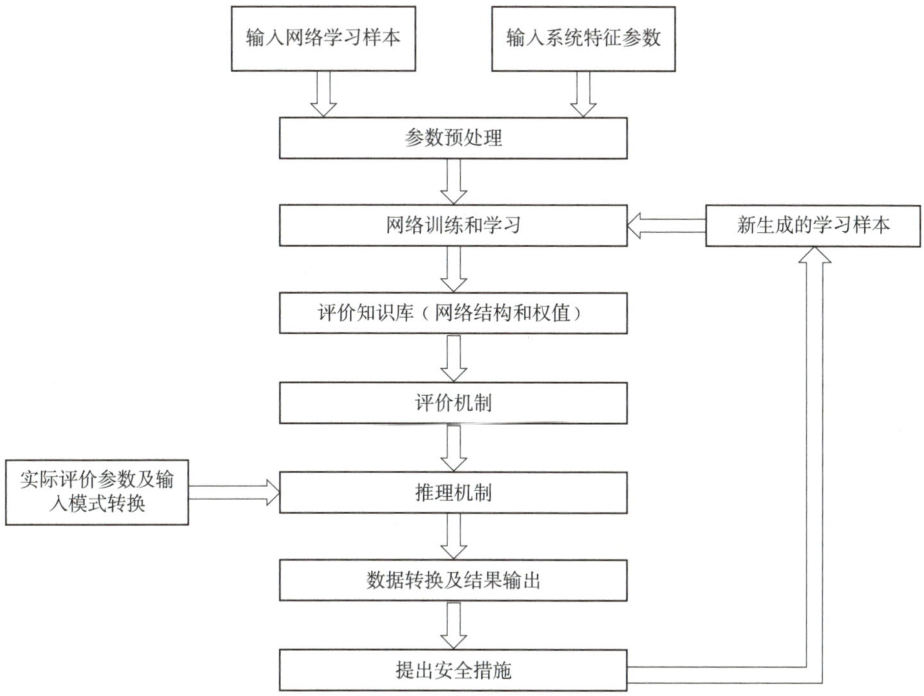

图 2.7　评价步骤

(7)数据包络分析法

数据包络分析(data envelopment analysis, DEA)是著名运筹学家 A. Charnes 和 W. W. Copper 等学者以“相对效率”概念为基础，根据多指标投入和多指标产出对相同类型的单位(部门)进行相对有效性或效益评价的一种新的系统分析方法，以相对效率概念为基础，以凸分析和线性规划为工具的一种评价方法。它应用数学规划模型计算比较决策单元之间的相对效率，对评价对象作出评价，是处理多目标决策问题的好方法。

2.4.4　风险预测的方法

风险预测是风险管理的重要组成部分，是通过概率统计等方式预测风险的发生概率，它是风险规避（即控制）的基础。任何风险事件的发生，都是在外界各种因素的综合作用下进行的。因此，需要在对风险事件进行预测中，需要综合考虑考虑到这些不确定的、随机的因素可能造成的破坏性影响。对高速铁路运营的安全风险进行合理有效的控制是保证安全生产、工作人员的安危以及财产安全的强有力依据。真实可靠的预测是预先掌握并采取相应管理性措施的前提。

1. 风险预测的步骤

高速铁路是一个复杂的系统，故其安全问题同样具有多变的复杂特性。因此，对于高速铁路运营安全风险预测来说，应该首先明确其安全问题的影响因素；其次根据不同影响因素特性的关联性和重要性构建风险预测指标体系；而后根据不同系统、子系统的风险演变特性具体选择适合的预测模型；最后对于高速铁路运营安全风险进行预测及评估。具体步骤如下：

(1)影响因素分析(危险源分析)

高速铁路安全风险主要涉及“人、机、环、管理”四个方面。各因素有其自身的独立性，又相互影响，且相互影响的程度也各不相同。但是，根据研究方法的不同，上述四个方面中的具体影响要素会有差异。高速铁路安全风险影响因素如图 2.8 所示。

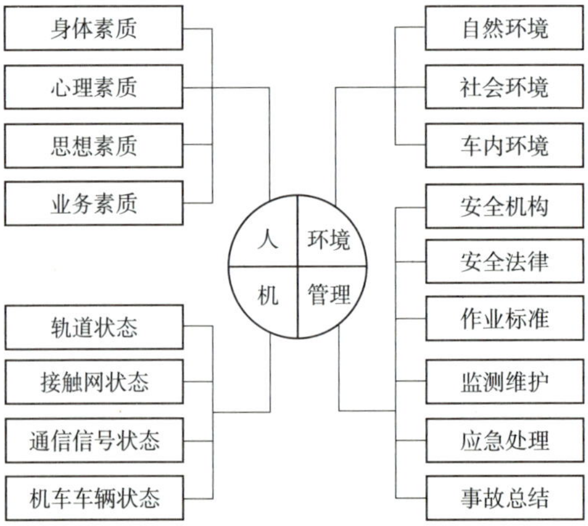

图 2.8 高速铁路安全风险影响因素

(2)风险预测指标体系构建

风险预测指标体系是风险预测模型的核心，也是风险预测的基础。指标体系指为完成一定研究目的而由若干个相互联系的指标组成的指标集。指标体系可以指导数据和信息的搜集过程，帮助决策者从诸多因素中提炼关键信息，建立关联信息系列，提高透明度和综合性；还可以在缺乏足够信息的情况下帮助确立重要问题，然后再确定必要的数据收集。指标体系也可以用于搜集信息，通过分析和汇集评价的内容，强调问题的重点。因此，指标体系是指标形成和确立的基础。

高速铁路运营安全风险预测是一个完整有机的系统结构，可以通过选择和建立一整套的指标体系来进行测度和衡量。在安全风险预测的研究中，指标体系的选择是否适宜，将直接影响到综合预测的结果。因此，指标体系的设计是研究成败的关键性因素。然而，要建立一套既科学又合理的安全评价指标体系，是一个非常复杂、非常困难的问题，必须按照一定的原则去分析和判断，才有可能较好地解决这一难题。

高速铁路运营由于其自身特点的特殊性，运行条件复杂，各种系统、子系统之间相互关联影响，以事故致因理论和定性定量分析相结合的方法为指导，结合历年事故资料，对影响高速铁路运营安全风险的因素进行深入分析和研究，从“人、机、环、管理”四个方面构建安全预测指标体系。

(3)预测模型建立

高速铁路运营安全风险预测模型的建立是以各预测指标的线性、非线性变化规律为基础，以影响高速铁路运营安全状态变化的各主要因素作为输入变量，以对应的安全状态作为输出变量，利用不同的风险预测方法来寻求输入变量与输出变量间最佳的线性、非线性映射关系的过程。

通过将高速铁路运营安全主要影响因素组成的样本数据分为训练样本集与测试样本集，利用训练集样本进行模型参数的优化训练与预测模型的构建工作，用测试集样本来分析预测结果、评价预测模型的性能。即利用训练样本建立最优的预测模型，然后将测试样本中输入变量代入风险预测模型，标定模型中的各待标参数，该过程也就是预测模型的建立过程。

2. 风险预测的方法

根据高速铁路运营发展变化的实际数据和历史资料，运用科学的理论和方法，分析其在未来一定时间内可能的变化情况，来预测未来时刻的安全风险概率，预测高速铁路系统的安全趋势，达到“分析过去，预测未来”的目的。目前常见的预测方法有线性回归、灰色预测、Kalman 滤波、神经网络、支持向量机等。

(1)线性回归

回归预测模型最早是由英国生物学家兼统计学家高尔等及其学生们提出来的。回归是研究自变量和因变量之间关系形式的一种分析方法，将它用在预测未知部分，可以根据已知的自变量情况来估计因变量的总平均水平，用数学表述出来，从而达到预测的作用。回归分析预测模型的形式有很多，如一元(多元)回归模型、线性和非线性回归模型、普通回归模型和带虚拟变量回归模型、自回归模型和无自回归现象的回归模型。

多元线性回归分析是研究一个因变量和多个自变量之间关系、以多个解释变量的给定值为条件的回归分析，其一般表达式为：

$$\boldsymbol{Y}=\beta_0+\beta_1 x_1+\cdots+\beta_i x_i+\beta_n x_n+\mu \tag{2.19}$$

式中 n——自变量的个数；

β_n——回归系数；

μ——去除 k 个自变量对 $\boldsymbol{Y}$ 影响后的随机误差。

由式表 n 个随机方程的矩阵表达式为：

$$\boldsymbol{Y}=\boldsymbol{X}\beta+u \tag{2.20}$$

式中，β 可以采用最小二乘法进行估计计算，其计算值为：

$$\beta=(\boldsymbol{X}^{\mathrm{T}}\boldsymbol{X})^{-1}\boldsymbol{X}^{\mathrm{T}}\boldsymbol{Y} \tag{2.21}$$

(2)灰色预测法

近年来，灰色理论的应用已扩展到环境、气候、卫生、医疗、人口等多个科研领域，在网络流量预测方面也有不少研究成果。该理论通过系统的原始序列累加生成的点群来确定一条最佳拟合曲线，能有效处理不确定性特征显著且数据样本稀少的系统，从杂乱无章、有限的、离散的数据中找出数据的规律，然后建立相应的灰色预测模型。

灰色预测的基本模型 GM(1,1)就是一种简单的在少量数据基础上的时间预测模型。

灰色理论的特点使得它对有些现象的预测优于传统方法，但基本的灰色预测算法却存在缺陷。比如，对于光滑离散函数建模，在数据序列预测随机性较大时，其预测结果有一定误差。

(3)Kalman 滤波

Kalman 在 1960 年提出卡尔曼滤波，该滤波器是由卡尔曼滤波状态方程以及观测方程共同组成的一个线性随机系统的状态空间模型进行描述。其中，状态方程是采用递推的方法，依照线性无偏最小均方误差估计准则，然后采用一系列的递推方法对状态变量进行滤波，得到最佳的估计量，即对噪声进行过滤后的有价值信号的最佳估计值。卡尔曼滤波是一种最优化的自回归数据处理算法，使用具有很强适应能力同时也很灵活的状态空间模型的系统分析方法与递推方法，易于在计算机上实现，在一定程度上减少了计算机的存储量和计算时间，所以在具体的应用常常被采用。

(4)神经网络(混沌理论和 RBF 神经网络)

神经网络是一种模拟人的认知过程，将信息分布式存储和并行协同处理的非线性动力系统，其实质是将当前时刻的输出表示为前几步输入和输出值的非线性函数。基于神经网络的预测方法具有很好的非线性、分布性和自组织学习的优点，在多变量预测和非线性预测中具有很好的实用价值。人工神经网络根据其类型、拓扑结构、激励函数、学习范例和训练算法等有不同的分类。其中按照连接方式的不同分为前馈型神经网络和递归型神经网络两种形式。当数据中存在时间模式时，主要使用递归型神经网络。前馈型神经网络一般有多种类型例如感知器(MLP)神经网络和径向基函数(RBF)神经网络以及多层前馈反向传播(BP)神经网络模型等，其中 BP 神经网络是较常用的神经网络。

BP 神经网络模型由一层输入层、若干隐藏层和一层输出层以及各层节点组成。各神经元的输入为前一层神经元的输出，没有反馈；节点分为输入和计算两个单元，每个计算单元有若干个输入，但只有一个输出，输入单元的作用就是参数的输入。三层 BP 神经网络结构如图 2.9 所示。

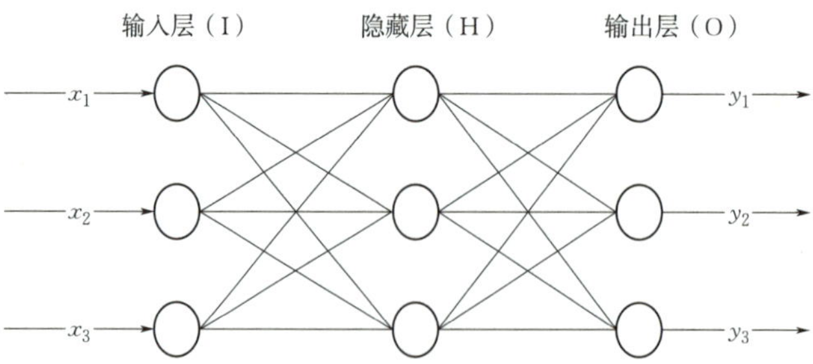

图 2.9　三层 BP 神经网络结构图

BP 神经网络可以通过调整神经元之间的连接(权重)值来确定输入和输出之间的特定函数映射。训练好的网络可以用来预测给定输入(过去的观察)的未来输出。构建神经网络模型的重要决策包括选择神经网络类型、网络结构、训练算法、输入/输出数据的预处理和后处理方法以及训练停止标准等。

神经网络是一种黑盒预测方法，仅仅是对系统输入和输出数据进行非线性拟合，无法明确描述输入和输出的关系，无法对预测结果做合理的解释，并且在建立模型时，没有一个建立神经网络结构的标准，隐含层的个数和权值的调整都要通过人工干预，随机性较大。

2.5 主动安全方法

2.5.1 主动安全方法概述

主动安全是基于事故预防的安全管理思想，不同于减轻事故后果的被动安全。主动安全保障基于系统安全的原理，强调具备提前感知系统安全状态并采取合适控制输出的能力，以达到降低系统风险水平、预防并避免事故发生的目的。

近年来，主动安全理论方法已成为安全科学、控制科学、信息科学、智能系统等多个领域的交叉研究方向，并在交通、电力、互联网、军事、核工业、航天等工程领域发挥出愈来愈重要的作用。

主动安全方法可定义为：能实时感知系统运行状态并确保系统运行在可接受风险水平范围内的方法及技术体系，其具有降低系统风险并运行在低风险最优状态的能力。该技术方法体系主要包括四个主要部分：实时监测、风险评估、风险控制与应急处置，并形成一个闭环的循环过程，如图 2.10 所示。

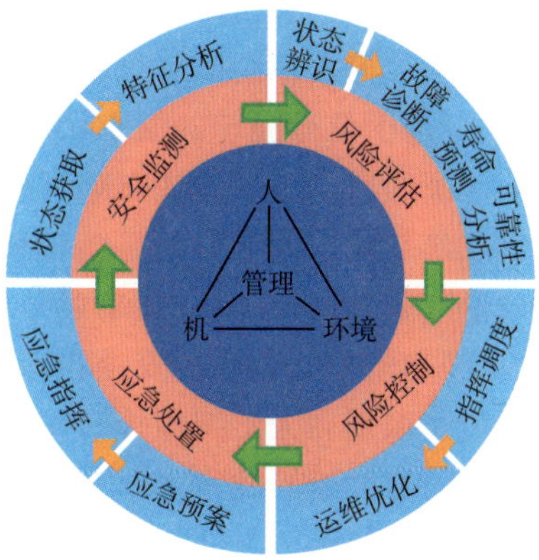

图 2.10 主动安全闭环模型

主动安全方法具有以下特点：

(1)数据驱动，基于实时监控数据的自动化知识处理过程。

(2)一体化处理，实现安全监测、风险评估、风险控制、应急处置等全过程优化设计，提高事故预防能力。

(3)充分利用先进信息技术，如物联网、传感网、云计算、大数据、知识处理等。

主动安全方法涉及状态监测、特征提取、健康(风险)评估、寿命预测、故障诊断、维修优化、安全调度、应急指挥等众多核心技术。本节重点从安全状态感知诊断、安全状态分析预测和安全状态调控三个方面进行介绍。

2.5.2 安全状态感知诊断方法

随着新技术的快速发展，复杂系统的技术构成愈来愈复杂、运行工况强度愈来愈高，系统设施设备的服役性能变化愈来愈快；同时，复杂系统受到自然环境、气候灾害的影响愈来愈大；系统运营过程及各环节都会面临着各种风险的巨大挑战，这些风险直接影响复杂系统的安全水平，甚至可能造成灾难性的后果。为实现主动安全保障，首先要准确掌握系统中关键设施设备及系统运行环境的安全状态，并在此基础上进行系统运行安全状态的诊断。

1. 安全状态感知

近年来，在物联网、传感器、大数据、人工智能、遥感遥测、机器人等先进技术的快速发展和赋能下，使得全息化、立体化、智能化、一体化、预测性为主要特征的系统安全状态获取和感知成为可能。安全状态感知的重点是合理确定系统状态监测范围、采用多种监测手段、利用智能化分析的方法，形成大范围、立体化、多数据融合、智能化的安全状态感知体系。

为保障复杂系统的正常运转，一般配备多种安全监测和检测装置。例如，高速铁路系统安装了车载监控系统、远程监控系统、地面监控系统、线路基础设施监测系统以及环境与灾害监测系统等，通过监测系统采集到加速度、振动、电压、电流、激光、图像等高精度感知信号，进行感知信号提取特征，即可以实现系统中关键设施设备安全状态的感知。

2. 安全状态辨识诊断

基于监测的系统安全状态辨识诊断，可划分为基于信号处理方法的安全状态辨识诊断方法和基于模式识别的安全状态辨识诊断方法两类。

(1)基于信号处理的安全状态辨识诊断方法

传统的信号处理方法有频域包络分析、时域指标分析、时频域小波分析等。如今工业界比较成熟并被广泛认可的是频域包络分析方法，利用快速傅里叶变换将时域信号变换为频率分量形成频谱，在不同频率成分中找到感兴趣的故障特征频率。

(2)基于模式识别的安全状态辨识诊断方法

模式识别和人工智能等学科的兴起使得智能化的安全状态辨识诊断成为可能。当前应用较多的智能诊断技术主要有支持向量机(SVM)、人工神经网络(ANN)、专家系统和模糊逻辑等基于模型的方法。智能诊断技术的应用减少了对人工的依赖性，提高了诊断效率。

2.5.3 安全状态分析预测方法

在安全状态感知诊断的基础上，从系统运转面临的不确定因素出发，要进一步分析系统风险变化规律，并综合考虑与环境、人为等因素的相互作用，充分利用实时监测大数据，进行系统可靠性分析，实现系统运行安全状态分析预测。通过系统安全状态综合评估，建立系统运行风险的主动预防模式，全面提升系统运行风险的防控水平。

1. 系统可靠性分析

可靠性是指在规定的条件下和规定的时间内，产品完成规定功能的能力。复杂系统的不可靠会导致系统不安全。系统发生故障，不仅影响该系统功能的实现，而且有时会导致事故的发生，造成人员伤亡或财产损失。因此，分析系统的安全状态，需要对系统进行可靠性分析。根据复杂系统的特性，其可靠性分析可采用复杂网络建模方法和基于网络流的可靠性分析方法。

复杂网络建模方法一般用单个网络抽象表示系统的特性，将系统部件抽象为网络中的节点，各部件之间的关联关系抽象为网络的边，并对其进行有关节点与网络的度分布、聚类系数、特征向量中心、平均路径长度等指标的定量分析，以此表征系统的可靠性特征。考虑到实际情况中，系统与系统之间存在相互作用关系，网络中各节点之间也有多种连接方式，例如交通网络中存在航空网络与铁路运输网络复合的情况，可以采用多重网络模型来分析系统的可靠性。

复杂系统功能分析认为，系统的各个部件之间功能和作用的传递是通过流的流动性完成的，因此可以将系统划分为物质流、能量流和信息流，对其进行基于网络流的可靠性分析。基于网络流方法的可靠性分析一般定义为网络在一定条件下能够把指定数量的网络流（即需求流量）从源点输送到汇点的概率。这种方法不仅考虑到网络的连通性，而且还考虑了网络中流的特性，边的容量限制以及网络的容量水平。常用的方法也有基于最短路模型和最小割模型的方法。

2. 健康状态评估

系统关键设施设备的性能劣化是一个渐进过程，在发生故障之前往往要经历若干个状态演化阶段。因此，有必要利用其典型状态演化过程对设施设备的服役健康状态进行评估。健康状态评估是由测试信息空间到特征空间再到健康状态空间的非线性综合决策过程。

健康指数理论是一种较为典型的评估方法，其基于设备老化规律的评估反映了系统关键设施设备运行时间和健康状态的关系，进而反映了各系统、子系统在运行过程中的健康状态。健康指数是对健康状态的量化，是衡量和表征被研究对象健康状态的一个数值，可基于对象的关键特征量经过复杂的函数映射关系获得，可用于判定研究对象是否需要维修或更换等干预措施。根据系统的实际运行和监测条件，可利用基于多特征参数健康状态评价方法，构建系统、子系统或部件的综合健康指数，实现运行状态的量化表征。

3. 安全状态分析预测

复杂系统安全状态预测是主动安全保障的重要内容，其重点是对系统未来可靠性和安全性做出预测或估计，并制定合理的措施提前降低系统的风险水平。安全状态分析预测可从设备级和系统级两个层次开展。这里重点介绍系统可靠性预测方法。系统风险可靠性预测的方法主要有随机过程的方法、灰色时间序列预测方法以及贝叶斯网络推断等方法。

(1)随机过程方法

随机过程的方法能够得到系统可靠性与时间的关系，并且该方法的相关理论也比较成熟。马尔可夫(Markov)随机过程方法在系统可靠性预测分析领域应用较多，是分析系统可靠性非常简便且有效的方法。基于马尔可夫过程的可靠性分析主要是分析研究对象在某一阶段内由一个状态转移到另一种状态的可能性，即状态转移概率。它的基本思想是：通过发现研究对象基本信息参数的规律，以推测其在不同状态下的概率分布，进而求得不同阶段的可靠性。

(2)灰色时间序列预测方法

常用的可靠性预测方法是基于实际故障数据为基础，形成故障时间序列，进行预测分析。但因复杂系统设备设施高可靠性设计，可用于可靠性预测的故障数据较少。灰色理论可用于预测不能被完全观测系统的相关信息，可以处理含有未知因素的数据。灰色时间序列预测方法通常以含有一个单变量微分方程的 GM(1,1)灰色模型为核心，对可靠性/故障时间序列进行预测。

2.5.4 安全状态调控方法

复杂系统的日常运营会受到社会环境和自然环境等系统外部因素的影响。同时，系统的关键设施设备在高速度、高密度、重载荷、强冲击的恶劣工况下，设备服役性能变化快速且具有随机非线性，这对复杂系统的安全运行带来了巨大不确定性的风险，甚至会造成灾难性的后果。复杂系统的运行风险同时受包括设备构成、健康状态、运行工况等内因以及自然灾害等外因的多重复杂不确定性因素作用影响。风险状态调控涉及系统的日常运行、维修和指挥调度等业务环节。

为了降低系统运行风险，需从关键设施设备的部件级和系统级分别采取灵活、可靠和优化的风险控制措施，包括综合考虑维修相关性、健康状态的关键设施设备维修策略、以系统风险最小为目标的维修调度机制，面向系统级的包括时间维度、空间维度的多维全方位运行风险在线调控机制，从而最终实现以安全可靠、经济高效等多目标协调的风险状态调控机制，提升预防和控制系统运行风险的能力，实现主动安全保障。

在运营风险调控方面，要重点防控设备设施的不良服役状态和故障等突发事件影响下的系统非正常运行风险，降低设施设备发生故障的风险和突发事件后系统不正常运行的风险。复杂系统风险状态调控的目的在于使整个系统运行风险最低且可用性最高。在系统运营风险分析的基础上，重点从设备健康运维与应急处置两个方面进行风险防控，达到系统风险智能化管控的目的。核心是关键设施设备的维修优化和面向运行风险最低的调度一体化问题，主要包括两部分内容：复杂系统关键设施设备维修策略优化和运行风险调度。

1. 关键设施设备维修策略优化

传统的“故障修”和“计划修”模式容易产生各类过修或欠修的问题，导致运维效率低、维修维护成本高，进而产生系统运用状态不良，限制了设施设备正常能力的发挥，迫切需要向状态修和预测性维修模式转化。综合考虑系统各设施设备的经济、结构和故障等相关性，集成利用基于视情、役龄、失效的维修策略，分析预防性维修、机会维修及失效维修策略组合方案，建立系统预防性机会维修集成策略优化模型，并利用系统在线维修优化快速求解算法，实现系统维修方案的实时在线编制，实现风险管控目标下的设备预测性维修，降低系统关键设施设备的运行风险。

2. 运行风险调度

运行风险调度应统筹考虑突发事件影响、关键设施设备运用和维修计划一体化的弹性网络化指挥调度优化模型。以高速列车群为例，应从不同的时间尺度（小时、日）和空间尺度（区域、全网），结合列车运行风险评估信息，构建出列车运行风险实时调度、运行风险日计划调度、多区域运行风险协同调度优化模型，确保高速列车群运行风险安全可控。

3 高速铁路运营安全的要素分析

依据"人-机-环境"系统工程的思想和方法，运用风险管理方法提出的风险项点分析方法，从人员、基础设施和技术装备、沿线环境三个方面分析影响高速铁路运营安全的要素，是高速铁路运营安全管理的基本出发点，是安全监控、预警、管控的基础。

3.1 影响高速铁路运营安全的要素概况

高速铁路运营体系是由多个子系统组成的复杂动态大系统，涉及铁路工作人员、线路、动车组、通信信号及监控、故障检测、维修等各个领域，任何一个子系统出现缺陷，都会导致整个系统的劣化或失败，因此需从系统工程的原理和方法出发，对各个子系统的形成和运行过程加以控制，以保证整个高速铁路运营系统的高质量和高可靠性。

在高速铁路系统中，人员既是管理的主体，又是管理的对象，是最活跃和具有创造性的因素，始终处于系统的主导地位。与高速铁路运营安全相关的人员主要包括工作人员和路外人员两类。工作人员的管理是高速铁路安全的核心，应严格进行工作人员的教育与培训、安全法令法规管理、安全作业标准管理及设施设备安全技术标准管理，保障高速铁路运营的安全。路外人员(旅客、货主、铁路沿线人员、机动车驾驶人员等)的安全素质也会影响高速铁路系统的安全，因此也应加强对社会公众进行爱护铁路和铁路安全常识的宣传教育。

基础设施是高速铁路系统赖以生存的物质基础，是系统客观存在的物质表现。高速铁路基础设施既要为高速度运行的机车车辆提供高平顺性与高稳定性的轨面条件，又要保证线路各组成部分具有一定的坚固性与耐久性，使其在高强度的运营条件下保持良好状态。技术装备是高速铁路系统安全运行必不可少的物质手段和工具。高性能、高可靠性的技术装备是高速铁路运营安全的基础与保障。高速铁路基础设施和技术装备分布在高速铁路系统各专业中，从要素分析的系统性和完整性考虑，选择高速铁路系统的工务、电务、供电、机车车辆等各部分的基础设施和技术装备进行要素分析。

沿线环境的安全隐患是造成高速铁路运营安全问题的关键所在，保障高速铁路运营的安全、顺畅，必须注重沿线环境条件的影响。高速铁路沿线环境包括自然环境和社会环境。自然环境是影响铁路运输安全的重要因素之一。高速列车对环境条件的要求较普通铁路要高得多，受外部环境的影响也大得多。因此，要安全、顺畅地保证高速铁路的运营，必须重视自然环境的影响。良好的社会环境会对高速铁路的运行安全起到良好的促进和保障作用，擅自在铁路安保区内进行建造、取挖、穿跨、堆悬物品等情形，建构筑物设备侵入铁路建筑限界等因素都将对高速铁路的社会环境产生影响，进而影响高速铁路的运营安全。

3.2 人员的安全要素分析

在高速铁路系统中,人既是事故的肇事者又是受害者,绝大多数事故的发生均与人的不安全行为有关,人员对安全的影响十分突出。因此,要降低铁路事故发生的概率,必须对铁路运营过程中的涉及的人员加强管理。

3.2.1 工作人员安全要素分析

在高速铁路系统的每个作业环节,都需要人的参与、操作、管理、监督和完成,虽然大量的信息采集、处理、判断等工作可以由机器代替人来完成,但是,一旦遇到一些机器本身不能处理的突发事件时,就要求相关人员在最短的时间内确定系统的状态和故障所在,然后加以排除。因此,实质上人机结合的工作模式对人员素质的要求更加严格。

从某种意义上说,高速铁路系统的安全依赖于人。安全问题又渗透到铁路的各个阶段、各个部门、专业和工种。铁路建设、运营和管理的各个环节,从勘测、设计、施工、新技术的研究开发、设备的生产制造到运营管理和日常维护监测等都直接或间接与安全有关。因此,人在高速铁路安全中起着巨大的作用。铁路工作人员的安全要素可主要分为人员内在素质及技能和人员的安全规范。

1. 人员内在素质及技能

关于人员内在素质及技能的划分,可从安全行为学、心理学、人机工程学等学科进行研究。结合人为因素分类方法,可把人员内在素质及技能划分为个人基本因素、人员生理素质、人员心理素质、人员的工作能力。

从内涵上看,个人基本因素指人员基本信息包括性别、年龄等;人员生理素质是指人的机体的生命活动和各个器官的机能的素质;人员心理素质属于人的自然属性,是人员对客观物质世界的主观反映,如心理的习惯、品性等;人员的工作能力表示人为处理好工作的态度表现、专业知识、操作技能、决策行为等。

从外延思考,在高速铁路的运营过程中,它们的定义分别如下:

(1)个人基本因素指高速铁路相关人员自身所具备的基本特征与能力,主要包括学历、工龄、性别、人际交往能力、接受学习能力。

(2)人员生理素质指人员为保障高速铁路安全应具备的身体条件,主要包含人员身体、体力情况、视力与听力能力、抗疲劳能力等。

(3)人员心理素质是人员为保障高速铁路安全所具备的心理能力。当面对的各种困难和挑战,要以强大的心理,坚强的精神为后盾克服内心的恐惧、焦躁,才能正常地完成任务,主要包括情绪调节能力、工作责任感、决策果断能力、高度集中能力、风险安全意识等。

(4)人员的工作能力是指高速铁路人员在本职工作中所具备的能匹配工作的能力,主要有组织沟通能力、处理突发事件能力、遵守规章制度、工作技术业务水平(是否专业知识不足、操作失误、检修维修不到位、日常维护疏忽)、职工劳动态度(是否简化作业过程、疏忽大意)等。

2. 人员的安全规范

人员的安全规范也是保障高速铁路正常运行的关键要素。

(1)人员的安全规范可分为人员的安全教育和人员安全管理水平两部分。安全教育水平是指高速铁路相关人员在工作中的安全教育,有岗前、转岗、日常、升职、班组长、中级以上干部安全教育等。人员安全管理水平包括生活管理水平、劳动管理水平、安全奖惩有效性等。

(2)保证人员的安全规范的责任制可分为安全考核制度、安全培训制度、安全奖惩机制、安全监督机制、安全规章制度等。

3.2.2　路外人员安全要素分析

除了铁路系统内的工作人员之外,旅客、托运人以及其他路外人员的不安全行为也可能会导致事故的发生。

1. 旅客的不安全行为

铁路运输人流量大、出行集中,如果旅客缺乏安全意识,违反铁路相关规定,就会影响铁路安全正常的运营。例如,从列车上抛扔杂物,在动车组列车上吸烟或者在其他列车的禁烟区域吸烟,强行登乘或者以拒绝下车等方式强占列车,冲击、堵塞、占用进出站通道或者候车区、站台等行为都会严重危害铁路安全。违法携带、夹带管制器具,违法携带、托运烟花爆竹、枪支弹药等危险物品或者其他违禁物品也属于严重影响铁路安全的不安全行为。

2. 托运人的不安全行为

托运人在托运货物、行李、包裹时匿报、谎报货物品名、性质、重量,装车、装箱超过规定重量等属于托运人的不安全行为。

此外,托运人在运输危险货物过程中,应当按照法律法规和国家其他有关规定使用专用的设施设备,配备必要的押运人员和应急处理器材、设备以及防护用品,并使危险货物始终处于押运人员的监管之下。危险货物发生被盗、丢失、泄漏等情况时,应当按照国家有关规定及时向有关部门报告。托运人配备的押运人员应当掌握危险货物的性质、危害特性、包装容器的使用特性和发生意外的应急措施。

3. 其他路外人员的不安全行为

铁路安全管理目标的实现不仅需要铁路监管部门和铁路运输企业依法作为,做出努力,更需要全体社会成员的关注并履行相应的义务。近年来,在铁路沿线及铁路车站中,仍存在一些社会公众实施危害铁路安全的行为,如非法拦截列车、阻断铁路运输,扰乱铁路运输指挥调度机构以及车站、列车的正常秩序,在铁路线路上放置、遗弃障碍物,击打列车,拆盗、损毁或者擅自移动铁路设施设备、机车车辆配件、标桩、防护设施和安全标志,在铁路线路上行走、坐卧或者在未设道口、人行过道的铁路线路上通过,擅自进入铁路线路封闭区域或者在未设置行人通道的铁路桥梁、隧道通行,擅自开启、关闭列车的货车阀、盖或者破坏施封状态,擅自开启列车中的集装箱箱门,破坏箱体、阀、盖或者施封状态,擅自松动、拆解、移动列车中的货物装载加固材料、装置和设备,钻车、扒车、跳车,强行登乘或者以拒绝下车等方式强占列车,冲击、堵塞、占用进出站通道或者候车区、站台等。

3.3 基础设施和技术装备的安全要素分析

高速铁路的基础设施是影响高速铁路运营安全的重要因素之一，也是运输生产的物质基础和运输安全的重要保证。依据风险管理方法风险项点的分析方法，可将高速铁路机的部分细分为线、桥、隧、工务、电务、供电、机车车辆七部分。

3.3.1 工务安全要素分析

铁路工务段是铁路系统的重要单位之一，专门负责铁路线路及相关设备保养与维修，包括桥梁、隧道、路基、钢轨、道岔、轨枕等的大、中维修和养护工作定期维护，以保证高速铁路的安全运营。高速铁路的工务安全要素又主要可分为线路、桥梁和隧道三个方面。

1. 线路安全要素分析

高速铁路轨道是行车的基础，它的作用是引导机车车辆的运行，它直接承受来自列车的各种力并传至路基或者桥隧建筑物上。和普通轨道结构一样，高速铁路轨道结构也是由钢轨、轨枕、扣件、道床、道岔等部分组成，这些材料力学性质不同的部件承受列车荷载，它们的工作紧密相关，任何一个轨道部件的结构、性能、强度的变化都会影响所有其他部件的正常工作，对高速铁路的正常行车产生影响。因此，要求轨道应具有足够的强度、稳定性和耐久性才能保证列车安全、平稳、不间断地运行，在部件性能、技术水平和养护维修等方面标准更高、要求更严。

根据影响轨道安全状态的不同设备类型，影响轨道安全状态的因素分为轨道几何病害、钢轨病害、轨枕病害、轨道板病害和其他病害。

(1)轨道几何病害

轨道几何状态是轨道结构承载能力的综合体现，直接影响轨道安全状态。我国对轨道几何尺寸的管理采用静态和动态相结合的模式。其中，轨道动态不平顺分峰值和均值，峰值管理质量通过分级采用幅值超限评分法评定，均值管理质量采用轨道质量指数评定。

根据动态检测法，可检测得到10项轨道不平顺指标：左或右高低、左或右轨向、轨距、三角坑、水平、车体横向加速度、车体垂向加速度和轨距变化率。这些检测项目能够客观、合理地反应轨道的质量状态，为工务部门制定日常养护维修计划提供了重要的数据支持。

根据轨道受列车荷载作用的方向，可将轨道不平顺检测项目大致分为横向不平顺、垂向不平顺两类。其中，横向不平顺包括轨道方向不平顺和轨距不平顺；垂向不平顺包括高低不平顺、水平(超高)不平顺和扭曲不平顺(三角坑)。

(2)钢轨病害

钢轨伤损形式主要有钢轨磨耗、轨头剥离裂纹、轨顶面擦伤、轨腰伤损、波形磨耗、表面裂纹、内部裂纹和腐蚀等。按伤损程度分为轻伤、重伤和折断三类。

钢轨接头是铁路线路中安全性最低的位置，列车的反复运行使钢轨对接头位置造成较大的冲击，产生振幅，这样就会改变铁路线路原有的技术状态。接头位置出现病害会加剧轨道的损坏，病害范围也会随着火车运行时间的增加而扩大。对于钢轨接头问题，需要对新旧连接位置进行调整。由于部分路段钢轨存在高度差，在运行过程中钢轨接头位置的螺栓会发生松动，接头的夹板也会损坏，从而引发钢轨接头病害。在铁路运行线路中，有部分路段为弯曲路线，列车转弯时也会引发接头病害。

(3)轨道板病害

轨道板的作用是约束和固定钢轨，把轨道的纵向力和横向力直接传递给侧向挡块或通过剪力钉传递给支撑层，起到“承上启下”的作用。轨道板常见的病害形式大致分为三类：轨道板裂缝、混凝土缺损、锚穴封端离缝及脱落。

(4)轨枕病害

轨枕伤损分为一般伤损、严重伤损、失效。其伤损的主要形式有：横向裂缝、纵向裂缝、挡肩破损、掉块、网状龟裂等。

(5)其他病害

其他病害主要有扣件病害(损伤、腐蚀、老化、松动)、CA 砂浆病害(离缝、垂向裂缝、横向裂纹、水平分层、侧面剥落掉块和涉水)、凸形挡台(凸形挡台裂缝)、底座病害(裂纹)、有砟轨道的碎石道床(道床下沉变形、板结、翻浆、翻白)等。

2. 桥梁安全要素分析

高速铁路由于行车速度高、运营密度高、采用全封闭的行车模式、线路的平纵断面参数限制严格、轨道结构的高平顺性要求等特点，导致桥梁数量增多。同时，由于速度大幅度提高，高速列车对桥梁结构的振动力作用远大于普通铁路桥梁。桥梁出现较大挠度会直接影响桥上轨道的平顺性，造成结构物承受很大的冲击力，使旅客舒适度受到严重影响。此外，为保证轨道的平顺性还必须限制桥梁的预应力徐变上拱和不均匀温差引起的结构变形。这些都对高速桥梁结构的刚度和整体性提出了严格的要求。

为了加快高速铁路发展，满足各个地区经济发展速度的要求，我国高速铁路线路中桥梁所占比例很大的现状表明，桥梁是促进我国高速铁路发展的重中之重。高速铁路桥梁存在的病害分为混凝土梁桥常见病害与梁式桥典型病害。

(1)梁桥通病

梁桥通病主要包括混凝土表层缺陷、混凝土碳化、碱骨料反应、冻融破坏、钢筋锈蚀、裂缝等。其中，混凝土表层病害通常是因为施工不当或者不良环境作用导致；混凝土碳化现象、碱骨料反应、冻融破坏、钢筋锈蚀等都是由于材料自身特点以及不良环境共同作用的结果；裂缝的诱因包括材料自身特点、施工质量不佳、养护方法不当、结构承载力不足等，一般都是多种因素共同作用的结果。

(2)梁式桥典型病害

梁式桥典型病害包括预应力损失、挠度过大、支座病害等基础与桥墩的病害等。其中，预应力损失的原因包括管道摩阻损失、锚具变形、钢筋回缩、混凝土弹性压缩损失、钢筋松弛损失、混凝土收缩徐变等；挠度过大的原因包括混凝土收缩徐变、预应力损失、裂缝(刚度折减)、荷载作用等；支座系统的病害主要有支座脱空、变形、锈蚀、活动支座位移超限、锚栓折断以及支座板空响等，其产生的原因可主要包括为设计偏差、施工误差、维修及管理不善等；基础与桥墩病害的诱因主要有设计不合理、施工质量不良、氯离子侵蚀、河流冲刷、不良地质及地震作用等。

3. 隧道安全要素分析

隧道是高速铁路基础设施的又一重要组成部分。随着高速铁路的发展，隧道在高速线路上大量出现。高速铁路隧道与普速铁路隧道最大的区别就是当列车以高速通过隧道时，会产生极强的空气动力学效应(主要表现在瞬变压力、洞口微气压和行车阻力三个方面)，对行车安全性、旅客舒适度及洞口环境等均会产生不利影响。据研究，当列车以 200 km/h 以上的速度通过铁路隧道时，这种不利影响就已表现得十分明显。

另外，高速铁路隧道的勘测、设计、施工与养护维修、防排水标准、防灾救援和耐久性等方面也有较高的要求，这样才能使得隧道建筑物在高速行车条件下仍能满足养护维修工作量最小的要求，及时发现病害、分析造成病害的原因，采取及时有效的措施，延长隧道建筑物的使用寿命。隧道常见病害包括：

(1)隧道口仰坡落石

部分高速铁路隧道进出口仰坡很高，仰坡平台数量甚至超过 10 层，且坡度陡峭，加之日常风吹日晒，山顶岩石风化严重，造成石块疏松、掉落，威胁过往列车安全。

(2)隧道拱顶衬砌松动

高速铁路隧道衬砌采用模板台车施工，每隔 10.5 m 设环向施工缝一道。由于施工工艺的原因，施工缝(尤其是隧道拱顶施工缝)处衬砌较其他位置薄弱，易产生混凝土裂纹、翘起等病害，影响行车安全。

(3)隧道拱顶衬砌空响

高速铁路隧道衬砌在浇筑过程中，由于衬砌钢筋绑扎不规范、振捣力度不够等原因，导致二次衬砌混凝土不密实，内部出现小空腔，敲击混凝土表面后会呈现空响现象。

(4)隧道渗漏水

高速铁路隧道一般都设计有完善的内外排水系统，隧道全长范围内均设有纵向盲管、环向盲管、侧沟、横向导水管、中心水沟等，洞外设置有洞外排水沟、洞口截水横沟、洞顶截水天沟、仰坡排水沟等。造成其渗漏水病害有客观因素(如地下水位高、地质不良、连续降雨等)，也有主观因素(如施工质量欠佳、使用劣质防水材料等)。

(5)隧道衬砌裂缝

在隧道工程的施工过程中，由于隧道周边所覆盖的土层存在重力分布不均匀的现象，因此会对隧道外壁及衬砌产生不均等的压力。同时，这种压力往往就会造成隧道工程出现衬砌裂缝病害的现象，且就实际施工来看，衬砌裂缝病害的严重程度与其承受的重力呈现正比关系。在隧道衬砌裂缝中，其分布面积及裂缝所呈现的深度是造成隧道衬砌变形的重要原因之一，且隧道外侧覆土层重力越大，衬砌结构变形的概率也就越大。

不仅如此，导致高速铁路隧道工程中出现衬砌裂缝病害的原因还与施工场地的地质条件有关。具体而言，隧道工程施工现场若靠近或穿过地质断层等复杂的地质环境，其自身衬砌与外壁则会产生极大的围岩荷载力，并导致隧道两侧受力不均等，荷载较大的部分就会极易出现衬砌裂缝病害。而在此种地质环境下，裂缝分布的位置，隧道两侧所承受的承载力大小等因素是导致衬砌呈现出变形特点及裂缝病害程度的直接原因。

3.3.2 电务安全要素分析

铁路电务系统的主要职责是维护信号与控制系统的正常运行，使信号正常显示以及维护转辙机及道岔使道岔扳动正常。其中，高速铁路信号与控制系统是集计算机技术、通信技术和控制技术的综合为一体的行车指挥、列车运行控制和管理自动化系统。它是现代保障行车安全、提高运输效率的核心，也是标志一个国家轨道交通技术装备现代化水准的重要组成部分。高速铁路信号与控制系统通常被称为基于通信的列车控制系统(communication based train control system，CBTC)或先进列车控制系统(advanced train control system)。信号与控制系统常见的故障类型包括道岔无表示、线路红光带、信号灯故障、列车占用丢失、CTC 设备故障、应答器故障、ATP 故障、其他道岔故障、线路遗留绿光带、LKJ 故障、BTM 故障、双系故障等，且大多会造成行车延误。

1. 信号与控制系统的组成

高速铁路的信号与控制系统是高速列车安全、高密度运行的基本保证，世界各国在高速铁路的发展中都非常重视行车安全及其相关支持系统的研发。高速铁路信号与控制系统主要由列车运行控制子系统、车站联锁子系统和调度集中子系统组成，还包括一些附属子系统，如诊断与服务子系统、微机监测子系统、灾害信息处理子系统、通信网络子系统、培训子系统等。高速铁路信号系统的设备主要布置在调度中心、车站、区间信号室、线路旁和机车内。

列车运行控制子系统根据车站进路、前行列车的位置、安全追踪间隔等向后续列车提供行车许可、速度目标值等信息，由车载列控设备对列车运行速度实施监督和控制。车站联锁子系统根据计划实时建立各列车安全进路，为列车提供进、出站及站内行车的安全进路。调度集中子系统根据列车基本运行图所制定的日、班计划和列车运行正、晚点情况，编制各阶段计划，并下达给各个车站联锁系统。

2. 安全要素分析

高速铁路电务的正常运转是保证列车安全运行的关键系统，其安全性和可靠性直接关系到列车的安全运行。一般来说，电务系统失效的原因主要分为以下四类：

(1)技术不到位造成的人为故障

维护人员的技术水平会影响高速铁路信号设备的使用。如果在高速铁路信号设备建设过程中存在工作人员技术水平不高，缺乏高速铁路信号设备建设的科学知识与理论基础等问题，或在高速铁路运营阶段有工作人员从业积极性不高、工作态度不认真、对信号设备的监测和维修不及时等现象，都可能影响信号与控制系统的正常运行。

(2)信号设备老化以及松脱

从投运开始，设备便随时间推移进入逐步老化或疲劳、磨损的过程，具有发生故障的可能性。在不考虑突发性事件影响的前提下，这种可能性具有趋势性和累积效应，绝大多数情况随时间递增。高速铁路信号设备投入使用时间过久，可能出现老化以及松脱的问题，使得高速铁路信号设备的灵敏度和准确度降低，发出与接收之间有一定时间的延迟与滞后。

(3)技术缺陷

软件设计缺陷可能导致列车信号与控制系统失效。

(4)天气原因

我国高速铁路运营环境极其复杂，单条线路超过 1 000 km 的行驶里程与全年服役的特点使其横跨多个自然气候带，需要承受雨雪、强风、雷电等气象灾害的侵袭；恶劣的天气环境等特殊因素会对高速铁路信号设备的安全性造成威胁。例如，当遭遇雷击时，强大的电流可能会扰乱信号设备，影响了行车安全。

3. 信号与控制系统的设计原则

信号与控制系统的设计必须具符合 RAMS 原则，即：

(1)系统安全性

信号系统中涉及行车安全设备应符合“故障—安全”原则，并应达到 IEC 61508 规定的安全等级 4 级。

(2)可靠性和有效性

系统必须采取高可靠性措施，以降低系统故障概率和有关影响正常运行的随机性，这些措施至少包括采用多重冗余技术，选用已证明具有高可靠性的标准元器件，具有可靠的后备运行模式等。

(3)可维护性

系统设备及其主要元器件设计应考虑调整和维护，如系统设备应有适当的测试点、故障隔离及诊断措施，以减少设备修复时间和维护成本，均应具有完善的自检和自诊断功能，并具备远程测试和诊断功能。

3.3.3 供电安全要素分析

在高速铁路中，牵引供电系统是高速动车组的唯一动力来源，它从电力系统接受电能，通过变压、变相或变频后，经由牵引电能传输线路，向高速动车组提供符合一定电压、频率制式的电能，其健康高效地服役是保障高速铁路安全、可靠、经济运行的关键。

从电能传输和应用的角度看，高速铁路同普通电气化铁道一样，需要处理好三个环节的关系。第一个环节是外部电源与牵引供电系统的关系：一方面外部电源要向牵引供电系统提供足够的供电容量，满足高速动车组运行需要；另一方面高速铁路取用的电能不应造成对外部电源的干扰，要满足公用电网电能质量要求。第二个环节是牵引供电系统与动车组的关系，其关键是要保证电能优质可靠地传输给高速行驶的列车。第三个环节是动车组上的牵引传动系统，要保证为车辆的不同工况提供快速的动力控制，同时要实现电能与机械能的高效转换。牵引供电系统主要故障类型主要包括接触网跳闸、馈线跳闸、接触网受损、继电器跳闸、网压异常、变电所跳闸、电源线失压、供电停电单元跳闸等。

1. 牵引供电系统的组成

牵引供电系统是指从三相电力系统接受电能向单相交流电气化铁道行驶的列车输送电能的电气网络，主要包括牵引变电所和牵引网，有时也把公用电力系统向牵引变电所供电的专用高压线路包括在内。在我国，以牵引变电所高压进线门形架为界，门形架以外归属电力部门，门形架以内归属铁路部门。牵引变电所的主要作用是电能变换及控制，完成单相牵引网与三相电力系统之间的连接和电压变换；牵引网则负责向行驶中的列车供给电能。

我国的高速铁路采用单相工频(50 Hz)交流制，所处电压等级为 25 kV，供电方式普遍采用自耦变压器(auto-transformer，AT)供电方式。采用 AT 供电方式的优点是能使供电电压成倍提高，牵引网阻抗小，供电距离长，有效减少了牵引网上的电压损失和电能损失，使得其适用于高速、重载等大电流运行的工况。牵引供电系统通常从电压等级为 220 kV(西北地区为 330 kV，少数特殊地区为 110 kV)的三相电力系统获取电能，经过牵引变电所中的牵引变压器降压为两相 2×27.5 kV 工频交流电分别供给左右两供电臂的牵引网，每条供电臂上承载单相电压，中间通过电分相分隔不同相别，在牵引网上接触线的电压为 27.5 kV，正馈线的电压为 −27.5 kV，钢轨接地并与牵引变压器中性点相连。在牵引网沿线每隔 10～15 km设置一个 AT 所或分区所，用于放置变比为 2∶1 的 AT。AT 跨接于接触线和正馈线之间且中性点与钢轨相连，使接触线（与动车组受电弓接触）和钢轨（与动车组轮轨接触）之间形成 25 kV 的电压，将电能供给高速动车组。其中，分区所除具有 AT 所的基本功能外，还具有划分供电分区的作用，并可通过开关设备的合闸操作实现不同供电分区的越区供电。

2. 安全要素分析

高速铁路一旦中断供电，将导致动车组停运事故，严重影响运输秩序，造成的损失十分严重。一般来说，牵引供电系统失效的原因主要分为以下三类：

（1）设备性能衰退

从投运开始，设备便随时间推移进入逐步老化或疲劳、磨损的过程，具有发生故障的可能性。在不考虑突发性事件影响的前提下，这种可能性具有趋势性和累积效应，绝大多数情况随时间递增。当设备性能衰退到特定程度时，设备从安全可靠期进入“病态”运行阶段，设备性能持续衰退，绝缘、耐磨、耐久特性参数濒临临界值，因某个外部因素或自发性发生故障的可能性急剧增大。

（2）服役环境

我国高速铁路运营环境极其复杂，单条线路超过 1 000 km 的行驶里程与全年服役的特点使其横跨多个自然气候带，需要轮番承受雨雪、强风、雷电等气象灾害的侵袭。高速铁路网覆盖 30 多个省市，跨越高寒（如京哈线），高温、高湿（如武广线）、强腐蚀（如海南通道）、多风沙（如兰新线）、高原（如沪昆线）等复杂且极端的地理水文环境；同时，各个地区的区域电网在供电能力、电能质量、脆弱性等方面也具有较大的差异，牵引负荷的特点以及与区域电网频繁的大功率交换使得这种电源条件差异性更加明显。牵引供电系统及其设备受到服役环境的影响，特别是室外的供变电设备，也会容易发生故障。

（3）人为因素

人为误判或无法识别系统或设备状态、延时或不正确处理故障，可能导致牵引供电系统发生故障或故障范围扩大，造成额外损失。对系统及设备运行机理认知的缺乏，误操作或发送错误调度命令而造成设备损坏或系统故障，也会使得风险后果恶化。这些人为因素会引起牵引供电系统重要设备寿命的缩短或导致故障的发生，从而使得牵引供电系统的可靠性和安全性大大降低。

3. 牵引供电系统的设计原则

牵引供电系统的设计必须具有可靠性、可用性、安全性和可维护性。具体来说：

（1）可靠性是指牵引供电系统必须具备科学的冗余设计体系、高质量的设备与施工体系，为列车运行提供可靠的能量支持。例如，在设计、制造、出厂试验等环节考虑牵引变压器的过载能力、接触网的耐磨特性等。

（2）可用性是指外界故障或内部人员疏忽引起的故障不至于导致系统的失效。如双回路供电、接触网系统合理电分段，结构稳定、智能化继电保护控制系统。

（3）安全性是指采取合适的、具有可操作性的安全管理措施避免出现安全性灾难，牵引供电系统不应产生铁路内部危害性干扰及对与其他系统的危害性相互作用的影响。

(4)可维护性是指建立系统维修体制，保证牵引供电系统应可以不间断供电。

3.3.4 移动设备安全要素分析

高速铁路车辆是运送旅客的移动设备。大面积的高速铁路线路建成和运行交路开行意味着大量动车组的上线运行，而高速铁路车辆作为高速铁路的直接运载工具和移动设备，其检修质量和性能状态直接影响着旅客的人身和财产安全。

1. 高速铁路车辆的组成

高速铁路车辆是包括材料、机械、电子、计算机和控制等现代技术的一个集中体现。它一般由车体及车内系统、转向架、高压系统、牵引传动系统、制动装置和辅助供电系统等六个部分组成。

2. 安全要素分析

高速动车组是高速铁路的标志性装备，所谓动车组就是由动力车和拖车或全部由动力车长期固定地连接在一起组成的车组。动车组是一个极其复杂的系统，是交通运输领域高科技技术装备的代表产品，它集网络控制、电子化、信息化、精密机械化于一身，由各个子系统组成，各子系统又由成千上万的元器件组成，各子系统的功能、常见故障类型及分析如下。

(1)动车组车体及车内系统

动车组车体及车内系统主要是为乘务人员和旅客提供服务的硬件设施，例如空调系统、供水系统、排污系统、旅客服务系统、车门等，因为上述设备直接与乘客接触，使用频率高，再加上使用人员操作问题，故障发生率较高。其中供水排污系统和空调系统对旅客的旅行体验影响较大，对动车组的安全运行影响较小；但是车门系统对行车安全有重大影响，一是车门系统要接受 DCU(牵引控制单元)监控，如果在始发状态下车门故障将影响列车的动力，二是高速运行途中车门发生故障将严重影响旅客的人身财产安全。

(2)转向架

转向架主要由构架、轮对组装、轴箱装置、一系悬挂、二系悬挂、牵引驱动装置(仅动车转向架)等六部分组成，欧系车上转向架还配置了轮缘润滑装置等。由于转向架系统是动车组运动的执行机构，各部件承受载荷大，相对运动速度等级高，同时各部件接触行为受各种碰撞、车轮和车轨接触几何关系以及大量转向架组件，在这种运行条件下，常见的故障模式是轴承过热、减震装置故障、车轮过度磨损或损坏等情况。

(3)高压系统

高压系统中由受电弓收集接触网提供 AC 25 kV 电压，受电弓由压缩空气提升。此外，气动滑板监控系统(自动高速降落装置)可确保在滑板磨损或断裂时通过断开“紧急停车回路”来使受电弓降落。由于高压系统绝大部分暴露在动车组车顶，受环境因素影响较大，其中受电弓还与接触网产生高速的相对运动，因此高压系统问题也时常发生，主要的故障模式为主断路器不闭合、受电弓自动降弓、污闪等。

(4)牵引传动系统

牵引传动系统主要由牵引变压器、牵引变流装置和牵引电机三个主要部分组成，每一个子系统的结构都比较复杂，是动车组传递动力的最核心部分，一旦发生问题，将直接影响动车组的动力。如果线上运行出现较为严重牵引传动故障,很可能导致取消交路、救援的问题,牵引传动系统的主要故障模式表现为牵引丢失、牵引电机过热、异音等。

(5)制动系统

制动系统是保证动车组安全运行的核心部分,主要由制动控制系统、空气压缩机、基础制动装置等部分组成。在动车组高速运行中,能够在目标地点、在预期的制动距离完成制动功能对安全性显得尤为重要。当然,制动系统一旦出现故障,对动车组安全性能也将产生重大的影响。动车组制动系统主要故障模式表现为制动不缓解、制动有效率丢失、制动系统异响音、基础制动故障等。

(6)辅助供电系统

辅助供电系统的主要作用是给车内中、低压设备设施及各种服务性电气设备供电,如牵引电机风机、冷却塔风机、主变流器风机、辅助变流器冷却风机、空气压缩机,充电机及其风机、各种电动阀门、车厢照明等。一旦上述辅助设备出现故障或异常,将引起牵引制动单元的自我保护机制,最终影响动车组的使用。辅助供电系统的故障模式一般表现为辅变丢失、辅变模块故障、蓄电池工作不良等情况。

3.4 沿线环境的安全要素分析

高速铁路设施设备置于公共场合之中,不可避免地会受到沿线环境的影响,且沿线环境安全问题对高速铁路运营安全的影响日益突出。为了全面分析沿线环境的安全要素,依据风险管理方法风险项点的分析方法,可以进一步将沿线环境分为自然环境和社会环境两方面,对沿线环境的安全要素分析则是对自然环境和社会环境安全要素进行分析。

3.4.1 自然环境的安全要素分析

自然环境因素是影响高速铁路运输安全的重要因素之一,自然灾害和恶劣天气均会对高速铁路的正常运输生产产生影响和造成危害。因此,要安全顺畅地保证高速铁路的运营,必须注重恶劣气候条件的影响。

高速铁路常见的自然灾害风险因素主要包括:恶劣气候条件直接导致的气象灾害,如洪水、暴风、风沙、暴雪、雷击、洪水等;地震等地质构造运动造成的不可抗力灾害及其次生灾害,如堰塞湖、地陷等;因工程地质条件较差,受降水、地震、人类活动等外因所诱发的地质灾害,如滑坡、崩塌落石、泥石流等为代表的斜坡岩土体运动灾害,以岩溶、膨胀土、冻土等为代表的特殊土体灾害。

1. 大风

高速铁路运行受强风影响而造成的降速、停运情况屡见不鲜,所以对高速铁路强风灾害进行分析,探究解决对策,对提高高速铁路运行的安全性,维护人民的生命和财产安全,促进社会和谐稳定发展具有重要意义。

我国西北及东南沿海地区受强风灾害影响较大,对高速铁路运行及人身安全带来了很大隐患。西北地区如兰新高速铁路大风季节性强,东南沿海地区易受台风影响。另外,受路外环境因素影响,如因大风刮起的轻型材料建(构)筑物等物体影响而导致的紧急停车也比较频繁。

2. 水害

铁路遭受的主要水害有暴雨洪水、风暴潮、泥石流、塌方滑坡、冰凌等。其中以暴雨洪水最为突出，中断运输时间长，毁坏范围广，所造成的财产损失大。大部分地质灾害也是由暴雨洪水所引发。

3. 雪灾

雪灾是导致交通事故频发的一个重要因素，它会引起铁路供电中断、导致线路受阻，严重影响铁路的运输能力和运输安全。2008 年，我国在南方发生的大规模雪灾导致铁路供电中断、轨面结冰轮轨黏着力减小，道岔结冰扳动困难、甚至大雪淹没铁轨，造成大面积交通瘫痪，严重影响了春运的运输能力和运输安全，造成旅客大规模滞留。

《冰雪天气动车组列车限速规定》(TG/CW309—2013)中，明确提出限速标准："降雪天气，当运行区段降中雪或积雪覆盖轨枕板或道砟面时，无砟轨道区段限速 250 km/h 及以下，有砟轨道区段限速200 km/h及以下；当运行区段降大雪、暴雪时，无砟轨道区段限速200 km/h及以下，有砟轨道区段限速 160 km/h 及以下。"因此，必须实时掌握高速铁路沿线各种气象信息并进行实时监控，遇到恶劣自然灾害时才能及时发现，避免或者减少事故发生。

在冬季，下小雪对铁路运输并无大碍，但大雪或飞雪会严重影响运输安全和运输效率，而雪崩则可能造成铁路安全事故。多年来，国内外铁路受雪灾影响主要包括：由于一般大雪、湿雪、大风搬运造成的积雪堆积、黏附雪、雪崩、结冻、冰雪引起的线路空间障碍，大风卷起的飞雪等对轨道正线、道岔、车厢车体、轨旁设备、牵引供电系统造成的危害。雪灾对铁路运输的危害包括：一般降雪导致轨面湿滑，列车制动性能下降；道岔积雪或结冰后不能灵活转换，影响列车运行；发生雪崩时引起视距不良，甚至掩埋轨道和道岔，致使列车脱轨，导致行车中断；电气化区间，停车时间一长，由于积雪质量增大，导致架式受电弓脱离接触网而坠落，自动切断电源；黏附雪在空气湿度大时会不断积累，到一定重量后压断牵引供电和信号供电线，导致停电；被列车经过时卷起的雪可能黏着在车厢底部，一方面导致制动距离增大甚至失灵，另一方面，黏着在车厢底部的雪，在列车高速运行途中可能坠落，砸坏轨旁设备。

4. 地震

车轮间的横向力和列车速度的平方成正比关系，因此对于运行速度较低的列车而言地震的危害性较小，当高速列车的运行速度超过 200 km/h 以上时，即便是很小的地震都有可能引发脱轨的重大事故。由于高速列车的高密度运行以及列车的刹车距离与刹车时间都比普通列车长得多，都使得后续高速列车更容易冲入事故发生区域，发生次生灾害。由此可见，在影响高速列车安全运行的自然灾害中，地震灾害的危害相当之大。

2003 年，日本宫城县发生的强烈地震，导致新干线上的大量桥墩产生混凝土剥落现象、桥梁的支座受到了不同程度的破坏、桥台出现不均匀沉降现象等。由于钢筋强度不足、箍筋布置不合理等因素，部分框架柱上部受损，其中有多达 23 个桥柱的混凝土保护层剥落，两端的桥墩由于比中间的短而出现较大变形。

2004 年，日本新潟县中越地区的强烈地震对日本上越新干线桥梁产生严重影响，多处桥梁发生不均匀沉降、梁体和桥墩裂缝等震后桥梁病害，如十日町高架桥最大沉降 3 cm、净土川桥最大沉降达 7 cm、新干线桥梁 9 座桥中的 47 个桥墩出现裂纹、钢筋外露、表面混凝土剥离等现象，其中有 8 个桥墩被剪切破坏。

5. 雷击

每年在自然界中会发生上百万次的闪电。“联合国国际减灾十年”中将雷电列为造成后果最严重的自然灾害之一。根据最新公布的统计数据，雷电灾害已经在所有的自然灾害位列第三。每年全世界因雷电灾害造成的各类事故不计其数。

接触网是高速铁路牵引供电系统的主要组成部分，它通过连接牵引变电所并与受电弓接触将电能输送给电力机车（动车组），高速铁路的安全运行将直接受到接触网状态的影响。而且接触网是随着高速铁路而沿线铺设的，我国高速铁路大部分采用高架桥结构，这就使得诸如接触网设备等线路基础设施相比附近地势更高，更易于遭受到雷击。由于接触网设备大部分为金属材质暴露于自然环境中，在运行过程中没有备用，一旦遭受到雷击诱发跳闸势必对电力机车（动车组）的安全运行造成影响。

3.4.2 社会环境的安全要素分析

社会环境主要指社会政治和经济形势、安定团结的局面、社会治安保卫等。良好的社会环境能够对高速铁路安全起着良好的促进和保障作用。随着高速铁路沿线经济的发展、城乡居民数量的增多，在铁路沿线违规圈占铁路用地、经营性采矿、设立危险品生产工厂等情况时有发生，挖埋管线、鱼塘等施工也成为影响高速铁路运营的安全隐患。

具体来说，影响高速铁路沿线环境的社会因素很多，《铁路安全管理条例》中对相关要素主要规定如下：

（1）禁止在铁路线路安全保护区内烧荒、放养牲畜、种植影响铁路线路安全和行车瞭望的树木等植物。

（2）禁止向铁路线路安全保护区排污、倾倒垃圾以及其他危害铁路安全的物质。

（3）在铁路线路安全保护区内建造建筑物、构筑物等设施，取土、挖砂、挖沟、采空作业或者堆放、悬挂物品，应当征得铁路运输企业同意并签订安全协议，遵守保证铁路安全的国家标准、行业标准和施工安全规范，采取措施防止影响铁路运输安全。铁路运输企业应当派员对施工现场实行安全监督。

（4）在铁路线路两侧建造、设立生产、加工、储存或者销售易燃、易爆或者放射性物品等危险物品的场所、仓库，应当符合国家标准、行业标准规定的安全防护距离。

（5）在铁路线路两侧从事采矿、采石或者爆破作业，应当遵守有关采矿和民用爆破的法律法规，符合国家标准、行业标准和铁路安全保护要求。在铁路线路路堤坡脚、路堑坡顶、铁路桥梁外侧起向外各 1 000 m 范围内以及在铁路隧道上方中心线两侧各 1 000 m 范围内，确需从事露天采矿、采石或者爆破作业的，应当与铁路运输企业协商一致，依照有关法律法规的规定报县级以上地方人民政府有关部门批准，采取安全防护措施后方可进行。

（6）高速铁路线路路堤坡脚、路堑坡顶或者铁路桥梁外侧起向外各 200 m 范围内禁止抽取地下水。在前款规定范围外，高速铁路线路经过的区域属于地面沉降区域，抽取地下水危及高速铁路安全的，应当设置地下水禁止开采区或者限制开采区，具体范围由铁路监督管理机构会同县级以上地方人民政府水行政主管部门提出方案，报省、自治区、直辖市人民政府批准并公告。

(7)在电气化铁路附近从事排放粉尘、烟尘及腐蚀性气体的生产活动,超过国家规定的排放标准,危及铁路运输安全的,由县级以上地方人民政府有关部门依法责令整改,消除安全隐患。

(8)任何单位和个人不得擅自在铁路桥梁跨越处河道上下游各 1 000 m 范围内围垦造田、拦河筑坝、架设浮桥或者修建其他影响铁路桥梁安全的设施。因特殊原因确需在前款规定的范围内进行围垦造田、拦河筑坝、架设浮桥等活动的,应当进行安全论证,负责审批的机关在批准前应当征求有关铁路运输企业的意见。

(9)禁止在铁路桥梁跨越处河道上下游的下列范围内采砂、淘金:①跨河桥长 500 m 以上的铁路桥梁,河道上游 500 m,下游 3 000 m;②跨河桥长 100 m 以上不足 500 m 的铁路桥梁,河道上游 500 m,下游 2 000 m;③跨河桥长不足 100 m 的铁路桥梁,河道上游 500 m,下游 1 000 m。

有关部门依法在铁路桥梁跨越处河道上下游划定的禁采范围大于前款规定的禁采范围的,按照划定的禁采范围执行。

县级以上地方人民政府水行政主管部门、国土资源主管部门应当按照各自职责划定禁采区域、设置禁采标志,制止非法采砂、淘金行为。

(10)在铁路桥梁跨越处河道上下游各 500 m 范围内进行疏浚作业,应当进行安全技术评价,有关河道、航道管理部门应当征求铁路运输企业的意见,确认安全或者采取安全技术措施后,方可批准进行疏浚作业。但是,依法进行河道、航道日常养护、疏浚作业的除外。

(11)机动车通过下穿铁路桥梁、涵洞的道路,应当遵守限高、限宽规定。下穿铁路涵洞的管理单位负责涵洞的日常管理、维护,防止淤塞、积水。

(12)遵守警示、保护标志,防护、电气、通信、信号设施等规定。

4 高速铁路运营安全的监控技术

电子通信和计算机等技术的不断进步推动了监控技术的发展。运用系统工程方法、安全本质化法、主动安全方法以及现代技术手段，构建面向“人-机-环境”系统的高速铁路安全监控体系，是高速铁路运营安全管理的发展方向。

4.1 高速铁路运营安全监控技术概况

从世界各国高速铁路运营状况来看，高速铁路凭借其运营准时、耗能小、污染小、事故率低等特点吸引了大量的旅客，取得了巨大的成功。各国在建设高速铁路时把确保行车安全放在首要位置，建成了整套的安全监控系统，较著名的如日本铁路的“列车运营管理自动化系统(COMTARC)”、法国铁路的“连续实时追踪自动化系统(ASTREE)”、欧洲铁路的“全欧列车控制系统(ETCS)”、北美铁路的“先进列车控制系统(ATCS)”等。

高速铁路行车事故大多是由人、机、环境等方面不完善的相互作用造成的，因此，高速铁路安全保障主要应着眼于这三个方面，以保障高速列车高速、安全运行为目标，对线路、车辆、牵引供电和通信信号等设备状态，对各种自然灾害、周围环境、突发事故等实施全面、准确、实时的安全监测。系统化的安全管理是保障现代化铁路运输安全的必由之路，也是我国铁路保障列车高速度、高密度运行安全的必然选择。以各种安全监控技术为基础，以先进的通信技术和计算机网络技术等为媒介，实现各种安全监测信息的综合管理和调度，是高速铁路安全管理的基本模式。高速铁路安全监控系统构成如图 4.1 所示。

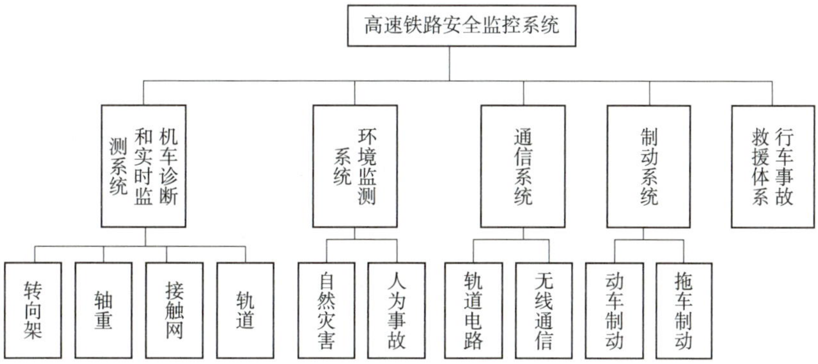

图 4.1 高速铁路安全监控系统构成

4.2 人员的监控技术

这里指的人员，是对交通安全产生直接影响的人员，包括提供服务者、被服务者及其他人员。一些人员的行为与交通密切相关时，应加强对其行为状态的监控与检测，这是保证交通安全的一个重要内容。

提供服务人员的行为，可通过交通行业相关的作业标准、规范等进行约束，并采用一定的设备监控提供服务人员的工作状态。

对被服务人员的监控与检测，主要是在客运场站内、运输工具上进行，需要一定的监控和检测设备（主要采用红外线、超声波检测、视频监控等设备）完成。如对旅客、行李、货物等进行检查的安全检查系统，该系统的主要功能是防止人员将易燃、易爆、危险品带到场站内或带上运输工具，防止无关人员进入场站内和登上运输工具。

4.2.1 职工行为监控

铁路职工是铁路服务的提供人员，其当班时段的行为对外密切关系着乘客的满意度和乘客的乘车安全系数，对内关系着铁路组织的通畅性和铁路设备的正常运转。所以，对当班职工行为进行监控，一方面是对当班职工劳动强度、精神状态、劳动态度、是否遵章守纪进行监测，另一方面是对事故发生前的制止、发生时的快速反应以及事故发生后的原因回溯。

1. 智能视频监控技术

智能视频监控是计算机视觉领域中近几年来备受关注的一个应用领域，它是利用计算机视觉和图像处理等技术对视频信号进行处理、分析和理解，并对视频监控系统进行控制。例如，监控系统可以自动识别不同的物体；发现监控画面中的异常情况，并能够以最快和最佳的方式发出警报和提供有用信息，从而能够更加有效地协助监控人员获取准确信息和处理突发事件；或者过滤掉监控者不关心的信息，仅仅为监控者提供有用的关键信息，从而提高视频监控系统智能化和自动化水平。这样才能有效解决传统的视频监控系统由于存在着数据量大、响应时间长和人类自身固有的弱点等缺陷导致的监控效率低下和工作量烦琐等问题。

智能视频监控研究的主要内容就是如何从原始的视频数据中提取出符合人类认知的语义理解，即希望计算机能和人一样自动分析理解视频数据。比如，判断场景中有哪些感兴趣目标、历史运动轨迹、从事什么行为以及目标之间的关系等。一般而言，智能视频监控研究中对视频图像的处理可以分为三个层次，如图 4.2 所示。

（1）底层。底层处理主要是从视频图像采集终端获取图像序列，对感兴趣目标进行检测和跟踪，以便对目标进行后续处理分析，主要解决“目标在哪里”的问题。目标检测部分可分为目标建模和背景建模。目标跟踪是为了获得运动目标的活动时间、位置、运动方向、运动速度、大小、表观（颜色、形状、纹理）等，可分为单场景目标跟踪和多场景目标跟踪。

（2）中层。中层处理主要是在底层的基础上提取运动目标的各种信息并进行相关判断。这部分内容主要是目标识别。目标识别是为了对目标进行分类进而识别目标的身份，可分为目标分类和个体识别。中层的分析为底层处理到高层行为理解搭建了一座桥梁，填补了底层与高层之间的语义间隔，主要解决“目标是什么”的问题。

（3）高层。高层处理主要完成对目标行为的分析和理解。高层的语义蕴含着特定的语义场景，往往和具体的应用紧密相关。行为分析可以分为姿态识别、行为识别和事件分析，主要解决判定“目标在干什么”的问题。

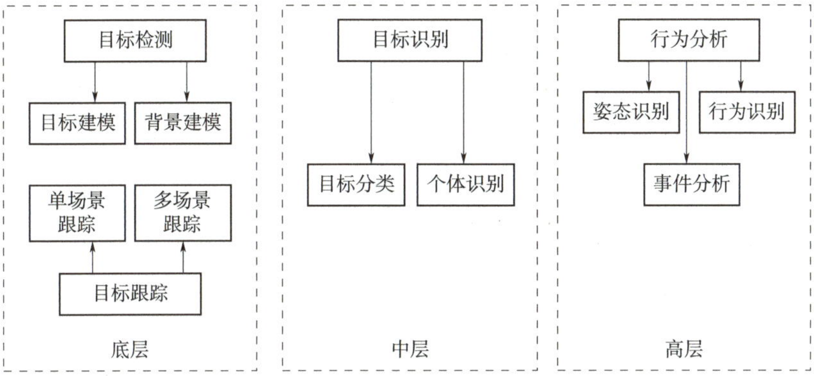

图 4.2 智能视频监控算法流程

智能视频监控为客运管理提供了一个平台和手段，其效果的发挥程度最终还是要依靠各级管理人员和监控人员的主观能动性。

2. 网络行为监控技术

随着网络通信技术的进步，飞速发展的网络应用对网络安全提出了很高的要求。一直以来，各种网络监控设备采集的大量日志数据是人们掌握网络状态和识别网络入侵的主要信息来源。在高速铁路安全管理中，有必要对当班职工的网络行为进行实时监控。网络安全分析人员在处理网络安全问题时，首先通过分析相应的数据来了解网络状态和发现异常现象，然后对异常事件的特征及其对网络的影响进行综合诊断，最后采取对应的响应措施。

(1)网络安全数据

网络安全分析人员需要处理的网络安全数据种类非常多，其中最重要的数据源来自各种网络监控设备。根据位于不同逻辑层次和不同物理位置的各种网络监控设备所采集信息的特点，可以将网络监控数据分三类：流量监控数据、状态监控数据和事件监控数据。

①流量监控数据主要来自包级和流级两个采集层次。包级的流量监控会记录每个数据包的 TCP/IP 包头信息和载荷内容；流级的流量监控会将一次网络会话的数据流聚合起来，只记录会话信息的方式，数据量更小，也更加易于理解和管理。

②状态监控数据是指网络中各种软硬件资源的运行状态信息，如 CPU 利用率、网络吞吐率、邮件服务是否正常等等，它们可以通过 SNMP 协议或者通过安装一些专业的状态监控产品获得。

③事件监控数据又分为异常检测日志和日常操作记录。异常检测日志主要来自自动化的网络防御设备产生的报警事件，如防火墙和入侵检测系统，它们是以流量数据、状态数据等原始监控数据为基础，通过规则匹配和算法处理生成。日常操作记录来自各种网络服务和应用在运行过程中获取的用户操作信息，如管理服务器的用户登录记录、域名服务器的域名解析请求记录等等。另外，也可以将网络漏洞扫描数据和通过蜜罐获取的攻击者信息看作事件监控数据。

(2)主要监控手段

从高速铁路职工网络监控的角度出发，主要分为网络监控、异常检测两种监控手段。

①网络监控

从各种网络监控设备获取的数据中了解网络运行状态是网络安全分析人员关注的最基本问题，也是网络优化、异常检测、态势感知的基础。可视化的网络监控主要研究是按照时间顺序，如何将主机和端口等监控对象、流量和事件等监控内容使用图形图像的方式表达出来，以帮助分析人员快速了解网络运行状态。

主机是网络活动的主体，也是最重要的监控对象。在网络空间中，IP 地址是主机的唯一标识，针对 IP 地址的非物理位置特性和分段特性，基于 IP 地址的网络监控得以实现。IP 地址标识了主机，端口则标识了不同的网络应用，因此端口监控和主机监控有着同等重要的地位。

②异常检测

网络异常包括的范围很广，如流量的突变、设备的失效、越权的资源访问、可疑的主机行为等。有的异常是由恶意攻击产生，而有的则是由普通网络故障或者用户操作不当造成的。检测和定位各种网络异常是网络安全分析人员的日常工作，也是进一步诊断异常原因、识别网络攻击类型的基础。可视化的异常检测经常与网络监控联系在一起，主要方法是通过对网络状态和网络访问等信息的图形化表示，帮助分析人员从“正常状态”中快速准确地发现“异常情况”，而不是像传统的自动化检测方法那样只抛出异常检测结果。

流量是主要的网络状态之一，拒绝服务攻击和蠕虫传播等网络入侵行为发生时，往往首先会在网络流量上出现明显的变化。网格矩阵图和颜色编码是最常见的以主机和端口为对象的可视化流量异常检测方法。

4.2.2 乘客行为监控

1. 危害行为

乘客行为由于其不可控因素，可能会对铁路系统带来危害，影响铁路正常行车，如乘客携带包括管制刀具、枪支弹药、易燃易爆物品、剧毒腐蚀性物品在内的危险品或违规物品上车，在车厢内吸烟等容易造成火灾隐患的行为，乘客破坏铁路系统正常行车所需的设施设备造成行车中断等事故，乘客活动导致的人员或物品侵入限界，在列车内寻衅滋事、扰乱公共秩序等。具体包括：

(1)违规托运货物、行李、包裹。旅客或托运人在托运货物、行李、包裹过程中，匿报、谎报货物品名、性质，在普通货物中夹带危险货物，或者在危险货物中夹带禁止配装的货物，匿报、谎报货物重量或者装车、装箱超过规定重量，上述行为会对高铁运营安全造成极大的影响。

(2)旅客携带违禁物品或超量携带限量物品上车，在车厢内吸烟、霸座、扒车门、寻衅滋事等危险行为，都会破坏列车正常的运输秩序，造成行车中断，给高铁运营安全造成重大隐患。

(3)因为旅客安全意识淡薄，在站内违反相关规定，进入车站限界，翻越站台，横过线路、爬车、钻车、跳车等，这些行为会给旅客自身安全和车站的安全造成极大的威胁。

(4)路外人员法律意识、安全意识不强，自我安全保护意识和依法保护铁路运输安全的意识淡薄,在铁路线上行走、坐卧、横过线路、穿越铁路站场、爬车、钻车、跳车、抢过铁路道口等,上述行为可能会危及铁路营业线上的路外安全,导致公民生命财产的直接损失的同时,还对铁路行车安全构成了极大威胁。

2. 监控技术

(1)烟雾报警技术

随着铁路系统不断加强安全管控,例如严禁携带易燃、易爆物品上车,车厢内严禁吸烟,这些措施有效地减少了因旅客原因造成的火灾隐患。但是对于一些不可控的乘客行为带来的安全隐患还无法完全排除。乘客在高速铁路列车内吸烟行为依然需要重点防范,为此国外的许多旅客列车上都安装了火灾防控报警系统,用以尽早发现初期火情,以便及时采取措施,降低火灾所造成的经济损失和减少人员上的伤亡。

(2)射线安全检查系统

射线安全检查系统最早受到航空安全需要的驱使得以迅速发展。近年来,高速铁路站一直使用X射线成像系统来进行安全检查,这些系统可以很成功地识别类似枪支和刀具之类的比较坚硬的金属制品。目前,国内外主要的成像检测方法有X射线检测、超声波诊断检测、γ射线检测等。

(3)智能视频监控

随着图像识别和处理技术的不断进步,智能视频监控成为高铁技防的重要手段。通过在高铁客运站、高铁沿线周界布设视频采集设备,利用计算机视觉和图像处理等技术对实现对车站旅客异常行为和周界入侵行为的准确检测,对异常行为和入侵行为进行预警,减少和避免由上述行为导致的事故发生。

4.2.3 客流状态检测及态势评估预测方法

1. 客流状态监测及态势评估概述

(1)典型的客流状态检测方法

客流状态检测是车站运营管理的基础,它既可以为车站日常客运组织提供依据,还可以为车站长期的组织规划提供参考。在过去,了解客流状态需要人工调查,不仅耗时耗力,而且无法提供实时数据。随着智能铁路的发展,既有更加智能化的检票系统,还有能够监控车站全局的视频监控系统。通过数据融合技术,可以更加智能高效地检测客流状态,提高车站运营组织能力。高铁车站客流状态检测框架如图4.3所示。

①检票系统(AFC)

高速铁路车站检票系统是指利用计算机技术和先进电子技术在旅客进出车站或上下列车时对旅客所持的电子式车票进行自动检票的电子系统。检票系统是现代化铁路客运服务的配套设施之一,也是实现电子化售票的重要基础。该系统具有自动识别、自动剪切、自动判定、分类统计以及错票、伪票告警等功能,由计算机控制中心、数据库、数据交换网以及车站检票闸机等设备构成,如图4.4所示。

旅客持票进站时,自动检票机能根据检票规则自动检验旅客投放车票或身份证购票信息的有效性,检测旅客通过行为(如尾随、反向进入等),控制闸门动作,完成旅客放行和禁止通过的操作。

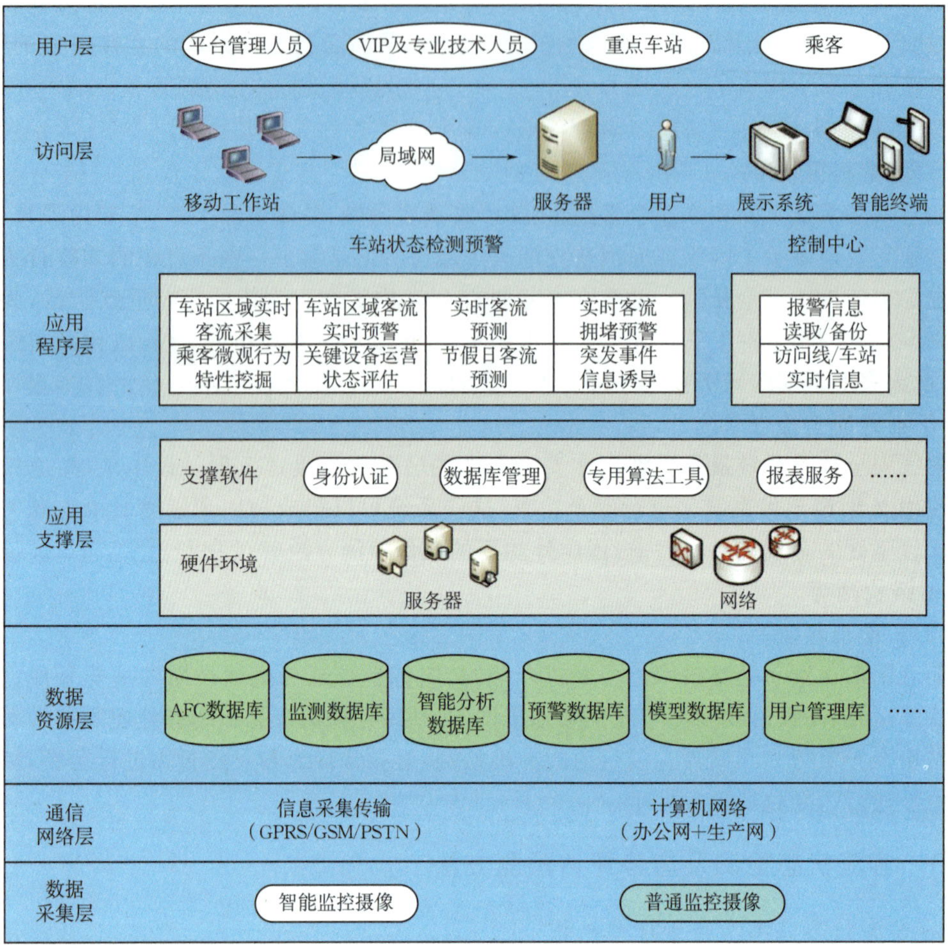

图 4.3　高铁车站客流状态检测框架图

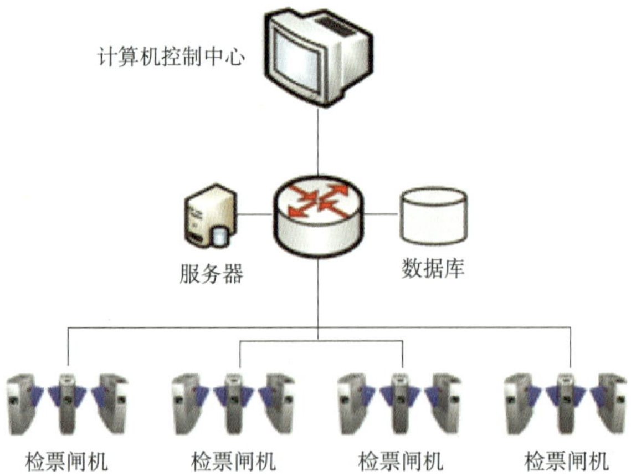

图 4.4　检票系统设备构成

②视频监控系统

视频监控系统基于车站内分布的监控摄像头，通过前端智能分析或者后端算法处理，可以打造成为集实时客流监测与分析为一体的客流状态辨识的车站管理智能化系统，适用于当前的自动化和信息化管理模式，可以实现客流基础信息采集、行人定位与跟踪等功能。视频监控系统的架构如图 4.5 所示。

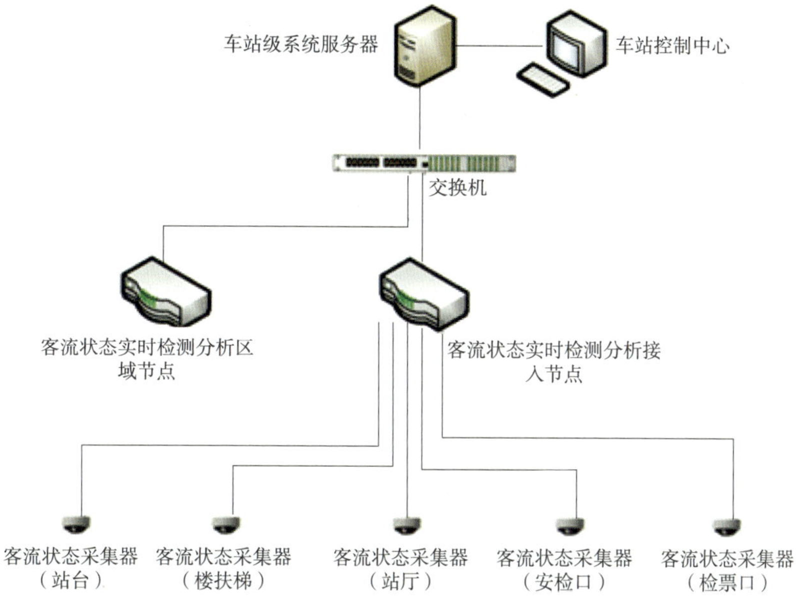

图 4.5　视频监控系统的架构

视频监控系统的工作流程：车站内前端采集点（监控摄像头）的实时信息传送给接入节点后，接入节点将获取到的数据及信息汇总并实时发送给智能统计分析设备单元的客流监测数据的区域节点；区域节点将采集数据及信息进行智能分析处理，并将处理后的数据实时传送给客流状态及预警子系统的车站级系统服务器；车站级系统服务器收集车站各区域的实时客流指标数据、预测预警数据并展示。

(2)客流状态检测方法的发展趋势

①大客流监测

高速铁路车站客流量受列车运行图以及节假日影响较大，尤其在春节、国庆节等节假日，车站客流量剧增，对车站的客运组织提出了更高的要求。虽然客流状态检测算法在小客流状态下能够取得非常高的准确性，但是随着客流量的增大，检测算法的精度会逐渐下降，客流突发状况也会增加，所以有必要开发针对大客流状态的检测算法。

②超高清化

在过去，视频监控只是单纯用人工监控车站现场情况，既无法做到实时监控车站全部情况，也无法定量检测客流状态信息。随着机器视觉技术的快速发展，目标检测、定位、识别以及跟踪等功能都可以通过监控视频实现。在智能算法服务监控视频的同时，也对监控视频质量提出了更高的要求，因为超高清的视频能够有效提高智能算法的准确性。在未来车站视频监控摄像布设时，超高清摄像头将成为首选，进一步提高客流状态检测的效率。

③智能化

随着社会经济发展，高速铁路车站的客流量大幅度增加，传统技术及手段已经无法满足车站日常监测客流状态的需求。近些年，智能传感器以及机器视觉技术突飞猛进的发展，为提高车站智能化水平提供了可靠的支持。目前我国轨道交通车站监控集中在视频监控系统上，但监控系统的自识别、自决策水平低，需要专人实时查看，不能满足车站客流安全管理的需要。为了提高监控系统的安全性、降低劳动强度，需要融合视频监控、无线监测以及红外线感应等信息，建立基于深度学习引擎和智能开放云平台的车站智能监控系统。

2. 基于视频监控的客流状态检测

图像处理算法使得视频监控不再局限于人眼监测，客流量检测、定位跟踪以及异常行为判断等均可由图像处理算法完成。

(1)客流状态检测的图像处理算法步骤

客流状态检测的图像处理算法可分为前景分割、特征提取和人数回归三步。

①前景分割。将人群从图像中分割出来便于后面的特征提取，分割性能的好坏直接关系最终的计数精度，因此这是限制传统算法性能的一个重要因素。常用的分割算法有光流法、混合动态纹理、小波分析、背景差分等。

②特征提取。从分割得到的前景提取各种不同的底层特征。常用的特征有人群面积和周长、边缘信息、纹理特征、闵可夫斯基维度等。

③人数回归。将提取到的特征回归到图像中的人数。常用的回归方法有线性回归、分段线性回归、脊回归、高斯过程回归等。

随着人工智能方法的兴起及应用，基于深度学习算法的目标识别或客流异常动态判断也越来越多地应用到现场中。利用标定客流图像数据制作数据集，通过优化合理高效的卷积神经网络，对目标数据集进行训练可得到相应场景的客流检测模型。

(2)客流状态检测的图像处理算法设计

以轨道交通车站站台或站厅区域的客流状态检测为例，应用在该场景的检测算法以目标识别和异常行为判断为主。针对目标识别或者异常行为判断，应用 Faster R-CNN、YOLO 系列目标检测识别算法，能够取得很好的效果，能够判断摔倒、打架等多种行为。Faster R-CNN 算法流程如图 4.6 所示。

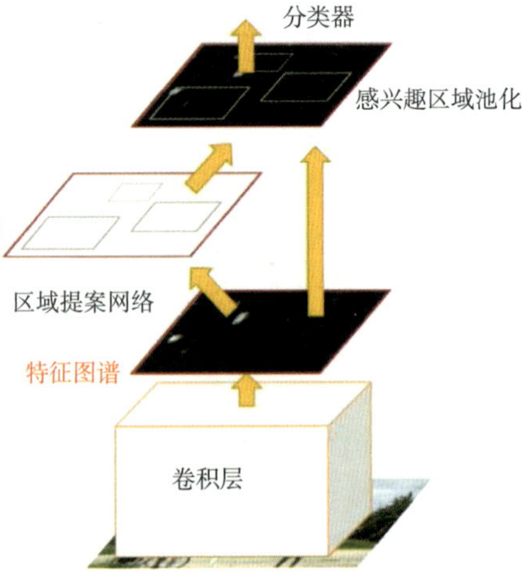

图 4.6　Faster R-CNN 算法流程

算法大致分为四个阶段：

①通过基础网络来提取原始监控图片的人的异常行为特征信息，将这些特征送入 RPN 网络和分类网络。

②RPN 网络用于生成候选区域，该层通过 sigmoid 函数判断边界点属于前景或者背景，再利用边框回归修正边界点，进而获得修正后的候选区域。

③通过输入特征信息和候选区域，其中特征信息就是基础网络提取的，而候选区域是

RPN网络提取的。通过池化操作实现提取候选区域的异常行为信息,送入后续全连接层判定目标类别。

④分类网络对候选区域进行分类,根据基础网络获得的特征信息判断候选区域的异常行为的类别,同时再次边框回归获得候选区域最终的位置,即边框的位置。

此时,Faster R-CNN输出识别的异常行为种类和定位信息。

4.3 基础设施和技术装备的监控技术

从"机"的角度看,高速铁路的设施设备是影响其运输安全的一重要因素,质量良好的设施设备既是运输的物质基础,又是安全的重要保证。高速铁路运输设备由于具有种类多、数量大、整体性强、延伸面广、配置分散、连续运转、冲击剧烈、自然力影响大、设施有形损耗严重、运用中设施监控难度大、故障处理时间紧等特点,因而对其安全性要求较高。

运输基础设备中,固定设备包括线路、桥梁、隧道等,移动设备包括动车、通信设备等。为了全面评价运输设施设备的安全性能,根据运输部门不同进一步细分为线路、桥梁、隧道、机车车辆、通信设备、牵引供电等内容。

4.3.1 线路监控技术

1. 路基

对于高速铁路路基的监控技术主要是针对路基沉降变形方面。对路基施工后沉降仍未稳定的软弱地基地段和不同结构物过渡段设置沉降观测点,实时监测高速铁路路基沉降变形,以便及时发现路基沉降隐患,从而尽快消除风险,确保高速铁路运营安全。

目前我国已逐步建成适合我国国情的铁路路基监控指挥系统,并朝着集成化、智能化的方向不断发展。一些新型的路基沉降监测方法不断涌现出来,代表性的有车载探地雷达监测技术、合成孔径雷达干涉技术及分布式布里渊光纤传感技术。

(1)车载探地雷达监测技术

探地雷达(ground penetrating radar,GPR)是浅层地球物理勘探的一种重要工具。由于高速铁路路基具有良好的成层性,各层的电磁性参数具有很大的差异,探地雷达不断发射雷达波,遇到不同电磁性质的介质界面后产生反射能量波,通过对反射信号的接收、放大及数字化,实现对高速铁路路基沉降病害的监测。

车载探地雷达系统由轨道车、收发一体天线、采集仪、电池和测量轮组成,具有连续、快速、高分辨率、高精度、操作简单、成像色彩丰富、实时成像的特点,是一种无损检测的方法,不会破坏现场。但在实际应用中仍存在一些问题:首先,正常运营的高速铁路天窗时间较短,要求车载雷达具有一定的探测速度,随着探测速度的提高又会造成横向分辨率的下降,这就对雷达采集系统的软、硬件提出了更高的要求。其次,探地雷达所探测的深度不深,对于路基深处出现的病害以及不均匀沉降现象,需采用多频多天线组合进行探测,这就要求仪器具有多通道采集、控制以及显示等功能,在天线方面,由于频带接近,需要了解它们之间的相互影响,并在后续的处理中消除这种影响。再次,轨枕的强反射、道砟对电磁波的散射等都使向下传播的电磁波能量大大减少,介质的湿度与导电率也会影响传输速率和衰减率,影响勘探的深度;铁路周边设施(如接触网、高压线杆、沿线的通信设备、道岔、桥梁防护网等)也会对雷达探测造成干扰,需要系统研究从而排除或降低干扰。此外,对探地雷达资料的判断具有一定程度的主观性,因此判断解释者的经验及建立足够的资料库档案进行反复对比,对于判断解释的正确性十分重要。

(2)合成孔径雷达干涉监测技术

合成孔径雷达干涉技术(interferometric synthetic aperture radar,InSAR)是微波遥感测量技术的一种,通过合成孔径雷达(SAR)两次观测数据中所获得的相位差反演径向位移变化,从而提取地表的三维信息和地表的高程变化。在此基础上发展起来的雷达差分干涉测量(DInSAR)方法以及多时序合成孔径雷达差分干涉测量(MT-InSAR)技术,克服了常规InSAR 技术的部分局限性,拓宽了 InSAR 技术的应用领域。

InSAR 技术能在相对较低的成本下,大范围、高空间分辨率地对地面目标区域进行形变监测,与地面常规测量手段相结合,可以在点、线的基础上增加区域性面状数据,更加方便直观地对高速铁路沿线区域地面沉降进行定性及定量分析。然而,InSAR 方法的初衷是用来反演大范围地表形变的,将 InSAR 技术用于高速铁路路基沉降病害的监测,必须满足时间与空间上对路基沉降监测的要求:时间方面,为保证高速铁路线路监测的及时性,就要求卫星的过境时间要有足够的频数;空间方面,铁路属于大型线状结构物,跨越较大的空间范围,需要多幅 SAR 图像的拼接才能完成整个工程的监测。分析单幅 SAR 图像时,也需考虑到整个线路的变化趋势以及形变原因。此外,所得到的影像的清晰度远不如光学影像,使得影像解译的难度较大。高速铁路难免要穿越植被覆盖区,在这些低相干地区,如果相干点的数量和质量达不到一定的要求,将会直接影响后续的相位解译工作,进而影响监测精度。

(3)分布式布里渊光纤传感监测技术

分布式光纤传感技术是一种基于光时域反射(OTDR)技术而逐渐发展起来的一种新型传感技术,具有低损耗、耐腐蚀和电绝缘性等特点。当光波在光纤中传播时,光波就会与光纤中不规则颗粒发生碰撞,这些弹性或非弹性的碰撞会引起光的散射,主要有由折射不均匀引起的瑞利散射(rayleigh scattering)、由光学声子引起的拉曼散射(raman scattering)及由声学声子引起的布里渊散射(brillouin scattering)。沉降测量是利用光在光纤中传输能够产生布里渊散射的原理,即向光纤中注入脉冲光,它在光纤中传输的同时不断产生向后的散射光波,这些光波的状态受到所在光纤散射点轴向应变和温度的影响而改变,将散射回来的光经系统处理后,便可将光纤沿线所测信息实时显示出来,由光纤中光波的传输速度和入射光与反射光之间的时间差定位出光纤沿线所测信息。

将光纤传感应用于路基沉降监测具有一系列传统监测技术所不能比拟的优点:光纤传感器以光信号作为载体,以光纤作为媒质,光纤的纤芯材料为二氧化硅,具有耐腐蚀、防雷击、抗电磁干扰等特点;光纤传感器体积小、质量轻、方便施工,对埋设部位的材料性能和力学参数影响甚小,属于无损埋设;光纤灵敏度高、可靠性好、使用寿命长,可以准确地测出光纤沿线任一点的监测量,信息量大、成果直观,可以满足长距离的监测要求。然而,在实际高速铁路路基沉降病害监测过程中,由于光纤的频移是由力场和温度场的复合作用引起的,所以要剔除测试结果中温度变化的影响,需要采取相应的温度补偿措施;同时,监测对象尺寸长、范围大，需要有针对性地选择监测部位或断面，将传感器以最合理的方式布置在适合位置。此外，目前监测所使用的传感光纤一般为普通的通信用光纤，施工过程中易遭到损坏，需要采取相应的保护措施或采用特殊封装的传感光缆，以保证传感光纤在工程施工和后期监测过程中正常工作。

我国高速铁路路基沉降监测技术由最初的人工监测不断发展到现在集智能化、数字化于一体的实时监测系统，监测手段也在不断提升，但是各种监测方法又有其自身的局限性。车载探地雷达监测技术方便快捷，但不能满足实时监测的要求，其探测速度和分辨率问题仍有待解决；合成孔径雷达干涉技术需要合成孔径雷达传输数据，其监测成本相对较高，所反馈的数据仍需专业人员进行解译，人力成本较高；而分布式布里渊光纤传感技术尽管存在温度补偿等问题，但现有的技术手段可以有效地规避或解决，在高速铁路路基沉降监测方面，有向分布式光纤传感技术发展的趋势。

2. 轨道

当我国高速铁路运行速度超过 350 km/h 时，适用于高速轨道的检测技术的实现面临严峻挑战，要求轨道检测设备不仅具备时速 350 km 以上检测速度的能力，更重要的是所有检测设备应具有更高的可靠性和安全性，检测系统检测项目更全，检测精度更高，系统更加智能化、人性化。

对于高速铁路轨道的监控技术主要有结构状态监测技术和轨温监测技术。

(1)结构状态监测技术

结构状态监测技术主要有钢轨温度力监测、道岔和伸缩调节器运用状态监测、超声波技术。

①钢轨温度力监测

钢轨温度力监测方法有很多，大致可以分为观测桩法、横向加力法、应变计法等。

a. 观测桩法。在铺设无缝线路的同时设置观测桩来监测钢轨线路的位移情况，但是观测只能大致估计钢轨温度力，不能得到实际值，且观测桩之间距离较远不能真实反映钢轨温度力的分布。

b. 横向加力法。横向加力法在我国的大秦线和京沪线等均有应用，可以得到较为准确的数值，但是测量方法较为复杂困难，且如果钢轨内应力比较大时，释放扣件可能会有较大风险隐患，同时在提升钢轨的过程中钢轨会发生形变，容易损坏钢轨自身结构。

c. 应变计法。在无缝线路铺设时，将轨温计和应变计用点焊机焊接在钢轨轨腰处，在钢轨焊接时记录锁定轨温。通过记录应变值和轨温变化值换算成钢轨自身温度力，这种方法对锁定轨温要求较高，如果锁定轨温发生漂移，测量值就会产生较大误差，且这种方法仍然只能通过轨温来换算得到温度力，不能直接测量。

②道岔和伸缩调节器运用状态监测

通过对钢轨纵向力、纵向位移、尖轨及心轨转换状态、密贴状态、几何形位的在线监测，确保道岔和伸缩调节器运用安全。

例如，郑西高速铁路钢轨温度伸缩调节器太阳能无线 3G-VPDN 视频监控系统，采用无人值守方式，太阳能光伏转换装置供电，采集数据及图片，利用中国电信 3G 网络和铁路局既有 TMIS 网络，在数据传输方面采用 VPDN 技术，实现 TMIS 网中授权用户远程监控钢轨温度伸缩调节器的目的。

系统具有以下功能：

a. 采用光伏电源设备，节省电池容量，解决高速铁路及铁路区间无电源问题，避免因从供电接触网取电而干扰行车，降低系统建设的造价。

b. 前端视频服务器支持3G无线方式接入，实现免布线，提高安装速度。

c. VPDN保证信息安全，防止非法用户访问铁路TMIS网，并鉴别身份的真实性，防止假冒身份。

d. 根据工作需要，定时上传设备状态图片(D1格式视频定时抓图回传)，定时查看前端动态图像。

e. TMIS网中有权限用户客户端调用或下载前端图像，3G移动客户端调用或下载前端图像。

③超声波技术

应用超声波(频率超过20 kHz的声波)技术可以进行轨道位移的发生、磨损或者内部出现伤痕的检测。在检测过程中，检测设备无须与轨道接触，便可准确判断轨道开裂位置，甚至裂痕的深度也可测量出来，有助于及时排除轨道断裂可能带来的潜在危险。

a. 超声波探伤技术原理

超声波进行钢轨探伤的原理是，利用声波在不同介质中的传播特性，用200 kHz的声波射入被检钢轨中，如果钢轨中有损伤，也就是说钢轨已经不是由同一介质组成的，那么超声波会被反射回来，根据反射回来的超声波信号，可判断钢轨中伤痕的大小及其位置。在探伤仪上安装有不同角度的探头，可以对钢轨不同部位的损伤进行检测。如70°角探头用来发现轨头内的核伤或横裂，35°～45°角探头可检测轨腰及螺栓孔损伤，而应用垂直探头发射纵波则可检测轨头、轨腰、轨底的水平裂纹、纵裂纹。

b. 钢轨探伤检测系统组成

钢轨探伤检测系统主要由探头、超声收发装置、探头伺服控制系统、探伤数据采集系统、损伤分析系统、耦合液喷淋系统、主控计算机及外设等组成。在钢轨探伤检测系统中，探头装有超声换能器，通过超声发射电路使换能器按一定频率发射超声波。系统进行工作时，耦合液喷淋装置在探头和钢轨间喷洒耦合液，保证探头与钢轨耦合良好，保证超声波束的大部分能量能传入钢轨内。如无损伤存在，波束到达钢轨底面后依原路返回探头，得到底波。否则在底波前出现一个损伤波，而底波峰值降低或消失超声回波信号经超声接收装置放大、滤波及电平转换后送入高速数据采集系统。数据采集系统按规定格式记录回波信号的波程、峰值及脉冲重复周期的序号，形成数据文件送入损伤分析系统。损伤分析系统判断出有无损伤并描绘出钢轨伤损图，当探测出有损伤时会自动报警，如图4.7所示。

(2)轨温监测技术

随着高速铁路建设步伐的加快、既有线设备重型化的发展，越来越多的线路采用跨区间无缝线路技术，无缝线路在技术经济上有明显的优越性，与有缝线路比，可节约维修费用、平顺性好、线路阻力小、行车平稳、旅客舒适，还可减少机车和车辆的修理费和燃料费。但无缝线路铺设锁定后，钢轨内部温度力随轨温变化热胀冷缩，产生的温度应力却无法做到即时监测，容易造成胀轨、断轨及轨道不平顺，危及列车安全运行，所以如何取代传统人工上道测量

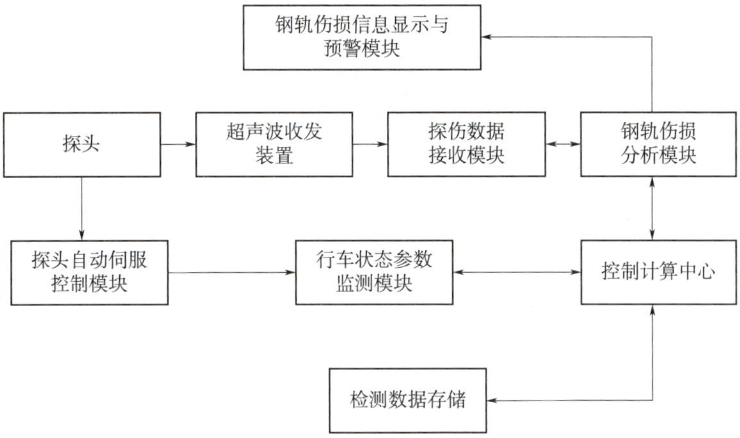

图 4.7 超声波钢轨探伤系统结构示意图

轨道温度，对轨道温度实施常态化、自动化、远程无人值守的实时监测显得尤为必要。

在现场设置钢轨及大气温度传感器，建立轨温监测报警系统，实时掌握钢轨温度，确定轨温控制标准，科学地进行轨温预报，也是保障高速铁路安全运营的关键技术之一。轨温监测系统由设置在现场的钢轨温度传感器、大气温度、湿度传感器，设置在养路工区（工务段）的信息处理器、显示器、道床状态信息输入设备（报警器、记录仪等）组成。同时在线路选定地点附近设气象信息采集点，以便对比决策。

轨道检测技术的迅速发展，为我国高速铁路建设和运输安全，对高速铁路基础设备状态进行实时监控，为建立高速铁路安全监控体系奠定了重要基础。今后，发展高速铁路轨道检测技术将成为我国科技保安全的一项重要举措。

4.3.2 桥梁监控技术

对桥梁安全进行监控的基本内涵即是通过对桥梁结构状况的监控与评估，为桥梁在特殊气候、交通条件下或桥梁运营状况异常严重时发出预警信号，为桥梁的维护维修和管理决策提供依据与指导。

传统桥梁检测技术是通过人工目测检查或者借助于便携式仪器测量得到的信息对桥梁结构的安全状态进行评估。人工桥梁检查分为经常检查、定期检查和特殊检查。但是人工桥梁检查方法在实际应用中有很大的局限性。传统检测方式的不足之处主要表现在需要大量人力、物力以及存在诸多检查盲点，这对现代大型桥梁尤为突出：主观性强，难于量化，缺少整体性，人工检查以单一构件为对象，只能提供局部的检测和诊断信息，而不能提供整体全面的结构健康检测和评估信息；影响正常的交通运行，对于较大型的桥梁通常需要搭设观察平台或者观察车辆，无法避免需要实施交通控制；周期长，时效性差，大型桥梁的检查周期可达数年，在发生重大交通事故或者严重自然灾害的情况下，不能向决策者和公众提供即时信息。

基于光纤传感技术的桥梁安全监控设备包括光纤传感分析仪和监控终端，以及与光纤传感分析仪连接的光路接续盒、电源模块和无线传输模块。监控终端包括服务器以及与服务器连接的 LED 大屏，光纤传感分析仪通过无线传输模块与所述服务器完成信息交互。此技术解决了现有技术存在的传统桥梁检测技术中依靠人工检查在实际应用中存在局限性的问题，提供基于光纤传感技术的桥梁安全监控设备，应用时可以对出现的安全隐患及时反应，实现对桥梁关键部位的温度、应力、振动、缝隙变化等各项参数的实时监测。基于光纤传感技术的桥梁安全监控设备体系如图 4.8 所示。

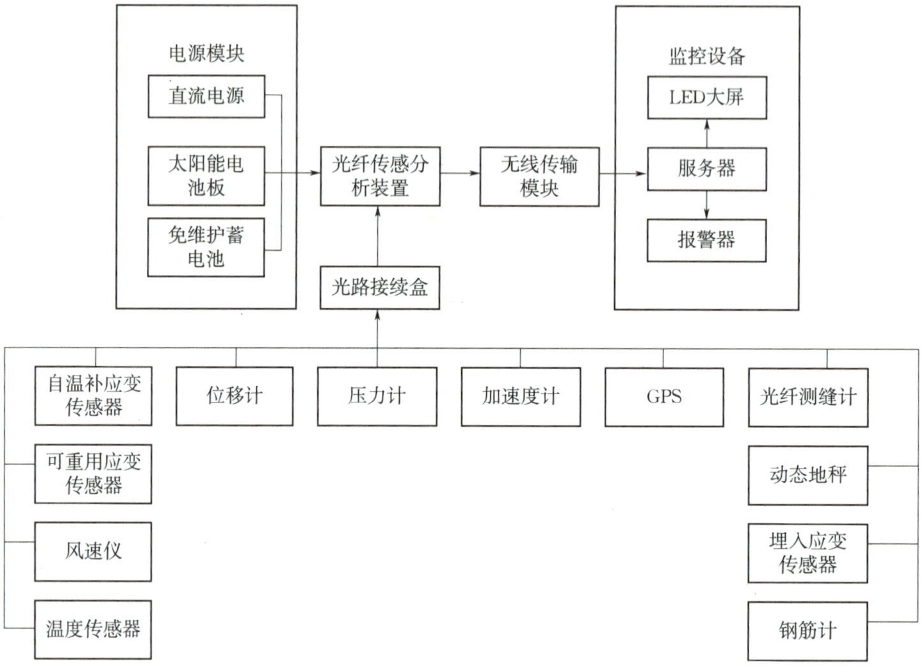

图 4.8 基于光纤传感技术的桥梁安全监控设备体系

4.3.3 隧道监控技术

我国高速铁路网络规模大，穿越地区的地址条件差异也非常大。隧道安全管理受隧道所处地质条件、隧道类型等影响。复杂地质隧道设置衬砌结构变形安全监测系统，对隧道衬砌变形及运用状态进行监测。特长隧道设置防灾救援监控系统，由监控主机、主控制器、远程站、集中监控盘等全部或部分设备组成，对隧道内通风、照明、消防设备进行监控。

目前铁路隧道监控测量方法如下：

1. 变形监控量测

隧道净空变化量测可采用收敛计或全站仪进行；拱顶下沉量测可采用精密水准仪和铟钢挂尺或全站仪进行；地表沉降监控量测可采用精密水准仪、铟钢尺或全站仪进行；围岩内变形量测可采用多点位移计。

2. 应力、应变监控量测

应力、应变监控量测采用振弦式传感器、光纤光栅传感器。振弦式传感器可通过频率接收仪获得频率读数，依据频率量测参数率定曲线，换算出相应量测参量值。光纤光栅传感器可通过光纤光栅解调仪获得读数，换算出相应量测参量值。

3. 接触压力量测

接触压力量测可包括围岩与初期支护之间接触压力、初期支护与二次衬砌之间接触压力的量测。接触压力量测可采用振弦式传感器。传感器与接触面应紧密接触，传感器类型的选择应与围岩和支护相适应。

随着计算机技术、数据库技术、GIS 技术、空间信息技术、三维仿真与模拟技术和数控技术等高新技术在铁路隧道研究与应用中的不断深入，以及物联网技术和云计算技术的逐步引入，运用信息化、数字化的手段对隧道的建设和运营全生命周期进行管理是必然发展趋势。

4.3.4 机车车辆监控技术

随着我国高速铁路快速发展，动车组大量开行，如何通过“技防”手段保障动车组运行过程中的安全成为车辆安全中的重中之重。为确保动车组运行安全，在既有动车组运行安全保障经验的基础上，利用红外线轴温探测、高速摄像、力学检测、声学诊断及计算机联网和信息共享等技术，实现对动车组的实时监测，确保动车组的绝对安全。

1. 红外线轴温探测技术

利用红外线技术可对运行的列车轴温进行监测，发现车辆热轴，防止车辆燃轴。依据红外线探头对轴箱采集点位置进行扫描，对不同环境温度、线路条件、车型和车速条件下轴箱温度数据进行分析，有效把握热轴发展过程。按其对行车安全的危险程度将热轴分为微热、强热、激热等故障阶段。

红外线轴温探测系统包括中央管理系统和轴温采集系统。中央管理系统能对各个探测站进行网络管理。面向高速铁路的红外热轴探测系统采用光子(如 TeCdHg 等材料)探头作为测温敏感器件，克服热敏电阻响应速度较慢的缺陷，具有很高的响应速度，适应的列车时速最高可以达到 360 km。

红外热轴探测系统的信息处理主要包括四个方面：

(1)轴温探测。应用光子探头探测得到轴温相应的电压数据，通过转换计算得到轴箱探测部位的实际温度。

(2)计轴计辆。将探测到的动车组各轴承间的相对距离数据进行分割，形成按照各辆动车或者拖车分开的数据段。

(3)滚滑判别。我国高速铁路不同的运营线路采用不同的动车组，轴承各异，轴温检测系统面向滚动轴承和滑动轴承进行检测，根据滚动和滑动轴承的不同的温度响应曲线对轴承的类型进行判别，是进行热轴判别的基础。

(4)热轴判别。根据不同的轴承类型依据的不同热轴判别标准，将探测到的轴温和热轴的判别标准进行比较，判断轴承是运行在正常轴温还是热轴状态下，以及热轴的等级是微热、强热还是激热，以便采取相应的措施，进行维修或是停运，避免事故的发生。

2. 高速摄像技术

高速摄像技术用于动车组运行故障图像检测系统(trouble of moving EMU detection system，TEDS)，是动车组运用安全保障的重要辅助设备，利用轨边高速摄像头对运行动车组车体底部、侧部裙板、车端连接及转向架等部位进行图像采集，通过数据传输、集中处理、自动识别等信息化技术手段,将动车组检测图像数据实时传输至铁路局监控中心,进而对动车组底部及侧下部运行技术状态进行实时检查分析,对异常情况进行及早判断并处理。

TEDS由探测站设备、监控复示中心设备和网络传输设备三部分组成,其中探测站设备主要包括轨边设备和机房设备。轨边设备分别安装于轨道轨内及轨外,用于对动车组运行信息及图像进行采集,动车组通过时,由高速摄像头对动车组车底及两侧进行图像采集。机房设备安装于轨旁机房内,主要用于对轨边设备采集的图像进行识别、增强及处理工作,形成动车组两侧及底部检查图像信息、过车信息和检测设备本身状态信息等。

在实际运用中,仍存在图像曝光、光分布不均、探头位置不正确、图片色泽泛白(过黑)及图像失真、拼接错误等问题,虽然此类问题所占比例较低,但仍对及时发现动车组运行安全隐患造成一定阻碍。此外,也不同程度存在设备系统故障死机、车号无法识别及雨雪天气对轨边探头影响导致图片拍摄效果欠佳等问题,需要不断优化改进设备性能。

3. 计算机联网和信息共享技术

利用高速摄像技术采集到的动车组运行图像、数据等信息,通过网络传输至监控系统,分析人员进行人工分析判别,并将经复核确认的异常问题通过系统向上级部门报告并进行处置。同时通过与动车组管理信息系统等外部系统建立接口,和动车组运用检修工作有机结合,将问题报警信息共享至配属铁路局动车(车辆)段。

国铁集团对全路TEDS设备进行联网应用、集中监控,建成了国铁集团、铁路局、动车段监控中心三级联网监控平台,形成了集检测、监控、管理决策于一体的动车组行车安全监控系统。

随着我国高速铁路的不断发展,作为动车组运用安全保障技术手段之一的TEDS也将发挥更大作用,要不断优化设备系统布局、改进设备性能结构、加强设备使用管理,最终实现动车组运行质量全面自动检测,切实确保动车组安全、稳定、高效运行。

4.3.5 通信设备监控技术

高速铁路通信设备是高速铁路运输的重要基础设施,对保障高速铁路的正常运营起着至关重要的作用。

1. GSM-R系统安全监测技术

随着我国高速铁路的建设,铁路数字移动通信系统(GSM-R)已经进入全面应用阶段,其网络结构如图4.9所示。GSM-R通信网在提供基本语音通话业务以外,其主要任务是承载与铁路运输安全息息相关的列控、列调等控制信息传输业务,已不再只是传统意义上的语音网。因此对通信设备信息传输的安全性、可靠性要求更高。同时,也对日常运行维护方法和技术手段提出了更高的标准。为此,对GSM-R通信网实施7×24 h实时监测,为日常运营维护、网络优化提供依据将尤为重要,具体可分为下面两部分内容。

(1)GSM-R网管监测

GSM-R网管可实现安全管理、配置管理、告警管理、故障管理等功能,实时监测系统设备的工作状态,并实现设备故障定位。

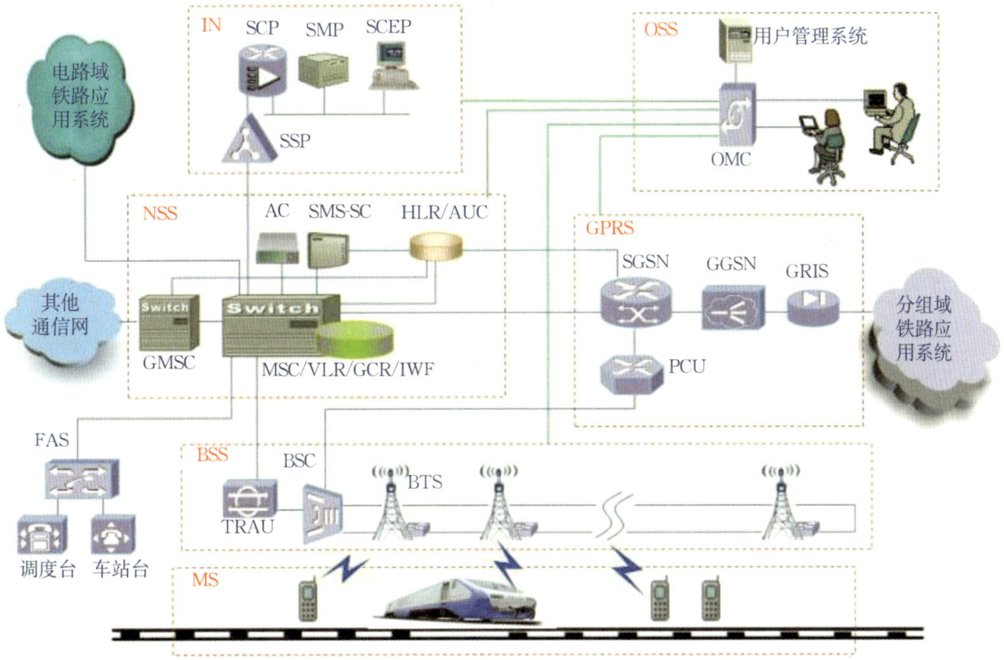

图 4.9 GSM-R 系统网络结构

(2)GSM-R 系统接口监测

对 GSM-R 网络重要接口进行实时监测,跟踪网络接口的信令和业务数据,提供 GSM-R 在线用户监测、网络状况监测、网络异常事件分析、历史数据查询和综合报表生成等功能,实现 CTCS-3 级列控数据传输业务的信令和数据的跟踪。

随着对 GSM-R 网络管理和维护要求的不断提高,如何更好地提高运营服务质量与维护水平,成为铁路通信迫切需要解决的问题。仅靠传统的网管系统、监测仪表等维护手段已不能满足 GSM-R 网的维护需求。GSM-R 信令实时监测系统的实施将为铁路专用通信网高质量的管理和维护提供有效的支撑手段。

2. 信号集中监测系统

(1)信号集中监测系统概况

信号集中监测系统是监测信号设备运用状态的必要设备,应充分利用信号集中监测系统实时监测、超限报警、存储再现、过程监督、远程监视等功能,及时发现信号设备隐患,预防设备故障,充分发挥信号集中监测系统在信号设备日常维修及故障处理中的重要作用,提高维修工作的针对性、有效性,提高系统维护管理质量,指导维修工作,保证设备正常运用。近年来,随着高速铁路建设的快速发展,大量信号设备投入运用,联锁、列控中心、TDCS/CTC、RBC、区间综合监控、电源屏、ZPW-2000A、道岔缺口监测等信号设备和子系统通过信息接口方式接入信号集中监测系统,各系统的报警信息均送到信号集中监测系统。

高速铁路设置了全程联网的信号集中监测系统,具有自诊断、检测、报警、信息储存、状态再现等功能。CBI(计算机联锁)、TCC(列控中心)、RBC(无线闭塞中心)以及 ZPW-2000

轨道电路分别配置各自的电务维修机，实时显示设备工作状态、自诊断信息以及设备运行、操作信息及记录。

信号集中监测系统对道岔转辙机、信号机、轨道电路、信号电缆、电源屏等信号设备进行实时监测，与 ZPW-2000A 轨道电路及 CBI、TCC、RBC 等设备的维修机以通信接口方式连接，获取其监测信息，是防控行车安全风险、加强设备管理的重要行车设备。

信号集中监测系统把传感器、现场总线、计算机网络通讯、数据库及软件工程融为一体，对信号设备实现不间断的自动实时监测，记录信号设备的运行状态，为掌握设备的当前状态和事故分析提供依据。当信号设备出现异常时，可及时进行报警，防止因设备故障或违章操作影响安全。

(2)信号集中监测系统功能

系统可实现 24 h 不间断地监测信号设备的运行状态和质量特性，当电气特性参数超出设定的上下限时及时报警，通过系统的逻辑处理，实时进行设备预警分析和报警分析，系统全面掌握信号设备的整体运行状况，掌握故障发生时的瞬态、常态信息，从而为快速指引故障处理、降低故障延时提供必需的技术手段。

信号集中监测系统主要实现信号设备状态的运用数据实时记录，在线分析，并通过回放功能再现故障时设备状态和相关电气特性参数变化，实现动态跟踪。对部分设备电气特性超标时进行报警提醒，给故障判断分析、瞬间状态捕捉提供了有力依据。该系统运用数学建模、模糊分析、知识库搜索等多种技术，能够实现设备劣化的提前预警和设备故障的精确定位。

按照监测内容来看，主要包括四个方面功能：模拟量监测(电源屏各种电源、轨道电路电压、道岔电流和表示电压、电缆绝缘、电源对地电流、站内电码化等)、开关量监测(按钮操作状态、轨道电路控制台表示状态、道岔位置及信号机显示在继电器的反映状态)、其他监测(信号主灯丝断丝报警；组合架以及控制台熔丝断丝监测，传输继电器状态、道岔表示缺口，环境温度、水害、烟雾等)、故障报警(涉及行车安全的定为一级报警，影响行车和设备正常工作的定为二级报警，设备电气特性超标定为三级报警)。通过四种功能采集，根据用户输入的逻辑关系，生成站场模拟图，并且把采集数据实时反映至站场模拟图上，检测各模拟量参数值，根据用户输入的技术要求限值，通过数据处理，生成曲线、报表、图标及报警信息，以提供给用户设备现状态是否符合标准的参考。

在当前对“压故障、减延时”要求日益严格的情况下，铁路信号集中监测系统由于其实时监测、准确可靠、存储再现、远程监控、实时报警等多功能的系统特性，为及早发现信号设备隐患、查找故障原因、事故故障定性、主体责任判明等提供准确可靠的数据信息和有力证据，已成为电务维修部门和安监分析部门不可或缺的重要工具。

4.3.6 牵引供电系统监控技术

牵引供电系统监测技术涉及计算机网络、多媒体技术和数字技术，通过实现牵引供电系统的远距离、大范围的数字化监控，形成牵引供电系统的“遥视系统”，与自动灭火系统一起，组成变电所安全监控系统。进而，在沿线各变电所增加视频监控系统，可实现系统的遥控、遥测、遥调、遥信、遥视功能，获得变电所的各种电气参数，遥控各个电器开关等采用红外辐射探测技术实现报警信息采集，双监探测器采用微波、红外两种检测方法，有效检测人员入侵，烟雾和温度传感器采集火灾的信息。

牵引供电设备的安全监测技术有利于减少供电系统事故隐患，降低事故发生概率，缩短故障查找和检修时间，确保供电系统可靠运行。实现在线监测的关键技术包括个性化信号采集处理模块（传感器、信号采集及处理、嵌入式微机处理系统、远程通信）、后台智能专家系统和远程诊断及设备状态监测（调度中心）。

通过高速接触网悬挂参数、弓网运行参数、接触网悬挂、腕臂结构、附属线索和零部件的检测，动车组受电弓滑板状态及接触网特殊断面和地点的实时监测，接触网运行参数和供电设备参数的在线检测等，实现对牵引供电系统的综合检测监测，为供电设备的故障分析、养护维修提供技术依据。

1. 接触网安全巡检（CCVM）

接触网安全巡检装置指为完成指定区段的接触网状态检测，采用便携式视频采集设备，临时安装于运行动车组的司机台上，对接触网的状态进行视频采集，事后统计分析接触悬挂部件技术状态。

装置为便携式采集系统，便于安装在司机台上进行视频图像采集；能有效判断接触网设备有无脱、断等异常情况，有无可能危及接触网供电的周边环境因素，有无侵入限界、妨碍机车车辆运行的障碍；应具有高清图片输出、图像处理和分析功能。

装置包括高清摄像机、照明设备、图像处理设备等。检测方式为采用高清摄像机在动车组上记录行车沿线接触网设施全景，对接触网的关键区域进行采集并能输出高清图片。该装置要求全景视频画面应达到高清标准，覆盖行车沿线接触网设施；成像图片的清晰度能分辨定位器区域零部件的松动、脱落、裂损等故障现象。该装置能够适应线路上隧道、桥梁、弯道情况，在轨道超高区段依然对定位器区域成像。但该装置需要在无强烈雨雪、能见度良好的天气条件下工作。

2. 接触网运行状态检测（CCLM）

根据动车组的安装条件，车载接触网运行状态检测装置可具备下列单一功能或组合功能：

①能测量接触网动态几何参数，如动态拉出值、接触线高度、线岔和锚段关节处接触线的相互位置。

②能定量测量接触网的主要弓网受流参数，包括弓网离线火花、硬点等。

③能利用非接触方式检测接触网绝缘子的绝缘状态。

④能对弓网运行状态进行视频录像，录像资料中能叠加里程标数据。

检测装置应用简单，无须人为干预，装置自动完成参数检测和数据发送，检测数据也可以在车上转存。

3. 接触网悬挂状态检测（CCHM）

接触网悬挂状态检测监测装置安装在接触网作业车或专用车辆上，在一定运行速度下，对接触网悬挂系统的零部件实施高精度成像检测，在检测数据的自动识别与分析的基础上，形成维修建议，指导接触网故障隐患的消除。

该装置主要功能包括接触线几何参数、接触网接触悬挂、绝缘部件、线路开关、附加导线、各种拉线、硬横跨及软横跨、上跨桥及交叉跨越线路情况、线夹、吊弦、定位管等技术状态检测，如图 4.10 所示。

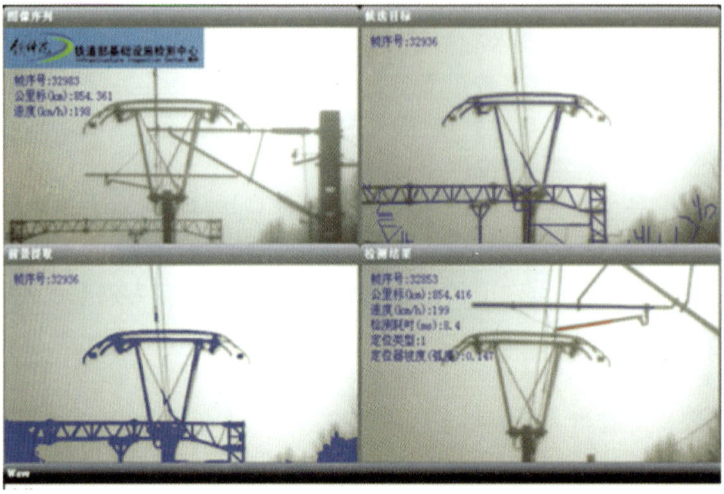

图 4.10 接触网悬挂状态检测

该检测装置能够实现精准定位接触网腕臂安装支柱（或吊柱）位置，准确拍摄腕臂组成的清晰图像，连续采集相邻支柱（或吊柱）间接触线及悬挂的清晰图像，对接触网悬挂部件典型缺陷自动识别，准确记录发现的接触网缺陷并提供分类汇总报告，对同一套腕臂历史存档图像进行自动比对分析。

4. 受电弓滑板监测（CPVM）

在车站、动车组出入库区域、车站咽喉区安装受电弓滑板监测装置，监测动车组受电弓滑板的技术状态，及时发现运营动车组受电弓滑板的异常状态，如图 4.11 所示。

图 4.11 受电弓滑板监测

5. 接触网及供电设备地面监测（CCGM）

为监测接触网及供电设备运行状态，在接触网的特殊断面（如定位点、隧道出入口）及供电设备处设置地面监测装置，监测接触网的张力、振动、抬升量、线索温度、补偿位移及供电设备的绝缘状态、电缆头温度等参数，指导接触网及供电设备的维修。

接触网及供电设备地面监测装置主要包括测量传感器、数据采集装置、数据传输装置、电源系统等。其主要功能有：

①在高速铁路的特殊断面监测接触线的振动，监测接触线的抬升量，如隧道的出口和进口、接触网的线岔处、锚段关节处等。

②在长大隧道内监测接触网承力索和接触线的张力；在接触网下锚处监测承力索和接触线的张力，计算张力补偿效率。

③监测接触网特殊断面的线索温度、接触网线夹温度、电缆头温度等。

④在变电所、AT 所、分区所内加装供电设备绝缘监测装置。

4.4 基础设施和技术装备的故障诊断技术

4.4.1 故障诊断技术概述

高铁列车旅行速度不断提高，列车结构越来越复杂，这对列车的安全性、可靠性提出了更高的要求。高铁列车在使用过程中，引起设施设备故障的时间因素、环境因素、人为因素三个方面外因变化，其部件必然会产生不同程度的磨损、疲劳、变形或损伤，随着时间的延长，服务状态会逐渐变差，使用性能下降。合理的维修是延长设施设备寿命、保证生产正常运行、防止事故发生的重要保证。

高速铁路是一个由机械、电气、电子等各种设施设备耦合而成的复杂动态大系统，如果故障不能被及时发现和处理，则很容易导致设施设备出现严重故障以致异常或失效，严重的情况下甚至会引起系统瘫痪，最终造成不可挽回的经济损失或人员伤害。故障诊断技术是近年来国内外发展很快的一门学科，它所包含的内容比较广泛，如设施设备发生振动和设施设备损伤时的原因分析、振源判断、故障防治，设施设备零部件使用期间的可靠性分析，设施设备运行状态量（振动、噪声、温度、压力和流量等）的监测，状态特征参数变化的辨识等，都属于故障诊断的范畴。

故障诊断的前提是必须了解设施设备的工作状态，或称“健康状况”，掌握设施设备各部位和零部件的性能是处于良好状态、劣化状态或者是故障状态。而对设施设备工作性能状态的了解是通过各种监测手段和分析系统来实现的。所以实际上设施设备故障诊断技术所包含的内容是指设施设备运行中的“状态监测”与“故障诊断”两部分。状态监测通常是指通过监测手段监视和测量设施设备或零部件的运行状态和参数（如振动、声响、温度等等）。故障诊断不仅要检查出设施设备是否发生了故障，还要对设施设备发生故障的部位、产生故障的原因、性质和程度等做出正确的判断，即要做出精密诊断。

故障诊断技术测试设施设备在运行中或相对静止条件下的状态信息，对所测信号进行处理和分析，并结合设施设备的历史状况，定量识别设施设备及其零、部件的实时技术状态，预知有关异常、故障和预测未来技术状态，从而确定必要对策的技术即为故障诊断技术。

4.4.2 故障诊断的基本方法

高速铁路的基础设施和技术装备上安装有多种安全监测和检测装置，并能通过信号处理的方法对关键设施设备进行在途故障监测。例如，国内外高速铁路运营单位均注重对走行部振动信号进行监控，包括轴承、齿轮箱、踏面等关键部件。

故障诊断的主要方法有时域参数指标、频域包络分析、时频域小波分析、时域同步平均法、频率细化分析技术和倒频谱分析等。

1. 时域参数指标

基于振动信号分析的故障诊断，在开始阶段，时域参数指标诊断方法占有重要地位。时域参数指标诊断方法的优点是计算简单方便、速度快，用少数指标就能表征设施设备的状态，结果直观。

常用的时域参数分为有量纲故障特征参数和无量纲故障特征参数，具体的参数介绍如下。

(1)有量纲故障特征参数

在故障诊断中，有量纲特征参数一般与故障的严重程度密切相关，可以直接用于分析故障情况，故障越严重，有量纲参数的值就会越大，但是有量纲特征参数诊断故障时受设施设备载荷、转速等环境的影响比较大。常用的有量纲特征参数主要包括峰值、有效值(RMS)、方根幅值、绝对平均值等。假设离散信号为$\{x_i\}$，$i=1,2,3,\cdots,N$，则各特征参数计算公式为

①峰值(Peak)

$$\text{Peak}=0.5\times[\max(x_i)-\min(x_i)] \tag{4.1}$$

峰值是振动信号中正最大幅值和负最大幅值之差，反映了信号的强度，峰值一般能诊断出具有瞬时冲击的故障类型，如元件表面早期的点蚀、损伤等。

②有效值(RMS)

$$\text{RMS}=\sqrt{\frac{1}{N}\sum_{i=1}^{N}(x_i-\bar{x})^2} \tag{4.2}$$

式中，$\bar{x}$ 为时域信号 x_i 的平均值。有效值是信号对于时间的平均值，反映了信号的强度和能量，一般随着故障的发展，有效值会慢慢增加。

③方根幅值(x_{r})

$$x_{\mathrm{r}}=\left(\frac{1}{N}\sum_{i=1}^{N}\sqrt{|x_i|}\right)^2 \tag{4.3}$$

④绝对平均值$|\bar{x}|$

$$|\bar{x}|=\frac{1}{N}\sum_{i=1}^{N}|x_i| \tag{4.4}$$

(2)无量纲故障特征参数

无量纲故障特征参数指没有或没法用具体的单位去量化的参数，通常表示信号本身的一些性质。在故障诊断中，常用的无量纲参数有偏度、峭度、峰值因子、脉冲因子、裕度因子等。假设离散信号为$\{x_i\}$，$i=1,2,3,\cdots,N$，则特征参数计算公式为

①偏度 α

$$\alpha=\frac{1}{N}\sum_{i=1}^{N}(x_i-\bar{x})^3 \tag{4.5}$$

式中，$\bar{x}$ 为时域信号 x_i 的平均值。

②峭度 β

$$\beta=\frac{1}{N}\sum_{i=1}^{N}(x_i-\bar{x})^4 \tag{4.6}$$

③峰值因子 CrestFactor

$$\text{CrestFactor}=\text{Peak}/\text{RMS} \tag{4.7}$$

式中，Peak 是信号的特征参数峰值，RMS 是信号的有效值。

④波形因子 S

$$S=\frac{x_{\mathrm{rms}}}{|\bar{x}|} \tag{4.8}$$

式中 x_{rms}——信号的均方根值；

$|\bar{x}|$——信号的绝对平均值。

⑤脉冲因子 I

$$I=\frac{\mathrm{Peak}}{|\bar{x}|} \tag{4.9}$$

⑥裕度因子 L

$$L=\frac{\mathrm{Peak}}{x_{\mathrm{r}}} \tag{4.10}$$

时域参数诊断故障时，其抗干扰性较差，容易产生误判等问题。均方根值可以反映元件总体的劣化状况，但是当传感器采集的信号中含有噪声时，则会影响诊断结果；峰值、偏度和峭度等对冲击很敏感，但是当有其他冲击干扰时，也会影响它们的诊断结果。同时，时域参数只对发展初期的故障敏感，当故障逐渐稳定时，时域参数会逐渐趋于平稳，甚至与正常元件的值相同，从而失去故障诊断能力。通常，为了提高故障诊断结果的可信度，必须对原始采集信号进行滤波等预处理，同时计算几个参数，利用多参数综合诊断降低干扰信号的随机性，提高诊断的准确度。

2. 频域包络分析

频域包络分析是利用包络检测和对包络谱的分析，根据包络谱峰识别故障。当设备元件产生缺陷而在运行中引起脉动时，不但会引起传感器本身产生高频固有振动，且此高频振动的幅值还会受到上述脉动激发力的调制。

(1)基本步骤

在包络法中，将经调制的高频分量拾取，经放大、滤波后送入解调器，即可得到原来的低频脉动信号，再经谱分析即可获得功率谱。

(2)包络法基本原理

①理想的故障微弱冲击脉冲信号 $F(t)$。

②传感器接收后，产生的高频振荡波。

③波形包络。

④频谱分析。

(3)包络法的优势

包络法把与故障有关的信号从高频调制信号中解调出来，从而避免与其他干扰的混淆，故有很高的诊断可靠性和灵敏度，是目前最常用、最有效地诊断滚动轴承故障的方法之一。

(4)包络检波频谱分析法

包络检波频谱分析法也称为共振解调法，是利用检测系统作为谐振体，把故障冲击产生的高频共振响应波放大，通过包络检波方法(例如希尔伯特变换)变为具有故障特征信息的低频波形，然后采用频谱分析法找出故障的特征频率(间隔频率)，从而确定故障的类型以及故障发生。共振解调法的信号变换过程如图 4.12 所示。

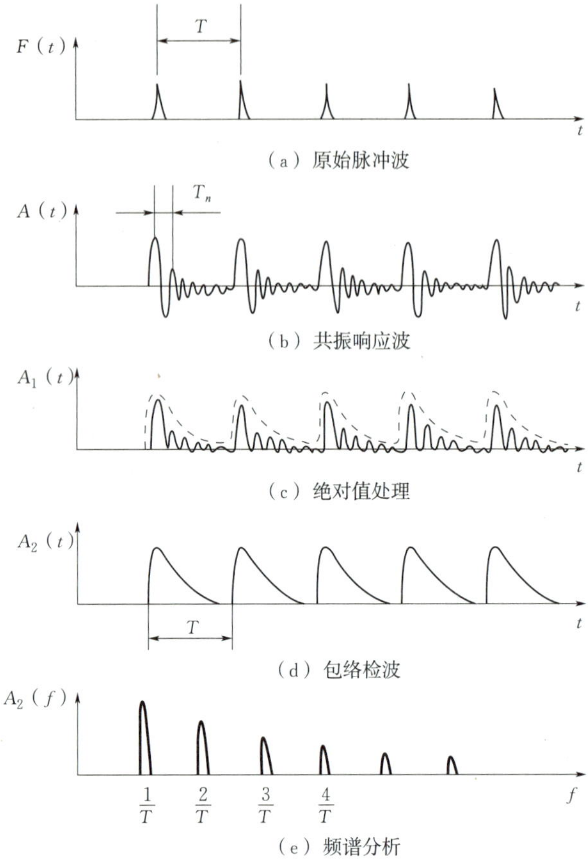

图 4.12 共振解调法的信号变换过程

3. 时频域小波分析

时频域小波分析是将时间—频率构成的二维空间平面分割为一组不重叠窗口,然后用一簇小波函数去逼近这些窗口,从而获得信号的时频域信息。小波包每层分解都将原频带一分为二,k 层小波包可将原频带划分为 2^k 个子频带,各个频带不交叠,也无遗漏,从而实现频带细分,提高了频率分辨率。三层小波包分解的过程如图 4.13 所示。$j=1,2,3$ 代表小波分解的层数,C 表示低频部分,与尺度空间 V_j 相对应,D 表示高频部分,与 W_j 相对应,总信号 F=CCC3+DCC3+CDC3+DDC3+CCD3+DCD3+CDD3+DDD3。

Newland 从小波 $\psi(t)$ 的 Fourier 变换 $\Psi(\omega)$ 出发来构造小波。分别建立变量 t 的偶函数 $\psi_e(t)$ 和奇函数 $\psi_o(t)$,它们的 Fourier 变换由下式定义:

$$\Psi_e(\omega)=\begin{cases}1/4\pi, & -4\pi\leqslant\omega<-2\pi \quad 2\pi\leqslant\omega<4\pi \\ 0, & \text{其他}\end{cases} \tag{4.11}$$

$$\Psi_o(\omega)=\begin{cases}i/4\pi, & -4\pi\leqslant\omega<-2\pi \\ -i/4\pi, & 2\pi\leqslant\omega<4\pi \\ 0, & \text{其他}\end{cases} \tag{4.12}$$

并将它们组合成复函数式:

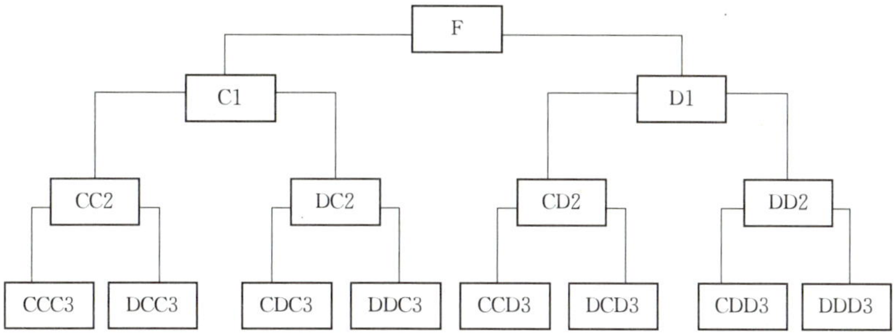

图 4.13　小波包分解

$$\Psi(\omega)=\Psi_e(\omega)+i\Psi_o(\omega) \tag{4.13}$$

分别作 Fourier 逆变换，得到它们的时域表达式：

$$\psi_e(t)=(\sin 4\pi t-\sin 2\pi t)/2\pi t \tag{4.14}$$

$$\psi_o(t)=-(\cos 4\pi t-\cos 2\pi t)/2\,\pi t \tag{4.15}$$

由此，定义复函数

$$\psi(t)=\psi_e(t)+i\psi_o(t)=(\mathrm{e}^{i4\pi t}-\mathrm{e}^{i2\pi t})/i2\pi t \tag{4.16}$$

为谐波小波。其实部和虚部如图 4.14 和图 4.15 所示。

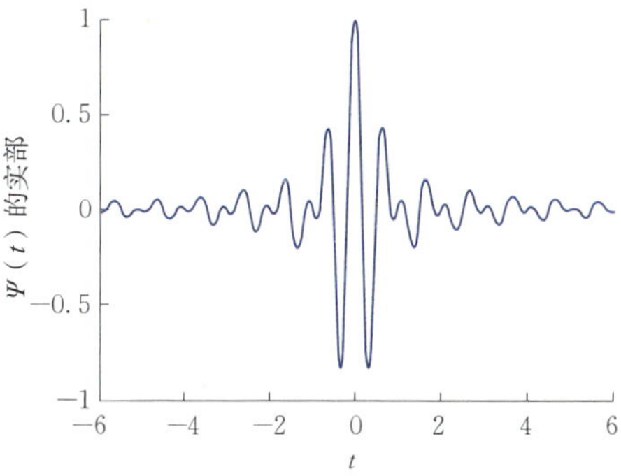

图 4.14　谐波小波的实部

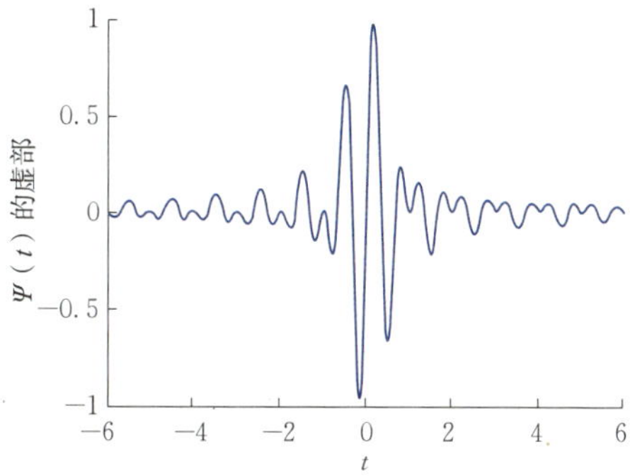

图 4.15　谐波小波的虚部

得到谐波小波 $\psi(t)$ 的 Fourier 变换为

$$\Psi(\omega)=\begin{cases}1/2\pi, & 2\pi\leqslant\omega<4\pi\\ 0, & \text{其他}\end{cases} \tag{4.17}$$

谐波小波频谱如图 4.16 所示。可以看到，谐波小波的频谱 $\Psi(\omega)$ 具有严格的盒形特性和良好的紧支特性。

谐波小波的伸缩平移函数族可以构成一个规范正交系，以谐波小波作为基函数系就能够将信号既无遗漏又不交叠地分解到互相独立的不同频段。

一个信号 $g(t)$ 的希尔伯特变换 $\hat{g}(t)$，它的数学表达式是

$$\hat{g}(t)=\frac{1}{\pi}P\int_{-\infty}^{+\infty}\frac{g(t)}{t-\tau}\mathrm{d}\tau \tag{4.18}$$

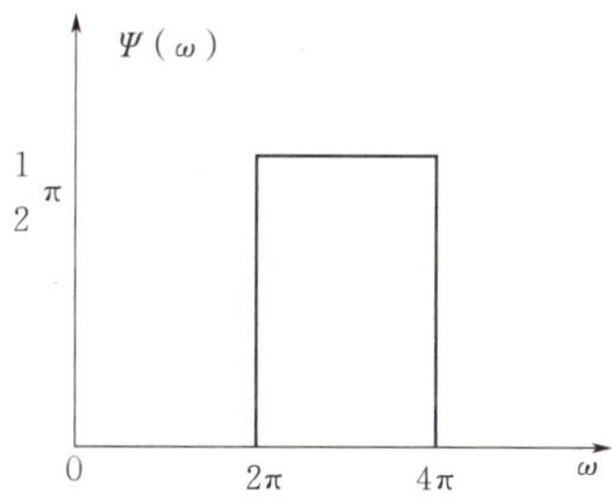

图 4.16　谐波小波频谱

$$\hat{g}(t)=\frac{1}{\pi t}\times g(t) \tag{4.19}$$

希尔伯特变换是生成解析信号的基础，图 4.17 所示是利用卷积定理在频域中确定希尔伯特变换对的方法。原信号 $g(t)$ 和它的希尔伯特变换对 $\hat{g}(t)$ 分别构成解析信号的实部和虚部。

$$g_{+}(t)=g(t)+\mathrm{j}\hat{g}(t) \tag{4.20}$$

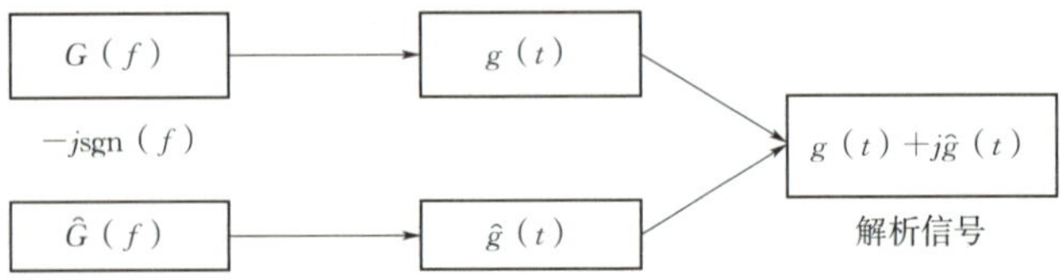

图 4.17 利用卷积定理在频域中确定 Hilbert 变换对的方法

对一个实信号做希尔伯特变换就相当于进行了一次滤波，滤波因子为 $h(t)=\dfrac{1}{\pi t}$ 。对 $h(t)$ 做傅立叶变换可得

$$h(\omega)=\begin{cases}-j & \omega\geqslant 0\\ j & \omega<0\end{cases} \tag{4.21}$$

可以看出 $h(t)$ 是一个全通滤波器，并且是一个 90°的移相器。把解析信号：

$$g+(t)=g(t)+j\hat{g}(t) \tag{4.22}$$

表示成复数形式为

$$g+(t)=A(t)\mathrm{e}^{j\varphi(t)} \tag{4.23}$$

$$\begin{cases}A(t)=\sqrt{g^{2}(t)+\hat{g}^{2}(t)}\\ \varphi(t)=\arctan\left|\dfrac{g(t)}{\hat{g}(t)}\right|\end{cases} \tag{4.24}$$

幅值 $A(t)$ 即为信号 $g(t)$ 的包络。

4. 时域同步平均法

同步时域平均法需要保证按特定整周期截取信号。在处理信号的时域平均时，以此脉冲信号来触发 A/D 转换器，从而保证按周期截取信号。

以齿轮故障检测为例，按齿轮轴的旋转周期截取信号，且每段样本的起点对应于转轴的某一特定转角。随着平均次数的增加，齿轮旋转频率及其各阶倍频成分保留，而其他噪声部分相互抵消趋于消失，由此可以得到仅与被检齿轮振动有关的信号。经过时域平均后，比较明显的故障可以从时域波形上反映出来，如图 4.18 所示。

图 4.18(a)是正常齿轮的时域平均信号，信号由均匀的啮合频率分量组成，没有明显的高次谐波；图 4.18(b)是齿轮安装对中不良的情形，信号的啮合频率分量受到幅值调制，但调制频率较低，只包含转频及其低阶谐频；图 4.18(c)是齿轮的齿面严重磨损的情况，啮合频率分量严重偏离正弦信号的形状，故其频谱上必然出现较大的高次谐波分量，由于是均匀磨损，振动的幅值在一转内没有大的起伏；图 4.18(d)为齿轮有局部剥落或断齿时的典型信号，振动的幅值在某一位置有突跳现象。

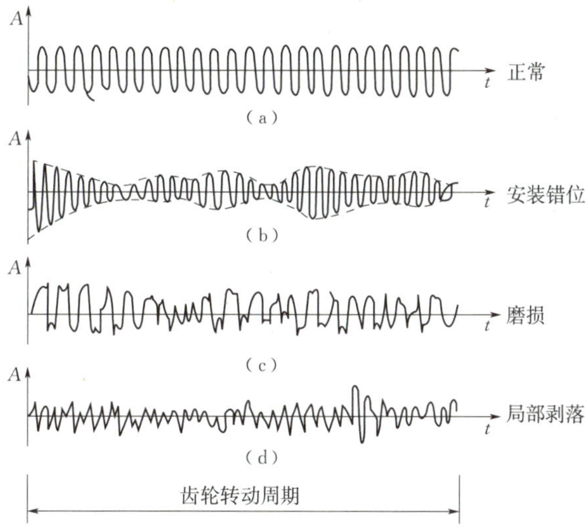

图 4.18 齿轮在各种状态下时域平均信号

5. 频率细化分析技术

频率细化分析或称为局部频谱放大,能使某些感兴趣的重点频谱区域得到较高的分辨率,提高了分析的准确性,是 20 世纪 70 年代发展起来的一种新技术。频率细化分析的基本思想是利用频移定理,对被分析信号进行复调制,再重新采样作傅里叶变换,即可得到更高的频率分辨率。其主要计算步骤为,假定要在频带 $f_1 \sim f_2$ 范围内进行频率细化,此频带中心频率为 $f_o=(f_1+f_2)/2$ 对被分析信号 $x(k)$进行复调制(可以是模拟的也可是数的),得频移信号:

$$y(k)=x(k)\mathrm{e}^{-i2\pi KL/N} \tag{4.25}$$

$$L=\frac{f_o}{\Delta f} \tag{4.26}$$

式中,Δf 是未细化分析前的频率间隔,也可仅为一参考值。

根据频移定理,$Y(n)=X(n+L)$相当于把 $X(n)$中的第 L 条谱线移到 $Y(n)$的零谱线位置了。此时降低采样频率为 $2N\Delta f/D$ 对频移信号重采样或对已采样数据频移处理后进行选抽,就能提高频率分辨率 D 倍分析 $Y(n)$零谱线附近的频谱,也即 $X(n)$中第 L 条谱线附近的频谱。D 是一个比例因子,又称为选抽比或细化倍数:

$$D=N\Delta f/(f_2-f_1) \tag{4.27}$$

为了保证选抽后不至于产生频混现象,在选抽前应进行抗混滤波,滤波器的截止频率为采样频率的 1/2。

复调制细化包括幅值细化与相位细化,由于复调制过程中需通过数字滤波器,产生附加相移,所以一般要按滤波器的相位特性予以修正,才能得到真实的细化相位谱。

6. 倒频谱分析技术

在频谱图中,当有几个边频带相互交叉分布在一起时,如果仍然仅依靠频率细化分析方法是不够的。虽然,复杂的时域信号可以利用快速傅立叶变换(FFT)技术,在频域上获得结构清晰的频谱图。然而在有些情况下,例如齿轮箱的振动信号,即使被转换到频域其结构还是过于复杂,难于进行有效分析和识别。于是,根据 FFT 时域—频域转换的概念,将频谱结果再次利用 FFT 技术转换到一个新的分析域中，这样就形成了所谓的倒频谱分析。

1962 年 Bogert 等人首先提出了倒频谱(Cepstrum)的概念，他把信号 $x(t)$ 的功率倒频谱定义为“对数功率谱的功率谱”。其数学描述为

$$C_p(q)=|F[\lg G_z(f)]|^2=\left|\int_{-\infty}^{+\infty}\lg G_x(f)\mathrm{e}^{-j2\pi fq}\mathrm{d}f\right|^2 \tag{4.28}$$

式中　$G_x(f)$——时域信号 $x(t)$ 的功率谱。

由于 $G_x(f)$ 为偶函数，故在实际使用当中都将倒频谱定义为

$$C_p(q)=|F^{-1}[\lg G_z(f)]|^2 \tag{4.29}$$

并且在工程应用中常取其平方根值 $C_a(q)$，称为幅值倒频谱，即

$$C_a(q)=|F^{-1}[\lg G_z(f)]| \tag{4.30}$$

倒频谱属于谱函数的一种，其自变量 q 相对于原频谱函数的自变量频率 f 而言，称为倒频率(Quefrency)，它具有与自相关函数 $R_x(t)$ 的自变量 τ 相同的量纲——时间，一般以毫秒(ms)计量。倒频谱实质上是频域函数取对数后的傅立叶逆变换。

通常在功率谱上无法直接对边频成分的总体水平给出定量估计，而倒频谱则对边频的成分具有“概括”能力，它能够检测出功率谱上的周期成分，并将功率谱上成簇的边频谱线简化为倒频谱上的单根谱线，从而使功率谱中的复杂周期成分变得清晰易辨。

倒频谱能较好地检测出功率谱上的周期成分，将原来谱上成簇的边频带谱线简化为单根谱线，便于观察。齿轮发生故障时的振动频谱具有的边频带一般都具有等间隔(故障频率)的结构，利用倒频谱这个优点，可以检测出功率谱中难以辨识的周期性信号。

由此可见，倒频谱分析对于齿轮故障诊断是一种有效的方法。当频率分辨率不够时，将频率细化分析与倒频谱分析结合起来，可得到满意结果。

4.5 沿线环境的监控技术

高速铁路运输系统的沿线环境比较复杂，沿线环境的变化对高速铁路运输系统的安全状态影响很大。很多环境因素直接造成了设备的破坏或者影响了人的认知和判断，已成为导致高速铁路运输事故的重要因素。

高速铁路运行中面临的沿线环境主要包括：自然环境和社会治安环境。自然环境包括风害、水害、雪害、地震、落石、泥石流、塌方等，社会治安环境主要包括异物侵限和其他障碍物等。高速铁路沿线环境监控系统对于保障高速铁路安全运行起至关重要的作用，该系统通过各种自然灾害及异物侵限突发事故情报数据，为运行计划调整提供依据，以保证列车正常运行，是调度指挥的一个重要组成部分。

4.5.1 自然环境监控

我国幅员辽阔，南北相距约 5 500 km，东西相距约 5 200 km。各地气温降水的组合多种多样，形成了多种多样的气候特点。气候的多样性使我国的高速铁路沿线环境极其复杂，不同地域高速铁路面临的自然灾害威胁大相径庭。由于我国是一个多山的国家，山地面积约占国土面积的 69%，这使得高速铁路运输中遭遇降雨量或者降雪量过大等自然灾害时容易

出现泥石流、塌方等次生灾害导致运输中断而影响运输正常进行。风害、水害、雪害、地震、落石、泥石流、塌方等等自然灾害严重影响线路设施、供电和信号设备的安全，危及高速列车的安全运行。

由于风害、水害、雪害、地震等自然灾害可能对铁路线路以及运行的铁路列车造成破坏，甚至造成列车、车辆颠覆等重大事故，所以对自然灾害的监控与报警是自然环境监控的主要方面。通过雨量传感器、温度传感器、红外线传感器等设备，利用计算机技术、数据通信技术，建立自然灾害监控与报警系统，能够实现信息传输及信息综合管理，随时、全面掌握气象情报和预测雨、雪、风的防灾信息以及对地震及泥石流等进行事前检测预报，实现对灾害的动态应急管理。我国是一个自然灾害频发的国家，发展铁路自然灾害监控技术并应用，是防灾减灾最有效的途径和手段。

1. 风害

风害是一种气象灾害，是指大风对铁路运输生产造成的直接和间接危害。直接危害主要指强风造成列车颠覆；间接危害主要指造成供电线路断开。对高速铁路生产有害的风主要是台风、季节性大风、地方性局地大风和海潮风等。

随着高速铁路线路延伸到全国的各个边境口岸，极端环境多现，风害对列车安全运行的影响也越来越突出。大风日数空间分布与地域、地形、季节有很大关系。对大风进行有效的监控，并将监控结果纳入行车指挥，能够改善行车安全。风速监控装置是保护供电线路和防止强风颠覆列车的重要设备。

风速监控装置主体为风向风速监控系统，风向风速监控系统如图 4.19 所示。风向风速计通过其附带的变换器将模拟电信号变换成数字信号，经由各自的信号发送装置，通过一对电缆发送至分析记录装置接收连接。

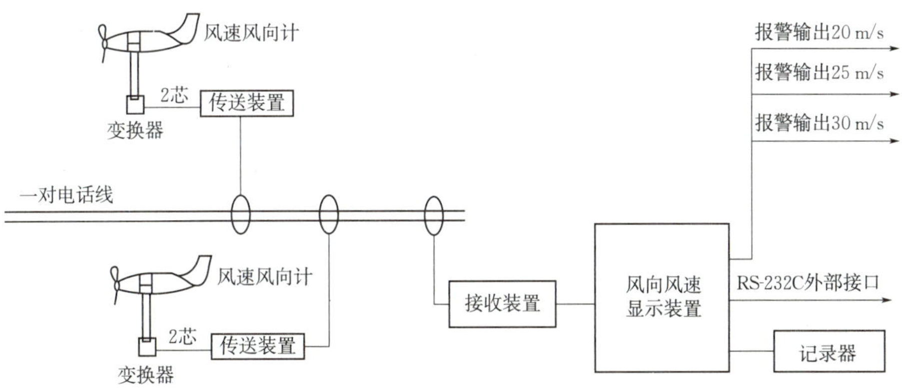

图 4.19 风向风速监控系统构成图

风向风速计是风向风速监控系统主要感应元件，主要应用流动测量技术。随着计算机技术、激光技术、数字信号处理技术、图像处理技术的发展以及新理论的提出、新材料的开发等，流动测量技术在过去几十年已经有了飞跃的发展。

(1)热线风速计(HWA)技术

将一根通电加热的细金属丝置于气流中，热线在气流中的散热量与流速有关，而散热量导致热线温度变化而引起电阻变化，流速信号即转变为电信号。热式风速计的主要部件是风速探头及测量仪表。其中风速探头又可分为热敏式探头和轮转式探头。热式风速计按结构分为热球式和热线式;按显示形式分为指针式、数字式等;按工作原理分为恒流式和恒温式风速计。恒流式原理是热线电流保持不变,温度变化时,热线电阻改变,因而两端电压变化,测得风速。而恒温式是指热线温度不变,根据施加的电流测得风速。相较于恒流式,恒温式应用更为广泛,热线长度在 0.5～2 mm,直径在 1～10 μm,材料为铂、钨或铂铑合金。

(2)激光测速技术(简称 LDV 或 LDA)

激光测速装置主要有两种:一种叫激光渡越风速计,简称 LTA;另一种叫激光多普勒风速计,简称 LDA 或 LDV. LTA,俗称双焦点激光测速仪。此种风速计要求其聚焦点的直径 d 比测量斑点间隔 s 小很多($d<s$),所以只有在两点之间平行通过的粒子才能得出测试结果。这就不得不采用不同的放射角 α 使光线与流动平行。这个问题限制了它的发展,因此只投入使用了约 10 年的时间。

LDA 或 LDV 的探针结构与 LTA 不同,一个单一的探针体积由两支同样颜色的光束在焦点上相交所构成。在探针体积内,两束光光线形成相干条纹。当粒子通过探针时,从条纹反射的光线产生了一组被称之为多普勒波群的正弦信号。

(3)相位多普勒风速计(PDA)

相位多普勒技术发明于 1975 年,它的市场产品诞生于 20 世纪 80 年代末。所谓相位多普勒技术是利用随流体而运动的粒子同时测量流体速度和粒子粒径的泛称,是一种两相流测量仪器。在欧洲习惯上叫 PDA,即相位多普勒风速计的简称,在美国和其他一些国家习惯于叫 PDPA,即相位多普勒粒子分析仪的简称。相位多普勒粒子风速计的测速原理与 LDA 或 LDV 相同,就是利用测得的信号频率来测量风速,其粒径测量原理则是利用测量信号的相位来测量粒径,其基本原理是利用光线通过球形透明粒子所产生的光散射信号。

2. 水害

水害以洪涝灾害为主。铁路运输设备作为受灾体,首当其冲的是线桥设备,尤其是路基,其次是桥梁、涵洞。根据水害资料统计,大约有 80%的水害发生在路基和线路上。除去线路高程不足容易被洪水浸淹和冲刷的局部地段外,路基水害更多的则是由于边坡失稳与防护工程不完善,容易受到因暴雨诱发的种种地质灾害的侵袭而引起的。主要水害类型有山体滑坡、泥石流、危岩落石、边坡溜坍及坍塌,路基下沉、陷穴、倒树侵限以及水淹线路、道床冲空、管涌等。桥梁水害一般约占铁路水害 10%左右,主要也分为水淹和冲刷两大类。

水害监测有如下几种方式:

(1)雨量计(或量雨计、测雨计)

雨量计(或量雨计、测雨计)是一种气象学家和水文学家用来测量一段时间内某地区的降水量的仪器(降雪量的测量则需要使用雪量计)。大部分的雨量计都是以毫米作为测量单位,有时候测量结果也会以英寸或厘米作为单位。雨量计的读数可以用手工读出或者使用自动气象站(AWS),而观测的频率则可以根据采集单位的要求而变化。大多数情况下收集的雨水在观测后就不再保留,但也有少数气象站会将其保留作为污染程度或其他测试的样本。雨量计的测量是有限制的。在风力过大(热带风暴或飓风)时使用雨量计是没有意义的,因为在对雨量计本身造成伤害的同时,记录的结果也会有过大的误差。此外,雨水黏附在筒壁或漏斗上,会导致测量结果略微偏小。另一个常见的问题是当温度接近冰点时,雨水在落到雨量计时可能会结冰，从而导致漏斗堵塞或其他问题。与其他气象学仪器一样，雨量计应当放置在远离建筑物和树木的空地上，以最大限度地减小观测误差。

雨量计的种类很多，常见的有虹吸式雨量计、称重式雨量计、翻斗式雨量计等，本书重点介绍虹吸式雨量计和翻斗式雨量计。

①虹吸式雨量计

虹吸式雨量计能连续记录液体降水量和降水时数，从降水记录还可以了解降水强度。虹吸式雨量计由承水器、浮子室、自记钟和外壳所组成。雨水由最上端的承水口进入承水器，经下部的漏斗汇集，进入浮子室。浮子室是由一个圆筒内装浮子组成，浮子随着注入雨水的增加而上升，并带动自记笔上升。自记笔固定在座板上，转筒由钟机推动作用回转运动，使记录笔在围绕在转筒上的记录纸上画出曲线。记录纸上纵坐标记录雨量，横坐标由自记钟驱动，表示时间。当雨量达到一定高度（比如 10 mm）时，浮子室内水面上升到与浮子室连通的虹吸管处，导致虹吸开始。迅速将浮子室内的雨水排入储水瓶，同时自记笔在记录纸上垂直下跌至零线位置，并再次开始随雨水的流入而上升，如此往返持续记录降雨过程。记录纸上记录下来的曲线是累积曲线，既表示雨量的大小，又表示降雨过程的变化情况，曲线的斜率表示降雨的强度，从记录纸上可以确定出降雨的起止时间、雨量大小、降雨量累积曲线、降雨强度变化过程等。

②翻斗式雨量计

翻斗式雨量计是由感应器及信号记录器组成的遥测雨量仪器，感应器由承水器、上翻斗、计量翻斗、计数翻斗、干簧开关等构成；记录器由计数器、记录笔、自记钟、控制线路板等构成。

其工作原理为：雨水由最上端的承水口进入承水器，落入接水漏斗，经漏斗口流入翻斗。当积水量达到一定高度（比如 0.1 mm）时，翻斗失去平衡翻倒。而每一次翻斗倾倒，都使开关接通电路，向记录器输送一个脉冲信号，记录器控制自记笔将雨量记录下来，如此往复即可将降雨过程测量下来。

(2)水位报警器

水位报警器是通过机械式或电子式的方法来进行水位的报警，方法有多种，根据选用不同的产品而不同。

①通过电子式水位开关和搭配的水位控制器来控制，电子式水位开关原理是通过电子探头对水位进行检测，再由水位检测专用芯片对检测到的信号进行处理。当被测液体到达动作点时，输出高或低电平信号，再配合水位控制器，输出继电器开关信号，或者直接供电给报警器，从而实现对液位的报警功能。电子式水位开关不需浮球和干簧管，外部无机械动作，耐污耐用，不怕漂浮物影响。任意角度安装，竖向安装有一定的防波浪功能，这种方式较实用、耐污、寿命长、安全。此外它有两种报警方式，即有水时报警或者没水时报警。

②通过浮球开关进行水位报警。浮球开关带着一个大的金属球或小塑料浮球，浸在水中时浮力大，浮球因为浮力而上升，带动球阀运动，触动开关，从而触动报警器的工作，这种水位开关易受外界漂浮物影响。

③通过非接触式的水位开关来控制，例如超声波型。液位控制器的探头产生高频超声波脉冲耦合到容器外壁。这个脉冲会在容器壁和液体中传播，还会被容器内表面反射回来。通过对这种反射特性的检测和计算，就可以判断出液位是否达到了液位控制器安装的位置。

液位控制器输出继电器信号，来完成对液位的监控，主要用于监控储罐液面，实现上下限报警或监控管道中是否有液体存在，储罐材质可以是金属或不发泡塑料。这种方式不受介质密度、介电常数、导电性、反射系数、压力、温度、沉淀等因素的影响，所以适用于医药、石油、化工、电力、食品等行业的各类液体液位控制和对于有毒的、强腐蚀危险品液体的检测，但在有泡沫的情况下也易出现错判。

3. 雪害

在高山上或冬季寒冷多雪地区，积雪封锁铁路交通的事也时常发生。

降雪是指在一段时间内(一般 24 h)降落的新雪深度，但不包括飘雪和吹雪。雪这一名词还应包括直接或间接地由降水形成的冰丸、雨凇、冰雹和片冰。雪深通常指观测时地面上雪的总深度。积雪的水当量是融化积雪而得到的水的垂直深度。在开阔地上的新雪深度用有刻度的直尺或标尺作直接测量。为了得到一个有代表性的平均值，应当在认为没有吹雪的地方进行次数足够的垂直测量。要特别注意不要测量早已积聚的陈雪。可以预先将一块合适的地块打扫干净或在陈雪的上面放置一块由合适材料制成的平板(如一块漆成白色的表面略为粗糙的木板)来测量聚积其上的积雪深度。在斜坡面上(如有可能，应避开)的测量仍用测杆作垂直测量。如果有陈雪，由于位于下层的陈雪已被压缩和融化，用连续两次测量的总深度的差值来计算新雪深度是错误的。在出现大面积吹雪的地方，需要做很多次的测量以得到有代表性的深度。雪深监测有如下几种方式：

(1)积雪深度的直接测量

将雪尺或有同样刻度的测杆插入雪中至地表面来进行地面积雪深度的测量。在开阔地带，由于积雪被风吹起而重新分布，加之下面可能埋有冰层，使得雪尺不能插入，用这种方法去获取有代表性的雪深测量会有些困难。要注意确保测出总深度，包括可能存在的冰层深度。在每个观测站要做多次测量并取其平均。对于测雪杆，特别是用于边远地区的测雪杆，要漆上颜色交替的圆环或其他合适的标记，为测量地面总雪深提供方便。另外，可以从遥远地点或从飞机上用望远镜从测杆或标记上读取雪深。测杆应漆成白色，以使测杆周围积雪的非正常的融化减至最小。从空中测雪深的标识物是垂直杆(其长度可变，根据最大雪深来定)和在此垂直杆的固定高度上安装的横杆，作为测量点的定位的标志。

(2)雪水当量的直接测量

测量雪水当量的标准方法是用采雪管采出样本并称其重量。这是很多国家测量雪水当量的常用方法，是降雪测量的基础。这个方法既可以融化每一样本并测量其液体重量，也可以称取冻结的样本重量。可以用经过测量的定量热水或热源来融化样本。可以用一个合适的采雪器获得新雪的圆柱形样本，并进行称重或融化。通常可使用标准雨量器的溢出容器来进行采样。雪量器可以直接测量降雪的水当量。原则上，任何非记录型雨量器都可以用来测量固态降水的水当量。用这些类型的雨量器所收集到的雪在每次观测后应立即称重或融化。自记称重式雨量计不仅可以测量液态降水，同样可以测量固态降水，并且可以用和液态降水相同的方法记录水当量。固体降水的水当量可以用新雪的深度来估算。这种测量方法是采用合适的比密度把雪深度换算为水当量。虽然可以规定 1 cm 雪深等于 1 mm 当量的水，但要注意这是一个长期的平均值，用于单次测量就可能很不准确，因为雪的比密度是在 0.03～0.4 之间变化。

(3)雪枕

各种材料制作的大小不同的雪枕,可用于测量枕上的积雪重量。最普通的雪枕是用橡胶材料制成的直径为3.7 m的圆而扁平的容器,其中充有甲醇与水混合的或甲醇-乙醇-水溶液的防冻液。雪枕安装在地面上,与地齐平,或者埋在薄薄的一层土或砂下。为了避免雪枕受到损坏和尽量使积雪保持其自然状态,最好在安置场地周围用栅栏围住雪枕。在正常情况下,雪枕可使用10年以上。雪枕内的液体静压力,是测量雪枕上积雪重量的量度。液体静压力通过浮筒式液位记录器或者压力传感器测量,从而可以连续测量积雪的水当量。温度变化会引起测量准确度的变化。在浅积雪地区,每天温度变化导致枕内液体的膨胀或收缩,造成出现虚假的降雪或融雪的指示;在深山地区,除了在降雪的开始和结束的季节,每天的温度变化不大。应将连接测量单元的连通管装在可控温的保护管内或埋入地中以减少温度的影响。可就地安装遥测的资料收集系统,以便使用图形或数字记录器对雪水当量进行连续的测量。雪枕的测量结果与标准采雪管的测量结果会有差异,尤其是在融雪期间更为常见。当积雪中不含有在雪枕上方"架桥"的冰层时,雪枕的测量结果最可靠。用雪枕测量的雪水当量与标准称重方法的测值相比,其差异可达5%~10%。

(4)放射性同位素雪量器

放射性同位素雪量器可用来测量积雪水当量的总量和提供密度廓线。它不会造成样本的破坏,可用于现场记录和遥测系统。几乎所有系统都是基于水、雪或冰能对辐射造成衰减的原理。正如其他的点测量一样,要把点测值当作区域指标值来使用,选择有代表性的测点位置就很重要。用来测量水含量总量的仪器由辐射检测器和辐射源两部分组成。辐射源可以是自然中存在的,也可以是人工的。把检测器的一部分安放在雪场的地基上,另一部分安装在高出于估计最大雪深的高度上。随着雪的积聚,计数速率随雪场的水当量增加而成比例地减小。采用人工辐射源的系统安装于固定的地点并只能取得该点的测量值。用自然铀作为环状辐射源,环状的中央是单柱检测器,这种系统已成功地用于测量水当量达500 mm或雪深为150 cm的积雪。安装在固定地点的放射性廓线雪量器可用来提供雪水当量总量和密度,并可对雪场的水运动与密度随时间的变化作精确的研究。廓线雪量器由安装在水泥地上的相隔大约66 cm的两根相互平行的且与地面垂直的通管组成,其高度应在估计最大雪深高度之上。伽马射线源悬挂在其中一根管子上,带光电倍增管的闪烁伽马射线检测器则悬挂在另一管子上。测量时要将射线源与检测器置于等深度的积雪之中。雪深以增量约2 cm逐点进行测量就能得到积雪的垂直密度廓线。采用后向散射而不采用发射的伽马射线来测量积雪密度的便携式仪器,是掘洞测雪法的可行的替代品。由于仪器携带方便,故使之能对该区域的雪密度和雪水当量的区域变化作出评估。

(5)自然伽马辐射

伽马辐射测雪方法,基于土壤顶层有自然辐射元素放射的伽马辐射受雪的影响而衰减的原理。雪水当量越大,辐射的衰减也就越大。地球的伽马辐射测量包括:在遥远地方的一个点的测量,或者是一系列的点测量,或者在一个地区作选择性地横向来回测量。这种方法也可以用于飞机上的测量,仪器包括一个轻便的伽马射线分光仪,它是利用小的闪烁晶体在宽频上和在三个频谱窗口(即钾、铀和钍的发射窗口)上来测量射线。

在积雪之前，要对测点或沿着测线来回作伽马强度的测量。由于上层 10～20 cm 深的土壤的湿度和宇宙射线的背景辐射会有变化，仪器漂移和降水中的氡气（它是伽马辐射源）随降水进入土壤或雪中等，所以必需对读数进行修正，以获取雪水当量的绝对估计。此外，为了确定频谱仪计数速率与水当量之间的关系，预先要有辅助性的水当量测值，通常用采雪管测量值作为参考标准。自然伽马射线法能用于雪水当量在 300 mm 以下的雪场，经过合适的修正，其准确度为±20 mm。这种方法与采用人工辐射源相比，其优点是没有辐射危险。

4.5.2 突发灾害监控

1. 地震

铁路穿越地震活跃区时，地震重力作用是最普遍的破坏方式。有的破坏是由地震作用直接引起的，有的则是由于在地震过程中发生的烧毁枕木的火灾所引起的。我国有近 10% 的铁路线穿过地震危害区。地震对铁路的危害是客观存在的。

记录地震波的仪器称为地震仪，它能客观而及时地将地面的振动记录下来。其基本原理是利用一件悬挂的重物的惯性，地震发生时地面振动而它保持不动。由地震仪记录下来的震动是一条具有不同起伏幅度的曲线，称为地震谱。曲线起伏幅度与地震波引起地面振动的振幅相应，它标志着地震的强烈程度。从地震谱可以清楚地辨别出各类震波的效应。纵波与横波到达同一地震台的时间差，即时差与震中离地震台的距离成正比，离震中越远，时差越大，由此规律即可求出震中离地震台的距离，即震中距。值得注意的是，地震仪只能用于测量地震的强度、方向，并不能用于预测地震。

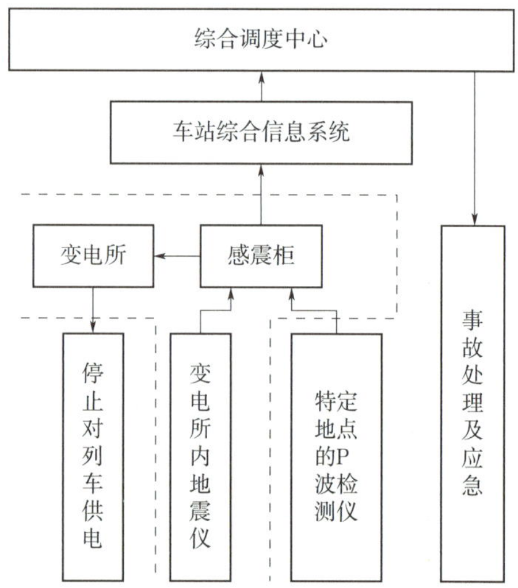

图 4.20 地震监控系统的构成

地震监控系统由拾震及数据处理设备、信息通信接口及传输设备、综合调度中心监视设备三部分组成，如图 4.20 所示。

拾震设备包括沿线变电所内的地震仪及特定地点的 P 波检测仪。变电所内的地震仪有两种，一种是加速度报警仪，另一种是显示用地震仪。特定地点的 P 波检测仪应根据《中国及邻区地震震中分布图》(1990 年版)，在历史上震级超过 7.0 级且距线路 400 km 范围内大震震中位置附近，选取地表基岩处设置。变电所内感震柜、车站综合信息系统与综合调度中心之间非实时处理信息，应采用高速铁路专用数据通信网传输。实时处理信息，进入专用通道传输。综合调度中心监视设备接收车站综合信息、系统传来的地震报警信息，以此控制沿线列车运行状态及组织救灾工作。

加速度报警仪检测到 45 Gal 的水平地震加速度时发出警报信号，并应根据震后线路的地震烈度或地震动加速度来决定巡检区间、巡检方式和列车的限速要求。加速度预警水平定为 45 Gal 的依据是：模拟计算铁路路堤及各种桥梁在几种典型地震动波激励下的动力响应系数(统计最大值为 $D=2.55$);确定保证列车正常运行的轨道横向加速度值[A],目前国内初步定为 120 Gal,将该值还原到自由场地,可将预警水平定义为:$[A]/D=120/2.55=47$ Gal。为安全起见,建议取 45 Gal。

变电所内用地震仪可显示水平地震加速度波形,进一步判断加速度报警仪发出警报的可靠性,并为震后运行管制提供数据。由加速度报警仪发出的警报,应根据震后线路的烈度值来决定巡检区间、巡检方式和列车的限速要求以及控制变电所停止供电。由 P 波检测仪发出的警报,应根据检测到的地震信息(震级及震中距)对线路进行分级。根据线路级别,并综合考虑地震发生时降雨量、轨温及线路能见度决定巡检区间、巡检方式和列车的限速要求,以及控制变电所停止供电。

2. 泥石流

由暴雨引起的泥石流对铁路路基构成严重的危害。为避免暴雨产生的泥石流对交通的影响,首先需要预测可能引起泥石流的暴雨,再根据降雨条件预测发生泥石流的危险区域,以及泥石流泥沙的堆积地域、水流变化图和泥沙浓度,进一步预测发生时间、规模及危害程度。为此应用模拟方法,在给定水量变化和泥沙的条件下,对由于河床堆积物浸蚀、堆积引起的泥石流变化图及泥沙的浓度进行一维解析;对在山谷出口处的扇状泛滥堆积进行二维解析,以综合模型进行计算预测。计算泥石流水量变化图的基础运动方程包括泥石流的运动方程式、全容积的连续方程式、砂粒的连续方程式、河床变化方程式和浸蚀速度、堆积速度等一系列的计算。应用此法,在假定的降雨条件下对所发生泥石流的变化图虽还不能进行肯定的预测,但一定程度上可以预测发生破坏的可能性。

泥石流监视系统的基础是监控发生泥石流的基准雨量,以既往经验的小时最大雨量和 2 h 最大雨量设定发生泥石流的安全限界(基准雨量)。预测精度取决于降雨预测精度及泥石流发生安全限界雨量的精度。

3. 落石

落石是威胁山区铁路、公路交通线路安全的一种常见自然灾害。由于落石具有突发性和随机性等特点,一年四季均有可能发生,且发生前通常没有前兆,因此无法通过预测的方法得知它的发生时间,也就很难做到防患于未然。目前一般的方法是采用工程措施来防止落石的发生和对交通线路造成的危害。但对于那些施工困难、投资过高或落石一旦发生则会导致严重后果的地段,采用落石自动报警系统和交通线路防护装置相结合的方法来保证交通安全是一种行之有效的技术途径。落石自动报警系统能及时检测出对交通线路有危险的障碍,及时报警并通知列车不要进入危险区段,防止灾害的发生,确保安全。

落石自动报警系统作为一种自动报警防灾装置,是保证交通安全的设备,因此对系统的安全度要求很高,设备的可靠性至关重要。另外,不允许有漏报和误报发生,必须实现报警的高度准确。落石自动报警系统应具有三个功能:对落石进行检测,能够自动报警,可以进行防护。只有这三者有机地结合在一起,才能起到防灾的作用,达到防灾的目的。

为了满足以上各项要求,落石自动报警系统至少应由三部分构成:落石检测装置——检知网,中间连接设备——主控制箱,报警防护装置——铁路车站、工区报警器和列车防护设备。

以铁路落石自动报警为例，其构成如图 4.21 所示。

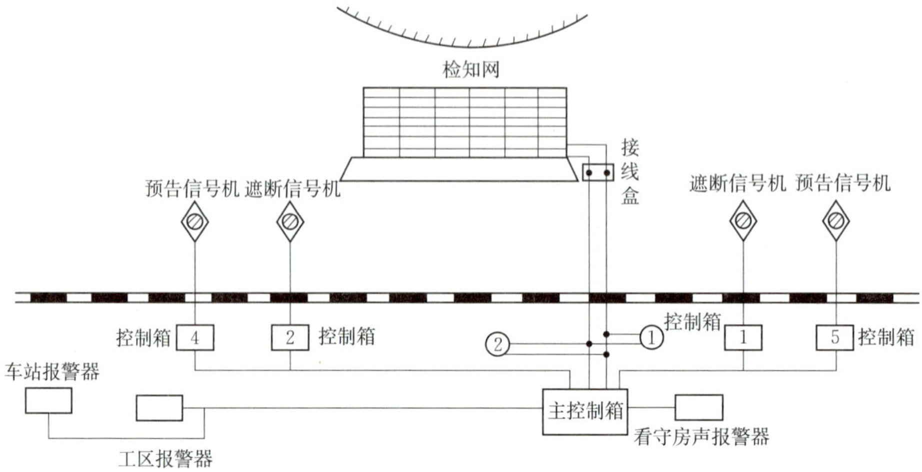

图 4.21 落石自动报警装置

注：①②为指示灯，有落石时显示。

落石自动报警系统由主控制箱提供电源（直流或交流），与落石检知网和检测继电器构成串联回路。在正常无事故情况下，检测继电器的衔铁吸起，构成一个闭合回路。当有灾害发生时，落石落下砸断检知网，闭合回路断开，检测继电器失磁衔铁落下，继电器下接点接通防护装置的地面防护信号机，以阻止运行在区间的列车进入事故区段，防止次生灾害发生。同时控制看守房内的报警器发出报警信号，以通知看守人员及接通工区和车站报警器向工区和车站报警。

（1）检知网

在落石自动报警系统中，检知网对准确检测出落石对铁路造成的危害起着重要作用。正常情况下，检知网通电，当落石砸断导线时，利用它就可以检测出已发生落石的信息。为了提高检测效率，检知网有很多种形式。主要有以下四种：

①单独检知线式，适用于大型石块或孤石下落时的报警。其优点是有对行车安全造成严重危害的大块落石落下时，一般均能及时报警。缺点是小块石不影响行车安全，不应报警，但当它正好砸断检知线时会引起误报。

②检知网与金属网并用式，适用于小石块较多，单用检知网容易发生漏报的地区。一般情况下是在靠山坡一侧再安装一层拦挡金属网，这样就不会发生漏报警。金属网的框架由桩距和高度决定，每一张金属网用螺栓固定在槽钢的木桩上。

③尼龙绳编织网和检知网并用式，在尼龙绳编织网内加入检知网，这样就可以防止小石块落石漏报误检，也可以节省成本。使用时将编织网系在支撑木桩上即可。此种形式是一种比较简单而效果较好的检测方式。

④铁丝网框架张拉式，框架的数量可根据设防地点的长度灵活掌握，框架的高度和倾角（一般为 45°）由落石的可能弹跳轨迹所要求的覆盖面来决定。框架下部固定安装在钢筋混凝土构成的阻挡落石的栅栏或其他基础设施上。上部用钢丝线固定在山坡上，其钢丝线上设有报警电路的电线，用于报警。

(2)主控制箱

落石自动报警系统的主控制箱是连接灾害检知网、看守房报警器、列车防护信号装置、车站和工区报警器的中间连接关键设备。通过它，把自动报警系统的各个部分有机地连在一起。主控制箱主要由供电系统和检测继电器构成。

(3)报警防护装置

落石自动报警系统的报警防护装置有很多种形式，其目的都是为了在落石发生时，及时报警，及时阻止列车进入危险区段，防止灾害的发生，按报警通知的对象分，归纳为三种：

①看守房报警器。在继电器落下，接通报警电路后，发出报警。报警方式一般有声响报警和信号闪光报警两种。看守人员在接到报警后，应迅速赶到事故发生地点，确认险情，按规定采取防护措施并通知有关部门。

②车站、工区报警器。一旦发生线路落石灾害，报警器除对看守人员进行内部报警和启动列车防护信号通知司机的外部报警外，还应将灾害发生的信息向车站报警。车站值班人员在接到报警信号后，应立即扣发列车并通知相邻车站采取同样措施，落石发生地区若没有安装报警器，也可采用区间电话或无线电话将灾害信息通知给列车或车站，以保证列车安全。

③列车防护装置。列车防护装置的任务是一旦获知发生落石，立即向行驶在区间的列车发出地面通知，使列车不再进入灾害区段，以避免发生次生灾害，造成车翻人亡的重大事故。

4. 塌方

铁路是遭受崩塌、滑坡危害最频繁、最严重的一项工程。滑坡、坍塌对铁路的危害主要表现是：破坏线路、中断行车、危害站场、砸坏站房；毁坏铁路桥梁及其他设施，砸断隧道，造成车翻人亡的行车事故。岩溶地面塌陷也是铁路的主要病害之一。在我国的主要干线铁路中，岩溶地面塌陷灾害较为严重的有京广线、贵昆线、浙赣线、津浦线、沈大线、渝达线等。塌陷造成车站建筑物毁坏、路基沉降、道路悬空、桥涵开裂倒塌、隧道施工受阻、断道停车甚至造成列车脱轨，有些路段列车长期限速慢行，损失巨大。

塌方报警系统是一套利用传感器测量土壤位移的变化以实现塌方监测报警功能的系统，其系统架构如图 4.22 所示。

此系统主要由前端系统、下位机(中继监测点)系统以及上位机系统组成。前端检测点主要完成当地土壤位移变化信息的测量，并根据预设的报警和故障角度产生警报信息，再通过无线传输方式传给中继监测点；中继监测点收到前端检测点发来的信息后再通过 PSTN 或者 GPS 方式传给远程监测中心，以实现远程监测报警功能；远程监测中心主要完成接收警报信息并在电子地图上实时响应，显示报警点的坐标等。该系统为防灾部门提出处置方案提供参考，从而有效地降低塌方事故的发生概率，提高塌方事件的可预报性，同时减少了路巡人员的视觉盲区和滞后性，并大大降低了相关人员的工作量。

塌方报警系统可监测铁路沿线所在地貌的塌方或倾斜等突发状况，并按照一定时间周期自发地向总部发送相关报警信号，使列车行驶更安全，从而更好地保障了旅客的安全，减少财产损失。通过勘测铁路两边的地貌，在有可能发生的路段设置倾角传感器或断路传感器，在通过相关设备检查传感器的工作状况，检测铁轨所在区域是否有地貌倾斜或塌方状

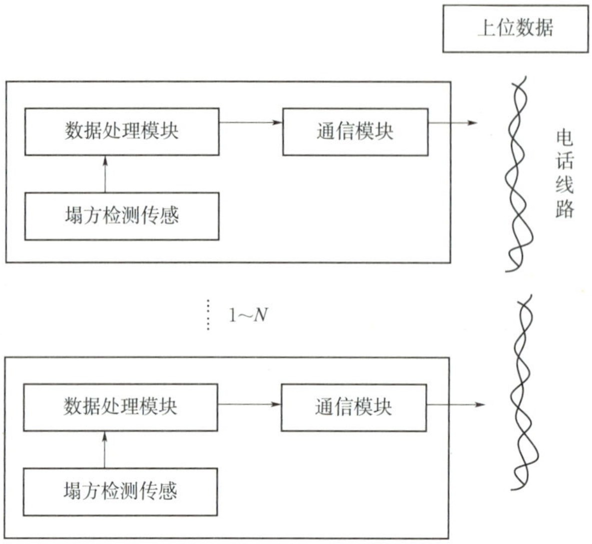

图 4.22 塌方报警系统架构

况，将事故发生状况及地段地理位置以数据编码的方式经过沿铁路线铺设的电话线路将报警信号发送至数据中心，以便提前告知行驶列车做出相关特殊处理。

4.5.3 社会治安环境监控

高速铁路的安全是以一整套高科技系统、设备和管理作保障的。但是，由于高速铁路是一个开放的人、机、环境动态控制体系，沿线因封闭设施、落地设备在防破坏环节设计上存在先天性缺陷，治安防范难以有效落实，其中个别道口存在平交现象，目前在加紧实施立交化改造。高速铁路运输社会治安环境因为社会因素、人为因素而存在不确定性，给高速铁运输带来潜在的危害。从技术层面上看，对社会治安环境监控主要包括沿线异物侵限和道口障碍物等。

1. 沿线异物侵限

常用的检测异物侵限的方法有双电网技术、落物雷达监测技术、光纤光栅技术、激光传感器、红外线传感器、视频图像处理等，通过是否与侵限目标接触可分为接触式和非接触式两种，接触式主要采用双电网传感器。因为其简单和鲁棒性的特点，在我国高速铁路异物侵限监测领域广泛使用，但是双电网技术只有在异物损坏电网的情况下才能检测出异物侵限，因此只能检测到较大的目标，同时还需视频辅助验证，该方法只能被动检测，效率低、智能化程度低。基于光纤光栅传感的铁路异物侵限监测系统，使用光纤布拉格光栅温度应力传感器，解决了双电网技术易受电磁干扰、雷击、电信号远距离传输可靠性差的问题。雷达监测异物侵限的方法，具有监测范围大、距离远、设备维护简单等优点。基于激光监测技术与无线通信技术的异物侵限报警系统，属于非接触式，能够有效解决接触式侵限监测技术无法监测到悬空于铁路安全界限内侵限目标的问题。智能视频监控系统软件，能够自动识别铁路道口的行人并对列车进行预警，将传统的人工监视视频转变为智能监控。

(1)双电网技术

防灾安全监控系统异物侵限监测双电网传感器主要设置于公路跨铁路桥、公路铁路并行较近的区段及隧道口容易发生落石的区段。

双电缆传感器监测方式是两根绝缘电线两端分别连接使用不同频率的模拟低频信号的发送器和接收器,发送器不断发送固定频率的模拟信号,接收器实时接收模拟信号。当两个接收器同时收到信号时,系统运行正常;当只有一个接收器收到信号时,不会发出侵限报警信息,只提示预警信息;当两个接收器都接收不到信号,则会立即发出异物侵限报警信息。法国地中海线采用该种方式进行异物侵限监测。

(2)落物雷达监测技术

落物监测雷达主要应用在公跨铁落物监测、隧道口落物监测、公铁并行异物侵限监测等场合。落物监测雷达通过监测空中物体的方位和速度,分析物体运动轨迹,判断是否发生异物侵限事件,及时发出报警信息。

落物监测雷达作为铁路防灾系统的一种传感器,为了保障告警数据的可靠性,可以配置辅助视频监测设备。落物监测雷达具备行为分析能力,具备一定落物监测功能,同时与雷达联动。当雷达报警后,摄像机分析事故区域,并将图像上传至监测中心。系统框图如图 4.23 所示。

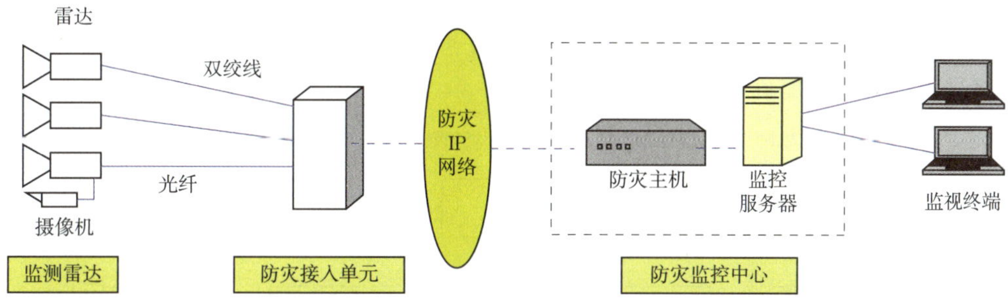

图 4.23 雷达防灾示意图

落物监测雷达采用线性调频连续波,基本原理为:天线向外发射频率随时间线性变化的电磁波,若前方有目标时反射回波,将发射波信号和回波信号进行混频,从混频器输出的频谱信号中提取包含目标相对距离和相对速度的信息。调频连续波测速测距原理如图 4.24 所示。

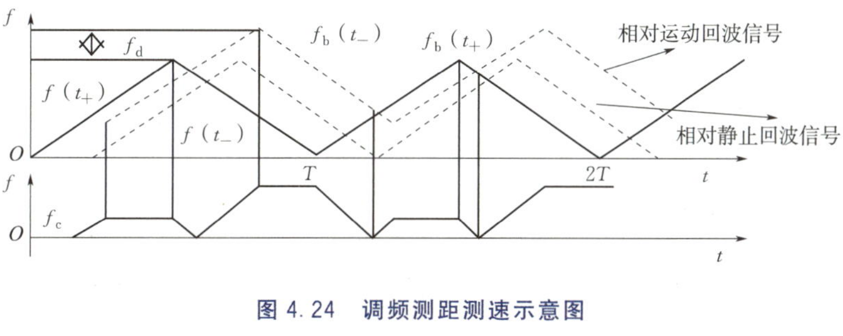

图 4.24 调频测距测速示意图

图 4.27 中的实线是发射信号,虚线是相对静止和相对运动时目标的反射信号。发射信号频率采用线性三角波调制,周期为 T,记上升和下降阶段分别为 $f(t_+)$、$f(t_-)$,对应回波

信号为 $f_b(t_+)$、$f_b(t_-)$，斜率为 k。

设发射波与回波的时间差为 t_d，则目标距离 R 为

$$2R = C \times t_d \quad (C\ 为光速) \tag{4.1}$$

根据多普勒效应原理，当发射物体和反射物体相对运动时，将产生频移。发射信号与回波信号混频后输出的差拍信号为

$$f_e(t_+) = |f(t_+) - f_b(t_+)| = k \cdot \tau - f_d \tag{4.2}$$

$$f_e(t_-) = |f(t_-) - f_b(t_-)| = k \cdot \tau + f_d \tag{4.3}$$

则计算目标的距离和速度为

$$R = C \cdot T[f_e(t_-) + f_e(t_+)]/4B \tag{4.4}$$

$$v = C[f_e(t_-) - f_e(t_-)]/4f_0 \tag{4.5}$$

式中　B——发射波带宽；

f_0——发射波中心频率。

通过测得回波 $f_e(t_+)$ 和 $f_e(t_-)$ 信号，便能根据上式计算出目标距离和速度。即通过三角波调制的连续波(LFMCW)雷达，在一个周期内 2 次扫描过目标，通过测量 2 次回波的频率值就可以计算出该目标的距离和速度。

线性调频的 LFMCW 雷达适合近距离探测移动目标，且抗杂波能力强，灵敏度高，能检测到较小目标信号，并且测速测距精度良好。落物监测雷达主要由微波收发单元、信号处理单元、数据通信单元、电源、天线、手动云台等部分组成(如图 4.25 所示)。可以选配摄像机对现场进行监控和报警确认。

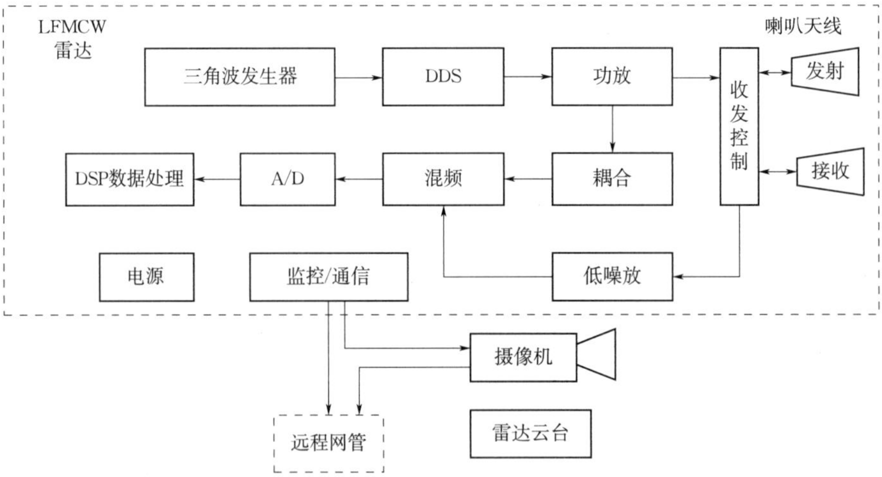

图 4.25　落物雷达监测系统构成

(3)应用光纤光栅的异物侵限监测系统

应用光纤光栅的异物侵限监测系统主要由光纤光栅监测网，监控单元，监控数据处理设备以及终端设备构成。一旦在开展系统工作的过程中，发现在监测现场有异物侵限的情况存在，监控单元会将报警信息通过监控单元继电器组合联动触发信号系统控制列车停车，同时将报警信息上传至监控数据处理设备，监控数据处理设备在收到报警信息后，分发至工务段、调度等终端显示。系统具体工作流程如下。

①双区双光路监测并判别状态。双区双光路的光纤光栅监控系统，与其他系统相比具有更加良好的可靠性，该系统的特点是，任意监测点均采用两套独立存在的光线光栅监测网以及传输网。如果这两套装置监测到的信号状态均为正常，则说明监测点没有异物侵限的情况存在；如果这两套装置监测到的信号状态均为断线，此时自然灾害及异物侵限监测系统就需要向外传递出报警的相关信息，如果这两套装置监测到了不同于上述情况的状态组合，就需发出故障报警信号，之所以会出现这样的情况，是因为两套分别独立于对方而存在的光纤光栅监测网以及传输网，对应的系统不仅可以根据所接收的信号数据，对故障现行加以判断，还能够完成报警等级的设定、选择应对措施等工作，误报警的可能性自然也会随之减少。

②对异物侵限进行分区监测。自然灾害及异物侵限监测系统内光源所发出的往往是宽带光，宽带光需要经过光分路器，才能分别传输至光纤、异物侵限对应的传感器内部。这里需要注意一点，异物侵限所对应传感器，负责连接传输光缆的两端，所安装光纤光栅的规格往往有所区别，这样能够实现反射波长不同的光信号的目标。将反射波长信号分别设为λ_1、λ_2，那么，位于λ_1、λ_2间的区域为传感区域，作用主要是对异物侵限情况进行监测，位于自然灾害及异物侵限监测系统和光纤光栅间的区域为信号传输区，λ_1、λ_2所对应的波长信号，在正常情况下，都需要经由传输光缆，向光分路器返回，从而成功地进入到光信号处理器的内部，完成后续的监控工作。针对后一种情况，选择两台光信号处理器的目的，是对传输光缆所返回的信号进行分别接收，如果两台处理器同时收到两个波长不同的光信号，则表明系统处于正常的运行状态，没有异物侵限的情况发生，如果两台处理器只接收到了其中的某个光信号，而没有接收到从另一个传输光缆返回的信号，则代表有光信号返回的传输光缆、光纤光栅监测网并没有发生断线的情况，无光信号返回的传输光缆断线，如果处理器只有通过传输光缆1，才能收到λ_1对应的波长信号，通过传输光缆2收到λ_2对应的波长信号，说明传输光缆未断线，但光纤光栅监测网出现了断线的问题。

另外，虽然监测网以及传输网同时出现断线问题的可能性较小，但工作人员仍旧可以根据传输线路返回的信号，完成对故障区域进行判断的工作，具体来说，就是两台光信号处理器无法接收信号、两条传输线路同时断线，当出现上述情况时，工作人员就可以默认为监测网出现断线问题，并根据实际情况对其进行处理。而将传输区和监测区分开，使二者分别独立于对方而存在，主要目的是对异物侵限现场进行监控、对线路自身状态进行监测，基于此所产生的传输故障和异物侵限报警信号，具有良好的可靠性，误报的概率明显下降。

③对光纤光栅的异物侵限对应的监测信号进行解调。经由光纤光栅所反射的信号作为系统传感信号而存在，在很长一段时间内，负责对其进行解调的主体均为MOI公司(美)，由于价格昂贵，由此而引发的问题就是该项技术无法大规模地在工程中加以应用，基于此，以降低成本为主要目的，工作人员成功研发出了一种全新的解调方法，即将光纤光栅和滤波片进行结合。光纤光栅的异物侵限对应的传感器所反射回的波长信号有两个，分别是λ_1、λ_2，部分光路用作对λ_1所对应光纤光栅的滤波片进行匹配，完成报警监测信号的捕捉工作，所捕捉信号经模块转换，与报警接口电路相连。如果波长光信号能够正常返回，表明该信号对应的光电模块，输出高电平；如果波长光信号无法正常返回，则表明该信号对应的光电模块，输出低电平。

与此同时，光路中还存在用作对λ_2所对应光纤光栅的滤波片进行匹配，完成报警监测信号的捕捉工作的部分。如果在监测过程中发现有异物侵限的报警信息，自然灾害及异物侵限监测系统包含的继电器组合，需要在第一时间将报警信息传递至列控中心和监控数据处理设备；如果在监测过程中发现有异物侵限的预警信息，则需要及时将预警信息传递至数据信息处理设备，为后续工作的开展提供便利。但是由于异物侵限监测对应的使用环境十分复杂，利用通断信号无法完成对现场状态进行有效判断及预警的工作，例如，在铁路边坡的被动防护网上，对应用光纤光栅的监测网进行设置，虽然被动防护网属于柔性网，即使承受了大量石块的堆积，也不会出现断裂的问题，但是铁路上方堆积大量石块，给列车运行安全性带来的威胁往往难以预估，想要避免上述问题的出现，工作人员可以针对光纤光栅对应的监测网，从应力和通断两个方面进行双重监测。负责解调波长和信号分析的模块，还能够对光纤网应力的变化情况进行监测，因此，可以根据实际需求将其加入监控单元中，并将输出信号作为预警信号向数据信息处理设备进行传递，应用波长解调模块中的滤波器通常以角调式为主，这一类型的滤波器具有监控监测网受力状态的功能。

(4)铁路异物侵限视频图像检测

铁路异物侵限视频图像检测方法主要包括图像预处理、帧间差分、图像二值化、形态学处理四部分。首先将图像灰度化，便于后续的图像处理；然后使用均值滤波法进行平滑处理，可以有效消除图像中的点状噪声以及连接断裂；将预处理后的图像使用帧间差分法提取侵限目标(相比于其他常用的运动目标检测方法，帧间差分算法原理简单、实时性好并且对于光照变化及噪声敏感性强，能够很好地动态适应复杂的铁路环境，实时发现异物侵限)；最后使用二值化和形态学处理方法对侵限目标进行提取，二值化处理可以有效将侵限目标与背景分离，使用形态学处理进一步平滑侵限目标的边缘和去除无用的孤立点，得到最终的侵限目标图像，输出到监控系统终端。

2. 道口障碍物

平交道口是高速铁路和公路相交叉的地点。根据对道口障碍物可见度与事故数据的调查表明，引起平交道口事故的主要原因是列车司机发现障碍物到能够施行制动的距离往往不足 200 m。因此，采用道口障碍物检测装置对平交道口进行早期检测和发送警报信号，便于列车及时施行紧急制动、停车，这样可基本上避免由于汽车司机不熟练或发动机故障而陷入道口轨道与列车发生冲突的事故。常用的道口检测装置有：

(1)道口路面下埋设线圈的检测装置

在道口路面下埋设线圈的检测装置。当汽车等金属物体压在线圈上时，环行线圈的电感发生变化，以此来检测障碍物。这是一种全天候的在积雪地区也可使用的方式。这种方式信号受汽车影响的变化较小，但易受到温度和湿度的影响，在温差变化大的季节经常失效。为了埋设环行线圈，需为道口铺设混凝土路面，其工程费要高于设备装置费。

(2)超声波的全天候障碍物检测装置

使用超声波的全天候障碍物检测方式，其装置使用超声波检测在道口上停留的车辆或其他障碍物。该装置由超声波发生器、无线操纵杆和超声波变换接收器组成。后者包含功率放大电路、检测定位电路和输出/输入转换器、电路变换开关等。以微机为核心加检测电路、感应频率测量电路、调频电路等构成处理单元。当障碍物进入直径为 1.2 m 的检测区域时就能被检测出来，超声波发射时间小于5 s，整个道口区域内的扫描时间是0.4 s，该值要比现有道口6 s的扫描时间短得多。一般情况下一个处理单元可以管制整个道口。

4.5.4　周界入侵监控技术

1. 典型的周界入侵检测方法

(1)主要高速铁路周界入侵检测方法

高速铁路周界是指需要进行实体防护或电子防护的高速铁路(含车站等重要场所)封闭区域边界。随着高速铁路大规模投入运营，高速铁路周界安全问题日益凸显。动车组运行速度快、发车频次高，高速铁路线路及重要设施安全直接关系到动车组的运行安全和行车秩序。高速铁路周界入侵行为会造成铁路运输大面积晚点，甚至重大人员伤亡及经济损失。针对高速铁路沿线及相关设施的破坏活动时有发生，给高速铁路运营安全带来了严重的隐患和威胁，高速铁路周界安全问题成为铁路安全管理工作的重中之重。

根据高速铁路周界特点，应构筑人防、物防、技防等多重互补措施，使之具有适当纵深和多重防护能力的安全防范体系。目前，高速铁路沿线环境监控技术主要采用的入侵监测技防手段有振动光纤、脉冲电子围栏、光波对射、视频监控等，不同技术适用于不同应用场景，见表4.1。

表4.1　不同技防手段的应用场景

技防手段	针对入侵行为
振动光纤	强行攀爬栅栏护网、破坏栅栏护网、栅栏底部下挖通道、破坏排水铁箅、破坏工作门
脉冲电子围栏	强行攀爬栅栏护网
光波对射探测	站台两端侵入、攀爬桥梁铁塔
视频监控	当其他技防手段监测到入侵报警时，通过视频联动为现场情况复核提供依据； 通过视频图像模式识别实现入侵行为自动判识

目前，主要的几种技防手段已在全路获得不同程度使用，在高速铁路沿线开展了一系列试验验证，或纳入重点设施工程建设：兰新二线试验采取了振动光纤、电子围栏、光波对射和视频联动，并结合监控平台统一接入数据的技术方案；北京铁路局管内试验、武广高速铁路试验，也不同程度地采用了振动光纤和视频联动的技术方案；海南东环试验和广深线试验，分别采用了红外与激光摄像机的视频补强及智能行为分析方案；广州、武汉、青岛动车运用所已在重要场所、出入口和周界围墙实施了技防措施。

铁路视频综合监控系统已在高速铁路大部分线路沿线安装，具备在白天进行视频辅助监控的能力，少数重点区段也初步试验了夜视功能，激光及热成像技术曾在青藏线、海南东环、沪杭部署使用。

①视频监控

视频监控在实际应用中可分成传统视频监控、基于图像模式识别的视频监控两种。传统视频监控通过人工盯控方法发现入侵目标和呼叫报警；基于图像模式识别的视频监控通过入侵行为特征分析自动发现入侵目标并报警。两种视频监控的应用特点见表4.2。

表 4.2 视频监控应用方式特点

类型	优点	缺点
传统视频监控	系统配置简单	需要人工盯控，无法自动发现入侵行为
具备模式识别功能的视频监控	可以检测入侵行为自动报警	易受环境和光线因素影响造成误报、漏报率相对较高；系统配置较复杂

视频监控系统目前已在大部分线路沿线安装，但仍存在一定应用限制，例如夜间和恶劣天气下图像识别准确性不高。夜间监视效果是一项需要重点考虑的因素，当前基于不同技术原理的夜视手段见表 4.3。

表 4.3 适用于夜视自动识别的技术手段特点

技术类型	激光夜视	热成像摄像机	红外 LED 摄像机
成像原理	主动近红外光束反射	被动环境热辐射	主动近红外光反射
监测距离	1 500 m	0～1 500 m	150 m
自动识别距离(对人)	—	0～400 m	0～100 m
雨天、雾霾使用情况	一般	不受影响	一般
关键器件寿命	10 000 h	50 000 h	10 000 h
优点	监视距离远，适用于巡视	可自动识别发现目标；误报率低；受雨、雪、雾霾等影响小；覆盖范围大	可自动识别发现目标，识别目标的细节特征
缺点	不适合自动识别；夜间监视范围随距离增大而变小，不易发现目标；对特定目标需要通过变焦方式识别细节	无法识别目标细节特征	环境因素易导致误报和漏报，需要密集部署

②光栅检测

振动光纤以光纤作为传感器，对直接触及或通过承载物（如铁丝网、围栏、覆土等）传递的各种振动进行分析处理和智能识别，判断出可能威胁到物理周界的破坏和侵入行为并进行报警，从而达到监测报警的目的。

振动光纤通常可以分为干涉型振动光纤、光纤光栅振动光纤、光时域反射型振动光纤三种。干涉型振动光纤基于光干涉原理，外力作用引起干涉条纹变化，触发报警；光纤光栅振动光纤基于光衍射原理，外界变化导致衍射光栅间距变化，触发报警；光时域反射技术振动光纤基于光散射原理，机械外力导致后向散射光信号的光强发生变化，触发报警。不同类型振动光纤特点见表 4.4。

表 4.4 不同技术原理振动光纤特点

类型	优点	缺点
干涉型振动光纤	防区设定后，可将报警点限定在该防区内；单个防区被破坏后，不影响其他防区报警；其技术成熟、应用广泛	定位精度取决于防区的大小

续上表

类型	优点	缺点
光纤光栅振动光纤	采用点式传感器,传感器采用离散分布,布设的间距决定了定位精度	光栅传感器需封装定制,造价相对较高,布点多时受个体工艺差异影响难以保证相同灵敏度;安装复杂,系统施工、维护成本高,可靠性较差;在周界安防领域应用尚不成熟
光时域反射型振动光纤	监测距离长,适用长距离区间应用;前端仅需光纤,无须模块,结构简单;可实现一条光纤上多处报警	技术原理相对较复杂;在周界安防领域中应用尚不成熟

综合各种振动光纤的应用发展现状、高速铁路周界安防特点和实际试验情况,干涉型振动光纤更适合在高速铁路周界入侵报警系统中使用。

③电子围栏

目前常见的电子围栏可以分为脉冲电子围栏和张力电子围栏两种。脉冲电子围栏通过入侵者碰触电网引起高压放电触发报警,将报警探测和入侵阻止功能融为一身,具有较强的威慑作用。张力电子围栏通过入侵者攀爬围栏改变钢丝张力,引发电压探测器做出反应触发报警。基于不同技术原理的电子围栏特点见表 4.5。

表 4.5 不同技术原理电子围栏特点

类型	优点	缺点
脉冲电子围栏	对入侵行为具有一定的阻挡作用和震慑作用	高压脉冲电可能会对入侵者造成电击伤害
张力电子围栏	对入侵行为具有一定的阻挡作用,无人身安全隐患	仅具备阻挡作用,建设成本相对较高

综合各种电子围栏的应用发展现状、高速铁路周界安防特点和实际试验情况,脉冲电子围栏更适合在高速铁路周界入侵报警系统中使用。

(2)高速铁路周界入侵检测方法的发展趋势

①超高清化

设计时速 200 km 以上铁路区间线路视频监控在重点区域应采用高清摄像机,进行昼夜监视。目前,新建线路及既有线路的更新改造基本上都采用高清摄像机。因此,高清和超高清的应用和处理是未来发展的方向。但其也存在缺陷,高清和超高清的图像针对深度学习的计算量和计算速度提出了巨大的挑战。

②智能化

随着各项技术的不断发展,深度卷积网络成为图像领域的研究热点。基于深度学习的方法不需要像传统方法那样对特征提取方法进行人工设计,而是在视频图像数据上进行训练和学习,得到最有效的表征方法。

传统算法成熟,在铁路的应用也较成熟,但是易受外界干扰造成误报。主流的深度学习算法在图像分类、检测和识别的方面表现突出,尤其体现在运行速度和降低误差方面。然而传统的物体分类、检测与识别算法及策略难以满足图像视频大数据在处理效率、性能和智能化等方面所提出的要求。深度学习在铁路应用方面还需要进一步加强,需建立铁路场景的大型数据库,试验并提出适应铁路场景的深度学习模型与算法。

2. 基于视频监控的高速铁路周界入侵检测算法

目前，铁路管理部门针对铁路周界安全已采用多种技防手段，其中，基于视频监控的周界入侵行为检测是目前采用的主要检测手段。为此，《关于发布设计时速200公里及以上铁路区间线路视频监控有关补充标准的通知》（铁总建设〔2016〕18号）以及《高速铁路反恐怖和治安防范标准》（铁总办〔2016〕174号），要求在高速铁路沿线及相关重点区域加装长距离激光摄像机，并辅以红外摄像机，满足高速铁路周界全天候安防的要求。

视频监控系统在铁路沿线的应用规模越来越庞大，随着视频监控数据的爆炸性增长，传统的人工监控和事后检索难以满足现场周界入侵实时报警和风险防控的要求，因此迫切需要进行自动化、智能化的视频目标自动检测识别的研究。国铁集团已组织开展了视频监控智能识别方面的初步研究工作，如制定提出了《铁路综合视频监控系统技术规范（V1.0）》，明确要求视频内容分析的指标主要包括如识别分析目标的大小、入侵检测等。

基于深度学习的目标检测算法，通过构建铁路入侵图像样本库，优化设计网络结构，训练模型（权重），再利用训练的模型测试数据，输出检测结果。

（1）算法框架

算法框架如图4.26所示。

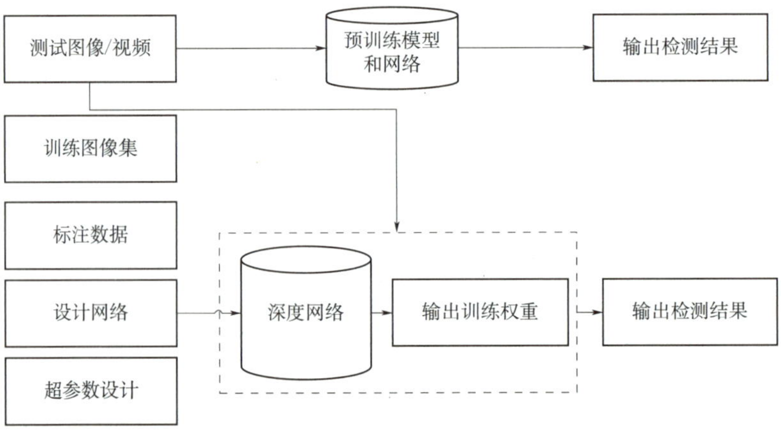

图4.26 基于深度学习的目标检测框架

（2）典型应用场景的检测算法

恶劣气象场景下（如雾霾天气），高速铁路周界入侵检测算法在检测的基础上，还需要进行去雾的图像增强处理。去雾霾的经典方法分为两类：基于图像增强方法和物理模型的方法。前者主要是对比度增强，饱和度增强，基于直方图的方法及基于Retinex算法的雾天图像增强技术。后者则根据大气散射模型提出了端到端的深度学习图像去雾方法，与图像增强和先验的方法相比，深度学习网络取得了突破性的进展。

高速铁路周界入侵检测研究中，小/远距目标检测识别一直是一个难点问题。因为大多数小尺寸目标边框模糊、外观模糊，与背景很难区分。小目标在图像中占用像素少，特征少，边缘、外观模糊，易被背景噪声和杂波掩盖，其检测识别一直是个难题。目前基于深度学习的小/远目标检测算法主要集中在标注方式和设计多尺度的卷积神经网络。

针对小尺度的目标检测提出一种新的人体拓扑线定位检测方法，采用身体的拓扑线标注方法来应对目标检测中目标多尺度变化的问题。在图像小目标检测中为了提高检测的匹配度还加入了马尔可夫随机场(MRF)信息;在视频目标检测中为了提高检测的质量加入了时间信息,在 TLL 卷积网络后面加入了 Conv-LSTM。该算法的检测流程如图 4.27 所示。

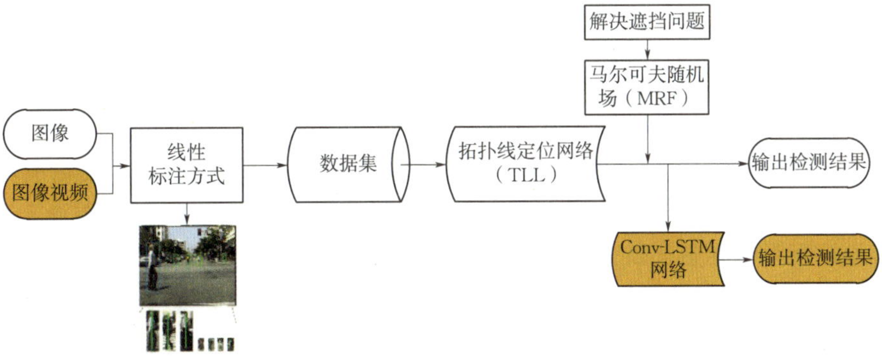

图 4.27 线性标注方法检测流程图

设计多尺度的卷积神经网络提出了一种基于 fast R-CNN 的 Scale-Aware Fast R-CNN (SAF R-CNN)框架。SAF R-CNN 网络将大尺寸子网络和小尺寸子网络集成到统一的架构中,如图 4.28 所示。

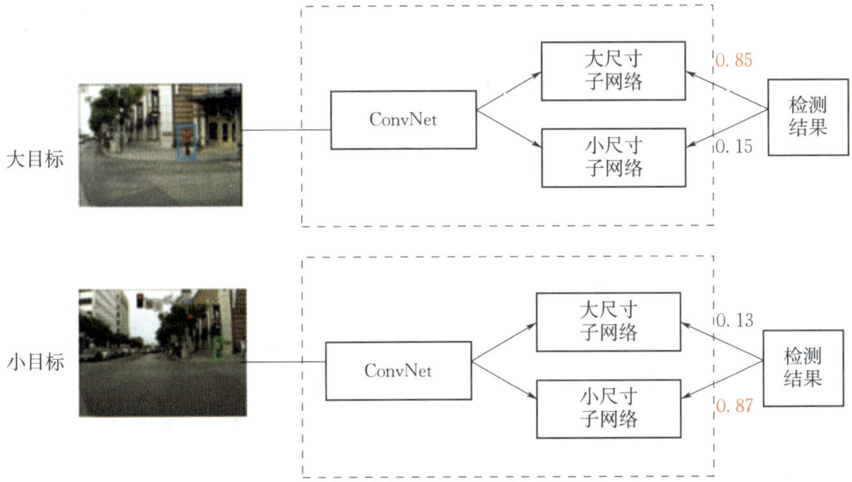

图 4.28 多尺度子网络设计检测大小目标流程图

将带有候选目标的图像作为输入,SAF RCNN 首先将原始图像通过底部共享卷积层提取其整个的特征图。将这些特征图和目标候选框的位置作为大尺寸网络和小尺寸网络的输入,两个子网络为每个候选框提供不同的类置信度和边界框回归,然后将其组合以产生最终检测结果。

5 高速铁路运营安全的预警技术

预警是指在灾害或灾难以及其他需要提防的风险发生之前，根据以往总结的规律或观测得到的前兆，向相关部门发出紧急信号、报告风险情况，以避免危害发生或在准备不足的情况下发生，从而最大限度地减轻危害所造成损失的行为。

高速铁路预警系统是从高速列车运营状况的实际情况出发，针对系统内部存在的安全风险因子，通过对各因子的检测、识别、诊断、评估，确定系统当前运行状态，并对风险情况进行警报。

5.1 高速铁路运营风险的辨识技术

5.1.1 高速铁路运输风险概述

目前在我国安全评价工作中，对风险的分类主要有三个标准，而不同标准之间，由于实施对象和目标不同，其划分依据和划分类别也存在较大差异。根据目前最常采用的两个标准确定通常的风险分类。

高速铁路运输系统宏大、影响因素繁多、关联部门多样，这就决定了其面临的风险因素种类繁多，各种风险因素之间的相互关系错综复杂。具体特点归纳如下：

1. 客观性和必然性

风险在高速铁路运输过程中客观存在，且不以运输部门和企业的意志为转移。在高速铁路运输过程的全寿命周期内，风险无处不在、无时不有，且表现各异。

2. 整体性和叠加性

高速铁路运输过程中存在的风险往往是各类风险子项的叠加与复合，风险的发生会对整个运输过程产生不同程度的影响。

3. 多样性和多层次性

大量风险因素之间的内在关系错综复杂，受外界因素交叉影响较为严重，显示出明显的多样性和多层次性。

4. 相 关 性

各类风险因素间普遍存在互相依存、互相制约的关系，它们通过高速铁路运输过程相互组合、互为因果，形成特殊的复合风险，从而使风险的发生、持续及后果极其复杂。

信息按照安全信息获取的途径及收集的手段，可分为实时状态监测信息和安全检查信息两大类，其中实时状态监测信息指的是利用监控设备获取的信息，而安全检查信息主要指的是通过安全检查表直接获取或由安全检查信息衍生出的相关统计分析信息。

5.1.2 高速铁路运输风险的判定标准

依据风险判定的实施步骤和具体内容，单个风险因素的判定标准可分为两个层次：第一个层次是判断风险的有无；第二个层次是判定风险的严重程度。风险因素评价流程如图 5.1 所示。

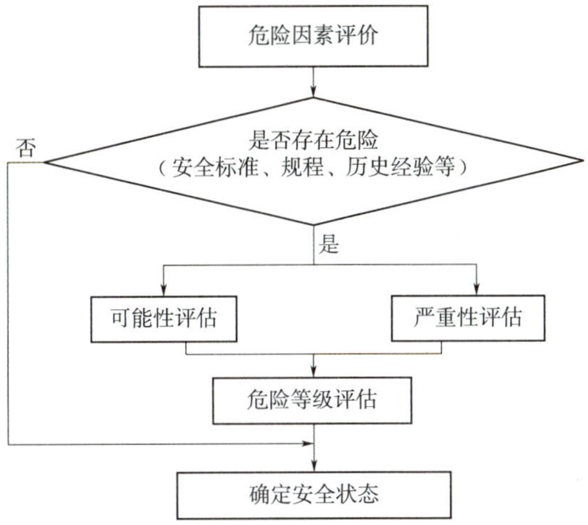

图 5.1 风险因素评价流程图

1. 风险有无的判定标准

判断风险的有无是确定安全状态是处于“风险”还是处于“安全”状态，评判的标准是依据各专业运输部门和安全监管部门相关的安全作业技术标准、规章制度及行为规范等。此外，历史的事故、故障等经验也是风险评判的重要依据。

2. 风险等级的判定标准

对风险因素的判定评价，要充分估计风险发生的概率、严重程度，预测风险失控可能导致的行车、设备、劳安等事故的情况，以及综合考虑可能造成的事故、人身伤害及不良社会影响、经济损失估算等，对照风险准则确定风险因素的风险等级。在具体操作中，要结合现场管理的实际经验，科学地划定风险因素等级。

风险因素等级的判定标准主要包括两个基本要素：风险因素发生可能性的判定和风险因素可能引发后果严重程度的判定。风险因素等级的判定应该是在某一具体场景下考虑风险因素发生可能性和严重程度的综合评判结果，不同场景下同一风险因素发生的可能性和可能引发后果的严重程度也有差异，因此，风险因素等级的判定只有结合具体场景才有实际意义。

对于风险因素风险等级的具体计算和评估，现阶段只有《重大危险源辨识》(GB 18218—2009)中给出了风险物质形成重大风险源的辨识和评价方法，但对高速铁路运输安全而言，由于作业环节和作业设备的特殊性，标准中提出的相应方法并不完全适用。基于此，本书借鉴风险管理中风险等级评估方法，利用风险矩阵的形式对风险因素风险发生的可能性和严重程度进行评估。

(1)风险因素可能性的判定标准

风险因素可能性可根据风险分类原理，结合高速铁路运输安全管理人员和职工的经验来判断，从风险因素发生概率、发生频率两方面对风险因素可能性的判定标准进行描述，按照风险因素发生可能性的大小(设定风险因素发生可能性的取值区间为 0～1)，从小到大定为六级。风险因素可能性等级判定标准见表5.1。

表5.1 风险因素可能性等级判定标准

等级	P_1	P_2	P_3	P_4	P_5	P_6
赋值 P	0～5%	5%～10%	10%～30%	30%～50%	50%～90%	90%～100%
可能性描述	几乎不可能	极低可能	低可能	一般可能	很可能	极可能

(2)风险因素严重程度的判定标准

风险因素引发后果严重程度的判定依据《铁路交通事故调查处理规则》《铁路行车设备故障调查处理办法》中事故、故障等级分类，从可能造成高速铁路运输事故、个人效果、公众反映及环境效果四个方面，按照风险因素引发后果严重程度的百分制，从小到大，定为六级。风险因素后果严重程度判定标准见表5.2。

表5.2 风险因素后果严重程度的判定标准

<table>
<tr><td colspan="2">等级</td><td>C_1</td><td>C_2</td><td>C_3</td><td>C_4</td><td>C_5</td><td>C_6</td></tr>
<tr><td colspan="2">赋值 C</td><td>1～5</td><td>5～15</td><td>15～25</td><td>25～50</td><td>50～90</td><td>90～100</td></tr>
<tr><td rowspan="4">可能引发后果的严重程度</td><td>有可能引发的事故后果</td><td>有可能造成责任设备故障（违章作业）、耽误列车</td><td>有可能造成一般D21类事故、责任设备故障（严重违章操作）、耽误旅客列车</td><td>有可能造成一般D类事故（中断段安全天数）(包括动车组作业事故，不含D21事故）</td><td>有可能造成一般C类事故（含仅1人重伤的一般B2事故，不含动车组一般C类事故）</td><td>有可能造成一般B类事故（含旅客列车一般C类事故，不含仅1人重伤的一般B2事故）</td><td>有可能造成一般A类及以上事故（中断路局安全天数）</td></tr>
<tr><td>个人效果</td><td>精神创伤</td><td>急救</td><td>医学治愈</td><td>失去工作能力</td><td>严重受伤</td><td>人员死亡</td></tr>
<tr><td>公众反映</td><td>无</td><td>极小规模反映</td><td>小规模反映</td><td>只有当地压力</td><td>国内或当地压力</td><td>国内压力停止业务</td></tr>
<tr><td>环境效果</td><td>无</td><td>形成污染</td><td>小型环境事故</td><td>中型环境事故</td><td>大型环境事故</td><td>环境灾害</td></tr>
</table>

根据风险因素发生的可能性和后果严重程度的判定标准，结合风险值计算方法，可以得知在规定统计周期内单个风险因素的安全状态指数计算公式为

$$\mathrm{SR}_i^{ljk}=\sum_{n=1}^{N}P_{in}^{ljk}\cdot C_{in}^{ljk} \tag{5.1}$$

式中 SR_i^{ljk}——l铁路局j段属于k类因素中的风险因素i在统计周期内的安全状态指数；

P_{in}^{ljk}——l铁路局j段属于k类因素中的风险因素i在统计周期内第n次安全信息记录中可能引发风险的可能性；

C_{in}^{ljk}——l铁路局j段属于k类因素中的风险因素i在统计周期内第n次安全信息记录中可能引发风险的后果严重程度；

N——l铁路局j段属于k类因素中的风险因素i在统计周期内安全信息采集记录的总次数。

为便于对风险因素预警等级的评判和归类，采取离差标准化方法对风险因素的安全状

态指数进行归一化处理，经归一化后的计算公式为

$$R_i^{ljk}=\frac{\mathrm{SR}_i^{ljk}-\sum_{n=1}^{N}d_{in,\min}^{ljk}}{\sum_{n=1}^{N}d_{in,\max}^{ljk}-\sum_{n=1}^{N}d_{in,\min}^{ljk}} \tag{5.2}$$

式中 $d_{in,\min}^{ljk}$——l 铁路局 j 段属于 k 类因素中的风险因素 i 在统计周期内第 n 次安全信息记录得到的安全指数的最小值，$d_{in,\min}^{ljk}=\min(P_{in}^{ljk}\cdot C_{in}^{ljk})$；

$d_{in,\max}^{ljk}$——l 铁路局 j 段属于 k 类因素中的风险因素 i 在统计周期内第 n 次安全信息记录得到的安全指数的最大值，$d_{in,\max}^{ljk}=\max(P_{in}^{ljk}\cdot C_{in}^{ljk})$。

当 $\max(P_{in}^{ljk}\cdot C_{in}^{ljk})=100\%\times100$，$\min(P_{in}^{ljk}\cdot C_{in}^{ljk})=0\%\times1$ 时

$$R_i^{ljk}=\frac{\sum_{n=1}^{N}P_{in}^{ljk}\cdot C_{in}^{ljk}}{N(100\%\times100)} \tag{5.3}$$

5.1.3 高速铁路运输风险识别方法

根据高速铁路安全数据信息的类型，风险因素的识别方法可分为基于设备监测的实时状态识别方法和基于安全检查的识别方法。

1. 基于设备监测的实时状态识别方法

实时状态信息来源于各类信息监控系统和检测设备，其风险识别主要是通过现代信息技术手段完成。由此可见，信息监控系统和检测设备的设计、运行、维修情况将在很大程度上影响风险识别的准确性和可靠性。因此，要重点关注各类监测系统和检测设备的使用状态，并结合新形势下的安全问题特点及时地对系统进行升级、改造，确保风险识别的有效。

2. 基于安全检查的识别方法

基于安全检查的识别方法的实施主体是各专业部门的作业人员，识别依据是各类作业技术标准、操作规程等。因此，在既有安全管理的组织框架和制度下，保证风险因素识别有效的同时，也要提高风险因素识别的组织效率。根据风险因素的特点及安全检查的实践，基于安全检查的风险识别方法按照不同的组织层级、范围分为几类：

(1)日常识别

日常识别是风险因素识别的主要手段，也是现场安全信息获取的基本途径。其主要结合日常现场作业、维修、保养、监测等工作，定期针对各项风险因素进行识别。在预警管理体系建设的初期，可以以旬或周为周期，定期组织对风险因素的识别，记录并上报风险因素的基本状态，远期随着监测手段信息化的提高，可以实现以日为周期对风险因素进行识别。

(2)综合识别

综合识别主要以安全大检查为契机，从全路、全局、全段的角度出发，重点针对管理结合部、现场作业结合部的风险因素识别，在防洪、施工等涉及面广、结合部多的工作中，除了识别本系统、本单位主体风险因素和自身可以控制的风险因素外，还要充分考虑本系统、本单位可能给其他系统、单位带来的安全隐患，以及其他系统、单位可能带给自己的安全隐患。此外，综合识别还是风险因素确定和分类的重要时期，根据安全大检查的实际情况和高速铁

路铁路运输安全的新形式及时调整风险因素的确定标准和分类办法。根据高速铁路安全管理的实际，建议每半年开展一次综合识别。

(3)专题识别

专题识别指的是针对不同时期、不同地域、不同专业部门有针对性、有目的地开展风险因素识别专项行动。比如，针对汛期开展防洪水灾的风险因素识别；针对事故、故障多发部门、单位开展专项风险因素识别。专题识别是日常定期识别的有效补充，也是预警重点把控的实施手段。专题识别的开展可根据安全状况的实际组织开展，一般而言，针对春运、暑运、专特运、调图、防洪及其他重大节假日等重大变化等可开展专题识别。

(4)专业识别

专业识别指的是各个专业系统围绕运输组织、设备检修、运用作业、营业线施工、客车、防洪、道口及治安防范等工作，分别确定重点作业、重点设备、重点部位、重点时段、重点岗位、重点环节及重点内容，组织进行专业、专项识别。如按照关键风险项点，组织进行调度命令和运行揭示管理情况、LKJ 使用管理情况、高速铁路客车防火等专项检查。专业识别是也是日常识别的一种补充识别组织方式，在识别周期上可以以季度为周期。

5.1.4 高速铁路行车调度系统风险定性识别

高速铁路行车调度系统是一个人员和设备相结合的系统，由人员和他们运用的设备共同完成调度指挥工作。人类自身可以视为一个复杂的系统，他们本身的诸多因素也可构成风险。人的不安全行为往往是导致风险转化为事故的直接原因。除此之外，人的不安全行为背后还有深层次的原因，例如不安全行为的发生条件、组织管理是否恰当等，需要进行深入分析。

从不安全行为、不安全行为的前提条件、不安全行为的监督和组织影响这四个层面，从人员角度对风险进行风险因素识别与分析。人员不安全行为会直接导致事故的发生，人员操作错误中的决策错误是指列车调度员或列车助理调度员在突发事件下，面临决策时，列调或助调依据自身主观判断，错误选择了决策方案。

为保障我国高速铁路的行车安全，需要有各种细致的规章制度作为基础。高速铁路调度指挥工作应严格遵守《高速铁路调度规则》，明确各组织机构和岗位设置。国铁集团调度指挥中心高速铁路调度及高速铁路调度所高速铁路调度均应明确其职责范围，确保完成日常运输生产任务，保证列车运行安全、稳定。在高速铁路行车调度系统中，人员违规操作主要是指列调和助调没有按照规章制度进行操作而导致事故发生的操作。

在高速铁路行车调度系统人员不安全行为的背后，必定存在一些主观或客观造成不安全行为的前提条件，正是由于这些前提条件，才会导致人员做出不安全行为。因此，有必要对这些不安全行为背后的因素进行分析。人员因素对不安全行为的影响可归结为人员管理因素和人员履职能力因素。

人员管理、安排不合理也会对安全造成影响。如在同一班的列调和助调均为经验不丰富的人员，在遇到突发情况时均缺乏相关处理经验，犹豫、忙乱，从而导致操作混乱。除此之外，排班对人员造成的影响也不可忽略。由于我国现行的高速铁路调度人员实行的四班倒机制，为每 8 天为一个周期，第一天上白班(7:30 至 19:30)，第二天上夜班(19:00 至次日 7:30)，第三天休息，第四天白班，第五天夜班，第六、七、八天休息。在这种排班制度下，列车调度员和助理调度员一次工作需要连续工作 12 h，在这 12 h 中需要时时刻刻保持注意力高度集中具有一定的困难。并且，长时间值夜可能会导致生物钟紊乱，增加调度人员身体负担，从而增加导致不安全行为因素的概率。人员角度风险识别，高速铁路行车调度系统风险识别的发展需要符合人员心理和生理需求。

不安全的监督主要包括监管不充分、运行计划不适当、没有及时纠正问题及监管违规。

监管不充分主要是指对值班主任、值班副主任、计划调度、列车调度员、助理调度员、动车调度、客运调度、供电调度、综合维修调度等高速铁路相关调度人员进行相关培训考核不充分，或者理论与实际相结合程度不够，导致操作人员业务不熟。

监管违规是指监管部门或人员明知自身在监管工作中应尽的职责和义务，仍然违背安全监管的行为，如放任风险因素，对可能存在隐患的行为没有按规定进行处罚等。

组织影响因素是针对高速铁路行车调度系统所处的大环境对于人员不安全行为的影响因素，包括资源管理、组织氛围和组织过程。我国对于高速铁路的安全问题极其重视，从国铁集团到各铁路局，都把安全当作重中之重，所有的规范规章都奉行“故障导向安全”的思想，在“安全第一”思想的带动下，各单位、各部门及各相关人员也会在潜移默化中将安全视作生命线，尽最大努力避免一切事故。通过向调度相关人员咨询，也发现了目前还存在的一些问题。我国高速铁路相关的技术标准、操作规范还不是十分的完善，尚处在不断进步发展的阶段。根据这几年实际运行的情况，时常会对原有的规章制度进行调整，出台一些新的规章制度。相关组织部门应当对比新规章和旧规章，检查其是否存在一些相互矛盾、相互冲突的地方，并对重复但标准不同的部分进行精简，在实际操作中按照最高标准进行。否则，规章制度、技术标准、操作准则可能会导致实际操作人员概念上的模糊、不确定，这都是高速铁路行车调度系统中的风险因素，都有可能导致人员的不安全行为。

从机器设备角度，高速铁路行车调度系统是一个包含人员和各种设备的系统，列调、助调等人员通过现代化的信息设备，完成列车的调度工作。操作人员之间也是通过现代化通信手段完成信息交换。

在进行列车接发工作时，调度员需要通过 CTC 系统和联锁设备实现列车的远程控制。如果发生通信受阻、网络终端等突发情况，都会导致调度命令无法及时下达，同时列车的实时运行状况也无法及时传达到调度室，导致安全问题无法得到及时的处理。此外，如果 CTC/TDCS 系统本身出现死机、断电等异常情况，调度员就会与运行中的列车失去联系，无法对列车进行远程控制。再者，如果联锁设备故障，也会导致调度员无法对运行中的列车进行实时监控，因此，CTC/TDCS 设备系统本身故障联锁设备故障、它们之间的通信故障都是行车调度系统的风险因素。

由于行调系统是包含在高速铁路调度系统中的一个子系统，它还与高速铁路调度系统中的其他子系统都有着密切的信息交流，例如其他调度系统中的相关调度人员、车站值班员、高速铁路乘务员等等。这些子系统中的人员、设备对行车调度员的行为有着重大影响。除此之外，无论是调度相关人员或是设备，都处在一个特定环境下，环境的优劣也能够直接影响人员和设备的工作状态。总体来看，环境角度的风险识别可从系统其他相关人员、其他相关设备、人员工作环境、人文环境和作用于设备的自然环境这几个角度进行分析。

5.2 高速铁路运营风险的评价技术

明确高速铁路面临或者可能面临的不利环境变动，从而预警高速铁路运营过程的风险需要依靠预设的预警评价才能进行，基于一定的评价指标、评价方法和评价技术，才能将预警工作化被动为主动。

高速铁路是一个线性结构，运营风险涉及的范围较广，既包括地震、洪水等自然灾害，也包括生产事故等技术灾害，还包括重大突发公共卫生事件等社会灾害。因此，对高速铁路运营风险的评价不是针对单个灾害的评价，而是对多种灾害或突发事件的综合评价。因此，高速铁路运营风险评价是一项全方位的工作。高速铁路运营风险评价根据评价对象的不同，可以分为风险概率评价、风险后果评价和风险概率/后果评价三个方面。

(1)风险概率评价。

高速铁路运营风险概率评价的意义，是要提高风险时间发生概率预测的准确性，要综合考虑现实风险情况、受影响相关对象风险承受能力以及管理方风险把控能力等方面因素。而在分析方法方面，主要采用历史数据采集、统计分析、专家经验以及推断等方法。在具体分析过程中，事故样本的收集非常重要，只有收集大量的相关样本，才能对对象状态及特性等进行更为全面而深入的分析与研究，而在风险概率评价结果分级方面，可以采用很多方法进行分级，例如将可能性等级划分为每周发生数次或更多、每月发生数次、每年发生数次等。

(2)风险后果评价。

在高速铁路安全风险防控措施及突发事件预案机制制定中，风险后果评价是一个重要的参考依据。风险后果评估的质量直接关系到风险等级判断的准确性，因此在评估过程中，应尽量做到准确、全面和客观。风险后果包括客观损失和主观影响两类。客观损失主要是指人员死亡伤残、经济损失、环境污染等；主观影响包括政治影响、经济影响、媒体关注度、国家信誉度等。

(3)风险概率/后果评价。

对于风险概率/后果评价方法的利用，需要在高速铁路运营安全事故等级划分的基础上，对概率/后果综合评价表进行进一步完善，这样评价工作的作用才能得到体现。利用风险概率/后果评价方法，结合高速铁路运营安全事故等级划分依据，建立概率/后果综合评估表对危险源开展评价。

5.2.1 高速铁路运营风险评价指标体系

高速铁路运营风险评价指标体系是高速铁路运营风险评价技术的核心内容，是运营风险评价中必不可少的组成部分。指标体系是否科学、合理，直接关系到评价的质量。为此，指标体系必须科学地、客观地、合理地、尽可能全面地反映影响高速铁路运营风险的所有因素。

1. 评价指标的筛选

在实际的高速铁路运营风险评价活动中，并非评价指标越多越好，但也不是越少越好，关键在于评价指标在评价中所起作用的大小。一般原则应是以尽可能少的“主要”评价指标用于实际评价。但在初步建立的评价指标集合当中也可能存在着一些“次要”的评价指标，这就需要按某种方法进行筛选，分清主次，合理组成评价指标集。高速铁路运营安全影响因素多，且涉及面广，如乘客以及行人和社会车辆的安全意识、工作人员的生理状况、工作人员的心理状况、工作人员的工作能力、车辆系统的运行情况、供电系统的运行情况、通信信号系统的运行情况、线路轨道的状况、建筑的情况、自然环境、社会环境、管理水平、教育培训水平、应急救援能力等。为了能够准确地反映高速铁路运营安全水平，评价时需要在高速铁路运营安全的众多影响因素中找出其主导因素，这些因素是最灵敏、内涵最丰富并且便于度量的。将这样的因素经过处理作为高速铁路运营风险的评价指标。

2. 评价指标体系的确立

高速铁路运营安全影响因素分为五大类，分别为乘客以及行人和社会车辆的安全意识、工作人员(包括工作人员生理状况、工作人员心理状况、工作人员工作能力和工作人员生活水平)、设备设施(包括车辆系统、供电系统、通信信号系统、线路轨道系统和建筑)、环境(包括自然环境和社会环境)及管理(包括管理水平、教育培训和应急救援)。通过对高速铁路事故影响因素的分析，目前可以得到高速铁路运营风险评价指标体系如图 5.2 所示。

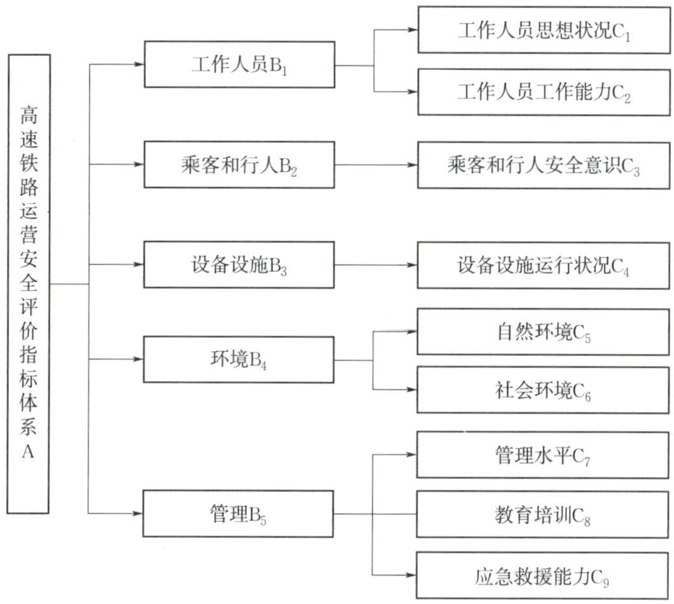

图 5.2 高速铁路运营风险评价指标体系

(1)工作人员因素 B_1。工作人员是指从事和参与高速铁路运营的人员，这里包括机车的乘务组人员、各种工种的调度人员、车站的行车人员及行车设备的操作、管理和维修人员等。工作人员思想状况 C_1 包括工作人员的安全意识及劳动态度，即他们在工作过程中对安全保障有关工作的重视程度，是否按照作业和劳动纪律完成工作以及对本职工作的积极程度。工作人员工作能力 C_2 主要是工作人员的技术业务水平，即工作人员对本职工作涉及的规章制度与作业标准的掌握情况及其工作经验的丰富与否，而工作人员的文化程度对工作人员掌握技能的效率与程度也会有一定的促进作用。

(2)乘客和行人因素 B_2。乘客和行人安全意识 C_3 是指他们对高速铁路运营风险相关的法律法规的了解程度以及乘客的安全知识和遇突发情况的应对能力等。其中对乘客来说主要是其在乘坐高速铁路的过程中对高速铁路的运营安全会产生影响；而对于行人来说，主要是其与高速铁路相关设施产生交集的情况下对高速铁路的运营安全会产生影响。

(3)设备设施因素 B_3。设备设施运行状况 C_4 指与高速铁路运营有关的各项设备,主要包括轨道线路、站场、动车组、电力、通信、信号及与之相关的监控、检测、维修与救援设备等的运行状况。

(4)环境因素 B_4。高速铁路人-机共处情况下的特定的工作条件被称为高速铁路的运营环境。高速铁路运营系统中的"环境"是对运营安全有重大影响的因素群,包括自然环境和社会环境,环境对高速铁路运营安全的影响可谓无孔不入。自然环境 C_5 是指由自然界产生的、靠人类力量一时难以改变的生产环境,包括高速铁路运营过程中可能遇到的狂风、暴雨、山洪、大雾、地震、泥石流、滑坡、塌方等自然灾害,这些都会对高速铁路的运营产生影响,而且很有可能引发次生灾害而造成更大的危险。社会环境 C_6 是指社会的政治环境、经济环境、文化环境以及治安状况等,这些环境对高速铁路运营风险都有着不同程度的影响。

(5)管理因素 B_5。管理是指对与高速铁路运营有关的工作人员、设备设施以及运营组织的管理。管理水平 C_7 不仅包括高速铁路运营安全有关法律、规章制度、作业标准的合理性及其完善程度,还包括这些相关法律法规与标准的执行情况。教育培训 C_8 包含对员工和对旅客两个方面:对员工的教育培训包括组织员工进行职业技能培训和文化知识培训的水平、频率及其取得效果;而针对乘客的主要是对旅客乘车安全注意事项的宣传教育工作。应急救援能力 C_9 是指当有突发的且具有破坏性的紧急事件发生时,所能采取的预防、预备、响应措施,以及恢复正常运营的迅速、准确与有效程度。

5.2.2 高速铁路运营风险评价方法

高速铁路运营风险评价方法可以分为两类,一类是绝对指标评价方法,一类是相对指标评价方法。

1. 绝对指标评价方法

安全状态指数是从绝对指标的角度去衡量高速铁路运营过程中各个管理层级和专业系统的风险状况。

(1)类别属性的安全状态指数

①站段层面基于类别属性的安全状态指数计算公式为

$$F_k^{lj}=\frac{\sum_{i=1}^{N_Z^{ljk}}\xi_i^{ljk}\cdot \mathrm{SR}_i^{ljk}}{N_Z^{ljk}} \tag{5.4}$$

②铁路局层面基于类别属性的安全状态指数计算公式为

$$F_k^{l}=\frac{\sum_{j=1}^{N_D^{l}}\gamma_j^l\left(\sum_{i=1}^{N_Z^{ljk}}\xi_i^{ljk}\cdot \mathrm{SR}_i^{ljk}\right)}{\sum_{j=1}^{N_D^{l}}N_Z^{ljk}} \tag{5.5}$$

③国铁集团层面基于类别属性的安全状态指数计算公式为

$$F_k=\frac{\sum_{l=1}^{N_J}\lambda_l\left[\sum_{j=1}^{N_D^{l}}\gamma_j^l\left(\sum_{i=1}^{N_Z}\xi_i^{ljk}\cdot \mathrm{SR}_i^{ljk}\right)\right]}{\sum_{l=1}^{N_J}\sum_{j=1}^{N_D^{l}}N_Z^{ljk}} \tag{5.6}$$

式中 SR_i^{ljk}——l 铁路局 j 段属于 k 类因素中的危险因素 i 在统计周期内的安全状态指数；

ξ_i^{ljk} ——危险因素 i 在所有危险因素指标中的权重，其值根据危险因素的类型、性质综合确定；

γ_j^l ——各站段在路局安全管理中的权重，其值根据站段的作业性质及作业内容确定；

λ_l ——各铁路局在国铁集团安全管理中的权重，一般而言，各路局的权重是等值的，也可以根据铁路局管内作业量确定；

N_J ——需要统计的铁路局的总数；

N_D^l ——l 铁路局包含的所需统计的站段总数；

N_Z^{ljk} ——l 铁路局 j 段属于 k 因素中的危险因素总数。

由上述公式可计算出人、设备、环境和管理四类危险因素在引发高速铁路运营安全事故的严重程度，为高速铁路运营风险管理决策提供依据，以便采取及时、有效的预控对策。

(2)专业系统的安全状态指数

高速铁路运输是一个综合多专业、多系统的复杂系统工程，高速铁路运营风险的管控需要各专业系统、各作业工种的协调配合、统筹实施。因此，全面了解各专业系统的安全状态是高速铁路运营风险评价的关键。

①铁路局层面基于专业系统的安全状态指数计算公式为

$$F_j^l = \frac{\sum_{k=1}^{N_Y^{lj}} \mu_k^{lj} \left(\sum_{i=1}^{N_Z^{ljk}} \xi_i^{ljk} \cdot SR_i^{ljk} \right)}{\sum_{k=1}^{N_Y^{lj}} N_Z^{ljk}} \tag{5.7}$$

②国铁集团层面基于专业系统的安全状态指数计算公式为

$$F_j = \frac{\sum_{l=1}^{N_J} \lambda_l \left(\sum_{k=1}^{N_Y^{lj}} \mu_k^{lj} \left(\sum_{i=1}^{N_Z} \xi_i^{ljk} \cdot SR_i^{ljk} \right) \right)}{\sum_{l=1}^{N_J} \sum_{k=1}^{N_Y^{lj}} N_Z^{ljk}} \tag{5.8}$$

式中 μ_k^{lj}——人员、设备、环境、管理四类在各站段中的权重，其值根据现场操作实际确定；

N_Y^{lj}——l 铁路局 j 段包含危险因素归类的总数。

由上述公式可以计算出高速铁路各专业系统的运营风险状态。

(3)总体安全状态指数

总体安全状态指数是各个层级安全管理部门安全状态的综合表征，为监控各管理层级安全运行状态提供基础数据，也为综合评估高速铁路运输安全管理政策和各项管理措施实施效果提供理论支撑，以便及时采取有效的安全预控措施，提高安全管理的过程控制能力和闭环管理水平。

①基于站段层面的安全状态指数计算公式为

$$F_{lj} = \frac{\sum_{k=1}^{N_Y^{lj}} \mu_k^{lj} \left(\sum_{i=1}^{N_Z^{ljk}} \xi_i^{ljk} \cdot SR_i^{ljk} \right)}{\sum_{k=1}^{N_Y^{lj}} N_Z^{ljk}} \tag{5.9}$$

②基于路局层面的安全状态指数计算公式为

$$F_l=\frac{\sum_{j=1}^{N_D^l}\gamma_j^l\left[\sum_{k=1}^{N_Y^{lj}}\mu_k^{lj}\left(\sum_{i=1}^{N_Z^{ljk}}\xi_i^{ljk}\cdot \mathrm{SR}_i^{ljk}\right)\right]}{\sum_{j=1}^{N_D^l}\sum_{k=1}^{N_Y^{lj}}N_Z^{ljk}} \tag{5.10}$$

③基于国铁集团层面的安全状态指数计算公式为

$$F=\frac{\sum_{l=1}^{N_J}\lambda_l\left\{\sum_{j=1}^{N_D^l}\gamma_j^l\left[\sum_{k=1}^{N_Y^{lj}}\mu_k^{lj}\left(\sum_{i=1}^{N_Z^{ljk}}\xi_i^{ljk}\cdot \mathrm{SR}_i^{ljk}\right)\right]\right\}}{\sum_{l=1}^{N_J}\sum_{j=1}^{N_D^l}\sum_{k=1}^{N_Y^{lj}}N_Z^{ljk}} \tag{5.11}$$

由上述公式可计算得出全路各管理层级的总体安全状态指数，为全面、综合地了解各个管理层级的高速铁路运营风险提供了数据依据。

2. 相对指标评价方法

在安全状态指数计算方法的基础上，以安全状态指数和相应管理层级范围内的从业人数作为安全相对评价指标的计算变量，来确定各管理层级和专业系统的高速铁路运营风险相对评价指标的计算方法。

(1)相对评价指标选取

风险评价相对指标是质量指标的一种表现形式，是在绝对指标的基础上，通过两个有联系的统计指标对比而得到。较绝对指标而言，相对指标在一定程度上更能揭示影响高速铁路运输安全各要素间的相互规律。

现阶段，根据行业特点和统计工作的需要，高速铁路运营风险相对评价指标的计算大致可分为如下四种模式：

①相对人员模式，从人员的角度去衡量运营风险状态的基本情况，既可以是相对于从业人数，如千人(万人)死亡率、千人(万人)负伤率等，也可以是相对于地区总人数，如十万人死亡率、百万人死亡率等；

②相对劳动量模式，从劳动总量的角度去衡量运营风险状态的基本情况，如相对从业人员工作时间、百万工时死亡率等；

③相对产值模式，从生产产值的角度去衡量高速铁路运营风险的基本情况，如相对国民生产总值等；

④相对产量模式，从生产产量的角度去衡量高速铁路运营风险的基本情况，如相对列车总走行公里、相对换算周转量等。

以上四种模式从不同的角度对高速铁路运营风险状态进行了评价，就高速铁路运营风险预警系统而言，风险相对评价指标的选取应该能最大限度地衡量各层级管理部门安全管理的基本情况，此外，在指标定量化描述上应该具有统一性和一致性。以上四种模式中，相对人员模式是现阶段高速铁路运营风险相对评价中应用较为广泛的一种方法，因此，选用相对人员模式进行风险评价绝对值的计算，考虑到各工种间统计指标间的差异，选用相对从业人数作为风险状态相对评价指标的计算依据。

(2)风险相对评价指标计算

在安全状态指数计算方法的基础上，以安全状态指数和相应管理层级范围内的从业人数作为风险相对评价指标的计算变量，来确定各管理层级和专业系统的风险相对评价指标的计算方法。由于各管理层级的安全状态指数是归一化后的结果，为了统一数量级，便于对比和描述，对各管理层级的从业人数采用最大值归一化方法进行标准化处理。

站段 j 经归一化处理后的高速铁路从业人员数量的统计值为

$$Z_j^l=\frac{SZ_j^l}{SZ_{j,\max}} \tag{5.12}$$

式中 SZ_j^l——统计周期内铁路局 l 中站段 j 的从业人员数量；

$SZ_{j,\max}$——全路所有站段中从业人数的最大值。

相应地，铁路局 l 经归一化处理后的高速铁路从业人员数量的统计值为

$$Z_l=\frac{SZ_l}{SZ_{l,\max}} \tag{5.13}$$

式中 SZ_l——统计周期内铁路局 l 的从业人员数量，有 $SZ_l=\sum_j^{N_D^l} SZ_j^l$；

$SZ_{l,\max}$——全路所有铁路局中从业人数的最大值。

由上可知，统计周期内各类风险相对评价指标的计算公式为

①基于类别属性的风险相对评价指标计算

站段层面的风险相对评价指标计算公式为

$$S_k^{lj}=\frac{\sum_{i=1}^{N_Z^{ljk}}\xi_i^{ljk}\cdot R_i^{ljk}}{N_Z^{ljk}\cdot Z_j^l} \tag{5.14}$$

铁路局层面的风险相对评价指标计算公式为

$$S_k^l=\frac{\sum_{j=1}^{N_D^l}\gamma_j^l\left(\sum_{i=1}^{N_Z^{ljk}}\xi_i^{ljk}\cdot R_i^{ljk}\right)}{\sum_{j=1}^{N_D^l}N_Z^{ljk}\cdot Z_l} \tag{5.15}$$

②铁路局层面的风险相对评价指标计算公式为

$$S_j^l=\frac{\sum_{k=1}^{N_Y^{lj}}\mu_k^{lj}\left(\sum_{i=1}^{N_Z^{ljk}}\xi_i^{ljk}\cdot R_i^{ljk}\right)}{\sum_{k=1}^{N_Y^{lj}}N_Z^{ljk}\cdot Z_l} \tag{5.16}$$

③总体风险相对评价指标计算

站段层面的风险相对评价指标计算公式为

$$S_{lj}=\frac{\sum_{k=1}^{N_Y^{lj}}\mu_k^{lj}\left(\sum_{i=1}^{N_Z^{ljk}}\xi_i^{ljk}\cdot R_i^{ljk}\right)}{\sum_{k=1}^{N_Y^{lj}}N_Z^{ljk}\cdot Z_j^l} \tag{5.17}$$

铁路局层面的风险相对评价指标计算公式为

$$S_l=\frac{\sum_{j=1}^{N_D^l}\gamma_j^l\left(\sum_{k=1}^{N_Y^{lj}}\mu_k^{lj}\left(\sum_{i=1}^{N_Z^{ljk}}\xi_i^{ljk}\cdot R_i^{ljk}\right)\right)}{\sum_{j=1}^{N_D^l}\sum_{k=1}^{N_Y^{lj}}N_Z^{ljk}\cdot Z_l} \tag{5.18}$$

由上式可知,确定各层级指标的权重系数是风险相对评价指标计算的重点。权重系数是指各指标在整体评价中的相对重要程度的定量化表征,高速铁路运营风险评价指标的权重与其可能产生后果的严重程度有关。目前常用的权重系数确定方法有主观赋权法、层次分析法、最大熵技术法及主成分分析法等。从高速铁路运营风险评价指标体系来看,具有指标元素多、影响范围广、影响结果不确定性等特点,人为地进行重要度权重的划分只会造成结果的片面性和主观性。因此,在进行各指标权重系数确定的过程中,要充分结合风险信息的特点,尽可能地反映各个指标对高速铁路运营风险状况的影响。

5.2.3 高速铁路运营风险评价的作用和意义

1. 运营风险评价体现了“安全第一,预防为主”的方针

为了保障高速铁路安全运营,必须从预防事故这一根本目的出发,预先或超前对系统在运营过程中的各阶段的安全性进行科学的预测和评估,防止和减少在安全上的欠债和加强安全的投入,以实现高速铁路安全运营的总目标。因此,运营风险评价是一门控制高速铁路总损失的技术,评价过程提高了安全管理水平,体现了从被动到主动、从事后处理到事前预防、从经验到科学的安全管理方法。

2. 运营风险评价有助于提高安全管理水平

(1)变事后处理为事前预防,使国铁集团安全工作更加科学化

通过风险评价,可以预先系统地辨识危险性及其变化情况,科学地分析企业的风险状况,及时掌握安全工作的信息,全面地评价企业的危险程度和风险管理现状,衡量企业是否达到规定的风险安全指标,使企业决策人员能够做出正确的安全决策。

(2)变纵向单一管理为全面系统管理,使国铁集团安全工作更加系统化

风险评价的实施,能够全面评价企业各部门乃至每一个人应负安全职责的履行情况。这样,就使企业所有部门都按照要求认真评价本系统的安全状况,变被管理者为主动执行者和管理者,管理范围也可以从单纯高速铁路运营安全扩大到企业各系统、各因素、各环节的安全。这样,就可以使风险管理实现全员、全面、全过程的系统化管理。

(3)变盲目管理为目标管理,使铁路企业安全运营逐步标准化

以往的风险管理缺乏统一的标准,安全人员仅凭自己的经验、主观意志和思想觉悟办事,缺乏衡量企业安全的客观指标和标准。通过按照风险评价标准进行风险评价,使各系统、各环节、每个人明确各项工作的规范要求,达到什么地步就可称安全以及采取什么手段可以达到目标。

3. 风险评价有助于国家政府部门(如国家铁路局)对国铁集团高速铁路安全运营的宏观监督

通过对国铁集团高速铁路运营风险进行系统的、科学的、客观的评价,既可能衡量企业

固有危险性的大小，又可得出企业安全现状的结论。国家铁路局各级监察部门可以以此为依据，按照不同的危险等级和安全现状配备相应的监察力量，使监察工作能够有目的、有重点地进行，实现重点和一般相结合，全面控制企业安全运营的目的。

5.3 高速铁路运营风险的控制技术

高速铁路运营风险控制是指通过分析运营风险事件发生的原因和后果，对相对高风险事件采取原因控制措施和后果控制措施。

5.3.1 高速铁路运营风险控制模型

高速铁路安全风险管理的目标是在清晰的识别和完善的分析的基础上，对高风险的危害事件采取合适的应对措施，使得风险被控制并降低到能够接受的程度。在这个大前提下，控制措施的正确与否直接关系到风险管理的成败，是否具有针对性也关系到风险控制措施是否有效。依据原因-后果模型的控制措施设置如图 5.3 所示。

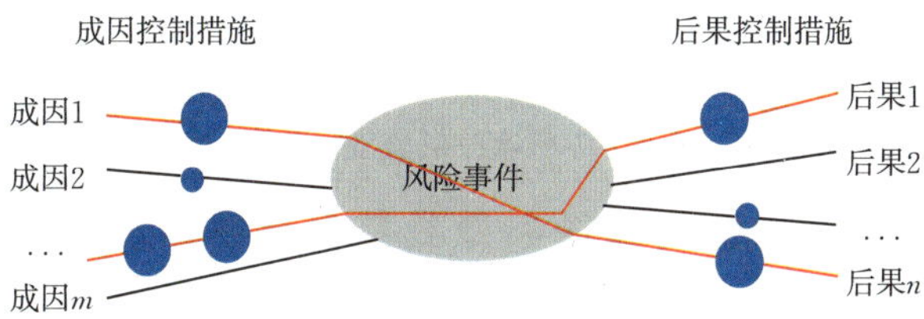

图 5.3 风险的成因及后果控制模型示意图

由图 5.3 可知，在风险事件确立的前提下，采用故障树分析导致事故发生的成因，采用事件树分析事故导致的后果，将成因和后果全部分析出来后，针对性采取控制、消除或减轻的措施来进行风险控制。

在采取相对应的控制措施时有以下原则需要遵循：

(1)风险控制的相关措施应该从实际出发并充分考虑到各种情况，比如实际的控制程度和效果，还应该能够和相关运行经验、能力相配。在防范风险的同时，要坚持“先消除、再降低、最后采取加强个体防护”的思路。

(2)对于不可容许风险，要因地制宜，积极采取相关的措施来降低风险，将不可容许风险降低至可容许程度。

(3)对于可容许风险，应该采取监视等措施，使其维持在一个比较安全的范围内。

(4)即使系统所考虑到的安全风险全部被包含在系统所采取的措施里，在风险控制措施实施的时候，也要考虑到因为实际情况(比如说实际控制的程度)而可能发生的其他各种状况。对危害事件的发生原因和后果采取针对性的控制措施，不可一概而论。

(5)在采取措施时需要遵守相应的顺序——首先考虑消除和预防危害事件，其次对造成危害事件的原因加以控制，以降低或消除其发生的可能性。在上述第四条无法达成的情况下考虑降低后果以及采取具有针对性的应急措施，不求消灭后果，退而求其次于减轻损害。这其中：

①消除措施，是针对事故发生的原因来采取的各类可以避免风险发生的措施。

②预防措施，是针对导致事故发生的、无法完全消除的原因来采取的预防措施，可以有

效降低风险发生的概率,比如各类安全规章制度。

③后果降低措施,是在危害已经造成的情况下,用以消灭或减轻危害的措施。

④事故应急措施,是在上述几种针对风险发生频率和导致风险事件发生的原因的措施之外,即事故已经发生且无法改变的情况下,可以缩小影响范围的措施。这其中所需要采取的流程如图 5.4 所示。

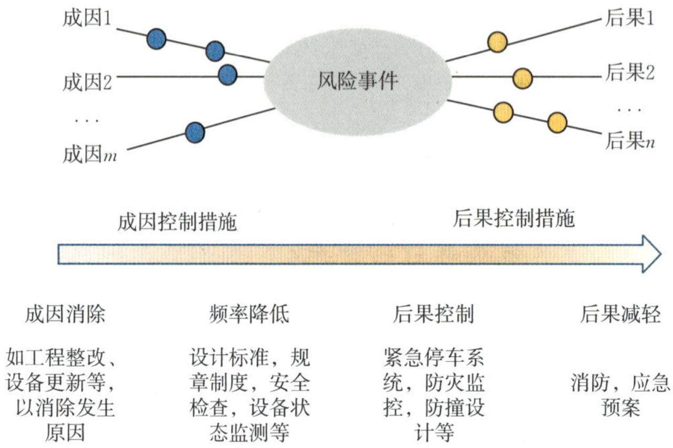

图 5.4 风险控制模型示意图

在成因控制阶段,依据控制层次,按照成因消除、频率降低、后果控制和后果减轻的顺序来对成因进行消除、降低发生概率;在后果控制阶段,针对后果采取相应手段用以预防和控制后果发生,在已经发生的情况下对后果加以控制和减轻。这一切都建立在故障树分析法和事件树分析法的结果上,根据分析结果在不同阶段采取具有针对性的措施。

5.3.2 高速铁路客运站的风险控制措施

高速铁路客运站存在的风险事件主要有拥挤踩踏事故、火灾事故、爆炸事故和大量旅客滞留客运站情况,它们是人为因素、设备因素、环境因素和管理因素共同作用的结果。虽然一些形成风险的危险源在某种程度上很难避免,但在实际操作过程中,可以采取密切监视、强化管理等措施进行预防。同时,风险发生时带来的损失程度与风险发生时采取的应急预案紧密相关。因此,在高速铁路客运站日常运营组织管理过程中,应结合实际情况采取有效的预防措施,同时针对风险事故发生之后各种可能出现的情况做好应急疏散预案等工作,只有这样才能保证高速铁路客运站日常工作安全有序地进行。由于高速铁路客运站客运组织存在的危险源较多,全面进行防控所带来的风险管控成本较大,如何有选择地对风险源采取有效的预防措施,既能有效降低系统的风险水平,又可以将风险管控成本控制在合理范围,已成为高速铁路客运站风险控制研究的重要问题。依据风险控制的原则,确定客运站风险控制措施需综合考虑以下几点要求:

(1)通过高速铁路客运站的风险源辨识、风险评估,划分风险源和风险事件的等级,依据其所属等级制定相应的风险控制措施。

(2)对不可承受风险,必须立即制定风险控制措施以降低风险。如果无法进行有效的控制,应立即停止客运站运营工作,并进行整改,以避免发生更大的风险事故。

(3)对可承受风险,也应时刻保持高度警惕,并密切监视风险等级高的风险源,避免风险进一步的恶化,同时考虑通过转移风险的方法以降低风险。

(4)风险控制措施应与高速铁路客运站的实际情况相适应。

结合高速铁路客运站风险控制的基本要求,可从风险预防措施和损失控制措施两方面着手制定高速铁路客运站的风险控制措施。

1. 风险预防措施

高速铁路车站客运风险的预防可以从两个角度来考虑:一是以高速铁路车站客运组织过程中存在的主要安全问题为切入点,提出车站日常客运组织工作中应特别关注的风险控制点;二是根据风险源辨识、风险评估得出的结论,针对不同等级的风险因素采取相应的风险预防措施。

高速铁路车站客运组织过程中存在的主要问题为:高速铁路车站开放的进站模式带来一定的安全隐患,综合大厅候车模式不便于旅客管理,大量电梯、扶梯带来"瓶颈"节点。通过对以上安全问题的分析可知,车站应以旅客进站、检票、乘坐自动扶梯这三个主要风险环节为重点控制对象,提出相应的风险控制点与具体的控制措施。具体风险控制点和预防措施见表5.3。

表5.3 高速铁路车站主要风险控制点与预防措施

主要风险环节	风险控制点	预防措施
进站	身份验证	仔细核查进站人员的身份信息,确保人、证一致
检票	安检	做好安检仪的日常维护工作;提高安检人员的业务技能与素质
	检票秩序	客流高峰期可采用移动隔离带来维持旅客的检票秩序
乘坐自动扶梯	扶梯	做好自动扶梯的日常维护与维修工作;密切监视自动扶梯的运行状况
	旅客	加强对旅客乘坐自动扶梯时的安全教育工作

可针对不同的风险等级,采取不同程度的控制措施。低度风险,不必采取另外的控制措施,做好日常安全预防措施即可;较低风险,需采取改进措施提高安全性,但迫切性低;中等风险,应在近期实施降低风险的预防措施;较高风险,尽快实施降低风险的预防措施,否则停止客运站各项客运作业;高度风险,需立即采取相关措施,进行整改,确保最终达到规定的安全标准,迫切性很高。

高速铁路客运站风险的存在是由潜在的风险源所导致的,风险控制的实质是降低风险性。而风险源是客观存在的,它的控制受到人力、物力、财力和技术水平等因素的限制,有些没有办法彻底消除或完全控制。在这种情况下,唯有集中有限的资源优先控制危害较大的风险源。当风险非常小乃至可以忽略,则没有必要采取控制措施。因此,在制定具体的风险控制措施时,除了针对上述风险级别,选择相应的风险控制措施,还应在风险评估的基础上,依据风险源的级别来确定采取控制措施的优先次序。

2. 损失控制措施

一般是针对高速铁路客运站存在的风险制定行之有效的应急预案,并加强员工的意识教育及能力培训,平时做好客运站的应急演练工作,以保证在客运站风险发生时迅速高效地做好疏散工作和各项补救措施。

5.3.3 高速铁路运营风险预控对策技术

预控对策系统的功能，是事先准备好在各种风险条件下的应急对策或对策思路，一旦发出风险警报，则根据预警信息的类型、性质和警报的程度调用相应对策。一般地，预警对策系统中的对策大多是思路性、提示性的，目的在于当发出警报时决策者不至于手忙脚乱、忙中出错，指导高速铁路决策者按照预控对策系统的提示去寻求更具体的实施方案。

高速铁路运营风险预控对策技术主要实现对各种风险的早期预防与控制，并能在严重的风险形势下实施危机管理方式。它包括组织准备、日常监控、危机管理三个活动阶段。

1. 组织准备

开展预警分析和对策行动的组织保障活动，包括制定与实施预警管理活动的制度、标准、规章，服务于本系统的组织管理过程，目的在于为预警活动提供有保障的组织环境。组织准备有两个特定任务：一是规定预警管理系统的组织结构（机构、职能设定）和运行方式；二是为高速铁路处于危机状态下的危机管理提供组织训练与对策准备，即对策库。组织准备活动是整个预警系统的组织准备过程。

2. 日常监控

日常监控指对预警分析活动所确定的主要灾害现象进行特别监视与控制的管理活动。由预警活动所确立的灾害现象，往往对高速铁路全局有重大影响作用，因而要进行及时跟踪监测。同时，由于灾害现象是变化发展的，并且可能是难以迅速控制的局势，所以，在日常监控过程中还要预测风险未来发生的严重程度及可能出现的结果，以防患于未然。因此，日常监控活动有两个主要任务：一是日常对策，二是危机模拟。日常对策即对高速铁路风险进行避防与纠正，防止该灾害现象的扩展蔓延，逐渐使高速铁路运营工作恢复到正常状态。危机模拟，是在日常对策活动中发现致灾诱因难以有效控制时，对可能发生的高速铁路风险状态进行假设与模拟的活动，以此提出对策方案，为进入“危机管理”阶段做好准备。日常监控的对象，主要是在预警活动中确立的自然灾害、行车事故、高速铁路病害、环境破坏和人为破坏等灾害现象，这三者既可以被日常对策所控制和矫正，也可以因失控而导致高速铁路运营工作中断。

3. 危机管理

高速铁路灾害危机指因高速铁路发生重大事故、重大灾害而引发社会连锁反应，形成社会性灾难而导致高速铁路终止运营的一种灾难状态。危机管理是一种“例外”性质的管理，是只有在特殊情况下才采用的特别管理方式。它是指当日常监控无法扭转局面而陷入风险状态时，或在高速铁路管理系统已无法控制灾害状态或高速铁路领导层基本丧失指挥能力的情况下，有必要以特别的危机计划、特别领导小组紧急救援体系、应急措施社会救助方案介入高速铁路运营活动的管理过程。一旦局势恢复到正常可控状态，危机管理的任务便可完成，由日常监控环节继续履行预控对策的任务。危机管理的主要任务，就是“例外”管理。危机管理的主要内容，是危机计划的制定及特别机构的组织与应急救援的实施。它与日常监控都是执行预控对策任务的主体，而危机管理是特殊情境下对日常监控活动的扩展，组织准备活动不但连接预警分析与预控对策活动的环节，也为高速铁路风险控制系统提供组织运行规范。

5.3.4 高速铁路运营风险控制的保障系统

高速铁路要面对各种可能发生的灾害，如强风、暴雨、大雪、地震、塌方、泥石流、异物侵入限界及非法侵入等，实施全面的监测，建立风险控制的保障系统，实施全面、准确、实时的安全监控、预防灾害的突然袭击具有重要意义。同时，高速铁路保障系统必须能够针对各类灾害监测的原始信息，通过数据处理、分析判断后，传送到应急救援指挥系统进行确认和处理。根据灾害的性质和等级，对运行中的列车实施预警、限速运行或者是终止运行，以保障列车的绝对安全。一旦发生安全事故，安全保障系统能够根据信息分析处理的结果，通过启动现有预案、提供决策支持等方式指导应急救援工作的展开。因此，高速铁路运营安全保障系统是包括多个独立运行并互相补充的集合体。根据各个系统在高速铁路运营安全保障中所处的位置和主要完成的功能的不同，主要从列车实时运行控制、周边环境和灾害的监测与预警、各种设施的检测与诊断以及在发生突发事件情况下的救援和减灾等方面来介绍高速铁路运营安全保障系统。总体上，高速铁路运营安全保障系统包括了人-机-环-管的主要部分。

1. 列车运行控制系统

列车运行控制系统主要是以技术手段对列车运行方向、运行间隔和运行速度进行控制，使列车能够安全运行的同时提高运行效率。列车运行控制系统地面设备和车站联锁设备主要实现联锁控制功能，并生成列车控制所需的基础数据，通过车—地信息传输通道将地面控制信息传送给列车，经列车运行控制车载设备进行处理后，生成列车速度控制曲线，监督并控制列车安全、高速运行，简称列控系统。

我国的高速列车运行控制系统主要包括两种级别：一是京津城际铁路应用的 CTCS-3D 列控系统，二是武广、郑西和京沪等其他高速铁路、客运专线线路上应用的 CTCS-3 级列控系统。

2. 环境监测和灾害预测预警系统

环境检测与灾害预测预警系统，主要对可能发生的灾害、突发性灾害等各种可能发生的灾害，实施全面、准确、实时的安全监控。对各类灾害监测的原始信息，通过灾害预测预警模块的数据处理、分析与判断后，根据灾害的性质和级别，对运行中的列车或实施预警，或限速运行，或中止行车，以确保高速列车运行安全，主要包括雨量及洪水监测预警系统、强风监测预警系统、地震监测预警系统、其他灾害监控预警系统。

3. 设施装备的监测与在线诊断系统

高速铁路系统设施装备的监测检测与诊断系统集中对全线的线路、桥梁、信号及相关的控制设备的状态进行综合检测，包括周期性检测和实时检测，监视系统运行是否正常，各监测点及车站信息处理中心是否正常工作，确认各种主要设备的技术状态完好。建立通信网管监视系统、各专业机房环境监测系统，及时掌握工务、电务设备及其工作环境的状态，合理安排维修，保证系统正常运转，防事故于未然。

4. 事故救援和减灾系统

(1)应急救援指挥与信息发布系统

应急救援指挥与信息发布系统是实现对现场应急救援指挥及信息管理功能的模块。

(2)预案及事故资料管理系统

预案及事故资料管理系统能够实现对预案的流程化、系统化、规范化和模块化管理。

(3)应急日常监控系统

应急日常管理模块主要是指系统平常处于日常监控状态下,对线路上的列车运行状态监测、车辆运行安全监控、电力监控、环境监控、大风监控等业务系统进行监控并对获取的信息进行管理。

(4)应急救援辅助决策系统

应急救援统计与分析模块是为应急救援决策提供辅助信息的模块。

(5)救援资源管理系统

救援资源管理系统是实现对高速铁路安全保障体系中所有应急救援资源的统一管理,用户可以将自己所在部门的救援资源情况更新,最终由应急管理办公室的专业负责人对救援资源统一管理。救援资源主要包括救援列车、救援人员、救援设备、救援汽车和救援物资等。

(6)应急演练管理系统

应急演练管理模块是实现应急救援系统事故演练的设计、执行、总结和资料管理的模块。

(7)数据交换系统

数据交换管理模块主要实现高速铁路应急救援指挥信息系统与外部业务系统间的数据管理,包括数据的筛选、抽取、添加和更新等过程。高速铁路应急救援指挥信息系统是从各业务系统、安全监控系统以及外部系统中提取该系统所需要的各类数据,包括静态数据交换和动态数据交换,这些数据属于典型的异构数据。该模块将实现对数据的统一转换处理,为系统提供信息服务。

5.3.5 高速铁路运营风险控制的技术措施

从技术措施上来说,对于高速铁路运营风险的控制可以分为消除、预防、减弱三个级别。

对高速铁路运营风险的控制按照时间顺序可以分为预先控制、过程控制和事后控制。

1. 高速铁路运营风险预先控制

(1)安全运营风险评估

高速铁路系统应定期或不定期对运营情况进行风险源辨识和安全评估,及时掌握当前的安全运营状况和潜在的风险,做到安全管理工作心中有数;根据风险评估的结果,及时调整安全工作的重点;对潜在的风险制定风险的防范措施,变被动安全为主动安全。对影响安全运营的设施设备难点问题进行专题研究,不断提高设施设备完好率。高速铁路运营风险评估工作应确保每年发展一次,遇年度新线投入运营前,应进行开通前的试运营风险评估。安全运营风险评估工作可采用专家组或评估小组的方式进行。

(2)预警工作

应建立反应灵敏的预警机制,通过风险源的辨识,变事后补救为事先预防,通过建立设施设备的信息化管理手段,增强设施设备的状态监控;通过安全检查、业务考核等手段,增强从业人员的业务素质,并消除人为隐患;通过采用先进的监控技术,减少灾害天气和突发事件对高速铁路运营的影响;应通过强化预警机制的功能,及早发现隐患,力争将事故消灭在萌芽状态。

2. 高速铁路运营风险过程控制

高速铁路运营安全过程控制就是对运营工作流程的全过程进行控制,从运营计划和运行图的制定、调度指挥实施、车站客流组织和客运服务、设施设备的保障等各个环节进行全过程控制，通过各个环节有效的监控和正常运转，来实现各组成部分的联动有效运转。建立和强化安全运营"过程控制"。采取积极有效的措施，变事后补救为事前预防，真正体现"安全生产、预防为主"的原则。

(1)行车安全控制

高速铁路行车安全是运营安全的重点环节，必须加强行车安全控制，及时消除行车安全中的各种设备和人为隐患，严格执行行车岗位标准化、规范化操作。

①确保运营安全规章的有效性、适应性、覆盖性

为保障高速铁路安全运营工作，必须根据行车工作的特点和设备、设施的技术条件要求，建立以安全管理制度为统领，包括安全操作规程手册、事故处理规程、应急处置预案等在内的安全规章体系，以制度来规范安全管理各个环节，以规范化保证安全，确保事事有章可循，严格落实安全规章制度才是运营安全的保证。

②确保行车岗位人员操作的标准化、规范化

建立规范全面的运营规章后，要通过经常性的规章制度培训和学习，让员工理解规章，通过经常检查督促，让员工严格执行规章；通过经常分析事故苗头、事故隐患、事故后果，让员工认识到遵章守纪的重要性。

(2)设施、设备保障

运营设施、设备质量的好坏，直接关系到列车运营安全与否，因此必须采用先进的检测手段，及时发现设施、设备的隐患，建立维修管理信息化系统，不断提高设备的质量。按照设备管理控制体系的要求，科学地进行设备管理工作，提高设备完好率和运营保障力度。

①完善设备科学化、信息化管理机制

设施、设备的维修，不仅要保证质量，还要体现速度。要采用先进的设备检测技术和工具，快速检测设备状态，查找故障点，为及时、准确地掌握设备质量状态，处理设备故障提供保证。

在设施、设备维修管理上，要采用维修管理信息化系统对维修工程中工时、物料、定额、检修规程等进行全面监控，保证维修计划的落实，提升设施、设备维修管理水平，提高维修水平。

对设施、设备的维修管理，做到精简细修、突出重点。在设备的日常维修保养中，特别抓好动车组、接触网等设备的巡视、检测，抓小防大，杜绝大故障或事故的发生。同时，集中技术力量解决运营中出现的故障或技术难题，要组织跨专业的技术攻关，从设施、设备质量角度为确保运营安全奠定坚实的基础。

②完善设施、设备规程

标准与规程是设施、设备管理工作开展的依据。由于高速铁路设备种类多，且更新较快，因此标准与规程也要不断修改完善。

(3)完善监控手段，提高应急处置能力

①进一步加强运营时段现场管理，使之成为确保高速铁路运营始终处于可控状态的重要手段，深入运营一线，靠前指挥，抓小防大，安全观前移，提高现场处置能力。

②加强信息管理，提高突发信息传递速度。为提高应对突发事故(件)处置能力，减少事故发生对运营的影响，要规范信息传递制度，理顺信息传递渠道。同时，运营企业可发挥快速有效的信息传递系统的作用，提高短信群发系统的稳定性，使各级领导、技术骨干能在第一时间掌握各类运营信息。

③坚持和完善运营交接班会议制度。利用运营交接班制度，能及时对安全运营情况进行分析，协调解决运营中的实际问题，并能随时掌握运营安全状态，做到运营安全天天受控。

④坚持和完善月度运营例会制度，有利于及时分析安全运营状况和形势，把握安全动态，制定有效的应对措施。

(4)开展安全培训和演练，提高安全素质

①制定安全教育制度，明确安全教育内容和要求，通过各种途径和手段加强宣传教育和培训，增强员工安全防范意识，提高安全技能。对新员工落实"三级"安全教育制度，使员工在上岗前符合岗位安全知识、技能、等级的要求。根据安全运营的实际需要，评定高速铁路运营系统中的各个岗位的安全等级，制定各个等级的安全知识和安全技能要求，对员工进行分层培训、考核，实行安全关键岗位持证上岗，同时结合运营实际和国内外同行业的事故、事件，通过编制《事故案例》等手段教育员工，不断强化员工的安全意识。

②在完善事故处置预案的基础上，组织制定演练计划，定期、不定期组织各层级的、切实有效的各种演练，不断提高各级员工对各种预案的熟练程度以及应急应变的能力。

③充分发挥车站和列车广播等宣传方式，进行广泛的安全宣传教育，提高大众高速铁路安全意识。

(5)安全检查

安全检查是安全工作落实的重要一环。通过查隐患、查整改、查落实，控制人的不安全行为、车辆设备的不安全状态和环境不良因素对高速铁路运营的影响。同时，各单位要坚持日常检查和定期检查相结合，专项检查和综合检查相结合，及时发现各类隐患，并认真抓好整改工作。

3. 高速铁路运营安全事后控制

(1)完善抢险救援运作机制

为了能快速、有效处置运营突发事件，可成立抢险救援中心，负责整个高速铁路系统设施设备紧急抢修和灾害等抢险救援，实行准军事化管理，全天候待命。抢险救援中心设立抢险车辆备勤点，抢险车均统一安装卫星定位系统。同时还要进一步完善抢险救援中心的运作机制，特别是应考虑如何从网络化运营的高度来合理设置抢修点，以增强应急抢修的反应能力。

(2)建立事故处理的规范程序

针对高速铁路发生的事故，对事故苗头和安全隐患进行分析和处理，坚持从管理上找原因、查漏洞、定措施，通过分析查找原因、整改隐患、完善规章、改进管理，防止同类事故重复发生。认真落实"预防为主"的方针，在管理人员中树立安全管理责任意识，切实做到事事有人负责。

(3)安全整改

对于日常运营中暴露的安全隐患，以开展"安全隐患整治月"等活动，对影响安全运营的设施、设备各类隐患进行排查，确保设施、设备处于正常运营状态。同时，应针对运营过程中暴露出的设备系统问题，组织技术力量进行技术攻关，不断优化设备系统。

(4)完善考核和责任追究制度

以员工手册作为员工考核的依据，建立月度经济责任制考核制度，领导干部安全责任追究制度，运营主业单位安全责任风险抵押金制度。

6 高速铁路运营安全的管控技术

管控是通过一系列组织制度体系的设计，为管理活动创造一个良好的环境。高速铁路运营安全管控依据“人-机-环”系统工程的思路和方法，运用安全本质化法、主动安全方法和风险管理方法，从人员、基础设施和技术装备、沿线环境及高速铁路运维等四个方面，实施和执行管理控制手段，达到控制运营状态、消除隐患、减少损失的目的。

6.1 高速铁路运营安全管控概况

6.1.1 高速铁路运营安全管控的含义

高速铁路运营安全生产工作指在高速铁路运营管理过程中，采取一系列科学有效的安全措施，严格执行各种安全管理规章制度，严格遵守劳动纪律和作业纪律，消除生产中的不安全因素，防止人身伤亡事故、行车事故。

高速铁路系统中含有多个具有某种特定功能的子系统，高速铁路运营安全管理就是其中的一个。作为安全管理子系统的一部分，安全管控是对安全管理活动的控制，是管理者影响组织中其他成员以实现组织管理的过程。安全管控涉及一系列的活动，包括计划组织的行动、协调组织中各部分的活动、控制组织活动、决定采取的行动等。

高速铁路运营安全管控就是进行有关决策、计划、组合和控制方面的活动，通过控制管理手段的实施和执行过程，实现控制事故、消除隐患、减少损失的目的，使高速铁路运输系统达到最佳安全水平，处于一个安全的运营状态。

6.1.2 高速铁路运营安全管控的对象

高速铁路运营安全管控是针对已经投入运营的高速铁路系统运营过程中所涉及的人、物、环境的行为与状态的管理。高速铁路运营安全管控，主要是组织实施高速铁路安全管理规划、指导、检查和决策。同时，又保证高速铁路系统处于健康良好状况。其主要的研究对象包括：

(1)高速铁路运营机构及人员。

(2)高速铁路乘客。

(3)高速铁路通信及信号系统。

(4)高速铁路线路及电务系统。

(5)高速铁路车辆系统。

(6)高速铁路环境与设备监控系统。

(7)高速铁路灾害预警系统。

6.1.3 高速铁路运营安全管控的主要内容

高速铁路安全管控涉及面广、内容丰富，包括安全组织、安全法规、安全信息、安全技术、安全教育及安全资金管控等，如图 6.1 所示。

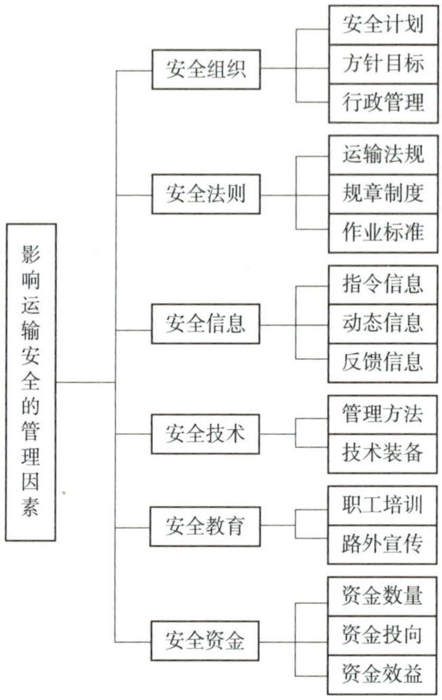

图 6.1　安全管控的内容

1. 高速铁路安全组织管控

安全组织管控是安全管控的实施主体，负责安全的组织领导、协调平衡、监督检查工作，使运输企业安全管理体制有效地正常运转，保证安全目标的实现。其主要内容有安全计划管控、安全行政管控。

2. 高速铁路安全法规管控

安全法规管控的任务是严格遵循国家有关铁路安全和高速铁路安全的法律、法规等条文规定，对各种运输规章制度和作业标准进行研究、制订、修改、完善、贯彻和落实，使高速铁路运营安全工作做到有法可依、有章可循、违法必究、违章必查。其主要工作有建立健全安全管理制度、增加废止不适用规章制度。

3. 高速铁路安全信息管控

安全信息一般是指在运输生产过程中，对一切有利于安全生产的指令和系统安全状态的描述或反映。安全信息既是安全管控的对象，又是安全管控的重要支持。

从某种意义上说，高速铁路运营安全管控就是准确、及时、经济地收集、加工、传递、存储、检索、输出一切对高速铁路运营安全有利的信息管理，并用高速铁路运营安全所需的安全指令信息、安全动态信息、安全反馈信息和其他先进的安全科技和管理信息，精心指挥、精心组织、精心管理运输生产，不断开创高速铁路安全生产的新局面。如建立健全各种信息中心和网络以及电子计算机和各种先进的信息处理技术是铁路安全管理的保证。

4. 高速铁路安全技术管控

高速铁路安全技术管控的任务是正确执行国家有关技术政策、标准、规程和铁路主要技术政策，为运输安全提供可靠的技术依据和技术措施；充分发挥科技是第一生产力的作用，不断吸收现代科技先进成果，促进运输安全管理科技含量提高。高速铁路安全技术管控包括对高速铁路安全硬技术设备的维护与管理和对高速铁路安全软技术的开发与应用。

5. 高速铁路安全教育管控

为了实现高速铁路安全，必须通过各种形式和方法，对广大干部和职工进行经常性的安全教育，其内容主要有安全思想教育、安全知识教育、安全技能教育、事故应急处理教育。

此外，高速铁路运营安全是一项全员参与的活动，对交通参与者进行的相关的安全知识教育(如乘坐高速铁路禁止行为、高速铁路限界内非公勿入等)及安全法制宣传、教育(违法、违规处罚条例等)也是安全教育管理的重要内容，应与地方政府配合进行，以提高高速铁路运营安全条件。

6. 高速铁路安全资金管控

要保证高速铁路运营安全，必须有相应的安全资金保证。安全资金管控包括对保证运营安全所需资金的筹集、调拨、分配、使用、结算等，并进行安全投资的经济评价与经济分析，实行财务监督等。

6.2 人员的管控

在“人-机-环-管”系统中，人的心理现象及其规律性与交通安全密切相关。因此，研究和揭示运输生产过程中人的心理现象及其规律性，已越来越受到国内外交通安全管理部门和专家学者的高度重视。

6.2.1 针对个人的管控

1. 针对人员的心理与生理管理

(1)运输安全与心理现象的关系

按照心理学原理，心理现象是人的大脑对客观现实的反映，它包括心理过程和个性心理特征两个相互联系又相互制约的方面，且各自都包含一些复杂的心理要素和具体表现形式。影响交通安全的心理要素主要有感觉、知觉、记忆、思维、注意、情绪、能力、疲劳、需要、动机、意识、气质和性格等。

在运输生产活动中，人的操作过程主要有三个环节，即辨认接收信息、操纵控制设备、观察调整运作，所有这些行为均受心理现象影响。当人的心理现象处于积极状态时，感知快速、思维敏捷、动作可靠，能保证系统正常运转。否则，人的感觉、知觉、思维和反应机能就不能正常发挥，差错增多，导致事故发生的可能性就很大。因此，积极的心理现象是保证运输安全的内在依据，消极的心理现象及由此产生的侥幸、麻痹、惰性、烦闷、自满和好奇等心理倾向，是人的差错(辨认不清、主观臆测、理解不当、判断失误等)引发事故的深层次原因。人的心理现象状态及其转变程度，成为运输生产中事故与安全相互转化的制约因素，交通安全的心理保障关键就在于采取各种有效的手段和措施提高人的心理素质。

(2)人员心理管理的重要性

①高速铁路深入推进安全风险管理的需要。铁路安全事故发生的原因大多是由人的不安全行为和物的不安全状态引起的,而导致人的不安全行为发生的重要因素是人的不安全心理的影响和支配。高速铁路在深入推进安全风险管理中,不但要消除和减少因物的不安全状态引起的安全风险,更要掌控由人的不安全心理状态引发的不安全行为导致的安全风险。现阶段高速铁路安全风险管理正在不断向纵深推进,由于职工不安全心理对运营安全造成的危害逐渐显露,许多铁路局已经开始开展职工安全心理科学研究并探索相应的管控模式。

②高速铁路进行规范化管理的有效手段。各级管理者在日常安全管理中,除了要面对技术革新、设备设施改造、流程优化、环境变化、组织结构变革等客观管理对象带来的挑战,还要围绕安全标准要求,面对带有主观能动性色彩浓厚的被管理者。从职工心理着手加强规范化管理,将成为安全管理规范化的重要标志。

③高速铁路实施人本化管理的必然要求。人本化管理是相对于以往以"物"为中心的管理思想的相对概念,它把"人"作为管理活动的核心和组织最重要的资源,通过开发人力资源、整合组织资源,提高组织效率、实现组织目标,是一系列以人为中心的管理理论与管理实践活动的总称。现代社会的快速变革,职工长期自我奉献和紧张艰苦单调工作,带来诸如身心健康、职业压力、人际关系、爱情婚姻家庭、子女学习就业等许多心理困扰和问题,这些现实问题都为如何在高速铁路中开创性进行人本化管理提出新的课题。

(3)心理要素与运输安全

①感觉和知觉与运输安全

感觉是人通过感觉器官对客观事物个别属性的直接反映。知觉是客观事物的各种表面现象和诸多属性通过人的各种感官在大脑中的综合反映。知觉不仅依赖现实的感觉,而且也依赖于以往感觉经验的积累。感觉和知觉二者密不可分,通常将这两种心理现象称之为感知或感知觉。

在运输生产过程中,有些事故是由于人的感知觉发生错误(如误认信号、误听或误传命令等)而造成的。引起错觉的原因很复杂,既有心理因素,也有生理因素。错觉现象也很多,其中以视觉错误对交通安全的影响较大。

②记忆和思维与运输安全

记忆是人脑对所经历过的人和事的识记、保持和重现。思维是大脑在感知和记忆基础上,对客观信息进行分析、综合、判断和推理的心理过程。如在运输工作中,运输指挥人员忘记将计划变更内容及时准确地通知作业人员,或因情况变化不能立即分析判断、采取对策,就会因贻误时机而直接危及高速铁路运营安全。

记忆和思维是铁路员工重要的心理要素,没有较好的记忆能力,就不能很好地按章办事、执行计划,没有较强的思维能力就难以对非正常情况下的各种作业进行妥善处理。

③注意与运输安全

注意是一种心理活动状态,按其作用或功能分为三种情况:一是注意集中,即把心理活动重点指向特定对象,对其他无关的心理活动进行抑制,不因无关刺激源的干扰而分散精力;二是注意分配,即在同时进行两种及其以上活动时,把注意有目的地指向不同对象;三是注意转移,即根据活动需要,主动有序地把注意从一个对象转移到另一个对象上。

注意是保证运输安全的基本心理条件。任何一项工作都是由多个作业环节组成的，如果作业人员的注意不集中，或过分集中而不能及时转移，或注意分配不当等都有可能导致运输事故发生。

④情绪与运输安全

情绪是人对客观事物是否满足自身需要，或是否符合自己的愿望和观点而表现出来的肯定（满意、愉快、高兴等）或否定（不满、不快、憎恨等）的态度体验。按其程度不同，情绪可分为心静、激情和热情三种状态。心静是一种比较平静而持久的情感体验；激情是一种迅速、强烈爆发出的短暂情感状态；热情是属于富有理性、稳定而深厚的情感表现。情绪和情感状态有积极和消极之分，良好的情绪和情感是保证交通安全的充分必要条件；情绪不稳、心境不佳则是发生事故的重要原因。

⑤气质和性格与运输安全

气质是指人的心理过程在强度、速度、灵活性和稳定性等方面的心理动力特征；性格是人对周围人和事的稳定态度和行为方式的心理特征。二者互相渗透、相互影响。

因为气质和性格的外在表现都是围绕着“做什么”（表现为对现实的态度）、“怎样做”（表现为行为方式）展开的。因此，从事运输生产人员的性格和气质对交通安全直接相关。良好的气质和性格是作业人员实现自控的心理保证。而气质较差、性格有缺陷的职工，因客观存在的心理障碍而导致自控能力较差的问题，应通过各种安全管理手段促使矛盾向有利于安全的方面转化。

⑥能力与运输安全

能力是完成某种活动所必需的并直接影响活动效率的身心发展基本品质，是个性心理重要特征之一。能力可分为一般能力和特殊能力，观察力、记忆力、注意力、思维力和想象力等属于一般能力范畴，为人们认识客观事物和掌握科学文化知识提供了智力保证。诸如色彩鉴别力、音响辨别力、图像识别力等均系特殊能力，只能在特定范围和条件下发生作用。

运输职工能力强弱直接关系到运输生产的安危，如细心观察、牢靠记忆、沉着应变、敏捷思维、准确判断及清楚表达等能力是广大职工安全高效地完成运输生产任务的重要保证。反之，观察不细、记忆不好、判断不准、表达不清和反应迟缓等就会使运输事故发生的可能性增加。

⑦疲劳与运输安全

疲劳是人在连续工作一定时间后，体力和精力消耗超过正常限度所出现的生理和心理机能衰退的现象，其表现是：生理机能下降——肌肉酸痛、身体困乏、头痛头晕、视觉模糊、呼吸急促、心率加快、血压升高等；心理机能下降——注意力分散、感知觉失调、记忆和思维减退、反应迟缓等。疲劳在生理上“不能再干下去”和心理上“不想再干下去”的综合影响，轻则使工作效率降低，重则因判断失误或操作不当而导事故发生。

⑧需要和动机与运输安全

需要是人为了生存发展而产生的生理需求和对社会的需求在大脑中的反映；动机是人由于某种需要或愿望而引起的一种心理活动，是激励人们以行为达到目的的内因和动力。按照心理学揭示的一般规律，需要产生动机，动机支配行为。

人对安全的需要是马斯洛“需要层次理论”的重要组成部分。来自安全需要的安全动机有两方面的含义:一方面是保护自身不受伤害的动机;另一方面是保护他人、财产和设备等不被伤害和损坏的动机。前者是人的本能,一般情况下人不可能做出有意伤害自身的事情,这种自卫的动机基本上不需要培养和激励,但应经常告诫和提醒。而后者涉及他人、集体和国家利益,需要加强培养和激励。

人的安全行为是在一定条件下受安全动机指使的主观努力的结果,运输安全心理保障所要解决的核心问题,就是如何强化人的安全意识和动机,严格遵章守纪、按标准化作业的安全行为,最大限度地减少消极心态对安全生产的不良影响。

(4)安全心理的保障条件

①增强安全意识

牢固的安全意识是交通安全的重要前提和保证,是广大干部和职工对交通安全的认识、情感和态度发展到严于律己时的思维定式,是形成安全动机和行为的先决条件。增强个人安全意识可确保安全自控,增强群体安全意识可实现安全互控和联控。其主要途径有:

a. 坚持正面教育。不断进行安全教育和定期培训,使广大职工正确认识并处理好安全与效率、效益的关系,安全与国家、集体、个人之间的关系,安全与自控、互控、联控之间的关系,使安全意识的能动性得到充分发挥。

b. 强化三种安全管理意识。一是人本意识,人是安全生产中最富有主观能动性、创造性和积极性的要素。二是长远意识,警钟长鸣、长治久安是安全运输的根本所在,不能有半点松懈和麻痹。三是辩证意识,硬性制度、严格检查和加大奖惩力度是必要的,但更需要在提高职工队伍综合素质及促进安全习惯行为的养成上下功夫。

c. 树立典型示范。使班组成员学模范比贡献,牢固树立"安全生产光荣,违章违纪可耻"的观念,自觉为安全生产多作贡献。

d. 利用从众心理。充分发挥班组优良作风和集体荣誉的作用,加大制度和纪律的约束力,增强群体一致向上的凝聚力,形成"要我安全变成我要安全"的氛围。

②激励安全动机

激励是指运用精神和物质手段去激发人的动机的心理过程。一个人有多种多样的动机,各种动机因强度不同对人的行为所起的支配作用也不同,交通安全管理必须通过强有力的激励措施,使安全动机在职工心理上占有主导地位。对安全生产进行激励的目的是通过激励引导职工的安全需要,强化安全动机,促成安全行为。在职工角色定位(职责、任务等)和一定思想业务素质条件下,运用激励手段,鼓励他们忠于职守、努力工作,在安全生产上取得成绩,并获得应有的奖励,从而使他们在精神和物质上得到暂时的满足。在因违章违纪造成事故损失而受到惩罚后,通过认真总结经验教训,避免事故再次发生。上述激励的不断推进过程如图 6.2 所示。

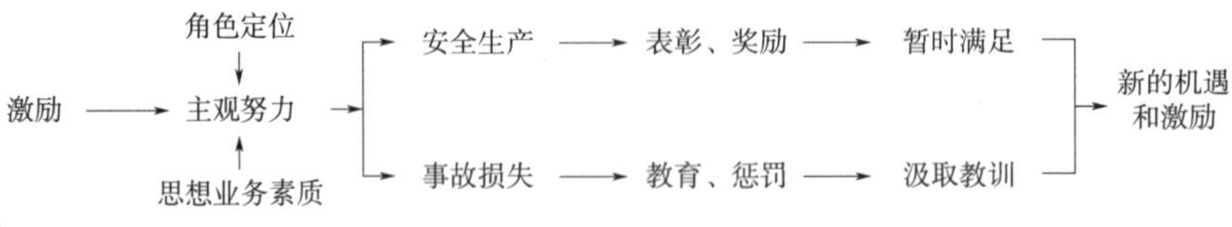

图 6.2　激励的不断推进过程

应该指出的是，在激励安全动机的同时，还要注意遏制不安全的动机。如少数职工为图省事而简化作业程序，为逞强好胜而故意违章违纪，为逃避事故惩罚而推卸责任或隐瞒事故等。必须消除这些消极行为，对防患于未然是十分重要的。

③提高技术业务能力

能力是一个人比较稳定的心理特征，与知识、技能关系密切。知识是人类历史经验的总结和概括，对个人来说是学习的结果；技能是实际的操作技术，是训练的结果。知识和技能是人的能力形成的基础，并能促进能力的发展。为了提高职工的技术业务能力，必须坚持教育和实践。

应持续开展全员业务知识、安全知识和安全技能教育，尤其要将新职工、班组长作为培训重点，强化非正常情况下的作业应变能力，进行系统超前培训，严格“先培训、后上岗”制度。

对职工教育应坚持“重视现场需要、重视实际操作、重视实际成效”的原则，大力改进培训方式、方法。借鉴国际劳工组织推出的先进的模块式技能培训方式（MES 法），结合实际，对高速铁路中各业务工种的实际操作技能分解成单项模块式教学内容，进行组合式培训。

(5)安全心理研究和管控路径

谨防因心理不健康而导致“心理事故”的发生，应成为高速铁路运营在深入推进安全风险管理规范化进程中必须要解决的问题之一。

①加强干部职工安全心理知识教育

心理现象具有内隐性、复杂性、反复性等特性，需要开展安全心理知识的教育普及，才能使干部职工从思想上重视起来，扭转轻视心理健康带来的负效应问题。一是从铁路事故案例入手，深入分析职工不安全行为背后的心理问题，让干部职工了解安全心理与事故的关系。二是聘请相关心理学专家针对日常安全生产中涉及的不安全心理进行宣讲，使各级管理者能够掌握基本的安全心理学知识。三是各单位在安全风险管理的各项环节中，结合实际，不断探索，把研判、评估职工不安全心理作为制度落实到安全管理实践之中。

②调整和优化岗位与职工安全心理素养的适应性

从铁路目前安全管理规章制度以及操作规程来看，对职工提出的要求主要是从技术角度出发，在此基础上进行管理。而实际上，人在工作中的行为并不是只受各种规章的约束，而与其心理状态、性格好坏、智力水平有很大关系。因此，人与工作的关系不能仅仅从工作要求的角度出发，还要看人的特点是否适合工作的要求，这些要求除了技术素质外，其心理品质是重要的因素。如果只重视设备对人的要求，而忽视人的个性特征，就会出现一系列管理问题。为此，高速铁路各级管理者在管理实践中，要主动探究每位职工的心理特征，真正做到把合适的人放到合适的岗位上。

③积极开展职工安全心理咨询及防治

鉴于心理问题专业性强的特点，建立职工安全心理辅导机构，适当引入外部心理咨询团队，内部相关人员有效配合外部咨询团队做好铁路职工的心理预防工作。同时，还要有计划培养内部心理咨询师，重点培养各级组织的书记和工会主席，使他们逐步成为职工心理咨询的行家里手，职工有心理问题乐于向他们倾诉。建立内外部协调联动、全面覆盖的职工心理管控机制，对于一些专业性强的心理问题，要有专人负责解决。同时，各单位要从职工入路开始，建立职工日常心理身心健康档案，为内外部咨询提供基础资料。

④提升设备与职工心理的适应性水平

从人与设备的分工上考虑，要研究系统中人与设备的特点和能力限度，在系统设计时，应考虑充分发挥各自的特长，合理搭配人与生产设施设备的功能，使其相互补充、取长补短、有机结合，以保证人-机-环境系统的整体功能最优。如预防不注意产生差错的发生，可以建立冗余系统，为确保操作安全，在重要岗位上多设1～2个人平行作业，相互制衡。为防止下意识状态的失误，在重要操作之前，如电路接通或断开、阀门开放等采用“指示唱呼”，对操作内容确认后再动作。改进仪器、仪表的设计，使其对人产生非单调刺激或使用悦耳、多样的信号，避免误解和错判。

⑤营造和培育良好的高速铁路安全文化氛围

职工违章违纪的心理状态在一定程度受企业内外环境影响，违章虽然发生在个人身上，但这不是一个孤立的事件，如果周围的人都有很强的安全意识、责任意识、法律意识，都把违章视为绝对不可容忍的行为，都有良好的按规程操作的习惯，那么违章操作就没有生存的土壤。所以，必须营造和培育铁路安全文化氛围，加强和提高安全责任意识和法纪意识。安全文化建设是最根本、最有效的措施，需要长期坚持，使安全文化真正成为职工内化于心、外化于行的行动自觉。总之，对职工不安全心理进行有效管控，不但可以减少和消除安全事故发生的可能性，对培育职工积极乐观、学习进取、勤奋务实、自信合作、谦虚包容、敬业热忱、感恩付出和坚韧执着的心态产生重要影响，对进一步提升铁路安全风险管理水平具有重大而深远意义。

2. 针对人员的安全教育与培训

(1)安全教育的定义

所谓安全教育，实际上包括安全教育和安全培训两大部分。

①安全教育

安全教育是通过各种形式，包括学校的教育、媒体宣传、政策导向等，提高人的安全意识和素质，使人学会从安全的角度观察和理解要从事的活动和面临的形势，用安全的观点解释和处理自己遇到的新问题。安全教育主要是一种意识的培养，是长时期的甚至贯穿于人的一生的，并在人的所有行为中体现出来，而与其所从事的职业并无直接关系。而安全培训虽然也包含有关教育的内容，但其内容相对于安全教育要具体得多，范围要小得多，主要是一种技能的培训。安全培训的主要目的是使人掌握在某种特定的作业或环境下正确并安全地完成其应完成的任务，故也有人称在生产领域的安全培训为安全生产教育。

②安全培训

安全培训，亦称安全生产教育，主要是指企业为提高职工安全技术水平和防范事故能力而进行的教育培训工作，也是企业安全管理的主要内容。它与消除事故隐患、创造良好的劳动条件相辅相成，二者缺一不可。

(2)安全教育的意义

安全教育是事故预防与控制的重要手段之一。根据事故致因理论，要想控制事故，首先是通过技术手段(如报警装置等)、通过某种信息交流方式告知人们危险的存在或发生；其次则是要求人在感知到有关信息后，正确理解信息的意义，即何种危险发生或存在，该危险对人会有何种伤害，以及有无必要采取措施和应采取何种应对措施等。而上述过程中有关人对信息的理解认识和反应的部分均是通过安全教育的手段实现的。

①开展安全教育既是企业安全管理的需要，也是国家法律法规的要求。新中国成立至今，党和国家先后对安全教育工作做出了多次具体规定，颁布了多项法律、法规，明确提出要加强安全教育。同时，在重大事故调查过程中，是否对劳动者进行安全教育也是影响事故处理决策的主要因素之一。

②开展安全教育，是企业发展经济的需要，是适应企业人员结构变化的需要，是发展、弘扬企业安全文化的需要，是安全生产向广度和深度发展的需要，也是搞好安全管理的基础性工作，掌握各种安全知识，避免职业危害的主要途径。

(3)安全教育的内容

安全教育的内容可概括为三个方面，即安全态度教育、安全知识教育和安全技能教育。

①安全态度教育

要想增强人的安全意识，首先应使之对安全有一个正确的态度。安全态度教育包括两个方面，即思想教育和态度教育。

思想教育包括安全意识教育、安全生产方针政策教育和法纪教育。

a. 安全意识是人们在长期生产、生活等各项活动中逐渐形成的。由于人们实践活动经验的不同和自身素质的差异，对安全的认识程度不同，安全意识就会出现差别。安全意识的高低将直接影响着安全效果。因此，在生产和社会活动中，要通过实践活动加强对安全问题的认识并使其逐步深化，形成科学的安全观。这就是安全意识教育的主要目的。

b. 安全生产方针政策教育是指对企业的各级领导和广大职工进行党和政府有关安全生产的方针、政策的宣传教育。党和政府有关安全生产的方针、政策是适应生产发展的需要，结合我国的具体情况而制定的，是安全生产的先进经验的总结。不论是实施安全生产的技术措施，还是组织措施，都是在贯彻安全生产的方针、政策。只有安全生产的方针、政策被各级领导和工人群众理解和掌握，并得到贯彻执行，安全生产才有保证。在此项教育中要特别认真开展的是“安全第一，预防为主”这一安全生产方针的教育。只有充分认识、深刻理解其含义，才能在实践中处理好安全与生产的关系。特别是安全与生产发生矛盾时，要首先解决好安全问题，切实把安全工作提高到关系全局及稳定的高度来认识，把安全视作企业头等大事，从而提高安全生产的责任感与自觉性。

c. 法纪教育的内容包括安全法规、安全规章制度、劳动纪律等。安全生产法律、法规是方针、政策的具体化和法律化。通过法纪教育，使人们懂得安全法规和安全规章制度是实践经验的总结，它们反映安全生产的客观规律；自觉地遵章守法，安全生产就有了基本保证。同时，通过法纪教育还要使人们懂得，法律带有强制的性质，如果违章违法，造成了严重的事故后果，就要受到法律的制裁。企业的安全规章制度和劳动纪律是劳动者进行共同劳动时必须遵守的规则和程序，遵守劳动纪律是劳动者的义务，也是国家法律对劳动者的基本要求。加强劳动纪律教育，不仅是提高企业管理水平，合理组织劳动，提高劳动生产率的主要保证，也是减少或避免伤亡事故和职业危害，保证安全生产的必要前提。

②安全知识教育

安全知识教育包括安全管理知识教育和安全技术知识教育。对于带有潜藏的只凭人的感觉不能直接感知其危险性的危险因素的操作，安全知识教育尤其重要。

a. 安全管理知识教育的内容包括安全管理组织结构、管理体制、基本安全管理方法及安全心理学、安全人机工程学、系统安全工程等方面的知识。通过对这些知识的学习,可使各级领导和职工真正从理论到实践上认清事故是可以预防的,避免事故发生的管理措施和技术措施要符合人的生理和心理特点,安全管理是科学的管理,是科学性与艺术性的高度结合等主要概念。

b. 安全技术知识教育的内容主要包括一般生产技术知识、一般安全技术知识和专业安全技术知识教育。

一般生产技术知识教育主要包括企业的基本生产概况、生产技术过程、作业方式或工艺流程,与生产过程和作业方法相适应的各种机器设备的性能和有关知识,工人在生产中积累的生产操作技能和经验及产品的构造、性能、质量和规格等。

一般安全技术知识是企业所有职工都必须具备的安全技术知识,主要包括企业内危险设备所在的区域及其安全防护的基本知识和注意事项,有关电气设备(动力及照明)的基本安全知识,企业中一般消防制度和规划,个人防护用品的正确使用以及伤亡事故报告方法等。

专业安全技术知识是指从事某一作业的职工必须具备的安全技术知识。专业安全技术知识比较专门和深入,其中包括安全技术知识、工业卫生技术知识以及根据这些技术知识和经验制定的各种安全操作技术规程等。

③安全技能教育

仅有了安全技术知识,并不等于能够安全地从事操作,还必须把安全技术知识变成进行安全操作的本领,才能取得预期的安全效果。要实现从“知道”到“会做”的过程,就要借助于安全技能培训。

安全技能培训包括正常作业的安全技能培训、异常情况的处理技能培训。安全技能培训应按照标准化作业要求来进行,预先制定作业标准或异常情况时的处理标准,有计划有步骤地进行培训。

安全技能的形成是有阶段性的,不同阶段显示出不同的特征。一般来说,安全技能的形成可以分为三个阶段,即掌握局部动作的阶段、初步掌握完整动作阶段、动作的协调和完善阶段。在技能形成过程中,各个阶段的变化主要表现在行为结构的改变、行为速度和品质的提高及行为调节能力的增强三个方面。

一是行为结构的改变主要体现在动作技能的形成,表现为许多局部动作联系为完整的动作系统,动作之间的相互干扰以及多余动作的逐渐减少;智力技能的形成表现为智力活动的多个环节逐渐联系成一个整体,概念之间的混淆现象逐渐减少以至消失,内部趋于概括化和简单化,在解决问题时由开展性的推理转化为“简缩推理”。

二是行为速度和品质的提高主要体现在动作技能的形成,表现为动作速度的加快和动作的准确性、协调性、稳定性、灵活性的提高;智力技能的形成则表现为思维的敏捷性与灵活性、思维的广度与深度、思维的独立性等品质的提高,掌握新知识速度和水平是智力技能的重要标志。

三是行为调节能力的增加主要体现在一般动作技能形成,表现为视觉控制的减弱与动作控制的增强以及动作的紧张性的消失;智力技能则表现为智力活动的熟练化、大脑劳动的消耗减少等。

(4)安全教育培训体系

高速铁路工作人员安全教育体系按培训频率周期可分为定期安全教育和经常性教育这两种。

①定期安全教育

局一级设立职工教育委员会,定期召开会议,分析、研究和解决全局职工教育培训工作中的重大问题和困难,部署重点工作。

局下属各业务处室(包括机务处、运输处、客运处、货运处、工务处、电务处、车辆处等)根据局职工教育委员会的工作部署,结合本系统特点,确定本系统职工教育培训工作重点,并按计划组织实施。

局下属相关职能处室(包括劳动和卫生处、人事处、财务处、计划统计处、驻局军代处、局总工程师室、工会、宣传处、团委等)负责处理在职工各项培训工作中与自身职能相关的配合性工作。

局党(干)校根据局职工教育处的统一安排,承担全局职教干部和师资培训任务。根据局人事处的统一安排,承担相应的干部培训任务。根据路局高技能人才培训规划,承担高技能人才培训工作。

局职工培训基地,负责根据局职工教育培训计划安排承技师、高级技师晋升、岗前培训及继续教育,主要行车工种人员"新职、转岗、晋升"任职资格培训,班组长任职资格培训和定期轮训。站段职工教育部门,是站段基层单位承担职工教育任务的主要组织者和参与者。根据路局职工教育培训工作的要求和目标,结合本单位实际,制订年度职工教育培训工作计划,并认真落实。站段劳动人事部门应结合本单位运输安全生产实际,牵头制订职工队伍素质建设计划,制订与职工教育培训工作相配套的激励约束机制,并组织实施。应合理安排劳动力,确保职工按要求参加各级各类教育培训,配合职教、安监、技术业务等部门组织实施职工教育培训,确保职工教育培训工作按计划完成。

生产车间是站段一级职工培训的关键环节。向站段职教部门提报职工教育培训需求计划,组织实施车间级职工教育(含车间级安全教育),职工日常培训和岗位练兵活动。指导、检查、考核班组职工教育培训(含职工班组级安全教育)。

生产班组为最低一级职工培训工作层。负责开展职工日常技术业务学习及岗位练兵活动。定期排查本班组职工业务素质状况。对业务素质差、安全意识和安全防范能力弱的职工,有针对性地开展补强培训或送车间、站段等进行培训。

②经常性安全教育

由于企业的生产方法、环境、机械设备的使用状态及人的心理状态都处于变化之中,因此安全教育不可能一劳永逸。对于人来说,由于其大部分安全技术知识与技能均为短期记忆,必然随时间而衰减,因而必须开展经常性的安全教育,进一步强化人的安全意识与知识技能。经常性安全教育的形式多种多样,如班前班后会、安全活动月、安全会议、安全技术交流、安全水平考试、安全知识竞赛、安全演讲等。不论采取哪种形式都应该切实结合企业安全生产情况,有的放矢,以加强教育效果。

当开展某项安全活动取得了一定安全效果后,无论该项活动多么有效,如果把它作为最好的方法继续使用,就不会继续取得良好的效果。这是因为人们有适应外界刺激的倾向。

尽管一项活动开始时对每个职工都有一定的刺激作用，但长期继续下去，人们对刺激的敏感性会降低，反应迟钝，直至最后刺激不起作用。当出现这种情况时，就应根据企业的安全状况，有目的地、间断地改变刺激方式，以新的刺激唤起人们对安全的关心。

(5)安全教育培训形式

安全教育培训按开展地点可分成内训和外训两种培训形式。

①在企业内实行内训

内训即由人力资源部组织，由各部门主管进行内部员工素质及技能提升培训。一般指岗位业务及企业文化、安全知识、职业道德和有关的行业相关政策法规。培训地点以在企业内部开展为主，上课时间由主管部门统一安排，上课老师可以是企业内部的主管或外面聘请回来的相关行业专家。可开展的外聘专家内训的项目有机务、车务礼仪培训，车辆、客运的安全培训等。

②以外训形式开展各项技能培训

外训即由人力资源部或工会组织、宣传及发动职工报名参加，组织企业员工进行户外训练或到外面的培训机构参加的培训。比如各种技能晋升或技能考证的培训、新知识和新技术的短期或继续教育培训等。

(6)安全教育的手段

安全教育应利用各种教育形式和教育手段，以生动活泼的方式，来实现安全生产这一严肃的课题。安全教育形式大体可分为以下七种：

①广告式，包括安全广告、标语、宣传画、标志、展览、黑板报等形式，它以精练的语言、醒目的方式提醒人们注意安全和怎样才能安全。

②演讲式，包括教学、讲座的讲演、经验介绍、现身说法、演讲比赛等。这种教育形式可以是系统教学，也可以专题论证、讨论，用以丰富人们的安全知识，提高对安全生产的重视程度。

③会议讨论式，包括事故现场分析会、班前班后会、专题研讨会等，以集体讨论的形式，使与会者在参与过程中进行自我教育。

④竞赛式，包括口头、笔头知识竞赛，安全、消防技能竞赛以及其他各种安全教育活动评比等，以激发人们学安全、懂安全、会安全的积极性，促进职工在竞赛活动中树立“安全第一”的思想，丰富安全知识，掌握安全技能。

⑤声像式，即用声像等现代艺术手段，使安全教育寓教于乐，主要有安全宣传广播、电影、电视、录像等。

⑥文艺演出式，即以安全为题材编写和演出的相声、小品、话剧等文艺演出的教育形式。

⑦学校正规教学，即利用国家或企业办的大学、中专、技校，开办安全工程专业，或穿插渗透于其他专业的安全课程。

(7)提高安全教育的效率

在进行安全教育过程中，为提高安全教育效果，应注意以下五个方面：

①领导者要重视安全教育

企业安全教育制度的建立、安全教育计划的制定、所需资金的保证及安全教育的责任均由企业领导者负责。因此，企业领导者对安全教育的重视程度决定了企业安全教育开展的广泛与深入程度，决定了安全教育的效果。

②安全教育要注重效果

搞好安全教育，要想取得良好的效果，应注意以下四点：

a. 教育形式要多样化。安全教育形式要因地制宜、因人而异、灵活多样，采取符合人们的认知特点的、感兴趣的、易于接受的方法。

b. 教育内容要规范化。安全教育的教学大纲、教学计划、教学内容及教材要规范化，使受教育者受到系统、全面的安全教育，避免由于任务紧张等原因在安全教育实施中走过场。

c. 教育要有针对性。要针对不同年龄、工种、作业时间、工作环境、季节、气候等进行预防性教育，及时掌握现场环境和设备状态及职工思想动态，分析事故苗头，及时有效地处理，避免问题累积扩大。

d. 充分调动职工积极性。应深入群众，了解工人的所需所想，并启发工人提出合理化建议，使之感到自己不仅仅是受教育者，同时也在为安全教育的实施和完善做贡献，从而充分调动他们的积极性。

③要重视初始印象对学习者的重要性

对学习者来说，初始获得的印象非常重要。如果最初留下的印象是正确的、深刻的，职工将会牢牢记住、时刻注意，如果最初的印象是错误的、不重要的，职工也将会错下去，并对自己的错误行为不以为意。例如，在对刚入岗的新工人进行安全教育时，如果使职工认为不仅操作规程重要，所有的安全技术措施、安全操作规程也同样重要，职工对安全会非常重视；反之，如果教新工人学习操作技术，第一次教授的操作方法不正确，再让他改正就很困难。因此，必须严密组织安全技能培训和安全知识教育工作，为提高操作者安全素质奠定基础。

④要注意巩固学习成果

多年的实践表明，进行安全教育，不仅应注重学习效果，更应注重巩固学习所获得的成果，使学习的内容更好地为学习者所掌握，安全教育也是如此。因而，在安全教育工作中，应注意以下三个问题：

a. 要让学习者了解自己的学习成果。将学习者的进展、成果、成绩与不足告知他们，就会增强其信心，明确方向，有的放矢地、稳步地使自己各方面都得到改善。此外，人在学习过程中有时会出现停滞时期，有些人往往在这时丧失勇气，使学习受到影响。如使其了解学习的成果和进步，同时说明出现这种情况在学习过程中是正常情况，也会起到鼓励人们树立信心，坚持学习的作用。

b. 实践是巩固学习成果的重要手段。当通过反复实践形成了使用安全操作方法的习惯之后，工作起来就会得心应手，安全意识也会逐步增强。

c. 以奖励促进巩固学习成果。心理学家通过实验发现，对于学习效果的巩固，给予奖励比不给予奖励效果要好。对某个工人通过学习取得进步的奖励和表扬，不仅能够巩固其本人的学习效果，对其他人也会产生很大影响。

⑤应与企业文化建设相结合

安全文化是企业文化的重要组成部分，它包含人的安全价值观和安全行为准则两方面内容。前者主要是安全意识、安全知识和安全道德以及企业的向心力和凝聚力，是安全文化的内层，是最重要、最基本的方面；后者则属于物质范畴，主要包括一些可见的规章制度以及物质设施。

6.2.2 针对团队的管控

1. 团队合作的意义

在现代的交通管理中团队合作是十分重要的问题。良好的团队合作对组织的每个成员都有激励和约束作用。在交通运输的各个系统中，都要求团队发挥整体的工作效能，由此形成了各种作业“班组”的概念。随着交通运输系统变得越来越复杂，自动化程度越来越高，分工越来越细，反过来抑制了团队的工作和交流。一个作业班组具有为完成某个工作目标包含的大量任务所必需的各种技能，小组成员间需要不断相互支持并进行信息沟通，从而激发思考和创新。

通常在小组成员间还存在一定的竞争以获得领导地位，这可成为改善小组表现的积极动力。在团队合作中强调信息沟通、领导能力、判断和决策以及应激管理等，这对改善工作质量，调动小组成员的主观能动性、积极性和创造性，使他们认识到工作的重要性和价值，并参与决策，想方设法完成工作具有重要的作用。

2. 班组资源管理

(1)班组成员的搭配

任何两名工作人员，无论个人性格、工作经验、业务技能、调配习惯、工作作风都不尽相同。每名工作人员都有自身的优点和缺点。在工作实践中发现，好的班组能分工合作、协调配合、相互提醒、相互弥补，从而使班组形成多层次安全防护系统；而不好的班组互相冲突、互相制约，即使每个人员都极其优秀，班组依然十分脆弱。加强对班组成员的合理搭配，可从以下方面入手：

①性格互补。每名工作人员都有自己不同的个性，气质不同，性格也不同。有的性格粗犷，有的温和雅致；有的内向，有的外向；有的急躁冲动、性情激烈，有的处事冷静、不温不火。假如班组成员都是急性子，躁脾气，必然很难相处；同样，班组成员都性格内向，则很难沟通，久而久之势必难以配合。班组中，各成员的性格会相互作用，有的相互促进，有的相互妨碍，互补搭配应是一种较好的配置。

②能力互补。不同的人员在能力上有各自的特点。有的理论知识扎实，有的特殊情况处置经验丰富。建立一个智能互补型的班组，有利于人员之间的知识互用，优势能力互补，扬长避短，有利于整个班组发挥整体效能。

③形成团结的班组气氛。两名工作人员在生活中有了矛盾，在矛盾化解之前，如果安排他们搭配工作，结果势必是 $1+1<1$。这就是说，对班组成员的搭配，必须事先作调查分析，了解人员之间的人际关系，考虑到人员搭配在一起是互相猜测、挑剔、妒忌，还是互相帮助、体贴、关心，能否形成和谐、团结的工作环境。

④年龄、性别互补。年龄、性别不同的成员，不仅身体状况、心理状况、工作资历、人生经历不同，而且智力、体力、能力、作用也不一样。而同一年龄段、同一性别的人员又常常表现出相同的特点。班组的组建以老、中、青相互搭配的年龄结构比较理想。

⑤职位、资历、能力成梯度搭配。职位、资历、能力有底有高。当高者与低者落差相当大时，即使高者的指令不当，低者慑于高者的威望，一般不敢提出自己的主张，达不到交叉监视和检查的目的。而低者在指挥过程中，没有自信心，时刻担心出错，心理压力很大。过于平

坦的搭配，有可能互相挑剔，产生逆反心理，反其道而行之。不合理的梯度使工作人员产生微妙的心理效应，干扰班组成员正常的交流协作，合理的匹配梯度是工作人员之间有一定的梯度，但不能过于陡峭或平坦，班组长应是资历和能力综合素质的最高者。

(2)班组资源的实施

班组资源管理体现了集体的智慧和力量。避免和减少人员差错最有效的办法就是组建协调默契的班组。虽然个人会犯错误，但集体的力量、团队和班组的行为可以弥补个人的失误，班组资源的优点在于 1+1>2。

职工的个人素质是高速铁路运营安全管理的基础，也是班组资源的基础。班组的建设和班组资源是降低交通事故率和保证安全的关键。不同的职工，其知识和技能不尽相同，且对信息的获取及情况的判断难免有偏差失误，长时间的工作难免有疏漏，处置特殊情况也难免顾此失彼。只有班组分工合作、协调配合、相互弥补，才能发挥班组整体强有力的安全堡垒作用。所以安全系于班组整体，而不是个别成员。

①加强班组资源管理，首先必须明确班组成员之间保证安全的责任完全相同，发生安全事故、差错时承担的责任完全相同，立功受奖人人相同。只有这种责任共担的制度才能消除各人管各人的现象，才能保证组员之间形成既有分工、又有合作的局面。

②切忌固执己见。交通高速铁路运营安全管理工作虽然有分工，但目标是一致的，即保证运营安全。必须明确在具体高速铁路运营安全管理工作中，有的人员不愿意接纳他人正确的意见，不仅会造成管理失误，还会影响班组的团结。

③大胆陈述自己的观点和疑问。高速铁路运营安全管理过程中，当对运营动态和组员的调配存在疑问或者有好的建议，应坦诚、公开、及时地提出来，供大家商讨和参考。

④先接受补救措施，再追究个人失误原因。对于其他人员提出的安全隐患、事故苗头，主管应无条件立刻做出反应，挽回局面，至于查找个人失误原因则在其次。

⑤不过分干涉组员力所能及的工作，多建议，少命令和指责。鼓励组员公开讲明自己的意图，形成透明的工作环境，以便于组内监督和配合。

⑥鼓励组员在模棱两可的情况下，执行建议者的指挥意图。无论是接受建议还是向别人建议，努力做到减少个人情感的参与。谁是正确的并不重要，重要的是什么是正确的。

3. 高速铁路安全文化建设

高速铁路安全文化是高速铁路行业通过长时间运输生产实践所形成的，是以安全价值观为核心的各种安全行为准则、理念、意识与文化氛围等表现形式的总和。安全文化是高速铁路文化建设中重要的组成，也是高速铁路通过长时间安全生产实践过程中的层层积淀。高速铁路安全文化的建设与发展是提升高速铁路运输行业经济效益的必要手段，不仅确保了高速铁路运输畅通安全，还具有特殊且重要的时代意义。

“安全文化是治本之策，是安全管理的灵魂”，安全文化本身是抽象的，与安全管理的实际情况相结合才可发挥更好的效应。

(1)安全制度文化建设

安全制度文化包含确保人和物安全而存在的各种安全规章制度、操作流程、防范措施和安全责任制等。安全制度文化是指被高速铁路员工认可且自觉遵守的，由高速铁路的领导体系、组织形态和经营管理形式造就的外显文化，是一种约束高速铁路部门职员行为的规范性文化。应建立长效安全、科学严谨、与时俱进的规章制度，而且所建立的规章制度必须符合安全工作的需求，起到约束的功效。安全制度文化建设应注意建立和完善公司内部的目标责任机制，建立和完善检查评估机制，建立和完善表彰激励机制。落实安全管理制度和明确奖惩制度，通过结合先进个人事迹的模范作用，促使高速铁路职员认识理解并实际感受到安全文化建设所伴随的各种优势。

(2)安全行为文化建设

安全行为文化是指高速铁路职工在日常生活、生产经营中自主产生的活动文化，是高速铁路安全文化的目标形态。除去作业环境、工具、技术能力等客观因素外，包含人的情绪、气质、性格等主观因素。而安全行为文化正是通过分析不同人行为的特点、倾向以及其与事故的关系，使得在管理中扬长避短，对各种人进行有针对性的调节和激励，利用行为科学来指导安全管理。

在安全行为文化建设中应注重行为养成，通过榜样引导，督促员工养成遵规守纪作业的自觉性；通过重点落实以“精益求精、精细管理、精雕细刻、精心作业”为核心的理念，强化教育培训，提升员工们的规范作业能力；通过健全的安全体制，提升员工的安全行为意识。

(3)安全物质文化建设

坚持文化引领、环境熏陶，从推行安全风险管理、消除安全风险的新高度，思考探索高速铁路安全文化建设。切实加强紧迫性、注重传承性、探索规律性。以明确的目标来引领全段重视安全、人心思进、争创一流。以浓厚的环境氛围增强干部员工安全荣辱观、安全效益观和安全责任观。

6.2.3 加强人员管控的措施

安全是铁路运输企业永恒的主题，关于高速铁路安全管理也有很多的思路和方法。目前，高速铁路车站安全管理主要侧重两个方面：一是依靠行政强制力来贯彻安全生产各项规章制度；二是集中人力物力，不断提高各项设备的现代化程度与可靠性。而对人的安全管理除依靠各种形式的安全教育(法制教育、安全意识教育等)外，对事故及违章责任者则采取经济和行政处罚等考核手段，没有系统分析人因失误所产生的根源和环境。

在高速铁路安全管理的实践过程中较多地强调了设备、环境、管理等的因素，对“人-机-环-管”理论中最基本的人的因素有所忽视。当前的高速铁路运营，虽然有现代化的计算机设备作为辅助生产的主要工具，但是控制、维护这些设备的仍然是广大的职工。人的因素在整个铁路运输生产过程中的比重仍然很大。“人”作为铁路运输生产过程中的重要因素，值得现场的安全管理者重点思考。

1. 体现人本管理的思想

人本管理是一种把“人”作为管理活动的核心和组织最重要的资源，把组织全体成员作为管理主体，从尊重人的角度开发和利用组织人力资源，服务于组织内外的利益相关者，达到实现组织目标和成员个人目标的管理理论和管理实践的总称。

所谓人本管理就是以人为本的管理，即在管理活动中把人作为管理的核心，不仅是把人看作管理的主要对象，看作企业的最重要的资源，还把人作为管理的主体，通过激励、调动和发挥员工的积极性和创造性，引导员工实现预定目标。其特征是：

(1)人本管理的核心是人,把人置于组织中最重要资源的地位

管理大师麦格雷戈曾说过:"最难以达到的简单的真理但用起来却最有力。当世界变得更为复杂,当技术使得公司更有竞争力的时候,组织中人们的活力将对这些群体的成功起更加重要的作用。"把人看作组织重要的资源,这是人本管理区别于"物本管理"和"把人作为工具和手段的传统管理"的显著特征。

(2)人本管理实现组织目标的主要方式是利用和开发组织人力资源

在技术更新越来越快、信息实现及时传递的现在,技术优势变得更能够复制。这时候,组织持久性竞争优势的源泉并不在于商品和服务,而在于集体的头脑强势。人本管理把人作为组织最重要的资源,实现组织目标的方式是利用和开发组织人力资源。以优化配置、合理开发、充分利用组织人力资源实现组织目标,是人本管理的又一特征。

(3)人本管理的主体是企业的全体员工

管理归根结底是人进行的管理,又是对人的管理,人在组织中既是管理的主体,又是管理的客体。人本管理的最大特征是超越了人仅仅是管理对象的局限,更强调人是管理主体,把全体员工当作管理的主体,每位员工都是组织的真正主人,他们不仅做管理客体该做的事情,更多的还是自主地去做成为管理主体"应做"的事情。这样一来,管理人员和员工之间并不是严格的上下级关系,而是一种分工合作关系。

(4)人本管理的服务对象是组织内外的利益相关者

管理的任务是有效实现组织既定的目标,管理本身不是目的,管理是为组织目标有效实现服务的。从这一角度看,管理服务的对象更多的指向组织外部,而组织内部的员工则是实现服务外部对象而采取的手段。但是,随着时代的发展,人更希望从组织内部得到他所希望得到的东西,即成为组织服务的对象,要求实现员工个人的发展目标。因此,人本管理的服务对象是组织内外所有的利益相关者,这是人本管理区别于其他管理的一大特征。

(5)人本管理成功的标志是组织和员工实现双赢

人本管理把人作为管理的中心,这一理念定位就抛弃了把人作为"手段人"和"工具人"的局限,而是以"人"为目的,尊重人性,注重人的发展和提高,使人在特定的工作岗位上创造性地工作以实现组织目标;同时把自己塑造成为一个全面而自由发展的人,在此基础上实现组织与员工的"双赢"。这是人本管理的又一特征。

(6)人本管理是管理思想和管理实践的综合

从人本管理的含义及人本管理的应用来看,人本管理绝不是一种简单的提法或口号。人本管理首先是一种管理思想,这一管理思想会指导管理者更新观念,从人本的角度去重新思考管理的本质和管理的操作。其次,正确地应用人本管理,可以帮助管理者设计一套有较好表现的管理系统,形成和监督若干有效的管理团队,建立合作以代替内斗的良性机制,培育一个内在激励的价值驱动的工作场所,创立一项值得工作人员为之做出承诺的事业,实现人本管理的目标。

2. 不安全行为管理

不安全行为发生后能不能追溯,决定了行为痕迹的有无。有痕行为具备以下的特点:在不安全行为发生后,在一段固定的时间内会留下痕迹。而无痕不安全行为的特点是不留痕迹、不可追溯。针对以上的特点,管理人员可以有针对性地采取不同的措施。对于有痕行

为，要针对行为加以处罚；对于无痕行为要查找规律，加强现场的监督检查，加大考核力度，对无痕行为进行有效控制。

(1)有痕不安全行为控制措施

管理人员现场检查发现不安全行为发生的痕迹，必须要落实事故责任单位、事故责任者和事故责任单位管理者，并对不安全行为造成的隐患及时落实整改。对于一些惯性“三违”(违章指挥、违章作业、违反劳动纪律)，管理人员可以对照日常不安全行为处罚标准予以处罚，情节严重的可以申请上级部门配合调查和申请处罚，对于处罚结果要以安全通报的形式下发到班组，起到全员警示作用。

(2)无痕不安全行为控制措施

各级管理部门要在开展好定期检查的同时，进行动态检查，遇有重大节日或重点情况，要加大检查频次，加大处罚力度，采用联合巡检等多种方式，进行全面检查，检查后注重信息反馈。一段时间后开展复检活动，落实整改情况。安监部门可以牵头组织安全小分队，不定期地针对重点岗位开展夜间巡查。对于作业防护等内容开展全天候的安全检查。

当班的值班领导在检查时也要跟班检查，发现问题进行细致的分析和警醒，强化问题的判断，及时予以纠正。对不安全行为除了要给予相关责任人经济处罚外，还要对其进行思想教育，让其从根本上认识到不安全行为可能造成的严重后果，并将其作为典型在一定范围内通报批评。

3. 不同频率不安全行为的管理

不同的不安全行为产生的潜在危害也不同，因此要对不安全行为分类，在日常生产实际中，对经常发生的不安全行为进行重点关注，对发生频率比较小的行为，也要经常性地进行检查。对于不安全行为，除通过检查的方式之外，还要建立不安全行为管理台账，落实整改责任人，进行闭环管理。除了采用罚款等方式外，还可以采用下岗、停职等处理，或者通过绩效考核积分制进行管理。

(1)低频率不安全行为控制措施

低频率不安全行为的管理，重点由基层单位和班组加强现场作业监管，及时纠正不安全行为。各级管理人员要提高安全管理的责任意识，对于发现的不安全行为必须给予必要的处理。

(2)高频率不安全行为控制措施

发生频率高的不安全行为，要特别加大对其查处力度，对于关键的作业环节、重点的维修过程布置专人进行重点的监护。加大对高频率不安全行为的处罚力度，并强化安全培训教育，对重复发生不安全行为的人员加倍处罚。通过待岗培训、罚款处理后仍反复发生不安全行为的人员，给予强制长期待岗或解除劳动合同等行政处理。

4. 不安全行为的矫正管理

(1)有意不安全行为矫正

基层班组应该召开不安全行为分析会，专题讨论个别职工的不安全行为，并在会上经过分析做出罚款、停职等处罚。对于一些故意不遵守规章制度而产生的不安全行为，要加大处罚力度，至少进行一周的强制待岗培训。对那些停职待岗的人员进行教育时，要首先对其不安全行为性质进行认定，重点分析其是在何种心理驱使下做出的不安全行为，其产生该种心理驱动的出发点在哪儿，根本原因是什么，解决了这些以后，按规定对其进行处罚，并针对其违章内容，选择思想教育、检查检讨等，使其充分认识不安全行为的危害性。

(2)无意不安全行为矫正

对于基层职工因为工作失误、思想麻痹等无意识行为而产生的不安全行为，对于他的培训教育要重点放在提高思想认识和自我保障能力，并提高其执行标准化作业流程的能力。培训的内容可以选择思想教育、安全态度和岗位职责、危险源等内容。

(3)违章指挥行为的矫正

一般违章指挥的矫正，重点对各级管理者(包括班组长)在不具备生产或设备运行、环境条件差的情况下，强制命令员工作业或强行要求启动设备的行为，由安监部门对其进行安全意识和安全管理知识教育，强制学习国家安全法律、法规及企业安全规章制度，并要求写出书面检查，同时给予相应的经济处罚。严重的违章指挥，重点是各级管理者(包括班组长)明知作业现场存在隐患、环境或设备对人身可能造成伤害的情况下，强制指挥员工进入现场作业的行为，由安监部门与单位分管领导共同对其进行强制培训，停职待岗期间发给规定的生活费。根据违章行为情况，分别给予撤职、降职、调离等处分，同时给予相应的经济处罚。

5. 不安全行为人员矫正管理

不安全行为人员的待岗培训要按培训内容认真组织实施，严禁敷衍了事。必须严格执行考勤管理制度，培训结束后要针对培训内容进行闭卷考试。待岗人员经过考试合格后，基层领导应该安排其重新上岗。对于考试不合格的职工，单位可给予一次补考的机会，如果仍然不能考试合格的，要延长待岗时间，继续考试，直到考试合格通过之后，才能重新上岗。待岗期间，原则上按照规章制度，降低其工资待遇。在培训结束后，待岗人员要全面提高自身的安全意识和防范风险的能力，保证不再发生类似的不安全行为，从根本上提高自觉性和责任心。对一年内重复发生3次有意不安全行为的员工，在加倍罚款处理的基础上，上报人力资源部给予解除劳动合同处理。对不安全行为给予行政处分的人员，要以文件或通报形式下发至各基层单位，强制培训的人员由安监部门进行不安全行为认定，通知其所属单位和家属。

6. 人员不安全行为的预防管理

通过技术手段和管理手段预防人员不安全行为。

(1)技术手段

①机器代替人。与人工相比，机器可靠性更高，使用机器代替人工可以降低因误操作等因素发生事故的可能性；另外，机器换人后作业场所内的工作人员大幅减少，即使发生事故，也不会有严重的人员伤亡。

②冗余系统。在系统内采用两套或更多相同且独立配置的软硬件设施设备以提高系统的稳定性。在系统其中一部分出现故障时，备用设施能够启动代替原部位继续工作，保证系统的持续运行。

③耐失误设计。利用异形设计或联锁装置等控制引起人员造成失误的各种因素防止失误产生、或即使人员造成了失误也不会引起事故以及事故发生后将损失降低最低。

④警告。通过设立视听触觉等形式的警示标志，提示工作人员注意危险因素的存在。常见有信号灯、危险物标识、文字标语等视觉警告，也可以通过声音通信、震动、特殊气味等多种其他方式进行警示。

⑤“人-机-环-管”匹配。合理匹配机械设备、工作环境、管理制度使人员简便准确进行操作、减少失误发生、提高效率。符合人心理生理特征的人机交互设计、温湿光照环境、体力消耗可以预防人员不安全行为。

(2)管理手段

①安全管理无漏洞。对新入职员工进行三级安全教育和技术培训,对特殊工种实施专门的培训。建立健全各岗位、工种的安全生产责任制和安全操作规程。组织开展危险源辨识和风险评估工作。开展事故案例警示教育活动。

②岗位操作无失误。编制各岗位工种的标准作业流程,对岗位员工进行标准作业流程培训、宣贯,在作业现场推行标准作业流程,要求员工操作时严格执行标准作业流程。

③机器设备无故障。显示器、控制器布置合理,安全防护装置、人体防护用品安全可靠。及时修理、更换有缺陷的工具。

6.3 基础设施和技术装备的管控

设施设备管理是以设施设备为研究对象,以提高设施设备安全系数和综合效率为目标,应用一系列理论、方法,通过一系列技术、经济、组织措施,对设施设备的物质运动和价值运动进行全过程(从规划、设计、选型、购置、安装、验收、使用、保养、维修、改造、更新直至报废)的科学型管理。

设施设备管理,即企业资产管理(enterprises asset management,EAM),它是针对企业资产进行的管理,而管理核心内容是企业资产(主要对象是设施设备)使用过程的维护、维修管理。具体地说,它是以企业资产、设施设备台账为基础,以工作单的提交、审批、执行为主线,按照故障维修、预防维修、以可靠性为中心的维修和状态检查等几种可能模式,跟踪、管理资产的后生命周期。其目的是提高设施设备的维修效率和安全系数,降低总体维修成本。

6.3.1 提高生产用设施设备的安全系数

1. 设施设备管理与高速铁路运营安全的关系

高速铁路运输设施设备的管理直接关系到高速铁路的运营安全。具体来看的话,主要表现在以下几个方面:

①高速铁路运输设施设备的安全可靠程度直接关系到运输的不间断性、均衡性和节奏性。

②高速铁路运输设施设备的规模直接关系到运输的通过能力和输送能力。

③高速铁路运输设施设备的水平直接关系到运输的机动性、速度、旅客的舒适性和货物的完好程度。

④高速铁路运输设施设备的建设、维护、管理成本直接关系到运输的经济性。

2. 设施设备管理的主要内容

设施设备管理应包括设施设备如何进入企业,到最后如何退出生产使用的全过程管理,即设施设备生命周期管理,它分为采购、跟踪、管理、出让(设施设备报废)四个阶段,如图6.3所示。

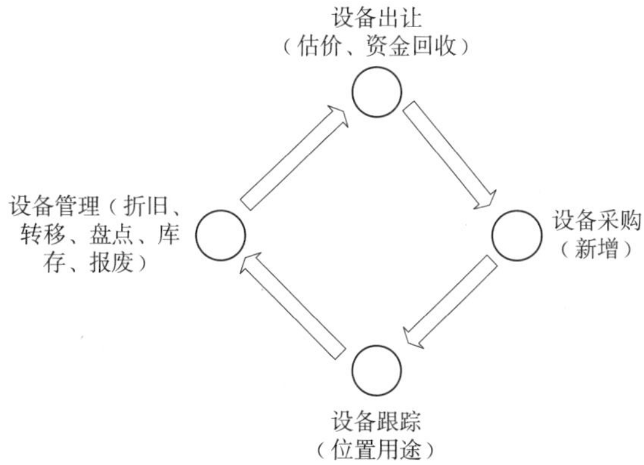

图 6.3　设施设备生命周期模型

设施设备管理涉及的业务可分为综合管理、维修管理、物资(库存)管理、采购管理。设施设备管理是一个周期循环的过程,各项业务间有着内在业务逻辑。

(1)综合管理

实现对设施设备的综合管理功能,并详细记录设施设备所有历史情况,方便设施设备管理人员进行设施设备分析和处理决策。

①记录设施设备台账的基础信息。要求记录设施设备台账基础信息,如设施设备名称、型号、类型、使用年限、折旧年限,设施设备和物资管理的对应关系。

②设施设备体系结构管理。企业设施设备是由地理位置、系统和设施设备组成,要求有能力进行设施设备系统结构管理,方便维修人员在设施设备维护时不必进行设施设备编码的记忆,只要按照熟悉的设施设备体系结构就可快速找到设施设备,进行维修工作安排和记录。同时可按照设施设备体系结构进行维修成本的统计、维护成本的计算,方便进行设施设备管理成本分析。

③设施设备备件结构管理。所有设施设备都有其备件结构,要求库房进行相应备件储备,能建立设施设备备件结构,方便在维修工作安排时对备件的快速寻找(只在和该设施设备相关备件中进行挑选,而不是在整个备件库中去寻找)。

④设施设备档案管理。实现对设施设备的技术资料、维护手册、操作手册、安装过程资料、设施设备验收资料、安全文件等的管理。同时可对设施设备维修过程中的一些记录文件进行管理,方便维修时直接查询这些文件,找到所需信息,快速解决问题。

⑤设施设备历史管理。设施设备所有操作、维修历史都可在设施设备管理中直接查询,方便设施设备维修分析、故障分析、移动跟踪、设施设备处理或者报废时提供全面评估信息。

⑥设施设备的仪表读数管理。有些设施设备是通过分析仪表读数进行设施设备性能跟踪,根据仪表读数进行设施设备维修技术的工作触发。

⑦设施设备的保修管理。要求记录设施设备保修信息,记录详细保险条款,紧急维修中的设施设备如在保险中进行维修提示,记录在保修下的维修成本,进行索赔管理,记录设施设备保修索赔历史。

(2)维修管理

维修管理要求能实现对设施设备多种维修方式的管理支持,如紧急维修、计划维修、预防性维修、预测性维修、状态检查；对于大型维修活动包括大修、技术改造、安装等能按照项目进行管理。

①维修基础管理，包括维修的工作分类、项目分类；建立企业内部部门信息，方便后期维修工作管理，设施设备责任到部门；对维修人员在技术技能上进行分类，通过对维修技术工作人员需求情况进行分析，建立合理的人力需求结构；维修人员管理，可建立员工详细个人记录，工作记录及详细资料，包括工资、工种、培训等信息。

②紧急故障维修处理，包括对紧急故障提出申请，在申请中能准确记录故障地点、时间、发现人、该故障的负责部门，方便维修工作处理；对紧急维修申请进行审核，判断申请的合理性；对故障维修进行维修分析，判断故障原因并进行解决方法的积累，逐步提高维修管理水平。

③计划维修管理。能对计划维修工作进行管理，计划工作包括定修管理、日常维护管理、润滑管理、状态检修管理、点检管理，并对这些维修工作进行详细工作记录和成本记录。

④项目维修。对于企业内部的设施设备大修、项修、技术改造、安装项目进行管理，能对项目中的维修活动按照工单进行安排。

⑤故障分析体系管理。能对一种设施设备类型的故障建立专家分析系统，通过对设施设备故障的积累，建立设施设备故障信息，针对该故障从表象到问题本质原因积累，最后形成解决这种问题的方法，方便以后进行维修故障快速查询，节约维修时间，保证设施设备正常工作时间。

⑥维修标准体系的管理。针对维修知识的不断积累，对维修记录进行分析，建立企业对固定缺陷的解决方法，对固定维修工作的执行步骤、物资需求建立标准，对维修设施设备的安全操作规范、同种设施设备类型的标准维修策略、维修项目的标准执行过程建立规范。这样可提高工作效率和维修水平，增加维修安全系数，降低企业维修成本。

(3)物资管理

实现对库房的基本业务管理，同时提供业务分析功能，不断提高库存管理水平。

①物资基础管理，包括物资基础信息管理，如物资编码、名称、物资分类、规格型号、保险、危险程度、库存方式和备件技术资料等相关基础信息管理；备件替换件管理，能将功效相通的备件相互关联，方便在备件短缺时快速找到备用方法。

②物资业务管理，包括物资发放管理、退库管理、移库管理和盘点管理四项内容。

(4)采购管理

提供对库存补充或工程直接购买的采购业务功能，如采购申请、订单、接收等业务。

①采购基础管理，即采购基础信息管理，如供应商信息、采购条款、运输条款、合同条款、验收条款的管理。

②采购业务管理，包括采购申请管理、询价管理、采购订单管理、合同管理、到货验收、发票管理和退货管理七项内容。

6.3.2 使用安全监控和保障技术装备

传统上，我国铁路运输设施设备管理系统按照机务、车辆、供电、工务、电务等专业建设和使用，各专业设施设备技术状态数据分散在不同专业的管理信息系统中，技术状态管理的内容和发展程度各不相同。在国铁集团和铁路局层面，高速铁路的运营管理与普速铁路基本一致，也是按照专业进行分工。

1. 机务专业

《铁路机务管理信息系统总体方案》(简称"1147"方案)明确了机务管理信息系统由机务信息平台、综合查询系统、四个基础子系统和七个应用子系统组成,其中与机务设备技术状态相关的信息系统,主要包括机车电子档案管理子系统、机务运行信息自动采集子系统、机车整备管理子系统、机车检修管理子系统、中国机车远程监测与诊断子系统(CMD)等。机务设备技术状态相关信息系统建设情况见表6.1。

表6.1　机务设备技术状态相关信息系统现状

系统名称	采集数据内容	建设情况
机车电子档案管理子系统	机车静态履历信息	在部分铁路局开展应用试点
机务运行信息自动采集子系统	机车运行轨迹、机车牵引总重、机车走行公里等数据	正在推进建设
机车整备管理子系统	机车整备记录、检测数据(走行部、受电弓等)、质量数据(机统6)等	正在推进建设
机车检修管理子系统	检修记录、检测数据(如探伤、化验、几何尺寸)、试验数据、质量数据等	正在推进7个机车检修段/基地的检修管理子系统建设
中国机车远程监测与诊断子系统(CMD)	TCMS、6A、LKJ等机车监测系统的实时状态监测数据、故障数据	系统已研发并逐级推广,地面综合应用软件在15个铁路局开展应用

2. 车辆专业

铁路车辆是运送旅客和货物的工具,是铁路运输体系的重要组成部分。从车辆构造及专业管理上可将铁路车辆分为动车组、客车、货车三大类。动车组、客车实行车辆固定配属管理,运用维修主要采用属地化方式,配属铁路局、动车/车辆段对车辆的质量与安全负责;货车实行无固定配属管理,全路运行,运用维修实行保障安全区段负责制。车辆设备技术状态管理相关信息系统建设情况见表6.2。

表6.2　车辆设备技术状态相关信息系统现状

系统名称	采集数据内容	建设情况
动车组管理信息系统	动车组技术履历、运用、检修数据	国铁集团、动车段、动车运用所联网应用
铁路客车管理信息系统(KMIS)	客车技术履历、运用、检修数据	国铁集团、铁路局、车辆段、客车整备所联网应用
铁路货车管理信息系统(HMIS)	货车技术履历、运用、检修数据	国铁集团、铁路局、车辆段、列检作业场联网应用
车辆运行安全监控系统(5T)	动车组、客车、货车车辆的THDS、TPDS、TADS、TFDS、TCDS等安全监测数据	国铁集团、铁路局、车辆段、车间联网应用

3. 供电专业

供电设备主要由牵引变电所、接触网和其他电力设备构成。铁路供电设备技术状态相关的信息系统,主要包括高速铁路接触网一杆一档系统、牵引供电管理信息系统(EMIS系统)和高速铁路供电安全检测监测系统(6C系统)。供电设备技术状态管理相关信息系统建设情况见表6.3。

表 6.3 供电设备技术状态相关信息系统现状

系统名称	采集数据内容	建设情况
高速铁路接触网一杆一档系统	以接触网支柱为基本单元，全面记录接触网设备寿命周期内的基本参数及变化数据	7 个铁路局
牵引供电管理信息系统（EMIS 系统）	对供电设备的人工检测作业数据	全路 18 个铁路局
高速铁路供电安全检测监测系统（6C 系统）	高速铁路供电设备的动态检测数据	7 个铁路局

4. 工务专业

铁路工务设施设备技术状态管理是对铁路线、桥、隧、涵等设施设备设施的技术状态进行全面、科学的检测与监控，从而对工务设施设备进行预防性检修和维护。目前铁路工务设施设备技术状态相关信息系统分为工务管理信息系统、工务安全生产管理系统、工务设施设备检测监测系统、工务地理信息系统等，随着信息技术的进步以及工务设施设备管理的业务发展需求，工务部门已开始整合工务专业信息系统数据，实现对设施设备动静态信息的综合化管理，各类系统建设应用现状情况见表 6.4。

表 6.4 工务设施设备技术状态相关信息系统现状

系统名称	采集数据内容	建设情况
铁路工务管理系统(PWMIS)	线路、道岔、桥梁、涵渠、隧道等线路基础设备的静态信息、技术参数、所属管辖信息	完成全路工程建设
铁路工务安全生产管理系统	轨道几何检查仪、钢轨伤损、轨道结构、综合巡检、桥隧涵、路基沉降和冻胀、周边环境检查数据，以及线路设备履历动态更新数据、设备故障信息以及故障处理信息	各铁路局独立研发建设
工务专业检测监测系统	检测数据包括轨道几何、动力学、线路状态评价，以及桥梁健康状况和环境灾害等数据	各局推广建设
铁路工务管理信息系统 2.0	基础数据、安全生产数据、工务地理应用数据、检测检测数据等	完成总体方案评审

5. 电务专业

电务专业按业务划分为通信和信号两个子专业。铁路信号专业设施设备按联锁、闭塞、驼峰、TDCS/CTC、列控地面/车载设施设备进行单元划分。信号专业已经建设应用了信号设施设备电子履历系统、集中监测系统、动态检测系统、入所检修系统等。铁路通信专业主要对铁路通信机房、通信线路、通信设施设备等铁路通信的基础设施设备进行管理，是铁路运输安全和运输效率的重要基础。目前通信专业建立了铁路通信履历簿管理系统、综合网管系统、动力环境监控系统、动态检测车系统、车载设备检测系统等。电务设施设备技术状态管理相关信息系统建设现状见表 6.5。

表 6.5 电务设施设备技术状态相关信息系统现状

系统名称	采集数据内容	建设情况
信号设备电子履历系统	信号设备的基础履历信息和图纸信息(包括平面图信息、设备电路图信息、安装图等)	网络版系统正在建设和推广
信号集中监测系统	信号设备的指标状态动态监测数据、报警数据	部分铁路局建设
信号动态检测系统	信号设备的指标状态动态监测数据、报警数据	部分铁路局建设
信号入所检修系统	信号检修计划、检修作业数据、检修记录、问题库数据等	部分铁路局建设
通信履历簿管理系统	通信设备的基础履历信息等静态信息	全路联网应用
通信综合网管系统	各类网管监测信息、障碍告警信息等监测信息	全路联网应用
通信动力环境监控系统	通信动力环境动态监测信息,比如电源电压、电流等,机房的温度、湿度等信息	铁路局分别建设应用
通信生产调度指挥系统	通信检修作业计划、检修作业信息、障碍处理信息等	建设中

综上所述,目前我国铁路机务、车辆、供电、工务、电务专业均实现了设施设备基本信息的电子化管理,但对于设施设备技术状态的监测、评价和寿命预测等缺乏智能化的信息支撑手段,未能形成统一的设施设备技术状态信息集成平台,未很好的实现设施设备全寿命周期技术状态管理,缺乏有效手段对运输设施设备技术状态进行科学评价与分析。

6.3.3 加强基础设施和技术装备管控的措施

从目前高速铁路运营情况看,若要构建一个完善的、能够适应行业发展新要求的高速铁路设施设备管理体系,需要做到以下几点:

1. 加强设施设备管理意识

设施设备管理是一个企业重要的基础管理工作,主要包括对设施设备的规划、选购、安装调试、使用保养、维修、改造与更新,直至报废,实行设施设备的全过程管理。设施设备管理是一个设施设备的全生命周期的全过程管理,只有将最基础的工作做好了、做扎实了,设施设备发生故障才会少。特别是对于铁路企业来说,“以设施设备保工艺,以工艺保质量,以质量保安全”更是把设施设备管理提高到了举足轻重的位置,抓好设施设备管理工作是铁路企业面临的一个重要任务。

2. 注重设施设备的前期管理

设施设备的前期管理主要包括设施设备的前期规划、设施设备的选型购置、设施设备的安装调试,直至设施设备的校验投入使用。设施设备前期管理的每一个环节在设施设备管理中都占有重要的位置。设施设备的适用性、设施设备的质量等都将直接影响该设施设备的效能,影响设施设备使用的全过程。

目前,在设施设备的前期管理工作中,只注重设施设备的购置、设施设备的安装,而对设施设备的前期规划、选型和设施设备的校验工作还缺乏足够的重视。

前期管理工作中,设施设备校验是比较关键的一个环节,应对设施设备使用人员和维修人员进行培训,使设施设备使用人员和维修人员对一个新设施设备做到全面了解。对校验中发现的设施设备安装和质量等问题,要及时与厂家进行协调解决,使新装设施设备处于一个完好状态。另外,新设施设备的技术资料必须完整、齐全,为设施设备建立台账、档案,为以后设施设备的使用和维修提供依据。

3. 强化设施设备基础管理

设施设备基础管理的主要工作包括对新设施设备进行分类、编号;对设施设备资料、资产、使用和维修进行管理;制定有效的管理制度,及时掌握设施设备的数量、技术状态、分布情况、设施设备动态和设施设备使用人员等基本情况;完成设施设备的履历、设施设备的检修计划、设施设备大检查大鉴定等报表;对设施设备入固资、调拨、封存、报废等动态进行鉴定并办理手续;建立设施设备台账,确保设施设备各项技术指标达到要求等。

设施设备基础管理是设施设备管理中的基础,是一项比较烦琐的工作,也是一项非常重要的工作,设施设备的基础管理的好坏体现一个单位的设施设备管理水平的高低。设施设备的基础管理工作应该从以下几个主要方面来做:

(1)完善设施设备基础管理制度。首先应制订操作性比较强的规章,并能够严格执行,要让设施设备管理人员、维修人员、使用人员做到有章可循。随着高速铁路的不断发展,对原有的管理模式和管理制度都提出了新要求,需要根据现在的实际情况,制定出一系列新的设施设备管理规范,要做到制度统一、管理统一。

(2)加强新购设施设备的管理。随着高速铁路的快速发展,对运输装备的技术要求、技术标准越来越严、越来越高,工装设施设备也在不断更新,以适应铁路改革发展的需要。随着高速铁路开通的线路里程增加,高速铁路设施设备规模也变大了,各铁路局对各种设施设备的投资也不断增加,使得站段每年都有大量的新购设施设备。因此,必须对新购设施设备及时进行验交、对资料进行收集,对人员进行培训等方面加强管理,使新设施设备进入站段后能够及时得到正常化的管理。

(3)加强设施设备的定置管理。要使每一个设施设备都有一个确定的位置,使每一个设施设备管理人员、使用人员、维修人员都能够清楚地知道设施设备所处的位置,使设施设备的账物相符。高速铁路快速发展,站段管理的设施设备急剧增多,多者几千台,其中异地车间又比较多,管理人员对异地车间的设施设备情况不熟悉。为充分利用资源优势,还有许多设施设备需要互相搬迁移位,随意性较大,造成设施设备比较混乱,给设施设备的检修、管理工作带来了许多困难。因此,加强设施设备定置管理工作就显现得非常重要。

(4)加强设施设备的履历、台账管理。设施设备履历簿是管理部门的基本统计资料和研究、改进、增强单位能力的主要技术资料。基层站段应该对设施设备履历的填报高度重视,不断提高填报质量,建立完整有效的设施设备台账,合理地编制下达设施设备的检修计划,及时做好设施设备动态管理和记录,做好设施设备台账报表管理工作,做好设施设备的基础管理工作,确保设施设备的技术状态良好。

(5)加强设施设备鉴定和评定工作。一年一次的设施设备鉴定和评定工作是设施设备管理中一项长期的工作,也是一项体现设施设备维修队伍水平的工作。设施设备的鉴定工作首先应制定详细的鉴定计划,对主要设施设备严格按照鉴定标准进行鉴定。对鉴定中发现达不到完好的设施设备,应及时进行整修,使其达到完好。如果基层单位能够做好设施设备鉴定工作,设施设备的故障率一定会大大下降。

(6)设施设备的报废管理是设施设备基础管理中的最后一项工作,最终实现设施设备的全过程管理。设施设备的报废需对设施设备按照报废标准进行鉴定,确认无使用价值后,需填报审批表,办理相应审批手续,上交报废设施设备,并进行销账。近几年,随着高速铁路的快速发展,工装设施设备更新换代比较快,一些设施设备由于技术落后而被拆除,拆除设施设备无处可放甚至丢失,造成设施设备混乱、账务不符、利用率低下、资产损失现象较为严重。加强闲置设施设备管理和报废,可有效解决和利用闲置设施设备,也是体现一个单位设施设备管理水平好坏的重要环节。

4. 抓好设施设备的保养维修

设施设备的保养和维修是设施设备管理中的一项重要内容。只有做好设施设备的保养和维修工作,才能保证设施设备良好的技术状态,才能更好地为现场服务。

抓好设施设备的使用和保养,必须从设施设备使用人员抓起。使用人员应该熟悉设施设备的基本性能,熟知设施设备的操作规程,能够熟练操作设施设备,能够处理设施设备的一般故障。另外,要定期对设施设备进行全面检查和保养,发现问题及时处理。单位也应重视设施设备使用保养管理,督促并提高使用人员的设施设备保养意识,不能重生产、轻管理,重运用、轻保养,要形成一个重视设施设备保养的良好氛围。

抓好设施设备的维修,也应从维修人员抓起,要不断提高设施设备维修人员的技术业务水平。特别是随着高速铁路的快速发展,各种设施设备的技术含量逐步在提高,要求设施设备维修队伍的素质必须提高。目前多数铁路企业还缺乏既具有丰富的现场经验,又具备广博的业务知识和现代化知识的高水平的维修人才。培养设施设备维修队伍的后备人员,应该受到一个企业设施设备管理人员的高度重视。其次,要抓好设施设备的检修,要对主要设施设备的主要部位、关键环节以及设施设备不良部位定期进行状态检修,要能够通过检修去排除一些设施设备隐患,要通过设施设备检修来保证设施设备的质量,从而减少设施设备的临时故障。只有认真组织和开展设施设备状态维修,抓好设施设备检修的质量,才能形成一个适应铁路改革发展的设施设备维修体制。

目前,在设施设备管理中,铁路运输设施设备维修体制主要包含以下几个发展新趋势:

①大力推行“工厂维修”模式,解决设施设备使用单位处理故障难的问题。发挥生产厂家的技术优势,将厂家引入设施设备维修,是有效解决“积压式”设施设备维修弊端的重要举措。

②大力推行“专业维修”模式,解决现场职工处理故障难的问题。随着现场设施设备技术含量和技术水平不断提高,技术设施设备不再像以往那样简单地涉及一或两门科学技术知识,可能要涉及更多更复杂的科学技术知识。这就势必要求对维修分工进行细化、走专业化维修的道路,有针对性地提高维修人员的技能水平,真正做到专而精,从根本上解决现场职工面临多学科技术知识难以处理设施设备故障的问题。

③大力推行“集中维修”模式,解决维修设施设备重复投资浪费大的问题。由于开展新技术设施设备的检修工作需要的检修仪器和机具十分昂贵,分散配置既不现实也不经济,必须在一定的范围内集中配置,这样可以发挥人员集中、设施设备集中、技术集中的优势。此举既节省资金,又便于管理,是解决维修设施设备重复投资购置的有效办法。

④大力推行“状态维修”模式,解决设施设备使用效率低和安全运行风险大的问题。

从国外发达国家设施设备在线监测维修的成功实践看，由于智能化的在线监测技术的广泛应用，彻底改变了过去手摸眼看、锤敲灯照、拆开检查等效率低下的检查方式，可以随时随地对设施设备技术状态进行“诊断”。在实行设施设备状态维修后，设施设备维修工作就可以打破“定修”管理模式，依据设施设备的实时技术状态决定是否进行检修，避免了盲目停机检修的问题，这对提高设施设备使用效率、降低设施设备安全运行风险具有十分重要的意义。

5. 完善设施设备管理激励机制

完善设施设备管理的激励机制，对设施设备管、用、养、修进行约束，对其行为进行规范，组织开展检查，对表现好的要进行奖励，对差的要进行处罚，有效地提高设施设备各级人员的积极性，提高设施设备的管理工作。

6. 做好设施设备信息化管理

开展设施设备信息化管理，充分发挥网络优势，弥补管理人员的不足，实现设施设备台账管理、新购设施设备管理、设施设备保养和维修管理、设施设备履历管理、设施设备人员管理、设施设备报表管理以及设施设备故障管理等的设施设备综合化管理，实现资源共享、远程监控。通过先进的网络技术、先进的管理手段，实现对异地设施设备和设施设备管理远程监控，改变以往依靠人工掌握设施设备现状、依靠手工统计报表和数据的落后的管理手段，更好、更全面地掌握设施设备的技术状态和信息，实现设施设备全过程现代化管理。

6.4 环境的管控

6.4.1 环境管控的基本内涵

环境管控是以铁路运输外部环境(包括自然环境和社会环境)为研究对象，以提供一个安全可靠的高速铁路运营环境为目标，应用相关的理论、方法，通过一系列法律法规的监管措施和先进的技术手段，对铁路运输外部环境进行安全监管，及时发现和整治铁路沿线安全环境问题的管理。

截至 2020 年底，我国高速铁路营业里程达到 3.79 万 km，占世界高速铁路营业总里程的 2/3，已拥有世界上规模最大的快速铁路运输网络。随着高速铁路的快速发展和来自各方面的影响，高速铁路运营安全的压力接踵而至，安全隐患也逐渐增多。对于设施设备养护维修、运输组织等环节，铁路运输企业已经形成了一整套完备的培训、宣传程序，企业内部管理安全有序，风险点基本处于可控状态。

然而，来自铁路外部、与铁路安全相关的各种因素，包括铁路系统内外所面临的社会安全环境和自然安全环境等因素，由于其不确定性及部分社会群众维护高速铁路运输安全意识淡薄等原因，高速铁路外部环境问题治理仍然存在着较大困难。随着近年来沿线人为活动的增加，高速铁路外部环境安全问题引发的事故、故障高发。这不仅严重危害高速铁路运输安全，还会给国家造成难以估量的经济损失，所以高速铁路外部环境问题综合整治迫在眉睫。为了确保高速铁路的运营安全，外部环境管控势在必行。

6.4.2 环境管控的影响因素和工作内容

1. 环境管控的影响因素

(1)客观因素及高速铁路运营前遗留问题

客观因素包括风、雨、雪及地质灾害等外界自然因素,属于不可抗力;高速铁路运营前遗留问题为高速铁路开通运营前因施工工期紧张、协商未果等原因造成的对高速铁路运营安全产生影响的问题,包括公跨铁、公路下穿或并行、铁路线路安全保护区及影响范围以内的水井、堆物、加油站、电力杆塔、广告牌、危树等。

(2)外部人为因素

外部人为因素包括在铁路线路两侧规定范围内升放气球或风筝等低空漂浮物体、取土、挖沙、挖沟、采空作业、堆放悬挂物品、违章设立建构筑物、违章作业等,即人为违反法律法规,可能严重影响高速铁路运营安全的行为。随着高速铁路沿线经济的发展、城乡居民数量的增多,在铁路沿线违规圈占铁路用地、经营性采矿、设立危险品生产工厂等情况时有发生,挖埋管线、鱼塘等施工也成为影响高速铁路运营的安全隐患。

(3)实时监控不到位

随着高速铁路的日益发展,车载行车安全监测系统、信息系统、自然灾害及异物侵限监测系统等技术得到广泛应用。高速铁路建立起了"车对地""地对地"的高速铁路运营安全监测、监控闭环体系,目的是实时监控与行车安全有关的装备。但是,目前该系统仍不能准确监控识别危及高速铁路运营安全的所有情况,监测未做到全时、全范围、全区段覆盖,不能满足高速铁路运营安全的要求。

2. 环境管控的工作内容

(1)高速铁路建设方面

铁路监管部门要推进高速铁路建设市场的诚信制度建设,制定统一的信用等级标准并对市场进行信用评价和分级,建立信用等级评价体系,并依据信用等级实施分级监管;对建设单位的安全管理和企业诚信资质实行联动管理监督,敦促各供应商及施工单位自觉进行自我监督,提高施工质量,保障我国高速铁路的建设质量。

(2)高速铁路日常运营生产方面

铁路运输企业和相关监管部门,在高速铁路日常运营生产中,坚持"安全第一、预防为主、综合治理"的方针,采用线路沿线日常检查巡视和信息化的防灾安全监控系统(包括风监测系统、雨量监测系统、降雪监测系统、地震监测系统、异物侵限监测系统等)相结合的手段,对高速铁路的外部环境进行监测,及时发现和整治高速铁路沿线安全环境问题,构建一个安全可靠的外部环境,保障高速铁路运营安全。

6.4.3 加强环境管控的措施

1. 深化铁路改革,加强铁路运输安全监管

进一步深化铁路改革,厘清政府相关部门和铁路运输企业关系、责任界限,建立一支专业、高效的监管队伍。以高速铁路为重点,深化"打非治违",加大行政处罚力度,紧紧围绕中央明确要求、政府职责所在、企业自身难以解决的问题,积极协调各方,特别是铁路行业监管

部门、地方护路办，与铁路运输企业开展联合执法，加强路地沟通、协调、统筹和部署，杜绝事后推诿。政府部门在各项举措实施前，开展针对高速铁路潜在的安全风险和可能影响高速铁路运营安全的不利因素的评估，及时消除安全隐患，充分发挥好政府作用。

2. 夯实法治建设，完善相关法律法规体系

加快《中华人民共和国铁路法》修订，加快高速铁路外部环境安全立法工作，结合我国高速铁路发展实际，启动修改相关行政法规，加大对违法行为的惩戒力度，使得铁路治理真正有法可依，让监管部门依法监管，让铁路运输企业依法治企。鼓励地方政府结合铁路安全管理实际情况立法或制定相关管理办法，进一步强化高速铁路沿线环境整治，推动建立长效化机制，依靠法治为高速铁路的健康发展保驾护航。

3. 协调优化标准，实现高速铁路安全关口前移

技术标准是高速铁路安全的技术保障。《铁路安全管理条例》只是对一些行为进行了法规层面的规定和约束，铁路行业相关技术标准尚未完全体现对高速铁路外部环境管理的规范，其他行业标准对于铁路安全防护的要求也不够明确。建议加快相关标准制修订，进一步协调优化相关标准的管理界面，从标准层面规范各行各业行为，明确法律法规中对于影响高速铁路运输安全的行为、程度、范围界定，按线别研究制定高速铁路安全防护建设方案，做到安全关口前移。

4. 增强源头控制，消除建设时期遗留隐患

针对高速铁路外部环境前期遗留问题，在工程建设时期加强对相关环节的管控，做好建设用地征收标识、违章建构筑物拆除、堆物、危树清理等工作，从源头上减少高速铁路运营时期外部环境安全隐患数量，降低问题处置难度。

5. 突出主体地位，发挥企业安全生产作用

铁路运输企业要建立高速铁路外部安全管理巡防制度。目前，部分铁路运输企业已建立高速铁路外部安全管理巡防制度，依据《铁路安全管理条例》及相关管理办法，抽调专人巡视检查高速铁路沿线外部安全状况，根据线别的实际情况确定巡检周期、巡检方式，逐步实现作业标准化，检查整治常态化。巡视检查中，利用相关仪器设备，实现问题隐患定位、轨迹监控、拍照传图功能，记录整个处置过程。对巡视检查中发现的问题及时处理，不能及时解决的问题，根据相应处置流程开展工作。巡视检查后，建立相关的问题库及档案，实施隐患追踪检查。通过口头告知、书面通知、联系发函等手段，协调相关部门、人员进行问题处置，及时消除安全隐患。

6. 强化宣传引导，提升爱路护路安全意识

结合铁路运输企业和相关监管部门工作实际，加强路地联合宣传教育活动。在高速铁路沿线居民居住区、工厂、农田等区域广泛深入开展多载体、多形式的爱路护路宣传，号召民众关注高速铁路、了解高速铁路、敬畏高速铁路。通过路外安全宣传，让民众爱路护路，让属地协调发展，让社会广泛监督，大力营造“人民铁路人民爱”的良好氛围。

6.5 高速铁路的运维技术

在高速铁路运营的过程中，需要对线路、通信、信号、供电、动车组等固定设备和移动设备进行日常维护和检修。我国高速铁路检修管理在充分考虑国情、路情的条件下，以实行属

地化管理和“管(管理维护)、检(检测)、修(修理)”分开的管理体制为原则,体现“专业强化、管理集中、资源综合”和“精干高效”的养护维修理念,目的是建立高效率、低成本、少用人、现代化、信息化和先进适用的综合检修管理技术体系。

6.5.1 检修体系概况

1. 常见维修方式

维修方式是指对装备维修时机的控制,对维修时机的掌握通过采用不同的维修方式来实现的。目前的维修方式有事后维修、定期维修和状态维修三种。

①事后维修

事后维修又称修复性维修或故障修,是指装备发生故障后,使其恢复到规定状态所进行的维修活动。装备发生故障后的修理(恢复性维修)按照是否修理及时可分为及时修理和延迟修理。对于那些不影响安全和生产任务的故障可以继续使用,严加监控,延迟修理。

②定期维修

定期维修又称计划修,是以使用时间作为维修期限,只要装备到了预先规定的时间,不管其技术状态如何,都要进行规定的维修工作,这是一种强制性的预防性维修。定期维修的关键是如何确定维修周期。正确的大修时机应该是偶然故障期的结束点,即在故障率进入耗损期急剧上升之前。定期维修的优点是容易掌握维修时机,便于安排维修计划,维修组织管理工作也比较简单、明确。缺点是其只适用于已知寿命分布规律,且有耗损故障期的装备,这种装备的故障与使用时间有明确的关系。而对于那些没有耗损故障期的复杂装备则不适用。另外,定期维修中的大拆大卸方法也不利于发挥机件的固有可靠性。

③状态修

状态修包括视情维修和状态监控维修两种维修方式,是按照装备实际技术状况来确定维修时机。该方式不对装备规定维修期限,不固定拆卸分解范围,而是在检查、检测、监控其技术状态的基础上确定装备的最佳维修时机。这种维修方式是靠不断定量分析和监测装备的某些参数和状态数据来决定维修时机和项目。视情维修适用于故障初期有明显劣化征兆,而且故障发展缓慢的装备,同时故障还直接危及安全或有重大经济损失(功能性故障),并有适当的检测手段,能制订出技术状态标准的情况。它的优点是针对性强,可以充分发挥装备的工作寿命,提高维修的有效性,减少维修工作量和人为差错。但是也有缺点,这种维修方式费用高,需要适当的检测、诊断条件和较高的人员素质,因此适用于贵重的关键装备和危及安全的关键机件。

随着信息技术的发展、监控手段的提高,逐渐形成了状态监控维修,即从总体上对设备进行连续监控,确定设备的可靠性水平,来决定维修时机。状态监控维修不规定装备的维修时间,因此最能充分利用装备的寿命,使维修工作量最少,是一种最经济的维修工作。有人称此种维修为监控可靠性水平的视情维修或故障后的视情维修或状态监控维修。

2. 维修方式的选择

选择维修方式应该从设备发生故障后对安全和经济性的影响来考虑。定期维修和视情维修均属于预防性维修,可以预防渐进性故障的发生,事后维修则是非预防性的,多用于偶然故障或用于预防维修不经济的机件。定期维修是按时间标准送修,视情维修是按实际状况标准，而事后维修则不控制维修时间。

三种维修方式各有其适用范围，从这个意义上讲，它们本身并没有先进落后之分。然而应用是否恰当，则有优劣之分。问题的关键是应该根据维修的具体情况，正确的选择维修方式。在现代复杂设备的维修中，往往三种维修方式并存，相互配合使用，以充分利用各个机件的固有可靠性。

6.5.2 运维模型

1. 运维要素

(1)运维目的是使设备保持、恢复或改善其规定的技术状态，即预防故障及其后果；在其状态遭受破坏，即发生故障或者损坏后使其恢复到规定的状态。

(2)近代的运维概念与传统的运维概念有所不同，已将运维扩展到对产品进行改进，局部改善产品的性能，这样的运维又称改进性维修，即利用完成产品维修任务的时机对产品进行改进和翻新，以提高产品固有的可靠性、维修性和安全性水平，例如机车车辆重造就属于改进性维修的范畴。

(3)运维贯穿于设备服役的全过程，包括使用和存储过程。运维是对设备进行维护和修理的简称。这里的维护是指保持设备良好工作状态所做的一切工作，包括擦拭、清洗、涂润滑油、校调检查以及补充能源、油、水、砂等消耗材料的整备工作；修理是指恢复设备良好工作状态所做的一切工作，包括检查、判断故障、排除故障以及全面翻新作业等。

(4)运维既包括技术性活动，如检测、隔离故障，拆卸、安装、更换或修复零部件、校正、调试等，还包括有关的管理性工作，如对使用或存储的条件的监测，对使用或者运转时间及频率的控制等。

2. 高速铁路维修的特点

高速铁路系统关键设施设备运维的基本问题是在复杂多变的铁路运输需求下积极探索维修的客观规律，科学合理地确定维修内容，合理配置和高效利用有限的维修资源，采取科学的方法，组织实施合理、适度、有效的维修，以保持、恢复、改善设施设备的可靠性。

高速铁路系统维修的特点有：

(1)计划预防修的总体框架

总体来看，维修制度仍然是计划预防修制度，即按照计划定期检修。

(2)高科技支撑的状态修维修方式

虽然关键设施设备属于计划预防修，但是在具体维修中却有着灵活多变的维修体系，状态修占越来越大的比重。而实施状态修的基础和可靠保证是完备的计算机维修管理信息系统、先进的通信手段和精密可靠的检测诊断设备。

(3)广泛实施换件修和集中修

在动车组维修过程中广泛实施换件修，即把故障部件或者缺陷的部件、模块或零件换以功能完好的相应件(新的或经修复的)，而不做现场维修，这样可以大大节省在修时间，提高列车利用率。同时这种换修方式也应用于厂修中相应机组的检修，称为大部件换修。对于可修复的主要零部件实行专业化集中修，即将它们送往专业化工厂、车间或工段，实行集中统一修理，则可提高维修质量，节约维修成本。

(4)严格寿命管理

对于一些已掌握寿命规律或对安全性和舒适性起关键作用的零部件严格执行寿命管理，如关键的橡胶件、弹簧和制动系统等，严格执行到期报废或更换的规定，以确保运输安全舒适。

3. 运维优化决策模型

根据现场维修对象的要求，维修优化有不同的决策目标，常使用三大基本准则：第一，最大化故障间隔时间、可用度、收入、利润等；第二，最小化维修费用、不能工作时间、修理时间等；第三，达到要求的可靠性和安全性水平。

目前运维优化决策模型多综合考虑可靠度、可用度和维修费用三个因素对维修计划进行优化，从而在保障设备安全可靠的基础上，提高设备的利用率，降低维修费用。

(1)可靠性

可靠度是保障车辆安全运行的关键指标，对于像车辆滚动轴承这样的安全关键部件，一旦发生故障可能造成严重后果，因此这类部件的可靠性要求都非常高。在基于风险的维修决策中，通常通过设定相应的设备运行可靠度阈值 R^* 来决定维修时机，保证设备的高可靠度。可靠度阈值 R^* 可根据车辆关键设备的故障历史数据以及专家经验得到。设备运行过程中，任一时刻的可靠度都要大于此阈值，在可靠度降低到 R^* 以下前，提前进行更换或者维修。通过求解式(6.1)来得到满足可靠度规定的最佳维修时间：

$$R(t)>R^* \tag{6.1}$$

对于安全关键设备，在基于其他最优化目标的维修决策模型中，也应保证其可靠性不低于规定的水平。所以也可将可靠性要求作为维修时间优化的约束条件，保证日常的维修周期之内设备的可靠性在规定水平之内。

(2)经济性

维修费用在高速铁路运营中占有较大的比例，许多因素可影响设施设备的维修费用，维修计划的制定则直接决定维修费用的大小。维修费用是修理或更换设备所用维修资源的总费用，包含材料费、人工费等等，可基本分为预防性维修费用 C_p 和修复性维修费用 C_f。通常，预防性维修费用 C_p 要比修复性维修费用 C_f 要低一些。在每次预防性维修效果都有效的情况下，经常的预防性维修可降低车辆故障的可能性，预防性维修费用 C_p 亦会增加，但修复性维修费用 C_f 则会减少；预防性维修的间隔期越长，预防性维修次数越少，费用 C_p 越少，但车辆出现故障的可能性增加，修复性维修费用 C_f 会增加。所以，确定预防性维修的最优间隔期，可使得两项费用达到平衡，使总的维修费用最小。

(3)可用性

可用性影响着高速铁路系统关键设施设备的周转率、车辆配属的数量以及维修设备的规模等因素，这些因素在运营成本上占有较大比例，因而提高可用性对降低运营成本有着重要作用。可用性的量度是可用度，可用度用来衡量设备在任一时刻和需要开始执行任务时，处于可工作状态的程度，可用设备的工作时间来量化，即平均可工作的时间与总工作时间之比：

$$A=\frac{T_{TF}}{T_{TF}+T_{TR}} \tag{6.2}$$

式中　A——可用度；

T_{TF}——平均故障间隔，即平均可用工作时间；

T_{TR}——平均修复时间，即平均不可用工作时间。

通过求解使 A 最大的时间来确定最佳维修时间。

(4)基于可靠性要求确定定期维修模型

以可靠性为中心的预防维修要在预防维修对象发生失效之前，提前更换可靠性已经降低到规定界限水平的耗损性部件。规定更换周期，从规定的可靠性界限水平这一要求来确定。界限水平是从保证系统的可靠性要求条件下规定的部件的可靠性水平。

对具有耗损特性的机电部件，应该采用更换部件的维修方式，即采用新部件替代用过的但还未发生失效的旧部件的定期更换方式，在确定更换前，要先进行定期检测，再决定更换，以节约费用。

综上所述，以可靠性为中心的预防维修，关键在于检测更换周期的确定。检测更换周期长短直接影响到系统的安全性和费用的高低。对于间断性工作的部件，可靠性是以任务可靠度为准则，对于连续性工作的部件，可靠性是以平均故障间隔(寿命时间)时间为准则的。

对于间断性工作的部件，检测更换周期为

$$R_0(t)=R(t/T_0) \tag{6.3}$$

对于连续性工作的部件，检测更换周期为

$$T_{TF0}\text{或 }T_{BF0}=\int_0^{\infty}R(t/T_0)\mathrm{d}t \tag{6.4}$$

式中 R_0——规定的产品执行其任务需要持续时间 t 内的可靠度的要求值；

T_{TF_0}——耗损性机件的平均寿命值；

T_{BF_0}——冗余结构部件的平均故障间隔时间的要求值；

$R(t/T_0)$——在无故障累计工作时间为 T_0 条件下在规定任务持续时间 t 内的可靠度即条件可靠度，计算公式如下：

$$R(t/T_0)=\frac{R(t+T_0)}{R(T_0)} \tag{6.5}$$

所以要确定所研究的零部件的维修周期，就要对部件进行寿命分析，从而得到部件的可靠度函数。有了条件可靠度模型，即可求得检测更换周期 T_0。

(5)基于经济性要求确定定期维修模型

某设备运行时间 T 后需要进行预防维修，如果某关键零部件在小于 T 的某一时间发生故障，此时该设备经过最小维修恢复正常。每经过一个固定的时间长度 T 后，设备进行一次预防维修。按此周期更换原则，根据预防维修的费用和最小维修的费用等，求解维修费用最小的预防维修周期。

T 为预防维修周期。于是，一段时间 t 内的运行维修费用为

$$C=N_fC_f+N_pC_p$$

式中 C_f——事后更换某个失效部件所需的费用；

C_p——预防维修中更换某未失效部件费用；

N_f——事后维修更换失效部件的次数；

N_p——预防维修中更换未失效部件次数。

设备总的维修更换次数：

$$N = N_f + N_p$$

由可靠性理论求得

$$N_p = R(t) * N = \frac{R(t)}{\int_0^T R(t)\mathrm{d}t}$$

$$N_f = [1 - R(t)] * N = \frac{1 - R(t)}{\int_0^T R(t)\mathrm{d}t} \tag{6.6}$$

式中 $R(t)$——部件的可靠度。

所以运行一个周期 T 的总运行费用为

$$C(T) = \frac{1 - R(t)}{\int_0^T R(t)\mathrm{d}t} C_p + \frac{R(t)}{\int_0^T R(t)\mathrm{d}t} C_p \tag{6.7}$$

满足上式的 T 值，即可以使费用 C 最小。该值可以作为所求的预防维修周期。通过现场调研得知 C_f、C_p 的值，在通过故障分析（寿命分析）得到部件的可靠度函数，就可求出维修周期 T。

（6）基于可用度要求确定定期维修模型

预防性维修是设备经过定期的无故障工作时间 T 进行预防维修，而当设备在间隔期 T 的 T_1 发生故障时，开始进行修复，此修复工作时间为 T_f；之后运行 T_2；使得 $T_2 = T - T_1$ 时，开始进行维修。维修策略的时序图如图 6.4 所示。

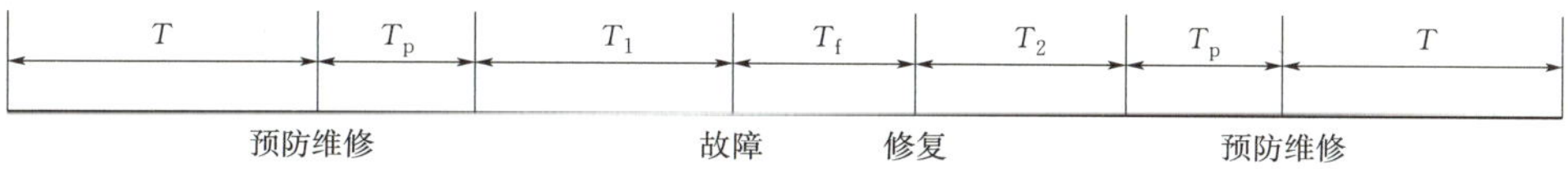

图 6.4 预防性维修策略时序图

设平均预防维修时间为 T_p，平均修复维修时间为 T_f，那么在一周期 T 内的平均不能工作时间 T_d 为

$$T_p = T_p + T_f \int_0^T \lambda(t)\mathrm{d}t \tag{6.8}$$

式中 $\int_0^T \lambda(t)\mathrm{d}t$—— 该周期 T 内故障发生的次数。

可用度 $A(t)$ 为

$$A(t) = \frac{T}{T + T_p + T_f \int_0^T \lambda(t)\mathrm{d}t} \tag{6.9}$$

为使可用度最大，令 $\mathrm{d}A(t)/\mathrm{d}T = 0$，得

$$\int_0^T \lambda'(t)\mathrm{d}t = \frac{T_p}{T_f} \tag{6.10}$$

当设备故障分布服从指数分布时，即 $\lambda(t) = \lambda$（常数）时，其微分为 0，将其代入上式可得：$\int_0^T \lambda'(t)\mathrm{d}t = 0$。该式表明，指数分布情况下无法得到定期维修周期 T，没有必要对故障分布为指数分布的设备进行定期维修。

而当设备故障规律服从二参数威布尔分布时，由

$$\lambda(t)=\frac{\beta}{\eta^{\beta}}t^{\beta-1} \tag{6.11}$$

可解得定期维修周期

$$T=\left(\frac{\eta^{\beta}}{\beta-1}\frac{T_{\mathrm{p}}}{T_{\mathrm{f}}}\right)^{\frac{1}{\beta}} \tag{6.12}$$

式(6.12)表明：

$\beta<1$（早期故障期）时，$T<0$，不应当进行预防性维修。

$\beta=1$（偶然故障期）即服从指数分布时，$T=\infty$，预防性维修周期无限大，即没有必要进行预防性维修。

$\beta>1$（损耗故障期）时，式(6.12)有确定的解，此时可进行预防性维修，并有最优（即最大可用度）的维修周期。

6.5.3 动车组检修

1. 动车组检修等级

针对我国动车组结构功能特点和运用维修需求，以现代维修理论为指导，按照计划预防修为主的原则，动车组实行以走行公里周期为主、时间周期为辅（先到为准）的计划预防修，制定了动车组一至五级修程。其中一、二级属于运用维修，以维护保养为主，在动车所完成；三、四、五级属于高级检修，以恢复基本性能为主，在动车段或主机厂完成。各级修程见表 6.6。

表 6.6 动车组检修等级划分

<table>
<tr><th>修程
车型</th><th>一级检修</th><th>二级检修</th><th>三级检修</th><th>四级检修</th><th>五级检修</th></tr>
<tr><td>CRH1A/1B</td><td>≤(4 000+400)km 或运用 48 h</td><td rowspan="2">15d(集中修或均衡修相结合)</td><td rowspan="2">(120±10)万 km 或运用 3 年</td><td rowspan="2">(240±10)万 km 或运用 6 年</td><td rowspan="2">(480 ±10)万 km 或运用 12 年</td></tr>
<tr><td>CRH1E/CRH380D</td><td>≤(5 000+500)km 或运用 48 h</td></tr>
<tr><td>CRH2A/2B/2C/2G、CRH6A/6F</td><td>≤(4 000+400)km 或运用 48 h</td><td rowspan="2">3 万 km (集中修或均衡修相结合)</td><td rowspan="2">60^{+2}_{-5} 万 km 或运用 1.5 年</td><td rowspan="2">$1\ 200^{+5}_{-20}$ 万 km 或运用 3 年</td><td rowspan="2">(240 ±10) 万 km 或运用 6 年</td></tr>
<tr><td>CRH2E、CRH380A(L)</td><td>≤(5 000+500)km 或运用 48 h</td></tr>
<tr><td>CRH3C、380B(L)/CL、BG</td><td>≤(5 000+500)km 或运用 48 h</td><td>2 万 km (集中修或均衡修相结合)</td><td rowspan="2">(120±12)万 km 或运用 3 年</td><td rowspan="2">(240±12)万 km 或运用 6 年</td><td rowspan="2">(480 ±12)万 km 或运用 12 年</td></tr>
<tr><td>CRH5A/G、CRH3A</td><td>≤(5 000+500)km 或运用 48 h</td><td>6 万 km (集中修或均衡修相结合)</td></tr>
</table>

(1)一级维修（例行检查）

对动车组的车顶、车下、车体两侧、车内和司机室等部位实施快速例行检查、试验和故障处理的检修作业，须在动车所检查库内实施。

(2)二级维修(专项维修)

对动车组各系统、零部件实施的周期性维护保养、检测、试验,不得漏项、超期。

(3)三级维修(重要部件分解检修)

主要针对转向架进行分解检修,以及对制动、牵引、空调等重要系统进行状态检查和功能测试。

(4)四级维修(系统全面分解检修)

主要针对动车组各系统的分解检修,主要包括转向架、制动、牵引、空调等系统的分解检修,电气部件的性能测试及更换,车内设施的检修等。

(5)五级维修(整车全面分解检修)

对全车进行分解检修,较大范围地更新零部件,以及对列车进行现代化升级和改造,包括列车分解、检查修复、全面清洗、车体重新油漆等。

2. 动车组检修基地

动车组的检修在生产厂、检修基地和运用所践行。四级维修、五级维修在生产厂或具有能力的检修基地完成,一级、二级、三级维修在检修基地和运用所完成。承担的检修任务不同,在检修设施的配置上有所差异。

(1)检修基地主要维修设施

- 车体自动清洗设备;
- 地面吸污设备;
- 不落轮镟装置;
- 轮对踏面检测设备;
- 列车监控系统地面接收及信息处理设备;
- 足够的存放线路;
- 车体检修库、油漆库;
- 转向架检修库(间)及检测试验设施;
- 轮对、轴承检修库(间)检测及试验设施;
- 制动系统检修库(间)及检测试验设施;
- 牵引供电系统检修库(间)及检测试验设施;
- 辅助供电系统检修库(间)及检测试验设施;
- 车钩及缓冲装置检修库(间)及检测试验设施;
- 车体气密性试验设备其他部件检修场所及检修、检测、试验设备;
- 单车试验设施;
- ATC 试验设施;
- 试运行线路。

(2)运用所主要检修设施

- 车体自动清洗设备;
- 地面吸污设施,必要时还要配置移动设备;
- 不落轮镟装置;
- 轮对踏面检测设备;

• 列车监控系统地面接收及信息处理设备；
• 足够的存放线路；
• 检修库与临修库；
必要的系统检测设备和机械动力设备。

6.5.4 基础设施检修

1. 基础设施维修制度

工务、供电、电务等基础设施实行天窗修制度，优先采用综合维修模式，并应坚持“严检慎修”的原则，实现设备状态修与预防性计划修相结合的维修方式。

在列车运行图上预留用于维修施工所需要的“空隙”，此空隙称之为“天窗”。它是解决列车运行与设备维修施工之间矛盾的技术措施。世界各国高速铁路设备维修作业均采用在运行图中预留“天窗”的办法。在高速度、高密度行车条件下，综合维修天窗开设方式和维修时间的确定，对高速铁路的通过能力、行车组织方式有很大的影响。有关研究表明，由于线路维修的工作量大、项目多、维修设备多，一般至少要求“天窗”连续时间在 3～5 h，才能保证大型综合维修机械的作业时间和作业效率。

铁路设备综合维修“天窗”的基本形式分为两大类，即“矩形”和“V 形”。结合我国高速铁路的运输组织模式，“天窗”开设时段一般在夜间 0:00～6:00 或 0:00～5:00，由这两种基本类型相互组合演变形成了五种形式。

①“矩形天窗”。在上述时段内，在运行图中安排某一区段为空白(在路网铺图时优先安排跨线中速列车)，上、下行同时开设垂直天窗，使普通的跨线列车不与维修天窗开放的时间相冲突，保证列车的正常运行和上下行线均停电进行综合维修。其优点是综合维修时不受行车影响，维修作业效率和安全度相对较高。缺点主要是对通过能力有一定影响，天窗时段内中断行车，跨线中速列车开行方式及运行图铺画受到一定限制，不能放行“夕发朝至”列车。

②“V 形天窗”。在上述时段内，在整个区间之内，每一行都有空白区域，当一条干线处于维修状态之中时，另外一条线路实行双向行车。优点是可以保证在全天内均可行车，便于跨线中速列车开行方式及运行图铺画调度调整。缺点是在“一线维修、一线行车”时，同时对这两条线路的作业都会产生干扰。

③“X 形天窗”。在上述时段内，全线分两段各自开设“V 形天窗”，类似英文字母“X”形。所以这种天窗也具备 V 形天窗优缺点，但与此同时，这种天窗与 V 形天窗相比缩小了其开设时段范围，所以适用于较长线路。

④“Y 形天窗”。在上述时段内，全线分两段分别开设“V 形天窗”和“矩形天窗”，类似英文字母“Y”形。其优势在于综合地运用了列车之间的间隙，增添了维修时间。其缺陷为设计较为复杂，存在着时间浪费现象，通过能力的损失较为严重并且在不能良好处理渡线检修问题。

⑤“隔日的单向矩形天窗”。在上述时段内，按上下行分单双日安排一线维修，另一线按单线组织行车。此方案能为开行“夕发朝至”列车提供单线通过能力，有效地解决了跨线列车的运行图铺画，在行车组织上优于“矩形天窗”，但对线路维修作业的效率和灵活性造成一定不利影响，须采取措施使之有机协调。

2. 基础设施各系统维修体制

(1)工务系统

高速铁路线路维修工作分为周期维修、经常保养和临时补修。

周期检修指根据线路及其各部件的变化规律和特点，对钢轨、道岔、扣件、道床、无缝线路及轨道几何形位等按相应周期进行的全面检查和修理，以恢复线路完好技术状态。铁路局可根据线路设备状态、线路条件、运输条件和自然条件等具体情况调整维修周期，并报铁道部核备。

经常保养指根据动、静态检测结果及线路状态变化情况，进行有计划、有重点的经常性养护，以保持线路质量经常处于均衡状态。

临时补修指对轨道几何尺寸超过临时补修容许偏差管理值或轨道设备伤损状态影响其正常使用的处所进行临时性修理，以保证行车安全和舒适。

《高速铁路有砟轨道线路维修规则(试行)》(铁运〔2013〕29号)中提到采用大型养路机械进行线路和道岔(调节器)全面起拨道、捣固、稳定和钢轨预防性打磨作业的周期，原则上为通过总重 30～50 Mt，最长不宜超过 2 年。

(2)牵引供电系统

高速铁路供电设备修程、修制主要遵循《接触网安全工作规程和运行检修规程》《牵引变电所安全运行和检修规程》《铁路电力管理规则和安全工作规程》等规程。

接触网运行维修应坚持“预防为主、重检慎修”的方针，按照“定期检测、状态维修、寿命管理”的原则，遵循专业化、机械化、集约化维修方式，依靠铁路供电安全检测监测系统(6C系统)等手段，建立信息资源共享平台，实行“运行、检测、维修”分开和集中修组织模式，确保接触网运行品质和安全可靠性。

高速铁路接触网设备维修实行状态修和三级修程。三级修程分为一级修(临时修)、二级修(综合修)和三级修(精测精修)。达到或者超出限界值的一级缺陷纳入一级修(临时修)，由运行工区及时组织修理；达到或者超出警示值且在限界值以内的二级缺陷纳入二级修，由维修工区按计划以集中修方式进行(3 年 1 次)；达到一定条件的(一般 7 年或达到50 万弓架次)，组织专业队伍开展精测精修。接触网三级修程如图 6.5 所示。

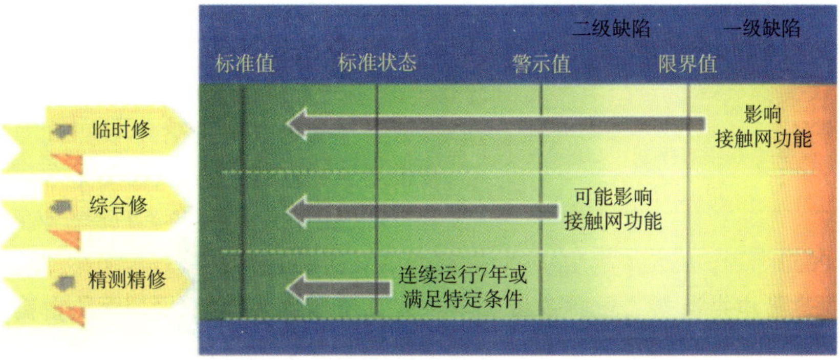

图 6.5 接触网三级修程

(3)电务系统

根据我国铁路信号维修的相关实施细则,铁路信号设备维修工作应坚持以安全和质量为主的原则,依据设备技术状态变化规律和磨损程度相应地进行月度计表(占计划60%)、状态维修(占计划30%)、故障修(占计划10%)。测试工作是信号设备维修工作的重要内容之一,包含在月度计表、状态维修、故障修之中。

月度计表是每月对信号设备进行的日常养护和集中检修,通过维修,保持设备性能,预防设备故障,使设备经常处于良好的运用状态。

状态维修是根据设备特性变化状态有针对性地进行维修。状态修要求建立信号设备技术档案,信号值班人员每天通过信号微机软件和设备记录信号设备技术参数,信号技术员通过技术参数分析后随时掌握该设备工作状态及变化趋势,预防可能出现的故障。

故障修是当信号设备发生事故或故障时,故障处理人员应严格按故障处理程序处理,故障修是当信号设备发生事故或故障时,故障处理人员应严格按故障处理程序处理。

6.5.5 综合检修关键技术

基础设施设备维修包括综合检测列车、各专业维修车和维修工具等。随着科技的进步,维修技术也在不断发展,如维修机器人、无人机基础设施检测等新技术已经应用在高速铁路维修领域。

1. 综合检测列车

综合检测列车应用当今先进的全断面限界、轨道状态、轮轨作用力、接触网、通信信号、环境监视检测技术和综合处理分析技术,实现多项目、高速度、高精度的综合检测,每10～15 d对高速铁路线路固定设施检测一遍,成为保证运行安全不可缺少的重要装备。综合检测列车集成了轨道检测、弓网检测、动力学检测、通信检测、信号检测和综合系统六大系统(如图6.6所示),能够满足350 km/h等级高速综合检测。

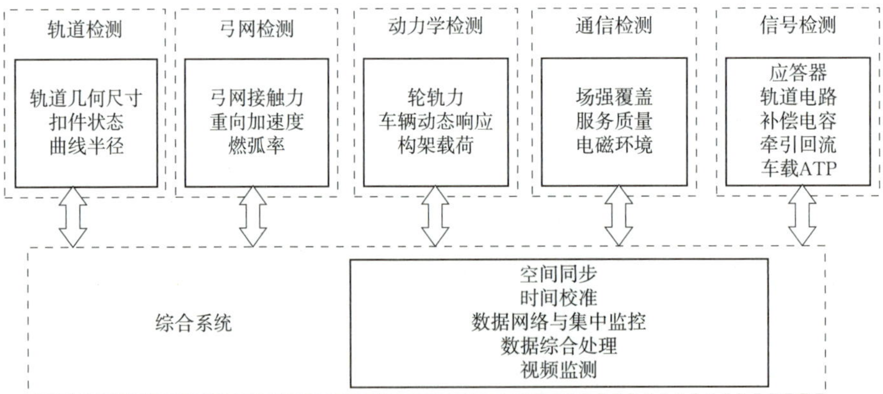

图6.6 高速综合检测系统组成

(1)轨道检测。具有轨距、轨向、高低、水平、三角坑等轨道几何参数检测功能。采用捷联式检测系统结构,解决了轨道长波不平顺毫米级精度检测难题,采用多维惯性基准技术实现了大半径曲线精确测量。

(2)弓网检测。具有接触网几何参数、弓网动态作用、接触线磨耗和受流参数检测功能。突破高速图像处理算法,提出非线性摄像机标定模型,实现接触网几何参数与弓网动态作用参数测量的合成。

(3)轮轨动力学检测,包括车体加速度、轮轨作用力检测,测力轮对高精度连续测量,通过列车动态响应特性评价轨道平顺性。

(4)通信检测。具有 GSM-R 场强覆盖、应用业务服务质量检测及评定功能,沿线电磁环境干扰检测和分析功能。

(5)信号检测。具有轨道电路、应答器、车载 ATP 等技术参数检测功能。建立了轨道电路、应答器传输模型,实现轨道电路、应答器信号采集和实时分析;解决了动态无接触方式无砟轨道补偿电容状态检测难题。

(6)综合系统。具有检测列车精确定位和监测信息实时传输等功能。系统利用多种定位技术实现精确定位,实现了各检测系统的空间同步、时空校准、数据交换和集中监控。

另外,在六大系统的基础上,建立了综合检测数据分析处理平台,实现数据集中存储管理,通过综合分析研究,评价基础设施的运用状态,预测基础设施状态变化趋势和演变规律,提出养护维修建议。

代表世界先进水平的高速铁路综合检测列车有意大利的"阿基米德"号、日本 East-i、法国的 MGV、我国 CRH380AJ-0201 和 CIT500 高速铁路综合检测列车。

2. 各专业维修车及维修工具

(1)工务系统检修技术

高速行车的线路,变形比较频繁。为及时掌握轨道各组成部分发生的不良现象的程度并分析其形成的原因,轨道必须进行检查。轨道检查与检测实现机械化、自动化,是保证高速行车、指导线路维修作业的一项重要措施。

为保证轨道结构各部件安全运营状态的检测设备有高速轨道检测车、轨道探伤车、融雪装置及地震检测报警系统。

①高速轨道检测车

高速轨道检测车可以在高速运行中检查动载荷下的轨道几何状态(轨距、水平、方向、高低、10 m 弦割距、车辆振动加速度、轴重等),并及时处理数据。当轨道变形超过规定限度时,能在现场自动喷射涂料,在轨道上留下标志。

②钢轨探伤车

钢轨探伤车是利用超声波探伤原理进行探伤的。钢轨探伤车上装有探伤器、钢轨接头检测器、里程检测器、钢轨缺陷分类器、记录器等。探伤器的探头为旋转式的。旋转探头、钢轨接头检测器和导向轮则安装在垂挂于车体上的测定架上。测定架由压缩空气操作,其他装置则通过装在车体上的配电盘进行操作。

③融雪装置及地震检测警报系统

穿行在寒冷和地震地区的高速铁路,必须重视防雪、防震等相关问题。

在防雪方面,通常在列车头部安装犁雪机以排除轨道上的积雪,或采用可以在钢轨下储存降雪的高架构造。此外,还可以采用设置于轨道沿线的洒水器喷洒盐水融雪的方法。为监视雪情变化，还可以设置工业电视和积雪深度测厚仪等设备。

在防震方面，除对建筑物在进行设计时就已考虑抗震因素外，还可以在轨道沿线设置地震仪，采用一旦测得较大地震时便让列车自动停车，以减轻灾害所造成的损失。

④隧道检查车

隧道状态检查车主要用于检测隧道衬砌内部和隧底病害。隧道内部状态检测内容主要包括：衬砌厚度、钢筋分布、背后密实程度及空洞等。隧底状态检测内容主要包括：道床厚度、仰拱或底板厚度、结构裂损及渗漏水情况等。隧道内有各种附属设施，既可能对地质雷达信号产生干扰，影响后期缺陷判识，也可能妨碍天线的正常前进。隧道状态检查车应设置视频摄像系统，对隧道全断面进行摄像，以查清现场环境详细情况和可能的突发情况，以便现场应急处置。

高速铁路工务维修主要是进行静态检查，主要维修工具见表 6.7。

表 6.7　高速铁路工务检查设备

检查内容	检查设备
轨道几何状态	轨道检查仪
线路纵断面	纵断面检查仪
隧道、道床表面状态	激光断面测量仪
道岔和调节器	检查仪
钢轨状态	探伤仪、断面检查仪
无缝线路	无缝线路监控装置
精测网	全站仪、精测小车

(2)牵引供电系统检修技术

接触网检测车是为保证电气化铁路接触网的安全运营，用于检测接触网技术参数的专用车辆。该车具有特殊功能的检测装置及设备，能够检测接触线的拉出值、导线高度、定位管坡度、线岔状态、接触网供电电压、接触网供电压力、接触悬挂硬点(冲击)、离线、杆位(杆号)和速度(里程)等诸多项机械及电气技术参数。接触网检测维修装备配置见表 6.8。

表 6.8　高速铁路接触网检查设备

序号	名称	配置部门	单位	数量
1	接触网安全巡检装置(2C)	供电段	台	运营里程每 150 km1 台
2	车载接触网运行状态检测装置(3C)	铁路局	台	按国铁集团有关规定配置，地面数据接收装置供电段 1 套
3	高铁接触网检测车(含 4C)	供电段	台	运营里程不足 400 km，1 台；400 km 以上，2 台
4	受电弓滑板监测装置(5C)	供电段	台	局界口、段界口、机务段(动车段)出入库线等
5	接触网及供电设备地面监测装置	供电段	处	根据需要配备
6	6C 综合数据处理系统	铁路局 供电段	套	各 1 套

(3)电务系统检测技术

电务检测车的功能主要是轨旁设备的动态检测,即通过在轨面以一定速度运行的车辆,检测轨旁发送设备的诸多电气特性。该车采用多微机系统,根据其系统功能可以分为 4 个采集机,即综合数据采集机(实现轨道电路传输数据和机车信号数据采集)、补偿电容数据采集机、应答器数据采集机和通信模块。系统利用 PC 工控检测机实现各采集机数据的综合处理,利用 PC 工控电子地图机实现路况数据综合处理。该车集成了综合定位技术、虚拟仪器技术、数字信号处理技术等关键技术。

3. 智能维修技术

以互联网、物联网、大数据、云/雾/边缘计算、人工智能、增材制造(俗称 3D 打印)、虚拟/增强现实、新能源、新材料、无人操作和天基位置服务为代表的颠覆性新兴使能/赋能技术与高速铁路运维的深度融合,有效促进了高速铁路智能运维的发展。

(1)智能检测车

智能检测车是在综合检测列车和各专业维修车的基础上,融入颠覆性新兴使能/赋能技术,使得维修车检测范围更广、功能更齐全、检测精度更准确、更智能。下面介绍了两种智能检测车。

①快速相控阵高速钢轨探伤车,快速相控阵高速钢轨探伤车在传统钢轨探伤车的基础上,采用快速相控阵超声波探伤技术、自动钢轨对中控制技术和智能专家诊断技术,实现各型钢轨缺陷检测、80 km/h 高速探伤和超时自动报警等功能。

②双轨式智能综合巡检小车,集成特征识别及深度学习技术、全覆盖超声波检测技术和智能专家诊断技术等先进技术,具备 5～20 km/h 各型钢轨探伤、道床巡检、轨道检测,GPS 和 RFID 双重定位系统,缺陷自动识别等功能。

(2)维修机器人

应用在高铁上的维修机器人主要有两种:一种是维修操作机器人,维修操作机器人主要负责搬运重物、安装配件、检测设备等工作,主要目的是取代人工劳动、提升生产效率和降低故障率;另一种是检测机器人,主要任务是信息检测、采集数据和传输数据,主要目的是检测难以检测的信息、减少人工操作危险和提高检测效率,如智能巡检机器人在铁路、电力、机房、隧道都有应用,每天对设备运行情况及环境状态巡检,进行现场数据智能采集、移动监视、远程监控、智能分析、智能诊断及预警。

(3)无人机检测技术

传统的人工巡检方式主要是利用桥检车、望远镜等来进行检测,对于特殊结构桥梁(如斜拉桥、悬索桥、钢管混凝土拱桥等)或者大跨高墩桥梁来说,人工很难巡检,导致无法对高铁桥梁进行全方位巡检,巡视不到位,难以保障巡检质量,高铁线路存在较大安全隐患,人工巡检方式效率低、危险性高且难以保证全面覆盖,而无人机检测技术弥补了这一检修缺陷。

无人机可搭载高倍变焦云台和高分辨率红外云台对高铁路段进行全覆盖、无间断的拍摄,可全天候工作,不受光线限制和雾霾天气影响,能在较短时间内收集大量的现场图片和视频数据,为高铁巡检的线路巡检、轨道板裂缝检测、桥梁检测、周边环境勘测、供电线路检查等方面提供详细资料，及时处理安全隐患，保障高铁安全运营。

（4）智能综合运维系统

智能综合运维系统是一种运-检-修全流程数字化管理系统，可实现智能作业管理标准化、可视化、自动化，智能监测检测自动化，设施设备状态修、全生命周期管理，生产调度指挥可视化、协同化。如动车组一级修智能化综合检测系统，该系统的建设是在自动化检测基础上，集成了机器视觉及智能模式识别技术、人工智能深度学习、大数据分析技术及阵列超声探伤等先进技术，实时反馈检测结果，检修人员经过统筹分析处理，可充分有效保障动车组运行安全，提高一级修检测设备效率，实施平台资源共享。

7 高速铁路应急管理技术

高速铁路运营安全管理以预防为主，尽可能消除所有的安全隐患。但在实际运营过程中，不安全因素随时存在，安全隐患不可能完全消除，突发事件也就是不可避免的。突发事件或事故实施精准应急管理方法和技术，对消除突发事件可能带来的事故或减少事故的损失具有重大意义。

7.1 高速铁路应急管理概述

高速铁路采用了大量的新技术、新设备，在高速度、高密度的运营下，会伴随着高风险的产生。风险一旦转化为突发事件，造成的后果十分严重，甚至会产生巨大的社会影响。高速铁路运输系统是一个复杂的动态系统，任何环节出现细小的疏漏都有可能导致突发事件的发生。因此，必须加强高速铁路应急管理工作，提高突发事件应对能力。

快速救援处置、控制事态发展、减轻损失的关键在于高速铁路应急管理，它是应对突发事件的核心管理与指挥体系，具有全面负责突发事件预警、应急处置和善后的职能。

7.1.1 高速铁路应急管理的内涵

当前铁路行业需要应对处置的事故已经不再仅仅局限于铁路事故的范畴，一些新出现的高速铁路突发事件(如突发公共卫生事件、旅客滞留事件等)同样严重影响着高速铁路的安全运营和企业的形象，这对高速铁路突发事件的应急处置提出了更高的要求。

高速铁路应急管理是高速铁路管理工作中的一个重要组成部分，是系统安全运营的重要保障。高速铁路应急管理是指针对高速铁路突发事件，通过信息采集、信息传输、信息处理、管理与控制决策等现代技术与方法，铁路各级单位建立一定的管理体制和机制，采取一系列应对措施，对突发事件的全过程(事前预防、事发应对、事中处置和善后处理)进行计划、组织、指挥、协调和控制等管理活动，其根本目的在于保护人民生命财产安全、维护高速铁路运输生产秩序、促进高速铁路和谐快速发展。

1. 高速铁路应急管理的基本阶段

应急管理是一门综合性交叉学科，对其模式的研究应该是基于系统的而不是枝节的、基于全过程的而不是片段性的、基于战略的而不仅仅是战术的角度来考虑。当前，无论是在理论上还是在实践中，国内外比较普遍的共识认为，应急管理的完整过程包括预防、准备、响应和恢复四个阶段，这四个阶段是一个闭合循环的过程。预防与准备阶段属于事前管理，重点是尽可能地防止和减少突发事件的发生；响应和恢复阶段属于事中和事后管理，重点是控制和减少突发事件造成的影响。

(1)预防(prevention)

也有专家将预防称为缓解(Mitigation)、减轻(Reduction),虽然命名不同,但基本思想是一致的,即指在突发事件发生之前,为了消除其出现的机会或者为了减轻事件造成的损害所做的各种预防性工作。突发事件多种多样,有些是可以预防的,有些是无法避免的,但可以通过各种预防性措施减轻其危害,从这个角度讲,预防是最好的应对行动。预防阶段的工作重点主要有:①风险评估;②排查、消除隐患;③监测、监控危险源;④安全教育、培训和宣传;⑤防止或预防突发事件的发生;⑥减少或缓解突发事件可能带来的影响。应急管理是一个连续的过程,每一个阶段都不可掉以轻心。为了最大限度地保障安全,应急管理战略就需要更多的立足于事前预防。

(2)准备(preparedness)

准备指针对特定的或者潜在的突发事件所做的各种应对准备工作,从而达到有备无患的目的。准备工作做得越充分,突发事件发生时,现场应急处置工作会越科学、高效。在这一阶段,首先应借助于现代通信信息、计算机系统、地理信息系统等先进技术,建立突发事件预警系统,用于收集、分析和发布突发事件信息,提高准确预警和应急决策的能力;其次应针对各类突发事件制定应急预案,并组织应急演练和培训,加强应急救援力量的实战能力。准备阶段的工作重点包括:①预测、预警;②制定应急预案;③应急机构的设立和职责的落实;④应急队伍的建设;⑤应急资源的准备和维护;⑥应急预案的演练、宣传与培训;⑦建立与外部力量的协作或协同机制等。

(3)响应(response)

响应是针对可能或已经发生的突发事件,以风险指标或实际发生的突发事件等级为依据,启动应急预案,并按预案开展的各种紧急处置和救援等活动。其目的是通过发挥预警、疏散、搜寻、救援以及医疗服务等紧急事务处置功能,控制和消除突发事件,使人员伤亡和财产损失减少到最小。这是应对突发事件的关键阶段、实战阶段,考验着应急管理各环节的应急处置能力。首先,应迅速启动相关应急预案,在预案的指导下制定现场处置方案,开展应急处置活动;其次,要注重提高快速响应的能力,响应速度越快,就越能减少损害;再者,应急管理和指挥机构要发挥调度、协调的职能,确保各种救援力量分工协作,有条不紊地应对突发事件。响应阶段的工作重点包括:①启动应急预案;②实施应急处置和救援;③协调应急组织和行动;④调度应急资源;⑤突发事件信息发布;⑥对事件发展进行监测和评估;⑦媒体宣传等。

(4)恢复(recovery)

恢复是指在突发事件得到有效控制之后,为了恢复正常的状态和秩序,依据相关应急预案进行的各种善后工作。主要措施包括:启动恢复计划,提供灾后救济救助,重建被毁设施,尽快恢复正常的社会生产秩序,进行灾害和应急管理评估等善后工作。对突发事件的恢复重点包括:①要强化市政、民政、医疗、保险、财政等部门的介入,尽快做好灾后重建恢复;②要进行客观的调查与评估,分析总结应急管理的经验教训,这不仅可以为今后应对类似突发事件奠定新的基础,而且也有助于促进制度和管理革新;③特别要考虑把应对阶段中的一些应急措施提升为具有长期预防作用的制度化行为。

上述四个环节紧密联系,互相贯通,形成了应急管理的全过程综合管理运作模式。应急管理应针对四个不同阶段，采取不同的应对措施，对各类突发事件进行综合性管理和处置。

2. 高速铁路应急管理的特点

我国高速铁路在建设和运营过程中与既有铁路存在较大差异，如设备先进、运行速度高等，同时整条线路中通常建有大规模高架桥，这些特点都对高速铁路应急预案和应急救援的方法、技术提出了新要求。结合高速铁路运营的特殊性以及高速铁路突发事件的特性，高速铁路应急管理的特点主要体现在紧迫性、复杂性、多样性等方面。

(1)紧迫性

紧迫性体现在一个"急"上，造成紧迫性的原因有两个：

①时效性。任何管理活动都有时效性，但高速铁路应急管理的时效性更为明显和突出，在应急管理中超过时限的活动没有任何意义。高速铁路突发事件一旦发生，各部门应迅速响应，采取正确的应急处置措施，防止危害后果的扩大。

②严重性。高速铁路作为国家重要基础设施和大众化交通工具，具有社会性和公益性特点，在我国经济社会发展中发挥着重要作用。在高速铁路营运过程中，一旦有突发事件发生，如不能快速正确处理，将会严重影响高速铁路正常运营，危害人民的生命和财产安全，甚至对国家社会经济的正常运转造成不良影响。

(2)复杂性

突发事件的复杂性决定了高速铁路应急管理的复杂性，主要体现在：

①不确定性。应急管理的不确定性来源有两种：一种是现实的不确定性，一种是未来的不确定性。所谓现实不确定性就是指人们对现实情况的认知不准确，特别是在应急早期对事件的发展和影响的认识较少，使得应急管理所需的信息不全，获得的信息不准，这给应急管理带来了很大的影响。所谓未来不确定性是指事件的多变性，事件本身、环境和承载体都会不断发生变化，而且这种变化往往是不可预知的，很难预先采取应对措施，只能在变化发生后及时采取应对方案。

不确定性要求应急管理具有预见性，在决策时要考虑情况的变化和信息的不精确，决策要具有稳定性，同时应急管理要有灵活性，要根据情况的变化及时调整应急管理工作，以适应变化的情况。

②多样性。不仅高速铁路突发事件具有多样性的特点，而且环境和承灾体都具有多样性。突发事件的类型很多，不同类型突发事件的应急管理方法与措施差异很大。同样类型事件发生的环境不一样，其应急处置的方案也就不同，即使同样环境下发生的同一突发事件，不同承灾体受影响的情况也千差万别，因而对承灾体的救援和应急处置也就不同。多样性要求高速铁路应急管理既要遵循应急管理的一般规律，同时要考虑各种情况的特殊性，针对不同的事件、环境和承灾体，采取不同的应对措施。

③动态性。动态性是由高速铁路各种突发事件的随机性、突发性及其动态变化性所决定的。由于各类高速铁路突发事件及其所产生的影响是一个动态发展的过程，所以，应急管理的方法与措施、应急资源的调度使用等方面都应该是根据事态的发展实时动态调整。

(3)社会性

高速铁路这一特殊行业的特点决定了它在遭遇突发事件或危机时，对社会造成的影响是连锁、多层次的。高速铁路突发事件带来的危害有可能是全社会性的，应对各类突发事件也不能仅仅依靠高速铁路系统本身，还需要政府各相关部门及地方的协助，最大限度调集各种社会优势资源，以取得救援成功。

政府在高速铁路危机处理中之所以扮演着重要角色，基于其两方面的功能：

①掌握充分的信息是高速铁路开展合理决策、有效预防危机的基础，如果政府能够建立一套相应的信息分析机制，高速铁路在危机处理过程中就可以避免在负面舆论和谣言面前无所适从。

②高速铁路危机与政府危机往往互为因果。政府往往能够针对发生在高速铁路的灾害或人为事故迅速采取行动，控制事态发展的负面影响，稳定局势，有助于高速铁路尽快恢复正常生产经营。

(4)挑战性

铁路应急管理的挑战性体现在以下几个方面：

①高速铁路运营涉及的各个环节、各个部门都有可能发生突发事件，而且这些事件的类型是多种多样的。

②有些突发事件是以前从未遇到过的，它的应急处置也就无章可循，需要因势而变，灵活处置。

③应急管理理论涉及很多学科的基础理论知识，而且一些应急的体制和机制还在探索之中，所以，应急管理缺乏理论支撑，需要在实践中不断积累经验和知识。

(5)预防性

预防突发事件的发生，是应急管理的内在要求。在高速铁路突发事件潜伏期或爆发之前，通过各种行之有效的工具和手段，消除引发事件的导火索，可避免事件爆发后造成的巨大危害，节省大量的人力、物力和财力资源开销。从某种意义上讲，预防是一种事前控制行为，是一种积极主动出击的工作方式，将危害消灭在萌芽之中；而响应是一种事中控制行为，是一种防御性的做法，危害已经造成，只是如何减少危害的问题。可见，预防是应急管理最重要的一环。

(6)长期性

高速铁路应急管理过程本身就是一个预防、准备、响应、善后和改进循环往复、不断重复的连续过程，应急管理涉及的内容多且复杂，因此应设置专门的管理部门，保证应急的连续性和长期性。同时在应急管理工作中，铁路部门人员的职责与权利应具体、清晰和明确，尽可能多地采用定量化的管理方式，减少定性化的管理内容。

(7)社会关注性

高速铁路对国民经济起着全局性和基础性的支撑作用。高速铁路的运行质量及其功能保障，直接决定社会经济发展的平稳和有效，也直接决定了国家的国防安全。就我国而言，高速铁路是人民出行的最主要运输工具，人民对其安全和服务水平关注度较高，高速铁路是和谐社会构建重要的方面之一。高速铁路的特殊定位决定了它的运营必须正常、可靠。而要保障其安全运营，社会经济发展的各个方面以及社会的各个阶层等都是高速铁路的有关方。所以说高速铁路行业具有社会属性，其社会关注度非常高。

3. 高速铁路应急管理的机制和体制

(1)高速铁路应急管理的机制

根据应急管理的预防、准备、响应和恢复四个阶段划分以及高速铁路应急管理工作的基本流程,高速铁路应急管理机制一般包括:预防与准备机制、监测与预警机制、启动机制、信息报送机制、决策处置机制、协调联动机制、信息发布机制、社会动员机制、善后恢复机制、评估与学习机制和应急保障机制等。

①预防与准备机制

高速铁路应急管理应始终贯彻“安全第一,预防为主,综合治理”的安全生产方针,坚持“预防为主、预防与应急并重”的应急管理原则。

a. 高速铁路应急预案管理。应急预案对于危险源的控制,减少突发事件造成的损失具有重要意义。应急预案管理机制的建立需要通过建设应急预案体系,完善应急预案编制、修订管理办法,开发信息化、智能化应急预案管理系统等方面来实现。

b. 应急宣传与教育。应急宣传与教育的开展有利于普及应急管理知识,提高速铁路路各级应急管理人员的业务素质,加强高速铁路应急管理工作的高效性和科学性。

c. 开展应急能力评价。评价是衡量高速铁路应急管理能力高低的有效方法,各级高速铁路应急管理机构应建立应急能力评价制度和程序,研发科学实用的应急能力评价方法和系统。

d. 建立应急演练机制。通过应急演练,可以达到检验预案、锻炼应急队伍、磨合和完善应急机制、普及应急知识的目的。高速铁路应急管理部门应规划应急演练的组织实施、总结考核方法,编制用以指导各级单位演练的指南,研究演练操作细则和演练方案的制定方法。

②监测与预警机制

监测与预警机制是避免和减少高速铁路突发事件发生及其可能造成损失的关键因素之一。

a. 管内危险源的分析工作。高速铁路应急管理部门应做好本部门危险源排查工作,并加强重点危险源的监控,采取有效措施治理重大危险源。

b. 建立健全突发事件监测制度。铁路各级部门应当根据自然灾害、事故灾难、公共卫生事件和社会事件的种类和特点,建立健全基础信息数据库,完善监测网络,划分监测区域,确定监测点,明确监测项目,提供必要的设备、设施,配备专职或者兼职人员,对可能发生的铁路突发事件进行监测。

c. 建立健全突发事件预警制度。高速铁路应急管理部门按照高速铁路突发事件发生的紧急程度、发展势态和可能造成的危害程度,制定高速铁路突发事件预警级别划分标准。可以预警的自然灾害、事故灾难或者公共卫生事件即将发生或者发生的可能性增大时,高速铁路部门应当根据有关法律、行政法规和国务院规定的权限和程序,发布相应级别的警报,决定并宣布有关地区进入预警期,同时向上一级主管报告。

③信息报告机制

高速铁路突发事件发生后,要立即报告;在应急处置过程中,要及时续报有关情况。

a. 建立高速铁路突发事件信息系统。各级铁路部门应当建立或者确定统一的高速铁路突发事件信息系统,负责汇集、储存、分析、传输有关突发事件的信息,并与上级有关部门、下级有关部门、专业机构和监测网点的突发事件信息系统实现互联互通,加强跨部门、跨铁路局的信息交流与情报合作。

b. 高速铁路突发事件信息的收集和报告。各级铁路部门应当通过多种途径收集突发事件信息，规范信息传递方式，设立信息报告员制度，一旦有突发事件发生，应当立即向所在单位和上级主管单位以及相关部门报告。各级铁路部门应当及时汇总分析突发事件隐患和预警信息，必要时组织相关部门、专业技术人员、专家学者进行会商，对发生突发事件的可能性及其可能造成的影响进行评估；认为可能发生重大或者特别重大突发事件的，应当立即向上级主管部门报告。

④应急响应机制

应急响应机制是指在突发事件发生、发展的全过程中各部门的应对机制，是为尽快控制和减缓突发事件造成的危害和负面影响所制定的应急活动行为规程。

a. 实现分级、分类响应。应急响应行动应坚持分级、分类的原则，包括高速铁路突发事件的分级、分类以及对相应的应对机构的分级、分类，在此基础上进行科学有效地处置。

b. 编制科学的应急处置流程。铁路各级单位应针对突发事件制定完善的应急处置流程，制度化地规定应急处置的启动方式、应急决策的制定、应急参与部门的行动方案、部门之间的协调与配合等内容，达到应急处置时各种反应和应急行动都权责分明、迅速启动、有条不紊的目的。

c. 提高响应快速能力。提高应对高速铁路突发事件的快速响应和应急处置的能力，需要从以下方面入手：建立健全高速铁路应急管理办公室和应急救援指挥中心的职责，使其具备强大的组织动员能力和协调能力；加强应急队伍和应急资源的建设；完善应急预案体系；开展应急演练；提高应急决策和处置能力；健全应急管理法规体系等。

⑤协调联动机制

在应急处置过程中，铁路各部门之间的沟通、协调、联动是提高应急反应质量的关键性因素。由于高速铁路系统是一个复杂动态大系统，高速铁路突发事件的影响及其处置往往会涉及很多单位和部门，为了避免部门分割、单一行动，各自为政的应急处置现象出现，应建立完善的协调联动机制，实现统一指挥调度，不同部门之间的相互沟通、协调和配合的应急处置过程。协调联动机制就是多个相关部门的协调与联合行动，提高应急处置的效率，及时有效地处置突发事件，减少其影响和损失。

建立、健全协调联动机制包括以下两个方面：

a. 优化高速铁路应急管理组织机构，加强部门间的协调联动能力。协调联动涉及众多的部门和单位，为了有效运转，需要建立一个能够应对多种类型高速铁路突发事件、协调各个部门的、具有强有力的统一领导和指挥的应急指挥机构；同时，应明确各级高速铁路应急管理组织机构的设置及其责任和权力，建立完善的工作体制和机制。

b. 建立现代高速铁路应急指挥调度平台。通过应急指挥调度平台的建立，实现高速铁路突发事件处置的统一指挥协调、资源整合和信息共享机制，提高快速响应能力和相关部门的快速协调联动的能力，提高应急管理水平。

⑥善后恢复机制

应急响应结束后，应急工作开始全面进入善后恢复阶段。善后恢复的主要职能是弥补突发事件造成的危害和损失，稳定社会情绪，恢复正常秩序。建立完善的应急恢复机制，有利于善后恢复工作快速、科学地开展。建立善后恢复机制要注重迅速恢复高速铁路正常的运营秩序、及时安抚旅客及铁路员工的情绪和维护社会的稳定，争取将高速铁路突发事件造成的影响和损失降至最低。

⑦应急保障机制

应急工作的顺利开展，离不开应急资源的有力保障。应急资源包括应急救援队伍、应急资金和应急物资等，它涵盖了预防、准备、响应、恢复四个环节所需要的各种物质资源、应急救援技术资源和人才资源等。应急资源保障工作是提高高速铁路应急管理水平的关键因素之一。

(2)高速铁路应急管理的体制

应急管理体制主要是指应急指挥机构、社会动员体系、领导责任制度、专业救援队伍和专家咨询队伍等应急管理机构的组织形式。我国应急管理体制按照“统一领导、综合协调、分类管理、分级负责、属地管理为主”的原则建立。按照权责分明、组织健全、运行灵活、统一高效的原则，我国基本构建了由中央、省、市、县四级政府应急管理机构构成的应急管理组织体系。

国铁集团、铁路局和站段也分别设立了应急管理和应急救援指挥机构，并分别制定了相应的工作职责和工作制度，如图 7.1 所示。

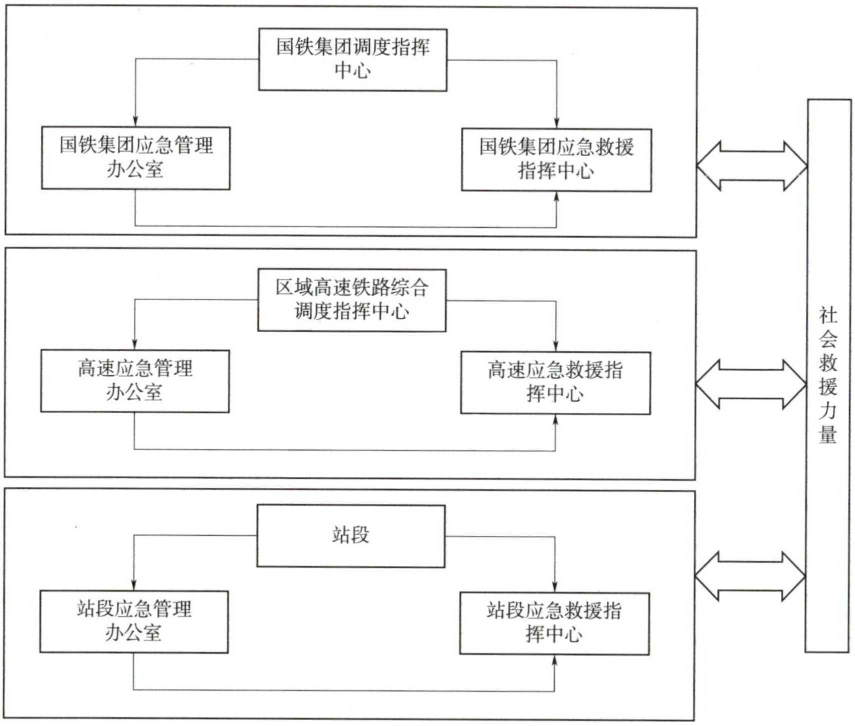

图 7.1 高速铁路调度指挥应急管理体制结构

7.1.2 高速铁路突发事件

高速铁路突发事件是在高速铁路运营过程中，突然发生的、可能对运输安全和运输生产秩序造成较大影响，会导致人员伤亡、财产损失和生态破坏等对社会秩序产生不良影响，需要紧急采取应急处置措施予以应对的自然灾害、事故灾难、公共卫生和社会安全等事件。

洪水淹没铁路、冲垮路堤、地震、地质灾害事故等属于自然灾害事件。铁路交通事故、铁路施工安全事故等属于灾难事件。在高速铁路运输生产过程中发生的不明原因疾病和传染性疾病等属于公共卫生事件。影响到高速铁路正常运营的恐怖袭击、群体性等事件属于社会安全事件。

1. 高速铁路突发事件的特点

高速铁路突发事件除了具备一般突发事件的特征以外，更具有一些独有的体现其专业性的特点：

(1)突发性

高速铁路突发事件是指突然发生的事件，其发生的时间、地点都是不可预见的。突发性是高速铁路突发事件的最大特征之一。首先，高速铁路突发事件的突发性体现在其发生具有偶然性，它在何时何地发生是无法事先确定的。高速铁路系统是一个复杂的大联动机，它的正常运转需要车、机、工、电、辆多个部门协同配合，而且这个系统处于开放的环境中，它的运营还受到社会环境和自然环境的影响，无论是哪个环节或外界因素出现了问题，都有可能导致突发事件的发生。因此在应急管理工作中，需要重视突发事件的预测和预警，及时监测突发事件的发生和发展，迅速做出应急响应。其次，高速铁路突发事件的突发性体现在它的发生和发展趋势难以预测，造成的后果也无法事先描述和确定。这就要求在应急处置过程中，监控和监测事件的变化和发展趋势，制定正确的应急处置方法，将事件控制在最小的影响范围内，保障正常的运输生产秩序。

虽然高速铁路突发事件具有突发性，但它的发生和发展还是具有一定的必然性。高速铁路突发事件是高速铁路运输系统内在矛盾由量变引起质变的过程，因此它具有可以认识的、可以把握的基本特点，这就是从高速铁路突发事件的偶然性中找出必然性和认识高速铁路突发事件发生的规律性，据此制定和采取预防性的措施。如果问题不能及时治理或整改，那么必然要发生高速铁路突发事件，至于什么时候发生，发生哪种事件，则是偶然的事情。

(2)多样性和复杂性

导致高速铁路突发事件的发生原因多种多样，它的种类也就体现出多样性和复杂性的特征。既有因为地震、洪水等自然灾害造成的高速铁路突发事件，又有因为工作人员操作失误造成的人为责任事故。随着高速铁路的高速化和大量高科技的应用以及整个社会环境的影响，一些人为的高速铁路突发事件明显增加，甚至出现了一些以前从未遇到过的新突发事件类型。

高速铁路运输生产过程是一个多环节、多层次的复杂系统工程，高速铁路突发事件往往是多种原因积聚而发生，它的处置过程会涉及多个部门和环节，因此它具有明显的复杂性特征。这就要求在处置高速铁路突发事件时应从系统的角度考虑问题，注重多部门的协调指挥和处理。

(3)后果严重性

无论是高速铁路自然灾害、高速铁路事故灾难、高速铁路公共卫生事件和高速铁路社会安全事件中任何一类突发事件的发生，都会造成不同程度的人身安全、财产、经济、运输生产等方面的损失和破坏。一旦发生事故，极易引起极其严重的伤亡和财产损失。

高速铁路作为国家经济的大动脉，关系到国计民生的方方面面，高速铁路突发事件会给社会生活和国家经济发展造成不良的影响。甚至一些高速铁路突发事件造成的损失和影响呈现叠加放大效应。另外，随着社会的发展，媒体和公众对高速铁路的安全和服务更加关注，如果铁路部门不能积极有效地处置高速铁路突发事件，将会影响到高速铁路的社会形象。

因此，在应对突发事件时，应急人员应最大限度地控制事件的发生和发展态势，将其造成的损害和影响降至最低，保障高速铁路的正常运输和生产。

(4)时间紧迫性

高速铁路突发事件的发展和蔓延速度是非常快的，事件的预兆、发生、发展、演化过程往往很短，如果不能做到快速响应，会造成更大损失和影响，甚至导致二次事故的发生。这就要求应急救援必须做到快速响应，在尽可能短的时间内到达现场进行应急处置，做好人员抢救和线路恢复工作，尽快恢复正常的高速铁路运输生产秩序，将突发事件的影响控制在最小范围。高速铁路应急指挥人员应根据高速铁路应急预案，迅速形成应急处置方案和应急资源调配方案，高效的实施资源调配，以使事件所引发的损失和影响降到最低。

(5)社会公众性

首先，高速铁路行业具有公共产品性的特点，决定了高速铁路突发事件会对社会公共财产、公共安全和社会秩序造成不良的影响，损害到社会公众的利益。高速铁路突发事件的扩散非常快，使事件本身不断扩大。其次，高速铁路突发事件是社会公众和新闻媒体关注的热点。社会公众具有知情权，高速铁路突发事件的处置受到社会群众的高度关注和监督。再者，高速铁路突发事件的社会公众性还体现在应急处置的过程中，往往需要借助当地政府、武警、军队、消防、公安、医疗单位和其他社会救援力量的协调和配合。

高速铁路突发事件的公众性要求，在应急预防阶段，加强预防和预警工作，避免和减少群体性和公共卫生类突发事件的发生；在应急准备阶段，与高速铁路沿线相关单位签署应急救援协议，充分利用社会救援资源；在应急响应阶段，快速有效进行救援，协调社会救援力量，对公众做到信息公开透明；在应急恢复阶段，做好社会群众的安抚工作，及时向公众通报事件情况。

(6)人因性

在高速铁路运输系统中，人既是高速铁路突发事件的肇事者又是受害者，绝大多数事件的发生均与人的行为因素密切相关。这些人的行为因素可以概括为有目的性的破坏和铁路员工的疏忽大意两大类。

第一类是有目的性的破坏。由于高速铁路在国民经济发展中所处的特殊位置，往往成了制造突发事件的聚焦点。一些人员为了达到某种目的，预谋制造群体性突发事件，试图造成更大的影响，这些行为不仅严重地干扰了高速铁路运输生产正常秩序，威胁了高速铁路运输的安全畅通，也严重地破坏了社会稳定。高速铁路客流密度大，社会关注度高，一旦遭受恐怖袭击，社会影响巨大，所以高速铁路备受恐怖分子的青睐。可能会威胁到高速铁路运营安全的恐怖袭击类突发事件主要有爆炸、纵火、生化及放射性袭击等。

另一类是相关人员的疏忽大意，很多高速铁路突发事件是由于铁路工作人员的违章作业或者路外人员的侵扰所致。

高速铁路突发事件的人因性要求，在应急管理过程中，要加强对人的不安全因素的监控，提高速铁路路员工的素质。在处置事件时，应准确掌握事件信息，做到快速反应，把握处置的尺度，提高组织协调能力，依法维护秩序，有效控制事件的局面。

2. 高速铁路突发事件的分类

(1)按照高速铁路突发事件的危害后果分类

按照突发事件造成的危害后果不同，高速铁路突发事件分为高速铁路伤亡事件、物质损失事件和高速铁路险肇事件三类。

①高速铁路伤亡事件。高速铁路伤亡事件是指人体受到伤害后，暂时的、部分的或永久的丧失劳动能力或人员死亡的和高速铁路有关或相关的事件。

②物质损失事件。物质损失事件是指在高速铁路运输生产过程中发生的，只有物资设备、财产受到破坏的，使其需要报废或者需要修理的事件。

③高速铁路险肇事件。高速铁路险肇事件是指在高速铁路上发生突发事件后，既未发生人员伤亡，又未出现经济损失的事件。这类事件是人们往往容易忽略的，但这种事件却是诱发其他事件的间接因素，需要引起高度重视。

(2)按高速铁路突发事件的发生过程、性质和机理分类

按照高速铁路突发事件发生的过程、性质和机理，主要分为高速铁路自然灾害、高速铁路事故灾难、高速铁路公共卫生事件和高速铁路社会安全事件。

①高速铁路自然灾害。高速铁路自然灾害是指由自然因素引发的地壳运动、天体运动、气候变化等现象，导致高速铁路运输生产受到影响的各种事故灾害，主要包括气象灾害、地震灾害、水患灾害和地质灾害等。例如，我国是自然灾害严重的国家之一，灾害频率高、种类多、季节性强，使得高速铁路运输面临着严重的威胁。我国中西部地区高速铁路受到沙尘暴、冰雪等自然灾害影响较大，东部及沿海地区高速铁路受暴雨、台风等自然灾害影响较大，种种灾害都严重阻碍了高速铁路的正常运营生产。

②事故灾难。高速铁路事故灾难主要包括高速铁路交通事故、高速铁路施工安全事故和其他高速铁路生产安全事故。

③公共卫生事件。突发公共卫生事件，是指突然发生的重大传染病疫情、群体性不明原因疾病，造成或者可能造成社会公共健康严重损害，并有可能借助高速铁路传播的事件。

④社会安全事件。社会安全事件包括高速铁路恐怖袭击事件、高速铁路群体性事件以及其他涉路事件等。

(3)按高速铁路突发事件的责任分类

按照高速铁路突发事件的责任，一般分为三类：

①高速铁路责任事件。高速铁路责任事件是指由于高速铁路营运方过失所造成的伤害事件。

②非高速铁路责任事件。非高速铁路责任事件是指由于自然因素或属于未知领域的原因所引起的、用现在的手段无法或难以解决的不可抗拒的伤害事件。

③人为破坏事件。人为破坏事件是指为了达到某种目的而人为故意破坏或制造出来的影响高速铁路安全运输生产的事件。

(4)按高速铁路突发事件的原因分类

按照高速铁路突发事件发生的原因，一般分为四类：

①物质技术原因。物质技术原因,是指由于物质或技术方面的欠缺而引起的影响高速铁路正常运输生产的事件。

②人为原因。人为原因,是指由于人的操作、违章和违纪等方面的原因而引起的影响高速铁路正常运输生产的事件。

③环境原因。环境原因,是指由于地震、水害、气象等自然因素引起的影响高速铁路正常运输生产的事件。

④管理原因。管理原因,是指由于管理上的缺陷、失误和混乱等方面的原因而引起的影响高速铁路正常运输生产的事件。

3. 高速铁路突发事件的分级

根据事件发生的规模、影响范围和危害程度,可以将高速铁路突发事件分为不同的级别。高速铁路突发事件分级有助于明确事件响应的责任主体,实现分级负责,也有利于发生突发事件时,启动相应级别的高速铁路应急预案。

按照《铁路交通事故调查处理规则》和《生产安全事故报告和调查处理条例》的规定,我国高速铁路突发事件也可以依据突发事件造成的人员伤亡规模、人员和企业的财产经济损失程度、事件对运输生产秩序的影响程度等指标,进行详细的分级。

目前,高速铁路交通事故主要分为特别重大事故、重大事故、较大事故和一般事故四个级别。

7.1.3 高速铁路应急预案

应急预案是应急管理工作的核心内容,它是针对可能的重大事件或灾害,为保证迅速、有序、有效地开展应急与救援行动、降低事件损失而预先制定的有关计划或者方案。它是在辨识和评估潜在重大危险、事件类型、发生的可能性及发生过程、突发事件后果及影响严重程度的基础上,对应急机构职责、人员、技术、装备、设施、物质、救援行动及其指挥与协调等方面预先做出的具体安排。应急预案是应急管理工作的具体反映。

高速铁路应急预案是指为确保高速铁路行车安全和运输畅通,有效预防和控制各类突发事件而预先制定的各类处置方案和具体安排。高速铁路应急预案的内容是为了减轻高速铁路突发事件对运输秩序的影响和对运输设备造成的损害,提高事件发生后处置能力,有效恢复正常运输秩序而规定了处置各类突发事件的工作原则、组织体系、现场指挥部门的职责、应急响应行动、应急处置和救援流程及各类应急保障制度。

高速铁路应急预案是高速铁路各级职能部门针对各类突发事件事先制定的一套迅速、有效、有序解决问题的措施方法与行动计划。通过编制应急预案,可以明确在发生突发事件的事前、事中、事后各阶段,什么人、用什么方法、调用哪些应急资源等因素。此外高速铁路应急预案的形成不仅需要完善的应急预案文件管理体系还需要合理的应急救援指挥小组和应急救援队伍、应急通信网络等因素的支撑。

从不同角度,根据不同标准,可将应急预案划分为不同类型。

1. 按突发事件的类型划分

应急预案可分为自然灾害类应急预案、事故灾难类应急预案、公共卫生类应急预案和社会安全事件类应急预案。

(1)自然灾害类包括水旱灾害、气象灾害、地震灾害、地质灾害、海洋灾害等应急预案。

(2)事故灾难包括生产安全事故、交通运输事故、公共设施和设备事故等应急预案。

(3)公共卫生类包括传染病疫情、食品安全、职业危害和动物疫情等应急预案。

(4)社会安全事件包括能源、物价、涉外公共场所、金融恐怖、群体性事件等应急预案。

2. 按事故后果的影响范围划分

根据事故后果的影响范围、地点及应急方式,可将应急预案分为五个级别:

(1)Ⅰ级(企业级)。事故的有害影响局限在一个单位(如某个工厂、火车站、仓库、煤气或石油输送加压站/终端站等)的界区之内,并且可被现场的操作者遏制和控制在该区域内。这类事故可能需要投入整个单位的力量来控制,但其影响预期不会扩大到社区(公共区)。

(2)Ⅱ级(县、市/社区级)。所涉及的事故及其影响可扩大到公共区(社区),但可被该县(市、区)或社会的力量,加上所涉及的工厂或工业部门的力量所控制。

(3)Ⅲ级(市/地区级)。事故影响范围大,后果严重,或是发生在两个县或县级市管辖区边界上的事故。应急救援需动用地区的力量。

(4)Ⅳ级(省级)。对可能发生的特大火灾、爆炸、毒物泄漏事故,特大危险品运输事故以及属省级特大事故隐患、省级重大危险源应建立省级事故应急预案。这类事故可能是一种规模极大的灾难事故,也可能是一种需要用事故发生的城市或地区所没有的特殊技术和设备进行处理的特殊事故。这类意外事故需用全省范围内的力量来控制。

(5)Ⅴ级(国家级)。对事故后果超过省、直辖市、自治区边界以及列为国家级事故隐患、重大危险源的设施或场所,应制定国家级应急预案。

上述五级也可归结为政府预案和企业预案(或单位预案)两大类。

3. 按预案面向对象的针对性划分

(1)综合预案。综合预案是从总体上阐述处理突发事件的应急方针、政策,应急组织结构及相关应急职责,应急行动、措施和保障等基本要求和程序,是应对各类突发事件的综合性文件。综合预案应全面考虑管理者和应急者的责任和义务,并说明紧急事件应急救援体系的预防、准备、响应和恢复等过程的关联。

(2)专项预案。专项预案是针对具体的突发事件类别、危险源和应急保障而制定的计划或方案,是综合应急预案的组成部分,应按照综合应急预案的程序和要求组织制定,并作为综合预案的附件。专项预案应制定明确的救援程序和具体的应急救援措施。

(3)现场预案。现场预案是针对具体的装置、场所或设施、岗位所制定的应急处置措施。它是在专项预案的基础上,根据具体情况需要而编制的,是针对特定的具体场所,通常是该类型突发事件风险较大的场所或重要防护区域所制定的预案。

7.2 应急预案管理

对高速铁路应急预案的管理包括应急预案的编制、应急预案的演练、应急预案的评估等内容。

7.2.1 应急预案的编制

1. 应急预案的编制原则

高速铁路应急预案编制是一项涉及面广、专业性强的工作。编制应急预案需要遵守下列原则：

(1)统一领导原则。制定的预案应该明确概括和总结铁路应急领导组织对应急救援工作的领导作用和责任。

(2)层次分明原则。铁路各级单位只做本单位的应急预案，并对下级单位的编制提出指导，不为下级单位具体编写预案。

(3)分工负责原则。应急预案中涉及的有关预防、预警、应急响应、应急保障、应急结束等环节，需按各部门职能明确分工划分。

(4)综合协调的原则。在制定预案过程中，如果涉及工作职能空档，要明确综合协调的职能机构和人员，做到职能间的相互衔接。

(5)宏观与实际操作相结合原则。国铁集团、各铁路局制定的预案需要从宏观角度出发总揽全局，把涉及的各类突发事件都包括进来，形成工作总纲。国铁集团与铁路局预案一般要对下级单位制定预案提出要求，不对具体操作环节进行规定；站段预案要在上述原则的基础上，明确针对突发事件，体现可操作性。

(6)突出重点原则。应急预案需围绕高速铁路应急工作业务特点及突发事件的特点，突出细化实际应急工作各个环节的相关内容。

2. 应急预案的编制程序和要求

(1)编制准备

编制高速铁路应急预案应做好以下准备工作：

①全面分析本单位危险因素、可能发生的突发事件类型及其危害程度。

②排查突发事件隐患的种类、数量和分布情况，并在隐患治理的基础上，预测可能发生的突发事件类型及其危害程度。

③确定突发事件风险源，进行风险评估。

④针对突发事件风险源和存在的问题，确定相应的防范措施。

⑤客观评价本单位应急能力。

⑥充分借鉴国内外同行业突发事件教训及应急工作经验。

(2)编制程序

①成立应急预案编制工作组。结合本单位部门职能分工，成立以单位主要负责人为领导的应急预案编制工作组，明确编制任务、职责分工，制定工作计划。

②资料收集。收集应急预案编制所需的各种资料(相关法律法规、技术标准、国内外同行业突发事件案例分析、本单位技术资料等)。

③风险源与风险分析。在危险因素分析及突发事件隐患排查、治理的基础上，确定本单位的风险源、可能发生突发事件的类型和后果，进行风险分析，并指出可能产生的次生、衍生事件，形成分析报告，分析结果作为应急预案的编制依据。

④应急能力评估。对本单位应急装备、应急队伍等应急能力进行评估，并结合本单位实

际，加强应急能力建设。

⑤应急预案编制。针对可能发生的高速铁路突发事件，按照有关规定和要求编制应急预案。预案编制过程中，应注重全体人员的参与和培训，使所有与应急有关人员均掌握风险源的危险性、应急处置方案和技能。应急预案应充分利用社会应急资源，与地方政府预案、上级主管单位以及相关部门的预案相衔接。

⑥应急预案评审与发布。应急预案编制完成后，应进行评审。评审由本单位主要负责人组织有关部门和人员进行。同时组织上级主管部门或社会相关专家进行外部评审。评审后，报上级有关部门批准和备案，并进行发布。

高速铁路应急预案编制流程如图 7.2 所示。

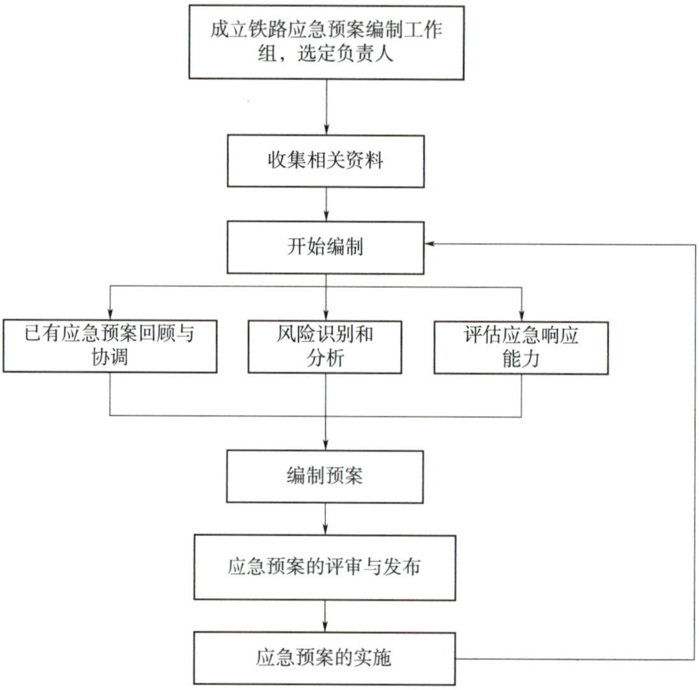

图 7.2　高速铁路应急预案编制流程

(3)编制要求

应急预案编制的格式应做到：

①结构合理。合理的预案章节结构，可以方便不同使用者能迅速找到各自所需的信息。在修改单个部分时，避免对整个应急预案作较大的改动。

②内容衔接。保证应急预案每个章节及其组成部分在内容上的相互衔接。

③表述一致。保证应急预案中的各个章节内容都采用相似的逻辑结构来组织，使读者不用重新去适应每个章节的内容的编排。

④格式兼容。应急预案的格式应尽量采取上级机构所采取的格式，以便各级应急预案能更好地协调和应对。

3. 应急预案的编制技术

(1)本体建模技术

①本体的内涵

本体一般定义为为满足人们对语义或者知识层面的某种需求,如对某个领域的概念及其之间关系的明确、唯一的描述,并能获得大家的共同认可,所采用的一种描述方法。

本体的定义包括四层内容:

a. 概念模型。它是客观世界中的相关概念经过抽象得到的模型,具有独立性,不依附于具体的环境。

b. 明确。明确定义相关概念及概念的约束。

c. 形式化。本体的表现是形式化的,是计算机可读的。

d. 共享。本体面向的是团体,体现特定领域中共同认可的概念及概念之间的关系。

②本体的建模步骤

本体建模的核心是明确领域中的概念、概念的属性和约束条件、概念之间的层次关系等。描述本体就是对本体的类、角色、角色属性、时间属性进行定义。

斯坦福大学医学院的七步法由于具有逻辑性强、操作性强、符合人类的思维认知等优势而更多地被用于领域本体的构建。七步法的构建步骤如下:

a. 确定所构建的领域本体的学科领域和范畴:包括应用本体的目的、应用范围、使用用户等问题。

b. 考察复用现有知识本体的可能性。

c. 列出本体中的重要概念:利用本领域现成的叙词表或词汇表对重要概念进行筛选。

d. 定义类和类的等级结构:定义等级结构的方法包括自顶向下法(从领域中最大的概念开始定义,再将这些概念细化)、自底向上法(由底层最小的概念类开始,再将这些小概念类综合到大的概念类上)和综合法(自顶向下法和自底向上法结合起来)。

e. 定义类的属性,包括内在属性、外在属性、类与其他类之间的关系。

f. 定义属性的分面:就是属性的取值的类型、容许的取值、值的个数及有关取值的其他特征。

g. 创建实例。

(2)情景分析法

①情景分析法的概念

情景分析法是一种可以应对不确定环境的灵活的动态规划思想。情景分析法具有适应复杂多变环境的特点,是一种适用于不确定环境预测与评估的有效方法。结合突发事件的特殊事件环境,可将情景定义为决策主体所面对的突发事件未来环境变化的典型情况以及典型情况发生的可能性的描述。通过对事件未来环境的典型可能情况的描述并定量确定各情况的可能性,将事件未来发展环境界定在一定范围内,并针对未来出现概率最高的环境采取应对措施。基于情景对突发事件的事件环境进行分析,对高效、有计划地应对突发事件起到至关重要的作用,是提高应急管理能力的有效途径。

②情景分析法的步骤

不同学者的分析视角和研究重点有所不同,情景分析法的具体操作步骤有所区别。

最具代表性和借鉴意义的有三种划分过程:

a. 五阶段法：将情景工程分为情景准备、情景域分析、情景预测、情景发展与情景传递。

b. 六步骤法：具体步骤为明确决策焦点、识别关键因素、分析外在驱动力量、选择不确定的轴向、发展情景逻辑、分析情景内容。

c. 十步骤法：第一步提出规划的前提假设，依次经过定义时间轴和决策空间、回顾历史、确定普通和相矛盾的假设、为结构变量决定连接到多样性的指示、为填充决策空间而构建情景草案、为所有的竞争者草拟策略、将策略映射到情景、使替代的策略有效，在选择或者使用最好的策略后结束整个分析过程。

(3)Petri 网技术

Petri 网以简单的圆、线、弧描述系统活动之间的复杂逻辑关系，对复杂离散事件系统的描述和分析具有一定的优越性。突发事件是一个庞大而复杂的离散事件系统，Petri 网理论适用于突发事件系统的建模与分析。

应急管理过程是一个典型的离散事件系统，应急管理系统的状态仅仅在某些时间点上的瞬间状态转移而变化，且状态转移是事件驱动的。基于 Petri 网理论在离散事件系统建模分析中的应用优越性，国内外众多学者将这一理论引入应急管理的研究中。Petri 网理论在应急管理分析研究的运用主要有应急管理的工作流程建模、应急管理过程的评价评估、数字化预案建模。

(4)案例推理

应急预案的智能匹配是缩短应急救援决策时间的关键环节，得到实时有效的应急救援预案，指挥中也能在突发事件发生的第一时间做出科学合理的判断，使得应急部门和应急物资之间的协作达到最佳。目前，多采用案例推理的方法进行应急预案智能匹配。

①案例推理基本原理

案例推理(case-based reasoning，CBR)是利用先前的经验知识，模仿人的认知学习过程进行问题求解的一种推理方法，其工作原理是根据当前的新事件结合一定的计算方法从案例库中挑选出一个或者多个与之最相似的案例，对它(们)的解决方案结合实际情况进行修改，从而获得新问题的解决方法。案例推理系统的核心包括四个部分：

a. 案例库，保存该领域内的历史经验。

b. 检索机，选择一种有意义的方法对案例进行选择。

c. 匹配算法，比较新案例与旧案例的相似程度。

d. 修正机制，根据实际情况推演旧案例的解决方案，从而得出新案例的最终解法。

一个完整的案例推理过程包括检索、重用、修正、保存四个步骤，如图 7.3 所示。

a. 检索。将待解决问题的相关信息作为条件，从案例库中检索近似的案例集。

b. 重用。在检索到的近似源案例集中选取解决方案，判断是否符合当前目标案例的要求，若符合，则重用这些源案例(或多个方案的归并解)，反之需要修改。

c. 修正。从相似案例中结合当前目标案例的实际信息修改解决方案，使之切合当前目标案例，获得当前目标案例的新求解方案。

d. 保存。将目标案例及其解作为历史案例存入案例库中，丰富案例库，这是 CBR 的学习方式，能够提高案例推理的能力。

在案例推理的过程中，突发案例就是推理过程中的目标案例；历史案例存放在案例库中，案例库是承载历史知识的容器。基本思路如下：当出现一个突发案例时，管理者利用案

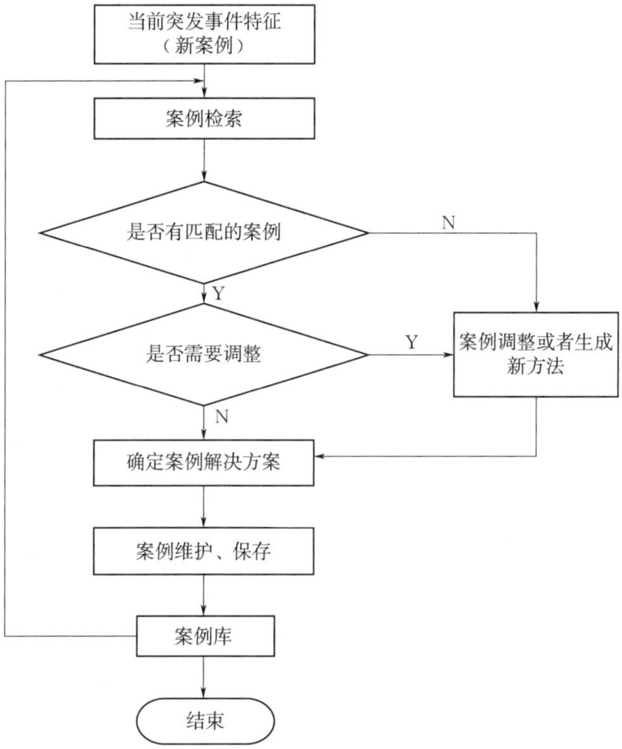

图 7.3 案例推理流程

例库中历史案例所包含的历史知识去处理，因此就根据突发案例的基本特征利用匹配算法去案例库中查找，从而找到与当前案例最为贴近的历史案例作为预案，借鉴预案的解决方法。由于匹配出的预案不可能和突发事件完全一致，因此需要将解决方案做一定的修改以使其更加适合当前突发案例。如果匹配不到，则对其做调整，并且保存在案例库中作为新预案。案例表示、案例匹配是案例检索的核心。

CBR 是通过借鉴历史案例的经验，对当前决策问题进行推理的智能决策技术，可以充分利用高速铁路领域丰富的救援经验，结合现行高速铁路救援的组织和处理流程，提高高速铁路应急救援能力。根据高速铁路突发事件的属性特征，利用案例推理理论给出适合高速铁路突发事件的救援预案匹配算法是关键技术之一。

②案例匹配技术

对于高速铁路突发事件，如何从案例库中匹配出最为相似的案例，决定了案例推理的学习与推理能力。其关键在于目标案例和历史案例之间是否能完美的匹配。目前主流的相似性度量函数主要有最近邻算法、Tversky 对比匹配法、改进的 Tversky 匹配法、多参数的相似性计算、置信混合相似度等。

7.2.2 应急预案的演练

1. 应急演练的意义

高速铁路应急预案只有通过演练才能促进所有相关部门的工作人员、社会公众的了解和掌握，才能更好地发挥作用。

应急演练是指国铁集团、铁路局和站段等各级单位和部门，组织相关单位及人员，依据有关高速铁路应急预案，模拟应对突发事件的活动。应急演练可以更好地验证高速铁路应急预案的可操作性，使应急管理和应急救援人员得到实际训练，也有利于检验和提高相关部门和人员的协调配合能力。因此，高速铁路部门应充分重视应急演练的重要作用，定期或不定期地组织相关方进行各项演练活动。

高速铁路应急演练是检测高速铁路应急管理工作的量度标准，在突发事件预防和应对过程中发挥着重要的作用：

(1)评估应急准备状态，发现并及时修改应急预案中的缺陷和不足。

(2)评估高速铁路应急能力，识别应急资源需求，理顺相关机构、组织和人员的职责，改善不同机构、组织和人员之间的协调问题。

(3)检验应急响应人员对应急预案、执行程序的了解程度和实际操作技能，进一步提高应急响应人员的业务素质和能力。

(4)促进公众、媒体对高速铁路应急预案的理解，争取其对高速铁路应急工作的支持。

2. 应急演练的目的与目标

高速铁路应急演练是加强高速铁路突发事件应对能力的一项重要活动，通过应急演练，可以达到检验预案、完善准备、锻炼队伍、磨合机制、科普宣教等多项目的。

(1)检验高速铁路应急预案。通过开展高速铁路应急演练，有利于查找现有高速铁路应急预案中存在的各类问题，进一步完善预案，提高预案的实用性和可操作性。

(2)完善高速铁路应急准备工作。通过开展高速铁路应急演练，有利于检查应对突发事件所需应急队伍、物资、装备、技术等方面的准备情况，以便发现应急处置中的不足，并及时予以调整补充，做好高速铁路应急准备工作。

(3)锻炼高速铁路应急队伍。通过开展高速铁路应急演练，有利于增强演练组织单位、参与单位和人员等应急预案的熟悉程度，提高应急处置能力。

(4)磨合高速铁路应急机制。通过开展高速铁路应急演练，有利于进一步明确相关单位和人员的职责任务，理顺工作关系，完善应急机制。

(5)科普宣教。通过开展高速铁路应急演练，有利于普及应急知识，提高高速铁路员工风险防范意识和自救互救等突发事件应对能力。

3. 应急演练的分类

按组织形式划分，高速铁路应急演练可分为桌面演练和实战演练。

①桌面演练。桌面演练是在室内讨论和模拟式的应急演练活动。由相关参演单位人员，按照应急预案的内容，在预设应急状态下，采取讨论和模拟方式进行的应急演练。主要检验参演人员应急职责、处置程序的执行情况等方面的能力。

②现场演练。现场演练是在仿真模拟突发事件真实场景条件下的应急演练活动。由相关参演单位和人员，按照应急预案的内容，运用真实装备，采取实际行动进行的应急演练。主要检验应急队伍、抢险装备的调动效率和现场组织能力。现场演练通常要在特定场所完成。

按内容划分，高速铁路应急演练可分为专项演练和综合演练。

①专项应急演练。由单一系统(如电务系统、工务系统等)或单位(国铁集团、铁路局、站

段）牵头，针对制定的高速铁路应急预案以及其他应急预案中涉及自身职责组织开展的高速铁路应急演练。重点检验高速铁路专项应急预案。

②综合应急演练。由多个系统（如电务系统、工务系统等）或单位（铁路局、站段）参与，共同针对相关的高速铁路应急预案组织开展的应急演练。重点检验多个环节和不同部门之间的应急联动机制。

按目的与作用划分，高速铁路应急演练可分为程序性演练、考核性演练和检验性演练。

①程序性演练。主办单位事先制定应急演练工作方案或脚本。参演人员根据脚本，结合各自职能分工，逐条分项推演，熟悉突发事件的应急处置工作流程，并在演练过程中进行验证。

②考核性演练。主办单位事先制定多场景的高速铁路应急演练工作方案或脚本，演练时，由指挥组随机调整应急演练场景的个别或部分信息指令。重点考核参演人员对变化信息指令的自主响应能力和应对事件的处置能力。

③检验性演练。主办单位事先制定应急演练工作方案，但不编制脚本。应急演练的时间、地点、场景等由指挥组随机控制。演练前，参演人员只是了解预设事件的情景梗概，并根据指挥组下达的信息指令进行自主响应。重点检验参演单位及人员的自主应对能力。

不同类型的演练相互组合，可以形成单项桌面演练、综合桌面演练、单项实战演练、综合实战演练、示范性单项演练、示范性综合演练等。

4. 应急演练的流程

高速铁路应急演练是由多个机构和部门共同参与的一系列行为和活动，因此应急演练的组织与实施是一项非常复杂的任务，应急演练过程可以划分为演练准备、演练实施和演练总结三个阶段。应急演练流程如图7.4所示。

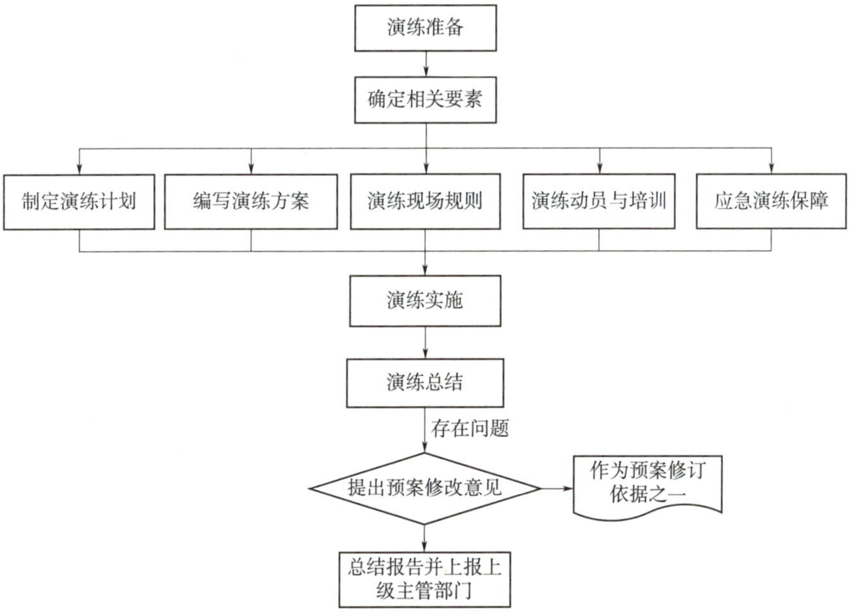

图7.4　高速铁路应急演练流程

7.2.3 应急预案的评价

高速铁路应急预案对高速铁路突发事件应急处置起着重要的指导作用，其质量的优劣，直接影响到应急救援的效果和效率。对高速铁路应急预案进行评价有助于高速铁路部门提前预知预案的使用效果，有利于事先查出预案中的不足以便及时修改。高速铁路应急预案的评价有定性和定量两种形式。定性的评价主要采用评价表法，定量评价主要借助于数学模型和算法进行。下面重点介绍应急预案综合评价方法。根据高速铁路应急预案的内容和作用，首先需建立高速铁路应急预案评价指标体系，再运用评价方法对应急预案进行研究，力争科学、易行、全面地对应急预案的各方面进行系统分析和评价。为高速铁路应急预案编制的合理性、实施的可操作性以及救援成本的经济性评价提供理论依据。

应急预案评估方法主要有模糊综合评价法、TOPSIS 法、距离最优法等多种方法。其中模糊综合评价法是应急预案前评估的常用方法，主要是因为该方法具有以下优势：可以将评价过程中的主观因素对结果的影响控制在比较小的限制范围之内，使得对预案的评价得以客观可信；模糊综合评价法适用于多主体对多层次指标评价信息的整合评估。

建立评价指标体系是评估的基础。建立高速铁路应急预案评价指标体系，应以目的性、全面性、可行性为原则，要在充分认识高速铁路应急预案应包含的内容以及发挥的作用上，归纳罗列评价指标，能够全面覆盖高速铁路应急预案的各方面的情况。应急预案评价指标体系分为三层（见表 7.1），按照预案涉及的内容和发挥的作用，第一层次分别为危险源识别、应急组织机构与职责、前期预防、应急处置和后期处置五个方面。

表 7.1 高速铁路应急预案评价指标

一级指标	二级指标	三级指标
危险源识别 u_1	危险源辨识 u_{11}	能够客观分析本单位存在的危险源及危险程度 u_{111}
		客观分析可能的突发事件诱因、影响范围及后果 u_{112}
应急机构与职责 u_2	应急组织体系 u_{21}	能够清晰描述本单位的应急组织机构构成 u_{211}
		明确应急组织成员工作职责 u_{212}
	预案涉及单位 u_{22}	明确有关安全设施、装置、设备所属单位或部门 u_{221}
		合作单位对本单位基本情况的熟悉情况 u_{222}
前期预防 u_3	预防与预警 u_{31}	明确信息监测、上报部门 u_{311}
		明确报告内容、方式 u_{312}
		明确预警信息发布的内容和流程 u_{313}
	信息共享和处理 u_{32}	明确信息共享方式、内容 u_{321}
		明确各个时段指挥和协调的负责部门 u_{322}
		清晰描述各个时段指挥和协调部门的工作 u_{323}
	应急资源管理 u_{33}	清晰描述应急资源的种类、数量、位置 u_{331}
		确定应急资源的负责管理人员 u_{332}

续上表

一级指标	二级指标	三级指标
应急处置 u_4	事态控制 u_{41}	清晰描述突发事件控制方法 u_{411}
		确定突发事件控制的人员及职责 u_{412}
	人员救援 u_{42}	清晰描述救援所需物资 u_{421}
		清晰描述乘客安全撤离路线 u_{422}
		明确救援过程的实施程 u_{423}
	突发事件处理 u_{43}	清晰描述突发事件处理的方法和途径 u_{431}
		明确说需求助单位及联系方式 u_{432}
后期处置 u_5	善后处置 u_{51}	明确污染物处理、生产恢复等内容 u_{511}
		明确各项后期处置负责部门及联系方式 u_{512}
		清晰描述人员伤亡、财产损失等理赔工作 u_{513}
	教训总结 u_{52}	明确需要总结的内容、经验教训以及改进措施 u_{521}
		清晰描述接收部门处理操作 u_{522}

7.3 基础设施和技术装备故障的应急管理

基础设施和技术装备故障的应急应根据设施设备故障的具体情况和场景，采取相应的处置方法。

7.3.1 动车组故障应急处置办法

1. 动车组途中停车下车处理办法

(1)动车组运行途中停车需要随车机械师下车检查处理时，由司机负责向列车调度员报告，司机接到列车调度员已发布邻线列车限速 160 km/h 及以下调度命令的口头指示后，通知随车机械师，双方互相签认后，随车机械师下车检查、确认。司机、随车机械师保持密切联络。

(2)随车机械师检查处理完毕立即上车，通知司机检查处理结果，司机立即向列车调度员报告，列车调度员下达恢复邻线正常运行命令。

2. 受电弓故障应急处理办法

动车组运行中，司机发现受电弓突然降弓时，应立即切断主断路器并降弓、停车，向列车调度员报告。司机接到列车调度员已发布邻线列车限速 160 km/h 及以下调度命令的口头指示后，通知随车机械师下车检查受电弓状态。列车调度员及时通知供电调度安排接触网工区进行巡视检查。随车机械师按规定程序下车检查、确认：

(1)经初步检查确认接触网正常，受电弓外观可见部分无明显异常或超限，但未能判明降弓原因时，随车机械师应立即将检查情况报告司机，司机报告列车调度员。司机按随车机械师要求切除已降下的受电弓，换弓运行，限速 160 km/h 运行至前方站。

如前方站为终点站，列车调度员应提前安排启动热备动车组替换，替换下的故障动车组限速 160 km/h 返回动车所进行处理。

如前方站为非终点站时，随车机械师在停站后使用望远镜或其他手段进行进一步检查确认，如确认受电弓外观整体正常或不影响运行安全时，动车组以正常速度维持运行至终点站，列车调度员应提前安排启动热备动车组替换，替换下的故障动车组限速 160 km/h 返回动车所进行处理；如不能确认，则必须登顶检查。

(2)如检查时发现受电弓轻微损坏，且无部件脱落危险时，随车机械师通知司机切除受损的受电弓，换弓后以不高于 120 km/h 的速度运行进入前方车站停车，停车后，随车机械师下车进一步确认，如确认受电弓无脱落危险时，通知司机限速 160 km/h 运行；如发现受电弓损坏部位有扩展趋势，则必须登顶检查处理。

(3)如检查时发现受电弓刮弓或损坏较严重，有部件脱落危险时，随车机械师应通知司机请求接触网停电。司机向列车调度员汇报并请求，在得到接触网已停电准许登顶作业的调度命令和列车调度员已发布邻线列车限速 160 km/h 及以下调度命令的口头指示后，切除受损的受电弓后升另一良好受电弓，与随车机械师共同确认无网压，合接地装置实施放电后，通知随车机械师进行登顶检查；随车机械师用验电器确认接触网停电后挂接地杆，登车顶检查处理，捆扎受损受电弓，确保受损受电弓离开接触网的距离大于 300 mm，无部件脱落危险，且距离车顶高压器件的距离大于 300 mm；处理完毕后，在司机手账上签认，通知司机使用良好受电弓正常运行。

(4)如经现场登顶确认全部受电弓受损严重，在所有受损受电弓捆扎完毕，确认受损受电弓、车顶其他部件离开接触网的距离大于 300 mm 后，通知司机请求救援。在等待救援时，司机和随车机械师按规定做好列车防溜，同时司机应将制动手柄置于最大制动位，保持客室内应急灯亮，头灯及车尾标志灯亮。随车机械师启动应急通风装置，司机监视蓄电池电压符合规定，低于规定值时关闭蓄电池；无应急通风装置或蓄电池电压低于规定值时，通知列车长组织安装防护网、开启指定车门通风并做好防护。

3. 受电弓挂有异物应急处理办法

动车组运行途中，司机接到受电弓挂有异物影响行车的通知时，立即停车降弓，向列车调度员报告，请求下车处理。司机接到接触网已停电准许登顶作业的调度命令和邻线列车限速 160 km/h 及以下调度命令已发布的口头指示后，切除挂有异物的受电弓后升另一良好受电弓，并与随车机械师共同确认无网压，合接地装置放电，然后通知随车机械师下车作业。随车机械师在确认接触网停电及动车组放电完毕后，下车用令克棒(绝缘棒)在非会车侧清除受电弓异物，如无法清除时，按规定作业程序登车顶清除异物，并检查受电弓情况，受电弓如有损伤，随车机械师按规定对受损受电弓进行处理完毕后，在司机手账上签认后通知司机正常运行。

4. 动车组途中发生火情时应急处理办法(车辆设备故障)

(1)动车组运行途中，乘务人员发现车厢空调通风口、配电柜、客室内其他设备设施等冒烟、起火、烧焦，橡胶、塑胶熔化等产生的异味时，应立即通知司机和随车机械师、列车长。司机应立即采取停车措施(尽量避免列车停在隧道、长大下坡道、油库等重要建筑物以及居民区)使列车停于安全地点，断开主断路器并降弓，向列车调度员汇报。

(2)随车机械师接到通知后及时赶到相应车厢关闭空调、通风系统或设备设施电源，并将设备状况通知列车长和司机。

(3)停车后,随车机械师应对车辆设备进行检查,准确判断,果断处理,确认不影响行车安全时,签认后通知司机正常运行。

5. 动车组运行中车辆发生异音、异状应急处理办法

(1)异音应急处理措施

列车工作人员发现或接到反映车辆下部有拖、拉、击打声、上下振动声、连续摩擦声等异音的通知时,应立即采取紧急停车措施,由司机向列车调度员报告。司机在接到列车调度员已发布邻线列车限速 160 km/h 及以下运行调度命令的口头指示后,通知随车机械师下车检查。随车机械师按规定程序下车检查。如故障暂不能修复,但不影响行车安全时,随车机械师临时应急处理并在司机手账上签认后监护、限速运行,必要时预报前方车站协助处理,如故障影响行车安全且不能修复时,应通知司机,司机向列车调度员报告并请求救援。

(2)异状应急处理措施

遇有车辆突发剧烈上、下跳动,车体剧烈摆动,连接处明显下垂,走行部有剧烈连续的摩擦震动声等异状时,列车工作人员应立即采取紧急停车措施,由司机向列车调度员报告。司机在接到列车调度员已发布邻线列车限速 160 km/h 及以下运行调度命令的口头指示后,通知随车机械师下车检查。随车机械师按规定程序下车检查确认车辆损伤情况。如故障暂不能修复,在不影响行车安全的情况下,随车机械师临时应急处理并在司机手账上签认后监护、限速运行,必要时预报前方车站协助处理。在限速运行过程中,随车机械师密切监视故障车辆状况,如有异常应立即采取紧急停车措施并通知司机,司机向列车调度员报告并请求救援。

6. 重联动车组运行中发生异常需要分离应急处理办法

重联动车组中一组因故不能继续运行,根据调度命令需要分离运行时,随车机械师配合司机,按动车组摘解操作程序,摘解重联动车组。值乘故障动车组的随车机械师须与故障动车组一起停留原地等待救援,正常动车组按命令单组继续运行。

7. 轴承温度超温报警应急处理办法

当动车组轴承温度超温报警时,司机应立即停车,随车机械师须下车检查、点温确认,重点检查齿轮箱、联轴器、牵引电机、轴箱等部位,确认异常或温升超高时,在司机手账上签认,司机向列车调度员报告,按照限速表相关要求限速运行;确认轴温正常,属误报警时,按照各自车型途中应急故障处理手册中相关要求操作,在司机手账上签认,司机汇报列车调度员按正常速度运行(CRH3、CRH380BJ 型限速 200 km/h)。随车机械师在运行途中密切跟踪报警车轴温度状态。

8. 遇接触网停电应急处理办法

(1)动车组司机断开主断路器,降下受电弓停车,制动手柄置最大制动位,保持首尾标志灯亮,司机及时与列车调度员联系,按规定采取防溜措施。

(2)随车机械师要立即向司机询问情况,并巡视检查各车应急照明、蓄电池电压情况,停车超过 20 min 时开启应急通风系统或配合客运人员开门通风。

(3)若应急通风蓄电池低压保护,应急通风装置停止工作,无法保证车内通风时,随车机械师向列车长报告,由列车长组织安装防护网、打开车门通风。

9. 动车组救援要求

(1)动车组运行途中故障需要救援时,优先采用动车组救援动车组,其次采用机车救援

动车组。

(2)动车组相互救援时,有关要求如下:

①CRH3C、CRH380B、CRH380BL、CRH380CL、CRH5A 型动车组同型之间及相互之间可以实施救援。

②CRH2A、CRH2C、CRH2B、CRH2E、CRH380A、CRH380AL 型动车组同型之间及相互之间可以实施救援。

③具体救援作业办法按照《关于印发〈动车组相互救援作业办法〉的通知》(铁运〔2011〕392 号)要求办理。

7.3.2 工务设备故障应急处置办法

高速铁路工务设备故障主要指钢轨折断、道岔故障、检查车(轨道检查车、综合检测列车)Ⅳ级偏差等。

1. 设备故障和自然灾害检查处理程序

高铁发生设备故障或自然灾害时,有关单位(人员)立即向列车调度员(非常站控时为车站值班员)汇报。

设备故障或自然灾害处理按以下两种程序办理。

(1)列车调度员(车站值班员)接到设备故障或自然灾害报告时

①列车调度员应立即按规定采取措施,并通知综合设施调度。综合设施调度应立即通知铁路局工务处领导、工务段调度和驻调度所联络员,并了解详细情况,协调相关工作。工务段调度立即通知值班段长和车间,确定作业负责人。

当为非常站控时,车站值班员应立即按规定采取相应措施,并通知工务车间和列车调度员,工务车间向工务段调度汇报,并指派驻站联络员、确定作业负责人,工务段调度向值班段长、综合设施调度报告,综合设施调度向工务处领导报告。

②工务段值班段长立即组织检查、抢修。

③作业负责人按通知的故障地点和类别,组织抢修人员携带机具和材料,赶赴现场。

④抢修人员到达现场,上线前由作业负责人确定本线封锁和邻线限速(不超过 160 km/h)的起止里程,并在第一时间通知驻调度所(站)联络员;驻调度所(站)联络员根据作业负责人的报告在"行车设备检查登记簿"内进行登记,列车调度员(车站值班员)根据登记要求办理。

⑤作业负责人接到调度命令并与驻调度所(站)联络员核实后,立即组织上线检查和故障或自然灾害处理,向驻调度所(站)联络员报告情况,并向工务段调度汇报。

报告的主要内容有:

a. 作业负责人姓名、职务。

b. 故障或自然灾害的区间、行别、里程(××公里××米,或车站名、道岔股道编号)。

c. 故障或自然灾害的主要情况及影响范围。

d. 故障或自然灾害的处理方案。

⑥故障或自然灾害处理后,由作业负责人向驻调度所(站)联络员报告处理情况和放行列车条件(需封锁或限速开通线路时,应报告封锁或限速的区间、行别、起止里程、放行列车

速度等)，并向工务段调度汇报。

⑦驻调度所(站)联络员按作业负责人确定的放行列车条件在“行车设备检查登记簿”内登记，列车调度员(车站值班员)根据登记要求办理。

(2)当工务人员作业发现设备故障或自然灾害时

①作业负责人立即组织故障或自然灾害处理，并向驻调度所(站)联络员报告，同时向工务段调度报告。工务段调度立即向综合设施调度和值班段长报告，综合设施调度向工务处领导报告。

②工务段值班段长立即组织检查、抢修。

③驻调度所(站)联络员立即向列车调度员(车站值班员)报告，并根据作业负责人的报告在“行车设备检查登记簿”内进行登记，列车调度员(车站值班员)根据登记要求办理。

④故障处理后，由作业负责人向驻调度所(站)联络员报告处理情况和放行列车条件(需封锁或限速开通线路时，应报告封锁或限速的区间、行别、起止里程、放行列车速度等)，并向工务段调度汇报。

⑤驻调度所(站)联络员按作业负责人确定的放行列车条件在“行车设备检查登记簿”内进行登记，列车调度员(车站值班员)根据登记要求办理。

2. 主要设备故障的处理方法

(1)钢轨折断

①发现钢轨折断时应立即封锁线路，并根据现场情况分别采取紧急处理、临时处理和永久处理。

a. 紧急处理。当断缝不大于 30 mm 时，可在断缝处上夹板或鼓包夹板，用急救器加固，在断缝前后各 50 m 拧紧扣件，并派专人看守，按不超过 45 km/h 的速度放行列车，且邻线限速不超过 160 km/h。

b. 临时处理。当钢轨折损严重、断缝超过 30 mm 或紧急处理后不能及时焊复时，应切除伤损部分，在两锯口间插入长度不短于 6 m 的同型钢轨，轨端钻孔，安装接头夹板，用 10.9 级螺栓拧紧。在短轨前后各 50 m 范围内，拧紧扣件后，按不大于 160 km/h 的速度放行列车。

c. 永久处理。对紧急处理或临时处理的处所，宜于当日天窗内进行焊复。

②发现道岔尖轨、基本轨、可动心轨、翼轨折断时应立即封锁线路，进行处理。

a. 紧急处理。断缝位于尖轨与基本轨、可动心轨与翼轨密贴范围以外且能加固时，处理办法和放行列车条件同钢轨折断紧急处理。

断缝位于尖轨与基本轨、可动心轨与翼轨密贴范围以外不能加固或断缝位于尖轨与基本轨、可动心轨与翼轨密贴段范围内，且直股或曲股之一可单独放行列车时，根据现场实际情况，确定道岔开向，工务紧固，车务加锁(或控制台单锁)，视道岔型号和状态确定放行列车速度，但最高不得超过 80 km/h，并派人看守，邻线限速不超过 160 km/h；直股和曲股均不能放行列车时，应进行永久处理。

b. 永久处理。更换尖轨、基本轨或辙叉并焊接，焊接作业要求同钢轨折断永久处理。

(2)道岔故障

工务、电务部门应联合对道岔故障进行检查和处理。

根据检查的道岔故障情况，分别采取相应处理措施。如道岔发生钢轨折断时，按钢轨折断的处理方法进行处理。

(3)检查车发现Ⅳ级偏差

检查车检查发现Ⅳ级偏差时，检查人员立即通知本务司机转报列车调度员，列车调度员指挥后续列车限速运行 300～350 km/h 区段限速不大于 200 km/h，200～250 km/h 区段限速不大于 160 km/h。

3. 自然灾害处置办法

(1)列车调度员接到灾害报告且影响行车安全时，应立即封锁线路，并通知相关部门和单位，现场检查确认之前不得开通线路。

(2)设备管理单位接到自然灾害通知时，应立即就近派人赶赴灾害现场组织抢修，影响行车安全时，主要领导要立即赶赴现场组织抢险。

(3)按照先通后固、及时补强的原则组织抢修，防止次生灾害的发生。

7.3.3 牵引供电设备应急处置办法

1. 故障判断

(1)跳闸重合成功

①本线和邻线后续第一列动车组限速 160 km/h；列车调度员了解供电臂范围内的车站和动车组情况，本线或邻线后续第一列动车组司机观察接触网状态，若无异常，恢复正常行车速度。

②供电调度通知接触网工区登乘动车组巡视和线路外巡视设备。

(2)跳闸重合失败

①供电调度员迅速了解供电设备情况，判断故障性质。

②通过列车调度员通知供电臂范围内所有动车组降弓进行试送电。

③根据保护动作情况，判断正馈线或接触网故障，如已确定是 AF 线接地引起跳闸，可先断开 AF 线有关开关，以直供方式恢复接触网供电。

④若馈线过电流保护动作，电流超过整定值且馈线电压不低于 19 kV，一般为过负荷跳闸，应在 2 min 内试送电。

2. 抢修

(1)列调、电调紧密配合，供电抢修作业车比照救援列车办理，优先组织开行。

(2)为使供电抢修人员机具快速到达现场，可通过邻线动车组临时停车到达故障现场。

(3)接触网发生跳闸时，相邻的两个接触网工区均应做好抢修准备工作。

(4)接触网抢修作业时，邻线动车组限速 160 km/h。

3. 处置办法

(1)变电

①牵引变电所两路外部电源系统同时失压时，迅速组织实施越区供电。

②牵引变电所主变压器、断路器、互感器等设备故障时，切除或隔离故障设备，投入备用设备，当备用设备发生故障时，实施迂回供电或越区供电。

(2)接触网

①接触线断线。可对断线接触线进行临时处理，保证限界，动车组限速 160 km/h，降弓通过故障地点。

②承力索断线。承力索断线可用紧线工具将承力索紧起后即送电通车，必要时降弓通过，动车组限速 160 km/h。

③供电线断线或供电线电缆故障。优先考虑甩掉故障的供电线或将供电线脱离接地，迂回或越区供电。

④AF 线断线或 AF 线电缆故障。可将 AF 线甩开，退出 AT 供电方式，采用直供方式供电，必要时限制列车速度和数量。

⑤隔离开关故障。

a. 常开开关故障时，可将引线甩掉送电。

b. 常闭开关故障时，可将开关短接后送电。

c. 使用权不属供电部门的开关处理后要及时通知相关单位并在相关记录上签认。

⑥弹性吊索故障。可临时拆除弹性吊索及吊弦，但须保证接触网定位点处高度和坡度。

⑦绝缘子故障。绝缘子表面因脏污引起闪络，擦拭后送电；绝缘子内部击穿和严重破损的，必须更换。

⑧棘轮或补偿滑轮补偿绳断线。补偿绳断线的，一般可将相应线索紧起后临时做硬锚，降弓通过。

⑨分段、分相故障。

a. 分段绝缘器故障，可视情况降弓通过、封锁渡线或停电更换。

b. 器件式电分相故障。分相绝缘器接口处导线抽脱的，一般用紧线工具紧起后即可送电降弓通过，但有效主绝缘一般不少于两节。

主绝缘烧损的，如果满足不了绝缘和机械要求，则必须更换。

分相处打碰弓严重的，可临时降弓通过。

c. 锚段关节式电分相故障。当分相关节处发生打碰弓等不影响供电的故障时，降弓通过。

当发生断线等故障，应尽快争取恢复一组绝缘锚段关节，设置降弓区域后送电。

⑩钢柱倾斜。若满足降弓通过条件时，加固钢柱，保证限界，降弓通过；若不能满足降弓通过条件时，将承力索、接触线从支撑定位中脱离，拆除钢柱，保证限界后降弓通过。

⑪弓网故障。接触网、受电弓分别处理，接触网处理后，优先采取降弓通过措施，动车组限速 160 km/h。

⑫双线隧道内接触网故障应在垂直停电情况下进行抢修。

⑬接触网设备大面积损坏或停电，采取降弓、迂回供电等措施最大限度减小停电时间、范围。

⑭因覆冰、强风等原因引起接触网舞动时，可根据频率及振幅大小采取限速措施，必要时接触网停电。

⑮发生冰雪及冻雨等灾害性天气，接触网导线结冰后影响受电弓正常滑动和取流，启动除冰应急预案。

⑯接触网悬挂塑料布、布条等异物时，根据异物大小的情况进行停电或带电处理。

4. 配合

(1)当动车组发生火灾时，按列车调度员指示办理停电。

(2)接触网抢修时原则上应垂停进行。当因疏导车流需 V 停时，要注意人身安全，抢修人员及机具不得侵入邻线限界，故障抢修处所按照国铁集团有关规定进行邻线限速。

隧道、禁止V停作业处所以及遇雨、雪、雾、风力5级以上的恶劣天气时，接触网抢修必须在垂停状态下进行。

(3)铁路职工发现供电设备发生异常或故障时，要及时汇报调度所或供电设备管理单位，也可就近汇报车站转报相关单位。

7.3.4 信号设备故障应急处置方法

1. 地面设备故障应急处置基本要求

(1)当发生与信号设备有关联的机车车辆脱轨、冲突、颠覆事故时，现场维修人员应记录设备状态，派人监视，保护事故现场，不得擅自触动设备，并立即报告电务段调度。

(2)信号设备应急处理应遵循“了解情况—登记—检查试验—应急处理—试验—销记—汇报”的程序进行。

(3)电务应急抢修人员必须搭乘动车组、列车(轨道车)进行抢修时，电务段调度须将搭乘人数、负责人、联系方式、上车点、下车点等提报调度所，根据调度命令及时赶赴现场。

(4)调度集中系统、列车运行控制系统等涉及两个及其以上铁路局的设备应急处理及抢修，当暂不能判别故障发生的地点时，CTC中心、RBC、TSRS等设备所在铁路局负责指挥协调相关单位进行故障处理。当判明故障发生的地点后，故障发生地的铁路局负责指挥协调相关单位进行故障处理。

(5)必须上道处理的设备故障，现场抢修人员必须通过驻调度所联络员或综合设施调度办理同意上线检查作业的手续，并确认本线封闭及设置好邻线160 km/h及以下限速后(穿越邻线时必须封闭邻线)，方可上道处理。

(6)遇CTC中心和中间站CTC设备同时发生故障时，优先抢修CTC中心设备。

(7)遇有多点设备故障时，优先抢修恢复正线设备。

(8)自动闭塞上、下行设备均故障时，根据运输需要，优先抢修恢复一个方向的设备。

2. CTC系统设备故障应急处置措施

(1)车站通信中断或者自律机故障时

车站实时信息中断，调度命令、阶段计划无法下达时，列车调度员应立即通知电务维护人员处理，如无法及时恢复或者其他情况必要时，列车调度员立即通知车站转入非常站控，调度台对于故障车站采取人工作业、电话指挥方式。

(2)当调度台工作站发生单机故障时

列调台机器死机或者终端软件无法操作时，列车调度员应立即通知电务维护人员更换设备或者启用备用调度台。如无法及时恢复正常使用时，通知所管辖车站转入非常站控，通过电务维护台打印本班运行图，调度台启用人工作业、电话指挥方式。如果调度台管内有尚未设置的临时限速，列车调度员应及时通知司机按调度命令限速运行。

(3)当数据库服务器故障时

CTC数据库相关功能失效，调度台显示界面上显示数据库连接中断时，列车调度员应立即通知电务维护人员处理，并立即打印本班运行图，启用CTC调度台离线工作方式。如无法及时恢复正常使用时，通知车站转入非常站控，调度台启用人工作业、电话指挥方式。

(4)当应用服务器故障、中心网络瘫痪、电源故障时所有实时信息中断，调度命令和阶段计划无法下达时，列车调度员应立即通知电务维护人员处理，立即打印本班运行图，启用 CTC 调度台离线工作方式。同时通知车站转入非常站控，调度台启用人工作业、电话指挥方式。如果有尚未设置的临时限速，列车调度员应及时通知司机按调度命令限速运行。

3. 道岔转辙设备故障应急处置措施

(1)按运输需求，优先恢复道岔一侧表示。

(2)遇道岔故障短时间不能恢复时，车站应急值守人员将故障道岔操纵或手工摇动到规定位置并加锁确认后，确保非正常情况下的接、发车作业，然后再要点(或天窗时间)进行故障处理。

(3)遇转辙机、密贴检查器、心轨下拉装置等故障部件修复困难时，及时用备机进行替换。

4. 室内设备(CBI、RBC、TSRS、TCC 等)故障应急处置措施

(1)按照各系统机柜、模块、板卡上的指示灯确认故障设备。

(2)重新启动单系设备或双系设备恢复设备故障或同步工作。

(3)替换故障的模块、板卡或机笼等。

(4)处理设备(子系统)软件故障。

(5)处理设备(子系统)间的接口故障。

以上处理方法视故障情况可单独或组合运用，在进行第(4)项处理时，必须由设备厂家进行现场技术支持。

5. 列控车载设备故障应急处置基本要求

(1)电务部门应设立应急技术支持电话，并在车载设备适当位置明示。电务值班人员在接到车载设备故障报告后，应了解故障现象并指导处理。

(2)动车组出所前发生列控车载设备故障时，电务人员应迅速处理，若故障无法立即修复，应立即报告动车所调度。重联动车组重联端车载设备检测良好的，可换端重联出所。

(3)动车组在始发、终到站遇故障时，可采用更换车载设备模块、板件进行相关故障的临时处理。

(4)当列控车载设备故障发生地或车载设备故障动车组的运行目的地在外局时，设备所属铁路局电务部门应主动联系有关铁路局电务部门，通报故障情况并请求协助。有关铁路局电务部门应积极响应，负责故障处理、数据下载及转发。

6. CTCS-3 级列控车载设备故障应急处置措施

(1)出库后的动车组，列控车载设备上电自检、制动测试不通过，换系、重启(间隔 30 s，下同)两次仍不通过的，司机应报告列车调度员或车站值班员，按调度命令执行。

(2)在 CTCS-3 级区段与 CTCS-2 级区段自动级间转换失败时，司机应立即报告列车调度员或车站值班员，并按以下方式办理：

①由 CTCS-3 级向 CTCS-2 级转换，停车后手动转换。

②由 CTCS-2 级向 CTCS-3 级转换，维持 CTCS-2 级方式继续运行。

(3)在 CTCS-2 级区段当 CTCS-2 主机模块故障、黑屏或白屏(系统时间不刷新)，车载设备触发制动停车，重启或换系后仍不能恢复正常时，司机应报告列车调度员或车站值班员，按调度命令执行。

7. CTCS-2 级列控车载设备故障应急处置措施

(1)出库后的动车组,列控车载设备上电自检、制动测试不通过,换系、重启两次仍不通过的,司机应报告列车调度员或车站值班员,按调度命令执行。

(2)在 CTCS-0 级区段与 CTCS-2 级区段自动级间转换失败时,司机应立即报告列车调度员或车站值班员,并按以下方式办理:

①由 CTCS-2 级向 CTCS-0 级转换,停车后手动转换。

②由 CTCS-0 级向 CTCS-2 级转换,维持 CTCS-0 级方式继续运行,或到下一车站停车后手动转换。

(3)列控车载设备运用中发生下列故障,通过重启仍不能恢复正常使用的,司机应报告列车调度员或车站值班员,按调度命令执行:

①列控车载设备不能正常使用,但具备机车信号时,按调度命令将列控车载设备隔离,选择 CTCS-0 级,由 LKJ 控车运行。

②列控车载设备不能正常使用,且不具备机车信号功能时,应按调度命令将列控车载设备隔离。

(4)列车越过出站口应答器组后,列控车载设备未进入完全监控模式。应停车手动转换到 CTCS-0 级行车,到下一车站停车后手动转换到 CTCS-2 级。

8. 列控系统地面设备故障应急处置措施

(1)列控中心、LEU 故障时,在 CTC/TDCS 车务终端报警,列车调度员或车站值班员应立即通知信号维修人员。若确认设备不能及时恢复时,设备部门在"行车设备检查登记簿"内登记设备停用及影响范围,列车调度员或车站值班员按设备部门登记要求组织非正常行车。

(2)车站联锁设备故障导致不能开放信号(含引导信号)或车站电码化故障时,车站值班员应向列车调度员报告,由列车调度员下达调度命令,司机按调度命令执行。

7.3.5 通信设备故障应急处置办法

1. 处置原则

(1)在发生通信设备故障后,通信各级部门要严格执行有关规章制度,积极配合运输部门,采取倒代、迂回等有效措施,减少影响,尽快消除故障。

(2)根据通信设备故障严重程度和影响范围,故障修复分为紧急要点处理和天窗点内处理两种方式:

①当通信设备出现系统瘫痪或服务能力丧失,影响列车运行控制或行车指挥时,应紧急要点处理。

②当通信设备出现系统性能劣化或服务能力部分丧失,存在影响正常通信的隐患时,应在天窗点内组织处理。

无论是紧急要点处理还是天窗点内处理,涉及上道的,必须按照规定办理相关手续。

(3)当发生与通信设备有关联的动车组(机车)脱轨、冲突、颠覆等事故时,通信人员应会同有关人员记录设备状态,派人监视,保护现场,不得擅自触动设备,并立即报告通信(电务)段调度。

(4)在应急处置过程中,通信人员必须严格执行高铁安全管理的各项规定,确保人身安全。

2. 处置程序

通信故障处置应遵循“受理—确认故障现象和影响范围—登记并正确停用行车业务—汇报—处理—试验—销记”的程序。

(1)通信故障的受理和确认

接到设备故障通知,值班人员应做好记录,向相关人员了解故障情况(发生时间、地点、现象等),确认故障现象和影响范围,初步判断原因,做好处理准备。

(2)登记并正确停用行车业务

通信设备发生故障后,通信人员应在调度所(或车站)的“行车设备检查登记簿”内登记停用,经调度员(或车站值班员)同意签认后,方可进行故障处理。

(3)故障汇报

在明确故障发生时间、地点和影响范围并完成故障登记后,立即将有关情况逐级汇报。

(4)故障处理

①故障处理必须严格执行“三不动”“三不离”,防止故障处理中扩大影响范围和重复发生。发现明显的外界因素损坏通信设备的,应通知有关部门确认处理;对外界破坏导致通信设备损坏的应报公安部门。

②根据故障影响范围和紧急程度,各级干部要组织人员或亲自赶赴现场处理;各级电务调度要随时掌握现场处置情况。

(5)试验销记

试验要完整彻底,作好记录。确认良好后办理销记手续,交付使用。

3. 通信设备故障应急处置措施

(1)GSM-R 系统设备

①GSM-R 系统共用设备。

a. 业务控制点(SCP)。正常情况下,北京 SCP 为主用,武汉 SCP 为备用。

当北京 SCP 设备发生故障需北京、武汉主备倒换时,由北京核心机房指挥实施,武汉核心机房配合,将北京 SCP 同步状态由主用修改为备用,再将武汉 SCP 同步状态由备用修改为主用,完成两地 SCP 设备主、备用状态倒换。

b. 归属位置寄存器(HLR)。HLR 信令层设备(FE)采用负荷分担方式,正常情况下,北京、武汉四个 FE 设备都承担业务。HLR 数据库层采用 1+3 工作方式,正常时北京数据库节点 P、PS 为主用,武汉 SS 2 个为备用。

当北京 HLR 设备发生故障需北京、武汉主备倒换时,由北京核心机房进行操作,将武汉的两个数据库节点设置为 P、PS。

c. 远程接入认证服务器(RADIUS)。正常情况下,北京 RADIUS 为主用,武汉 RADIUS 为备用。

当北京 RADIUS 故障时,北京核心机房应将北京 RADIUS 双机设置为离线状态,障碍处理完毕后再恢复为在线状态。恢复前,北京、武汉应通过人工方式进行数据核对和同步。

d. 域名服务器(DNS)。正常情况下,北京 DNS 为主用,武汉 DNS 为备用。

当北京 DNS 故障时,北京核心机房应停止 DNS 的业务进程,故障处理完毕后再恢复北京 DNS 业务进程。恢复前,北京、武汉应通过人工方式进行数据核对和同步。

e. GPRS 归属服务器(GROS)。正常情况下,北京 GROS 为主用,武汉 GROS 为备用。

北京 GROS 障碍时,北京核心机房断开北京 GROS 的网络连接,恢复前,北京、武汉应通过人工方式进行数据核对和同步。

②移动交换中心(MSC)

a. 当 MSC 宕机时,影响本交换机 GSM-R 全部业务,应首先检查供电情况,如无异状再根据故障现象定位故障点,采用主备主控板切换、软复位和再启动、更换板卡等方法排除故障,同时联系厂家进行技术支持。

b. MSC 对 STP、调度交换机、BSC 等业务中断时,根据故障现象定位障碍点,并采取相应措施排除故障。

MSC 与调度交换系统全部中继阻断时,通知列车调度员或车站值班员采用自动电话、GSM-R 手持终端等手段保持与司机的应急联络。

MSC 与 BSC 通信中断时,应判别 MSC、BSC 或传输电路故障,定位故障点,采取相应措施立即排除故障。

③无线分组业务系统(GPRS)

a. 当业务支持节点(SGSN)、网关业务支持节点(GGSN)、接口服务器(GRIS)设备宕机时,通信人员应在调度所的“行车设备检查登记簿”内登记停用调度命令信息无线传送业务,立即检查相关设备运行状况和网络互通情况,定位故障点,采取相应措施排除故障。

b. 当 GPRS 设备故障时,应通过检查数据、软复位或更换板件等方式及时处理。

c. 当结合部接口设备故障引起 GPRS 业务部分中断时,应首先分段定位故障,对故障设备或网络进行排查,采取相应措施排除故障。

④无线子系统设备

a. 当基站控制器(CBSC)、编译码和速率适配单元(TRAU)故障时,影响其所下挂基站的 GSM-R 业务,应对无线子系统设备、传输电路逐项排查,定位故障原因并处理。传输故障应采取倒代、迂回措施恢复;BSC 及 TRAU 设备故障,可采取复位、更换板件等相应措施排除。

b. 当基站(BTS)或区间直放站故障时,GSM-R 单网交织或双网覆盖区段,应及时锁闭故障基站,在天窗点内要点处理;GSM-R 单网覆盖区段,应明确影响范围,在调度所的“行车设备检查登记簿”内登记停用,视情况紧急要点或者天窗点内处理。

⑤机车综合无线通信设备(CIR)

a. 机车综合无线通信设备(CIR)故障时,影响车机联控业务和调度命令、进路预告接收业务。通信人员应了解故障现象,初步判断终端语音、数据模块工作情况,可通过司机 GSM-R 手持终端联络司机,指导复位 CIR 设备。

b. CIR 语音模块故障不能通过复位恢复时,列车调度员和司机间可通过司机 GSM-R 手持终端进行语音联络;CIR 数据模块故障不能通过复位恢复时,影响该动车组(机车)车次号、进路预告和调度命令信息无线传送业务,应及时在调度所的“行车设备检查登记簿”内登记停用,动车组入库后处理。

(2)通信光缆线路

①当单侧光缆中断不影响业务时,需要上道处理的,应安排在天窗内进行修复。

②当双侧光缆同时中断时，应紧急要点抢通一侧光缆，根据业务抢通和恢复顺序恢复各项业务，需要上道作业时，按照规定办理相关手续。

(3)传输设备

①当传输设备故障不影响业务时，原则上应安排天窗内进行修复。

②当传输设备故障影响相关业务时，应先将重要业务列出，根据影响范围视情况要求紧急要点或者在天窗点内处理。

(4)数据网设备

①当数据网设备宕机时，应确认故障现象、影响范围，查明宕机原因，重点检查设备运行状态，单板运行情况和网管告警情况，在网管指挥下进行相应操作，及时排除故障。

②当数据网核心、汇聚、接入层节点链路部分中断时，应确认故障现象、影响范围，排查定位故障点。在排除传输电路故障后，在网管指挥下进行相应操作，进一步排查、处置故障。

③当数据网设备故障不影响业务时，原则上应安排天窗点进行修复。

(5)数字调度系统(CFAS)

调度通信系统故障应立即处理，尽快恢复。

①车站型调度交换机业务全部中断时，影响本站调度通信业务。车站值班员可通过专网自动电话或 GSM-R 手持终端与列车调度员、司机等进行应急联络。

②调度通信车站值班台故障时，车站值班员应启用应急分机进行通信联络，也可利用专网自动电话或 GSM-R 手持终端进行应急联络。

③通信调度台故障时，调度员应利用专网自动电话或 GSM-R 手持终端进行应急联络。

(6)电话接入网设备

电话接入网设备影响使用时，应及时处理。自动电话不能使用时，可用 GSM-R 手持终端进行通信联络。

(7)通信电源

通信电源障碍时，首先应判断是外供电问题或通信电源设备问题，采取相应措施解决。

①外部供电异常

通信机房(基站)交流输入中断或发生缺相、相序变化时，应立即联系电力部门处理。

②通信电源设备异常

a. 输出电压异常，应立即处置，现场复测电压，检查电源设备运行情况，采取更换模块等方法消除障碍。

b. 配电分路跳闸，分负载过载和电源驱动能力不足两种情况，采取相应措施处置。

(8)轨旁通信设备

高铁轨旁通信设备主要包括光电缆、漏缆、杆路及铁塔等防护栅栏内或虽处于栅栏外但倒覆后可能侵入限界的通信设备。

①轨旁设备出现强度下降、紧固松动、杆路铁塔倾斜等可能危及高铁行车的安全隐患，应立即报告列车调度员(或车站值班员)及上级有关部门，申请立即上道处理。

②其他不危及行车安全的轨旁通信设备隐患，应安排在天窗内修复。

7.4 事故及突发事件的应急管理

高速铁路运营中，发生的事故均与动车组运营有关，针对动车组事故或故障的应急管理，是高速铁路应急管理的重点；同时，在高速铁路运营中还会发生一些突发事件以及非正常行车事件，对突发事件和非正常行车事件的应急处理，是高速铁路安全运营和高质量服务的保障。

7.4.1 动车组事故或故障应急处置

动车组事故主要是动车组的脱轨事故。一旦动车组发生故障不能运行，需要启动备用动车组。

1. 动车组脱轨事故应急处置

(1)应急处置

①发生动车组脱轨事故后，随车机械师应立即短接邻线轨道电路，司机应立即报告列车调度员或车站值班员，列车调度员或车站值班员接到报告后应立即扣停后续列车和邻线列车，通知已进入区间的后续列车和邻线列车停车。

②报告内容。

a. 事故发生的年、月、日、时、分。

b. 事故发生地点(线路名称、行别、区间、公里、米、停车位置)。

c. 列车车次、型号、编组、总重、计长及关系人姓名。

d. 人员伤亡情况及动车组、线路损坏等情况事故概况及初步原因判断。

e. 应当立即报告的其他情况。

③列车调度员根据司机或车站报告情况，向值班主任报告，值班主任按规定向应急领导小组及有关成员单位通报，根据事故等级和应急领导小组指示，启动相应应急预案。

④现场救援协调配合。

a. 调度所按照救援响应程序立即设置区间封锁标识或发布封锁区间和救援出动命令，并命令就近车站救援队人员立即赶赴现场，负责处置救援工作；同时负责运输组织调整，安排起复救援所需的机车车辆，为救援工作提供运输条件保证。向沿线站车发布列车晚点原因、时间及预计晚点时间。

b. 客运部门负责妥善安置事故中受伤的旅客，收集、清理、看守旅客携带物品，并做好旅客的安抚、疏散、转运工作。

c. 机务部门负责制定救援方案并组织实施。

d. 供电部门负责现场照明和电力供应，根据救援需要组织对事故现场接触网的拆除和恢复工作，确保人身安全。

e. 工务部门负责组织足够的人力、物力，尽快抢修恢复线路，配合救援列车做好救援起复工作。

f. 电务部门负责现场通信保障及信息传输工作，负责组织电务设备修复。

g. 车辆部门负责配合救援列车做好车辆起复和检查工作。

h. 劳卫部门迅速组织开展现场卫生防疫处置工作，并联系地方医疗机构，实施紧急医疗救护。

i. 公安部门负责现场警戒，组织现场勘查和调查，收集有关资料、可疑物。

j. 安监部门负责组织和协调事故调查处理工作。

k. 宣传部门负责组织协调新闻报道和舆论引导工作。

(2)事故救援

高速铁路发生动车组脱轨事故后，现场救援实行单一指挥。事故救援以拉复为主，顶复为辅，合理采用吊复法。救援起复方法有：

①拉复起复法

动车组轮对脱轨后距基本轨距离具备拉复条件，且车辆未颠覆，线路基本条件良好时，应采用拉复法进行救援起复作业。动车组两端车辆脱轨，救援起复时，原则上不进行动车组解编；动车组中部车辆或动车组在道岔、桥梁、隧道内脱轨，救援起复时，应根据实际情况，将妨碍救援的其他车辆解编后进行起复作业。

②顶复起复法

动车组轮对脱轨后距基本轨距离不具备拉复条件但距离较小，且车辆未颠覆、线路基本条件良好时，或在桥梁上、隧道内和其他不适用拉复法和吊复法救援时，应采用顶复法进行救援起复作业。

③吊复起复法

动车组轮对脱轨距基本轨距离较大或车辆倾斜、颠覆，不能实施拉复、顶复作业时，应采用吊复法进行救援起复作业。

2. 动车组列车故障启用热备动车组的应急处置

(1)站内换乘热备动车组的处置程序

①遇车次变动时，车站应收回原票、换发新票，退还票价差额。旅客要求退票或改乘其他列车时，车站应及时为旅客办理退票、改签等手续。

②故障车停靠站台时，换乘时应尽可能安排在同一站台面，不能在同一站台面换乘时，应组织旅客通过天桥或地道换乘，严禁跨越股道换乘。故障车在站内没有停靠站台时，换乘处置程序比照区间换乘热备动车组的处置程序办理。

③换乘时，站车应认真组织验票，严禁持其他车次车票的旅客上车。

(2)区间换乘热备动车组的处置程序

①列车长接到司机转达的组织旅客换乘热备动车组的命令时，应立即向列车工作人员传达，列车工作人员应检查车内情况，坚守岗位。

②列车应向旅客通告换乘的决定，告知安全注意事项，并对列车不能如期运行给旅客出行造成的不便，列车长应代表铁路部门向旅客致歉，并感谢旅客的配合，做好后续服务工作，取得旅客的支持与谅解。

③动车组停靠指定位置后，动车组司机通知列车长。列车长接到司机通知后，组织列车工作人员打开指定车厢车门，放置好应急梯或渡板，并做好防护，组织旅客有序换乘。在隧道内换乘时，由设备管理单位或部门操作开启隧道内的应急照明装置，隧道内的应急照明装置应实施远动开关。旅客换乘完毕，列车工作人员应将应急梯和渡板收好定位存放，并关闭车门。

7.4.2 对突发事件应急处置

1. 站车发生火灾、爆炸事故时的应急处置程序

(1)动车组列车发生火灾、爆炸时的应急处置程序

①动车组列车工作人员(含司机、随车机械师、乘警、客运、餐饮、保洁等人员,下同)发现或接到旅客反映车厢内有爆炸、明火、冒烟或消防设施报警时,应立即施救并通知列车长。列车长接到通知后,应会同随车机械师、乘警进行现场确认。

②在确认爆炸或火情后,列车工作人员应立即启动紧急停车装置(或按下火灾报警按钮),同时列车长(或随车机械师)立即通知司机。停车后,司机应立即向列车调度员或车站值班员(车务应急值守人员,以下同)报告,配合列车长、随车机械师、乘警进行火灾扑救、旅客疏散等工作。有制动停放装置的由司机负责实施防溜,无制动停放装置的由随车机械师做好防溜、防护工作。

③列车长应立即指挥扑救,乘警、随车机械师等列车工作人员应积极配合;同时组织事故车厢的旅客向安全车厢疏散。

④待全部人员向安全车厢疏散完毕,火势仍未得到有效控制,需向地面疏散时,列车长应立即通知司机、随车机械师或其他列车工作人员关闭通道阻火门。司机根据列车长的请求,向列车调度员报告,请求向地面疏散,现场救援。

⑤组织旅客疏散时,必须扣停邻线列车。司机在接到列车调度员已扣停邻线列车的口头指示后,立即通知列车长,列车长接到司机通知后应立即指挥列车工作人员打开车门,根据需要安装好应急梯,组织旅客向地面安全地带疏散。

⑥列车工作人员应维护好旅客疏散秩序,确保人员安全。

⑦列车工作人员应对受伤人员开展紧急救护,并做好对重点旅客的服务工作。

⑧列车工作人员应积极配合公安部门保护好事故现场,协助调查取证。

⑨如遇火灾危及旅客安全,又未能及时接到扣停邻线列车的命令,列车长应会同司机,组织列车工作人员打开运行方向左侧车门(无线路一侧),结合现场实际,确定旅客疏散方向和疏散方式,列车工作人员应做好旅客安全宣传和防护,严禁旅客跨越线路。

(2)车站发生火灾、爆炸事故时的应急处置程序

①车站工作人员发现或接到旅客反映站内有爆炸、明火、冒烟或消防设施报警时,应立即报火警并向车站值班干部报告。车站值班干部通知有关人员立即到现场确认和处置,同时赶赴现场。

②在确认火灾、爆炸后,车站值班干部负责现场指挥救援,并将事故情况首先上报铁路局客运调度,之后将事故情况逐级上报。

③现场工作人员应组织旅客安全有序地撤离事故现场,同时做好受伤人员的紧急救护和重点旅客的服务工作。

④车站工作人员应配合公安部门保护好事故现场,并积极协助调查取证。

2. 站车发生重大疫情时的应急处置程序

(1)动车组列车发生重大疫情时的应急处置程序

①动车组列车发现疑似鼠疫、霍乱等重大疫情的病例或接到动车组列车上有疑似病例

的通知时，列车长应立即向司机和上级主管部门报告，司机向列车调度员报告，列车调度员立即向值班主任报告，值班主任立即向铁路疾控部门报告。

②列车调度员根据铁路局有关部门确定的处置方案，安排动车组在指定车站停车。列车长接司机指定站停车的通知后，做好疾控人员上车和疑似病例交站等相关准备工作，车站及铁路疾控部门做好接车紧急处置准备。

③列车长应组织隔离传染病人、疑似病人和密切接触者，紧急疏散其他旅客，并对有关人员进行登记。

④列车长应组织封锁已经污染或可能污染的区域，同时做好被隔离人员的交站准备。

⑤列车长在指定停车站将传染病人、疑似病人、密切接触者和其他需要跟踪观察的旅客及相关资料移交车站和铁路疾控部门。

⑥乘警应维护好车内秩序，确保区域封锁、旅客隔离、站车移交等工作正常开展。

⑦铁路疾控部门应上车对已经污染或可能污染的区域进行消毒。铁路疾控部门确认处置完毕后，方可解除区域封锁。

⑧站车应积极配合现场的医疗和疾控部门工作。

(2)车站发生重大疫情时的应急处置程序

①车站发现疑似鼠疫、霍乱等重大疫情的病例或接到车站有疑似病例的通知时，应立即向铁路疾控部门报告。

②车站应隔离传染病人、疑似病人和密切接触者，紧急疏散其他旅客，并对有关人员进行登记。

③车站应封锁已经污染或可能污染的区域，由铁路疾控人员对该区域进行消毒。

④车站应将传染病人、疑似病人和密切接触者以及其他需要跟踪观察的旅客及资料移交铁路疾控部门。铁路疾控部门确认处置完毕后，方可解除区域封锁。

⑤公安部门应维护好站内秩序，确保区域封锁、旅客隔离和疏散等工作正常开展。

⑥车站应积极配合现场的医疗和疾控部门工作。

3. 站车发生旅客食物中毒事件时的应急处置程序

(1)动车组列车发生旅客食物中毒事件时的处置程序

①动车组列车发生旅客疑似食物中毒事件，司机和上级主管部门报告，司机向列车调度员报告即向值班主任报告，值班主任通知铁路疾控部门。

②需停站处置时，列车调度员应安排动车组在最近具备医疗抢救条件的车站停车，并通知前方停车站做好抢救准备。

③列车工作人员应对有关人员进行登记，封锁现场，封存可疑食品、食具用具等。铁路疾控部门应上车收集中毒人员的呕吐物、排泄物待查。

④站车应积极配合现场的医疗和疾控部门工作。

(2)车站发生旅客食物中毒事件的应急处置程序

①车站发生旅客疑似食物中毒事件，应立即向铁路疾控部门报告。

②车站应对有关人员进行登记，封锁现场，封存可疑食品、食具用具等。铁路疾控部门应收集中毒人员的呕吐物、排泄物待查。

③车站应积极配合现场的医疗和疾控部门工作。

4. 车站突发大客流应急处置程序

(1)车站突发大客流时,应立即组织力量上岗维护好车站秩序,并通知铁路公安部门,铁路公安部门应增派警力协助车站维护秩序,必要时车站应请求地方政府、公安部门给予支援。同时向上级主管部门报告。

(2)车站应协调地方政府,利用电视、广播、报纸等媒体广泛宣传,引导旅客理性选择出行交通工具。

(3)车站应增开售票窗口,并维护好售票秩序。

(4)车站应加强候车组织,充分利用候车能力,做好重点旅客服务工作,必要时可“以车代候”。

(5)加强乘降组织,重点部位安排专人引导、防护,确保旅客进出站、上下车的安全。

(6)铁路局应加强运输设备和能力调配,组织加开列车,及时疏散客流。

5. 恶劣天气下客运组织应急处置程序

因恶劣天气(含暴雨、大雾、大雪、冰雹、台风等)影响动车组列车正常运行,客运(客服)调度应及时通知客运管理部门及沿线车站及滞留列车,客运管理部门应了解现场情况,指挥应急处置,站车及时公告旅客并致歉。

(1)动车组列车应急处置程序

①列车长接到客运(客服)调度或上级主管部门动车组列车因恶劣天气影响非正常运行的通知后,应立即了解车内情况,加强对重点旅客的服务。出现异常情况及时向客运(客服)调度或上级主管部门报告。

②列车长应与司机或滞留地所在铁路局调度所客运(客服)调度保持联系,了解动车组列车的运行情况,及时向旅客通报。

③动车组列车应备足餐食和饮用水,确保供应。需补充餐食和饮用水时,列车长应向滞留地所在铁路局调度所客运(客服)调度或通过司机向列车调度员报告,指定车站为动车组列车补充餐食和饮用水。

(2)车站应急处置程序

①车站应及时公告动车组列车因恶劣天气影响非正常运行的情况。售票处、候车室、问询处等服务处所做好对旅客的宣传和服务工作。

②车站应及时增开退票和改签窗口,为旅客办理退票、等手续。

③车站公安派出所应协助客运部门维护好售票、候车、改签、乘降等秩序。

④车站应根据安排,及时为动车组列车提供餐食和饮用水。

7.4.3 非正常行车应急处置

1. 动车组列车晚点的应急处置

(1)动车组列车应急处置程序

①列车运行晚点超过 15 min 时,列车长应及时联系列车运行地所在铁路局客运(客服)调度或通过司机联系列车调度员,了解晚点原因和列车运行情况,代表铁路向旅客致歉,并通报晚点原因,每次致歉间隔时间不超过 20 min。

②列车工作人员应加强车厢巡视,掌握旅客动态,并做好宣传、解释、服务工作,稳定旅客情绪,维护好车内秩序。

③列车晚点 1 h 以上且逢用餐时间，列车长应提前统计车上旅客人数，通过司机向列车调度员报告，列车调度员通知客运（客服）调度员，或直接向客运（客服）调度报告，客运（客服）调度员接到信息后，应安排前方停车站为列车提供饮食品，列车免费为旅客提供。

（2）车站应急处置程序

①动车组列车运行晚点超过 15 min 时，车站应及时与客运（客服）调度员联系，了解晚点原因和列车运行情况，代表铁路向旅客致歉，并通报晚点原因，每次致歉间隔时间不超过 20 min。

②车站应掌握售票、候车及旅客滞留情况，维持好站内秩序，并立即向客运主管部门报告。

③列车晚点 1 h 以上且逢用餐时间时，车站应免费为等候该次动车组列车的旅客提供饮食品；并按客运（客服）调度员的安排，为晚点动车组列车提供饮食品。

④车站应加强宣传及列车运行信息公告，积极地为旅客办理退票、改签等工作。

2. 非正常行车应急处置

（1）动车组列车运行中出现故障时

动车组列车运行中出现故障时，司机应按车载信息监控装置的提示，按规定及时处理；需要由随车机械师处理时，司机应通知随车机械师。经处置确认无法正常运行时，司机应按车载信息监控装置的提示和随车机械师的要求，选择维持运行或停车等方式，并报告列车调度员或车站值班员。

（2）动车组列车在区间被迫停车时

①随车机械师、客运乘务组、乘警均应听从动车组列车司机指挥，处理有关行车、列车防护和事故救援等事宜。

②需下车处理时，列车调度员发布邻线列车限速 160 km/h 及以下的调度命令，限速位置按停车列车位置前后各 1 km 确定；需组织旅客疏散时，必须扣停邻线列车。司机在接到列车调度员已发布邻线列车限速调度命令或邻线列车已扣停的口头指示后，通知有关作业人员办理。

（3）道岔故障需现场准备进路

①列车调度员负责非故障道岔的操纵、准备进路。

②工务、电务等有关部门人员现场检查前，应本线封锁、邻线限速 160 km/h 及以下。待工务、电务等有关部门现场检查和确认道岔故障具备现场准备进路放行列车条件时，确认本线封锁及邻线限速命令下达后，车务应急值守人员组织电务、工务等人员现场操纵道岔准备进路、确认进路正确并按规定加锁，列车调度员根据现场人员汇报的故障道岔开通方向及控制台上非故障道岔的显示确认进路正确。车站应急值守人员须及时向列车调度员汇报进路准备情况。

③列车调度员得到现场进路准备妥当、道岔加锁良好、作业人员已撤至安全地点的汇报后，确认进路正确，解除封锁取消限速后方可办理行车凭证准备接发列车。

（4）站内轨道电路故障红光带

工务、电务等有关部门人员现场检查前，应本线封锁、邻线限速 160 km/h 及以下。待工务、电务等有关部门现场检查和确认具备列车放行条件后，列车调度员确认故障区段空闲后，按以下规定办理行车：

①站内无岔区段出现红光带、可开放引导信号时，办理引导接（发）车进路，列车凭引导信号进（出）站；引导信号不能开放（故障）时，人工操纵道岔、准备进路，列车凭调度命令进、出站。

②道岔区段出现红光带时，若道岔开通接发列车所需位置，按第①条款办理；若道岔未开通接发列车所需位置，“道岔故障需现场准备进路”办理。

(5)动车组司机运行途中接到危及行车安全通知时

①立即采取停车措施，并报告列车调度员或车站值班员，待危及行车安全情况消除后，方可恢复正常运行。

②需下车处理时，列车调度员发布邻线列车限速 160 km/h 及以下的调度命令，限速位置按停车列车位置前后各 1 km 确定。司机在接到列车调度员已发布相关调度命令的口头指示后，通知随车机械师手动开门下车处理，下车处理人员下、上车时与司机共同签认。

(6)动车组故障不能继续运行请求救援

①列车调度员接到动车组司机请求救援的报告后，应根据实际情况，组织符合要求的动车组或机车担当救援，并立即将有关情况向调度所值班主任报告。

②已请求救援的动车组，不得再行移动。列车调度员发布救援命令后，动车组司机应了解救援列车开来方向，通知随车机械师做好防护工作。如需接触网停电作业，须按规定办理停电手续。

③故障动车组应尽可能保证辅助供电系统工作正常，若辅助供电系统不能保证工作正常时，应优先保持基本的列车通风、照明。

动车组无外部供电的情况下，如蓄电池不能维持供电运行到终点站，应将故障动车组牵引至客运站组织旅客换乘或启用热备车底组织换乘。

(7)接触网故障停电

①列车调度员接到接触网故障停电的报告后，立即通知供电调度确认原因并处理，同时向值班主任报告，及时扣停未进入停电区域的列车。

②接触网故障需立即抢修时，供电调度将本线处理故障时的影响范围、邻线放行列车条件等内容登记清楚，列车调度员根据登记要求办理。

需开行轨道车时，须报请调度所值班主任(副主任)批准，并向轨道车司机发布准许运行的调度命令。

③采取越区供电方式供电前，须确认停在无电区的列车已全部降弓。

④接触网送电后，列车调度员必须确认供电调度的签认，准确掌握线路开通后的行车条件。

(8)运行途中晃车

①运行途中列车司机发现晃车时，应立即减速运行并报告列车调度员，待本列无异常状况后恢复常速运行。

②列车调度员向后续列车发布限速调度命令，后续列车通过晃车地点立即向列车调度员汇报运行情况。限速位置按司机汇报的晃车地点前后各加 1 km 确定。后续首列为 300～350 km/h列车时限速 160 km/h、首列为 200～250 km/h 列车时限速 120 km/h、首列为普速旅客列车时限速 80 km/h，仍晃车时，列车调度员禁止再向该地点和该区间放行列车(关系区间车站为非常站控模式时应封锁该区间)，发布邻线限速 160 km/h 及以下的调度命令后，通知工务部门立即上道检查。若后续列车不晃车按 160 km/h、250 km/h、常速逐级逐列提速。

(9)动车组运行中碰撞障碍物或撞人

①动车组运行中碰撞障碍物影响行车安全或撞人时，司机应立即采取停车措施，并报告列车调度员或车站值班员，通知随车机械师。

②需下车处理时，列车调度员发布邻线列车限速 160 km/h 及以下的调度命令，限速位置按停车列车位置前后各 1 km 确定。司机在接到列车调度员已发布相关调度命令的口头指示后，通知随车机械师手动开门下车确认动车组技术状态。

③经检查确认若可以继续运行时，司机按随车机械师签认要求常速或限速运行，并报告列车调度员；若不能继续运行时应及时请求救援，并按规定进行防护。

④列车调度员接到碰撞障碍物和撞人的报告后，应立即通知邻近车站和公安派出所派员到现场处置。到达现场人员应及时了解、上报现场勘查处置情况。

⑤发生重大路外伤亡造成动车组紧急停车时，司机应立即报告列车调度员或就近车站值班员，并协助有关人员保护事故现场，采取措施抢救人员和财产，尽快排除线路障碍恢复正常行车，将人员伤亡和损失降到最低程度。

(10)动车组因故停于分相区时

由列车调度、供电调度、动车司机调度根据动车组类型、停车位置、牵引供电设备状况，共同确定采用换弓、退行闯分相、向接触网无电区送电或开行救援列车等方案。

(11)恶劣天气行车

①遇降雾、暴风雨雪冰冻等恶劣天气，在地面信号作为行车凭证且显示距离不足 200 m 时，司机应报告列车调度员。列车调度员应及时发布调度命令，改按天气恶劣难以辨认信号的办法行车。机车信号良好时，按机车信号显示运行，遇地面信号与机车信号显示不一致时，司机应立即采取减速或停车措施。天气转好时，司机应及时报告列车调度员发布调度命令，恢复正常行车。

②遇有降雨天气，重点防洪地段 1 h 降雨量达到 45 mm 及以上时，列车限速 120 km/h；1 h 降雨量达到 60 mm 及以上时，列车限速 45 km/h。当 1 h 降雨量降至 20 mm 及以下，且持续 30 min 以上，可逐步解除限速。沿线雨量信息由防灾安全监控系统提供，当雨量超标时，由列车调度员根据防灾安全监控系统报警提示发布限速调度命令。

动车组列车运行中，司机发现积水高于轨面时，应立即停车，根据现场情况与随车机械师共同确定行车条件或请求救援，并立即报告列车的调度员，列车调度员及时采取应急措施，下达相关调度命令。司机以随时能够停车的速度(最高不超过 40 km/h，下同)通过积水地段。列车调度员立即通知已进入区间的后续列车停车(避免停在隧道内)，并禁止向该区间放行列车。

③遇有落石、倒树等障碍物危及行车安全时，司机应立即停车并报告列车调度员，待障碍排除确认安全后，方可继续运行。

④列车遇到线路塌方、道床冲空等危及行车安全的突发情况时，司机应立即停车，并报告列车调度员或车站值班员，列车调度员或车站值班员应立即通知追踪列车、邻线列车。需要退行时，按有关规定迅速将列车退至安全地段。

⑤调度所、工务部门应掌握大风天气情况，遇有防灾安全监控系统提示大风报警信息时，列车调度员及时发布限速调度命令。司机接到调度命令后，须立即确认大风地点，限速区段限速运行。对禁止运行的报警，按照要求立即采取停车措施。

动车组列车运行途中,遇大风天气,司机根据情况控制列车运行速度,并报告列车调度员。列车调度员通知后续通过该地段的列车司机注意运行。

(12)列控车载信号与机车信号不一致时

①列控车载信号显示停车信号而机车信号显示进行信号时,按列控车载信号显示立即停车。

②列控车载信号显示进行信号而机车信号显示停车信号:

a. 在区间运行时,动车组司机须立即停车,并向列车调度员汇报。列车调度员确认前方闭塞分区无车占用后通知司机。司机以遇到阻碍能随时停车的速度运行至前方次一信号机或闭塞分区入口处,如列控车载信号与机车信号均显示进行信号,按车载信号显示运行;如列控车载信号显示进行信号而机车信号仍显示停车信号,按上述规定处理。

b. 在车站发车时,司机应立即向列车调度员汇报。列车调度员应确认第一个闭塞分区空闲、道岔位置正确及进路空闲后通知司机发车,司机在出发信号机前以遇到阻碍能随时停车的速度运行,如列控车载信号与机车信号均显示进行信号,按车载信号显示运行;如列控车载信号显示进行信号而机车信号仍显示停车信号,司机以遇到阻碍能随时停车的速度运行至前方次一信号机或闭塞分区入口处,按上述区间规定处理。

(13)利用动车组列车运送人员处理故障

①设备管理部门向列车调度员申请利用动车组列车运送人员处理故障时,须报告清楚上、下车地点。

②列车调度员接到报告后,经值班主任(副主任)同意,方可向指定动车组列车发布调度命令,准许该次动车组列车运送故障处理人员,并须注明上、下车地点。司机接收调度命令后,向列车长和随车机械师进行转达。

③故障处理人员在列车运行前方驾驶室后的车门处上车。

④列车运行至停车地点停车后,司机在接到列车调度员已发布邻线列车限速 160 km/h 及以下的调度命令的口头指示后,方可通知随车机械师人工开启列车运行前方驾驶室后的动车组左(非会车)侧车门,客运乘务员配合做好人员上下工作。

⑤随车机械师确认故障处理人员全部下车并撤至安全地点后,随车机械师关闭车门并通知列车司机,司机确认行车凭证后即可开车。

7.5 突发事件下的列车晚点的传播与运行调整

为保障列车安全运行,高速列车在运行过程中涉及多种联锁动作,这使得列车群运行存在关联,存在相关性。当发生突发事件时,列车实际运行时刻偏离计划运行时刻,不能“按图行车”,从而出现列车晚点现象;同时,列车未能按照运行计划占用计划的运行资源(占用股道、站台和动车组等),导致后续占用相同资源的列车不能如期占用计划安排的运行资源,而造成后续运行列车晚点,这种现象称为晚点传播。当局部列车发生晚点时,调度员若不能尽快重新安排列车运行计划,则晚点传播现象将更加严重,发生路网大面积列车晚点事件,导致旅客旅途时间增加、错失换乘衔接和扰乱旅客旅行计划,运行列车也处于高风险状态,严重影响高速铁路旅客服务质量和旅客满意度。因此突发事件下列车晚点传播分析和列车运行调整工作具有十分重要的作用和意义。

7.5.1　突发事件下列车晚点传播机理

1. 列车晚点传播机理

列车晚点传播指由于突发事件干扰产生的列车晚点，通过列车运行约束作用，导致其他列车晚点，使得局部列车晚点在路网上传播。

如图 7.5(a)所示，恶劣天气原因导致前行列车 T_1 到达车站 A 产生初始晚点，由于进站资源冲突，其后行列车 T_2 产生到达晚点造成列车晚点传播，两列车实绩运行线 T_1' 与 T_2'；图 7.5(b)所示，出发进路异常导致前行列车 T_3 出发晚点，由于出站资源冲突其后行列车 T_4 出发晚点造成列车晚点传播，两列车实绩运行线 T_3' 与 T_4'。

(a) 前行列车到达晚点传播　　(b) 前行列车出发晚点传播

图 7.5　列车间晚点传播

如图 7.6 所示，列车 T_1 与列车 T_2 存在乘客换乘，当列车 T_1 到达晚点后，使得列车 T_1 和列车 T_2 之间的换乘时间缩短不足以保证乘客走行，因此换乘列车 T_2 需要延误出发时刻，保证乘客换乘，即造成列车晚点传播，列车实际运行线为 T_1' 与 T_2'。

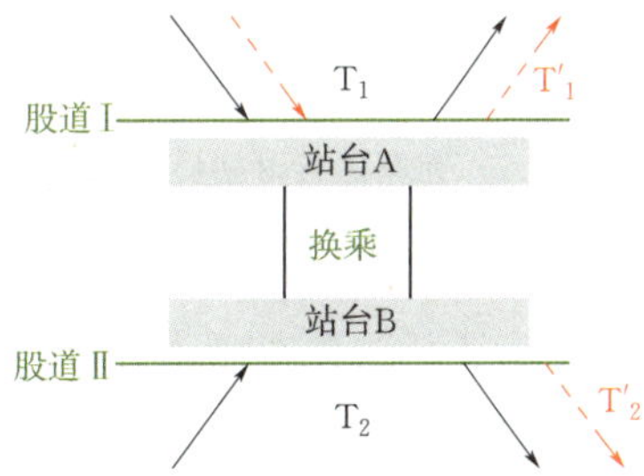

图 7.6　乘客换乘导致列车间晚点传播

2. 列车晚点吸收机理

列车晚点会被列车运行过程中的冗余时间吸收，减少列车晚点传播。列车运行过程中的冗余时间可分为区间运行时间补偿、列车作业冗余时间和列车运行间隔时间。具有较高比例冗余时间的运行图能够有效吸收较小的列车晚点，减弱较大列车晚点影响。

(1)区间运行时间补偿

为了消除或降低列车运行过程中发生的晚点，保证高速铁路行车准点率，一般计划运行图在编制过程中会在容易造成列车延误的区间，以列车实际运行过程中在区间最小运行时间为基础，计划额外增加区间运行时间，则计划延长运行时间即为区间运行时间补偿。

欧洲铁路在运行图编制过程中通常依据列车速度对列车运行补偿时间进行取值，取值范围为列车总运行时间的 3%～7%。列车的旅行速度越高，其补偿时间的比例越大，荷兰铁路通常取值为 7%。计划区间运行时间和区间运行时间补偿之间关系如图 7.7 所示。

理论上列车区间运行时间补偿越大，其对于列车晚点的吸收能力越强，但较大区间运行时间补偿极度削弱了铁路系统区间通过能力，因此需要平衡区间运行时间补偿和区间通过能力，合理设置区间运行时间补偿的位置和时间长度。

(2)列车作业冗余时间

为了增加列车车站作业的抗干扰性,增加列车停站冗余时间,降低列车因区间限速等突发事件导致的列车到达晚点的影响,能够使列车在遭遇干扰后较快恢复正常的行车秩序,如图7.8所示,当列车 T_1 到达晚点小于车站作业冗余时间时,列车到达晚点被车站作业冗余时间吸收,否则列车到达晚点被车站作业冗余时间削弱,T_1 为列车计划运行线,T'_1 为列车实绩运行线。由于列车在车站不能早于计划出发时刻,列车作业冗余时间越大,列车在车站运行过程抗干扰性越强,但较大的车站作业冗余时间会增加列车旅行时间降低旅客满意度,因此需要平衡车站作业冗余时间和旅客满意度,合理设置列车运行径路沿途车站作业冗余时间。

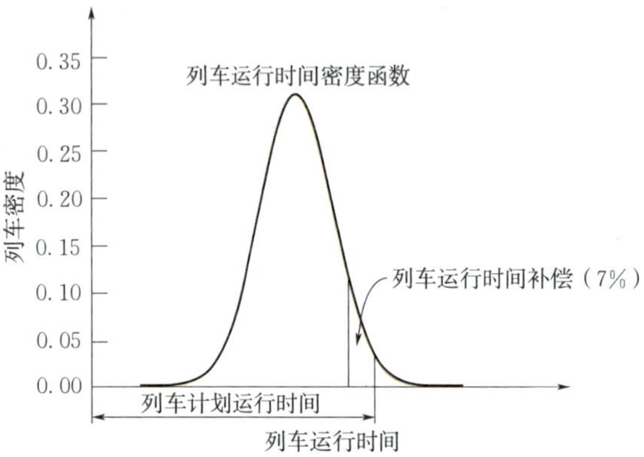

图 7.7 列车运行时间补偿与列车运行时间的关系

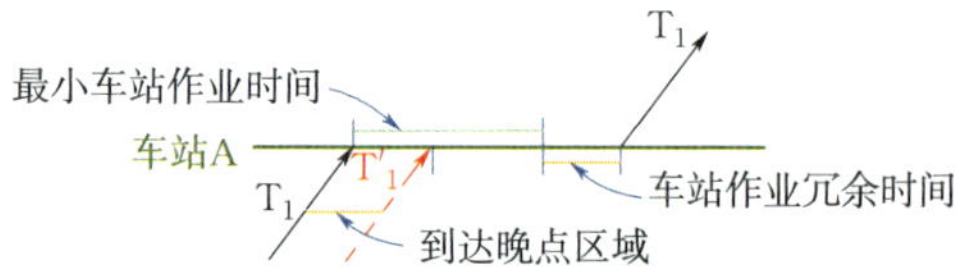

图 7.8 车站作业冗余时间影响

(3)列车运行间隔时间

为了减弱列车间运行作用关系,增加列车运行安全,运行图编制过程中增加相邻运行线间的列车运行间隔时间,列车间运行间隔时间能够吸收前行列车造成的晚点,降低晚点在列车间的传播,如图7.9所示,前行列车出发晚点,为减弱对后行列车的影响,减少列车运行间隔运行列车,吸收列车晚点减弱列车晚点传播,T_3 和 T_4 为计划运行线,T'_3 为列车实绩运行线。理论上,列车运行间隔时间越大,列车间运行作用关系越弱,但是区间通过能力损失越大;同时,列车运行间隔时间越接近最小列车运行间隔时间,列车运行风险越大,因此需要协调晚点吸收和列车运行安全,合理设置列车运行间隔时间。

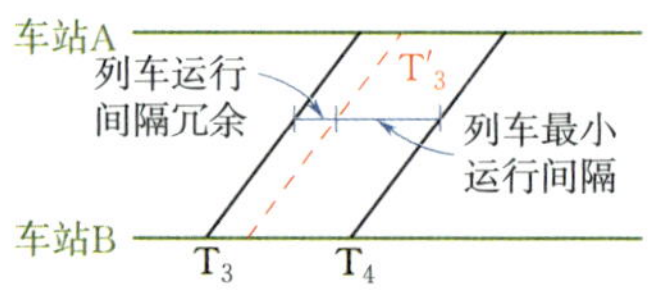

图 7.9 列车运行间隔时间影响

7.5.2 突发事件下列车运行调整

1. 高速铁路突发事件下列车运行调整优化目标与约束

(1)一般性突发事件条件下列车运行调整优化目标与约束

一般性突发事件条件下行车组织涉及列车运行计划调整,突发事件造成的影响并不严重,故其优化目标包含列车相关的目标和乘客相关的目标。列车相关目标主要有列车晚点时间、晚点列车数量、停运列车数量和列车运营费用;乘客相关目标主要有乘客换乘接续可靠性、乘客座位不足和乘客旅行时间等优化目标。

一般性突发事件条件下列车运行计划调整问题受到计划运行图约束、安全约束和事件影响约束。计划运行图约束是指列车作业时间不能小于计划运行图上最小作业时间(例如区间最小运行时间和车站最小作业时间等);安全约束是指相邻列车运行间隔不能小于最小列车运行间隔时间和相同资源占用最小间隔时间约束;事件影响约束是指由于发生的突发事件对列车运行形成的约束,例如区间限速约束、车站到发线占用约束和列车运用约束等。

(2)严重突发事件条件下列车运行调整优化目标与约束

严重突发事件条件下列车运行调整包括开行方案调整和运行计划调整两个层面,故其优化的目标首先要顾及宏观层面的社会效益、旅客满意度和运输任务的最终实现;在此基础上,还要关注微观层面的列车晚点时间和列车正点率。此外,严重突发事件条件下,线路能力损失较大、持续时间较长,大多数列车都会发生或多或少的晚点,此时追求所有列车的正点率已没有意义,因此在运行计划调整层面可尽量减少被严重晚点的列车数量和大型枢纽站的晚点时间,这与传统的列车运行计划调整追求的目标有很大不同。

严重突发事件条件下,可采取列车迂回、折返、列车重联和列车停运等组织策略调整开行方案,因此除了列车区间运行时分、车站作业时分和列车追踪间隔等运行计划调整层面的约束以外,还包含开行方案层面中迂回径路的能力约束、列车重联的技术和设备约束,列车折返站约束、迂回列车和重联列车的停站约束以及列车停运约束等内容。

严重突发事件条件下列车运行调整优化问题的多层次性、行车组织策略和原则的复杂性、优化目标和约束条件的多样性以及组织流程的复杂性都决定了严重突发事件条件下的行车组织与传统的列车运行计划调整存在显著区别。

(3)恶性突发事件条件下列车运行调整优化目标与约束

恶性突发事件影响十分恶劣,需要快速展开救援,将损失减少至最低;从行车组织的角度而言要以提高旅客周转速度、尽快疏散滞留旅客、恢复正常行车为目标。

另外,恶性突发事件条件下列车运行调整涉及应急救援、客流预测、开行方案编制、运行计划编制等多个层面的优化,每个层面都有其各自的约束条件,并且上层方案为下层计划提供约束条件,同时下层计划为上行方案提供可行性验证。恶性突发事件条件下列车运行调整优化涉及大量铁路外部资源,其约束相比前两种情况更复杂。

2. 高速铁路突发事件下列车运行调整一般性模型

高速铁路突发事件下列车运行调整模型分为宏观层面模型和微观层面模型。微观层面模型需要考虑车站内部进路、信号机联锁和进路锁闭、解锁时间等相关约束。突发事件发生会涉及大范围区域列车运行调整,且问题求解具有实时性要求,因此突发事件下列车运行调整模型多为构建宏观模型。列车运行调整宏观模型将车站视为具有能力的节点,节点能力以车站到发线数量表示,并以列车到发车站时刻作为决策变量,调整优化列车运行计划方案,减弱突发事件对列车运行计划的影响。

根据以上突发事件影响分析和突发事件下列车运行调整策略,以列车 t 在车站 s 到发时刻 a_t^s 和 d_t^s、列车停运变量 y_t 和列车运行顺序 $o^s(t,t+1)$ 等决策变量,构建高速铁路突发事件下列车运行调整一般性模型如下:

目标函数:

$$\min\left\{C_1 \cdot \sum_{t\in T,s\in S_t^{\text{end}}} |a_t^s - A_t^s| + \sum_{t\in T} C_2 \cdot y_t + \sum_{t\in T} C_3 \cdot (1-y_t) \cdot f_t^0\right\} \tag{7.1}$$

约束条件：

$d_t^s - D_t^s \geqslant 0, t\in T, s\in S_t$

$d_t^s - D_t^s \leqslant (1y_t) \cdot d_{\text{tolerance}} t\in T, s\in S_t$

$a_t^{s+1} - d_t^s \geqslant L_{\text{run}} t\in T, s, s+1\in S_t$

$d_t^s - a_t^s \geqslant L_{\text{dwell}} t\in T, s\in S_t$

$d_{t+1}^s - d_t^s \geqslant L_{\text{head}} - M \cdot (1-o^s(t,t+1))t, t+1\in T, s\in S_t \cap S_{t+1}$

$f_{\text{disruption}}(a_t^s, d_t^s, y_t, o^s(t,t+1)) \geqslant 0 t\in T, s, s+1\in S_t$

$a_t^s \in \mathbb{N}, d_t^s \in \mathbb{N}, o^s(t,t+1)\{0,1\}, y_t\{0,1\}$

其中，列车运行调整模型考虑列车总晚点时间、列车停运费用和列车开行费用最小为优化目标，$\{C_1, C_2, C_3\}$分别为列车晚点费用、列车停运费用和列车开行费用。同时，考虑了列车计划出发时刻、最大晚点约束、列车相关作业时间约束和突发事件干扰约束等构建了高速铁路突发事件下列车运行调整模型。

7.6 应急响应

突发事件发生后，响应突发事件和启动应急预案是主要的工作。

7.6.1 应急响应概述

应急响应分为特别重大、重大、较大、一般四级（即Ⅰ、Ⅱ、Ⅲ、Ⅳ级）。发生突发事件时，由相应部门启动应急预案，作出相应级别的应急响应。接到高速铁路突发事件信息后，事发地铁路局应急领导小组要立即派员赶赴现场，组织指挥有关人员进行处置。

在采取处置措施的同时，事发地有关单位要对事件的性质、类别、危害程度、影响范围等因素进行初步评估，及时向铁路局报告。应急领导小组根据突发事件影响程度，启动相应级别的应急预案。遇高速铁路交通事故、自然灾害、设备故障等突发事件时，立即启动相关应急预案，及时开展应急救援处置。

1. Ⅰ级应急响应

由国铁集团报请国务院，由国务院或国务院授权国铁集团启动。国铁集团及以下各级相关单位同时启动相应级别的应急响应。

国铁集团迅速启动应急救援指挥，开展铁路应急救援工作，并参加国务院应急领导小组办公室的应急工作。

(1)国铁集团应急响应

主要工作内容有：

①在国务院的领导下，全面负责高速铁路的应急工作。

②执行国务院的有关指示，贯彻落实国务院的各项决议、要求和任务。

③实施紧急救援工作，确定紧急救援的区域、项目和规模，部署各部门的应急措施，根据国务院的要求和铁路事故灾害情况，紧急调集救援抢险队伍、设备和器材，研究部署救援抢

险方案。视铁路事故灾害情况,可向国务院报告请求支援。

④迅速派出工作组赶赴事故灾害现场,加强救援抢险的组织领导,协助、督促和指导现场开展救援抢险工作,及时掌握事故灾害地区铁路救援抢险的主要工作和进展情况。

⑤及时协调、解决救援抢险运输和救援抢险工作中出现的各种问题。认真落实铁路突发事件新闻报道应急办法,正确引导舆论。

(2)铁路局应急响应

发生铁路特别重大突发事件后,事发地铁路局的应急响应,应在国铁集团和省级人民政府的领导下,按本级铁路特别重大事故灾害应急处置方案执行。

2. Ⅱ级应急响应

由国铁集团负责启动,铁路局及以下各级相关单位启动相应级别的应急响应。事发地铁路局应立即启动事故灾害指挥,采取事故灾害应急行动。

(1)国铁集团应急响应

①国铁集团根据事故灾害情况和发展趋势迅速作出救援抢险部署,向国务院报告事故灾害情况,落实国务院救援抢险的指示。

②根据救援抢险部署,组成救援抢险工作组,迅速赴事故灾害地区开展工作。

③根据事发地铁路局的请求,迅速确定对灾害地区进行紧急支援的部门、单位、设备及有关救援安排。

(2)铁路局应急响应

①铁路局应急领导小组启动应急预案,实施对管内应急工作的统一领导。

②铁路局应急领导小组须迅速了解事故灾害及救援抢险情况,研究部署救援抢险工作,确定铁路运输事故灾害范围和应急规模,将事故灾害情况及时报告国铁集团和所在地人民政府,视事故灾害情况请求支援。

③事发地铁路局各部门和单位要迅速就位,各级专业救援抢险队伍集结待命,紧急集中运输车辆、救援抢险机械设备、工具器材、物资、材料、通信工具和其他备品进入紧急待命状态,做好支援救援抢险和应急运输的一切准备。

④铁路局各业务部门依据各自职责和应急领导小组要求,组织制定应急救援抢险措施和方案,迅速开展各项应急工作。

⑤次生灾害防御。对易发生次生事故灾害(火灾、爆炸、污染)的地点和设施,有关部门、站段、工区要采取紧急处置措施,及时疏散有关人员,加强监视、控制,防止灾害扩展。

3. Ⅲ、Ⅳ级应急响应

由铁路局负责启动,应急响应级别、响应程序、内容及形式在铁路局应急预案中规定。

各有关单位、部门按应急预案的要求,积极进行紧急处置,并及时将有关情况向铁路局报告。

7.6.2 应急响应管理

1. 信息报送

当高速铁路发生突发事件时,有关人员应迅速采取安全防护措施并立即报告铁路局调度所(应急救援指挥中心)。值班主任接到报告后,应立即报告本部门负责人、总调度长、铁路局应急办、国铁集团列车调度员、国铁集团应急救援指挥中心;构成铁路交通事故的,要立即填写“安监报－1”并报当地铁路安全监管局安全监察值班人员；当地铁路安全监管局安全监察值班人员要立即填写“安监报－3”，并向国铁集团安全监察部门值班人员报告；由铁路局应急办报告铁路局有关领导，根据情况报告国铁集团应急管理部门并及时通知铁路局应急领导小组其他成员。

国铁集团列车调度员接到高速铁路突发事件报告后，应立即向值班处长报告；值班处长、安全监察部门值班人员接到报告后，按规定分别向本部门负责人、国铁集团应急管理部门报告，值班人员向国铁集团领导报告。国铁集团应急救援指挥中心通知相关部门负责人。

2. 指挥和协调

突发事件发生后，应急领导小组根据具体情况，按照分级响应的原则决定启动相应预案，并组织突发事件应急处置。

国铁集团、相关铁路局负责管辖范围内高速铁路突发事件应急协调指挥工作，有关部门根据职责分工负责协调相关工作。涉及跨局指挥时，事发地铁路局负责现场指挥工作，并制定救援抢修方案，交调度指挥权所属铁路局应急救援指挥中心组织实施。

国铁集团、铁路局应急领导小组成员未到达现场之前，有关站段组织救援力量实施救援行动，全力控制态势，防止影响扩大。

3. 应急处置

应急领导小组根据实际需要调动应急队伍，集结相关设备、物资、药品等，落实处置措施。

4. 救护和医疗

事发地铁路局迅速联系地方医疗机构、急救中心、卫生行政部门，配合协调医疗部门开展紧急医疗救护和现场卫生防疫处置工作。

5. 应急人员的安全防护

现场应急救援人员应注重自身安全防护，必须按设备设施操作规程和标准执行。

6. 社会力量的动员与参与

事件发生后，根据现场具体情况，由应急领导小组商请地方人民政府调动相应的社会力量，参与应急处置。

7. 信息发布

突发事件的信息发布由应急领导小组成立的新闻领导组及办公室归口管理，确定新闻发言人，按照国家有关突发事件新闻发布的原则、内容、规范性格式，审查、确定发布时机和方式，向社会和媒体通报有关情况。国铁集团负责宣传的部门统筹协调新闻发布工作。事发地铁路局宣传部负责现场信息收集、媒体协调等工作。

8. 应急结束

按“谁启动、谁结束”的原则，当现场应急救援工作结束后，由相应的应急领导小组宣布应急结束。

9. 后期处置

(1)善后处置

事发地铁路局应急领导小组负责组织清理现场、救助伤员、遗体处理、旅客携带品收集整理、补偿抚恤、保险理赔、法律支持等善后处置工作。

(2)调查和总结

根据突发事件的等级,由相应的应急领导小组组织对突发事件的性质、原因、责任和处置进行调查、总结,并提出防范和改进措施,形成书面报告报上级有关部门。

10. 保障措施

(1)资料保障

①为满足故障抢修工作的需要,铁路局管理部门、调度部门及有关站段(含客运专线基础设施维修、动车基地、动车所等)应根据实际建立健全技术资料;根据有关规定配备故障抢修机具、材料,建立管理制度和台账,每年定期检查。指定人员负责抢修料具的管理,确保状态良好。

②相关资料,包括技术资料、联系电话表、应急值守表及其他资料。

a. 技术资料,包括高速铁路管内设备示意图、线桥隧等设备图表,高速铁路沿线道路交通路线图(标明高速铁路紧急疏散通道、声屏障安全门、作业门等位置),协议储备挖掘机、推土机等大型抢险机械及劳力表,故障抢修机具、设备、器材、材料储备明细表,应急通信电路组网示意图,各车站(含基站)位置公里标、行驶里程与到达时间表,管内各车站(含基站)应急传输通道端口位置配线图、应急通信电话号码资源分配表等。

b. 联系电话表,包括高速铁路应急抢修联系电话表(包括 GSM-R 手持终端),相关设备产品集成商、生产厂商及客专(高速铁路)公司的联系电话表。

c. 应急值守表,包括高速铁路应急抢修组织机构表,铁路局、站段、车间值班人员表,重要地段的看守电话号码表等。

高速铁路沿线道路交通路线图、长大隧道内的应急通信组网厅示意图应通报经由该线路的所有列车客运乘务担当局,并交担当客运段。

(2)通信保障

当高速铁路运输遭受各种自然灾害、设备故障、铁路交通事故等突发事件时,为快速实施抢险救援,确保通信指挥畅通,必须立即启动突发事件应急通信,在现场与各级救援指挥中心之间建立语音、图像、数据等通信联系,为事故现场的救援指挥提供通信手段。

(3)交通运输保障

启动应急预案期间,根据需要,现场救援指挥部商请交通管理部门实行必要的交通管制,保障应急处置期间的交通运输。事发地铁路局按管理权限调动管辖范围内的交通工具,任何单位和个人必须积极配合。

应急处置、抢险救援人员,可搭乘动车组、轨道车赶赴现场。

(4)治安保障

启动预案期间,公安部门负责对现场的安全警戒,维护现场秩序,提供治安保障。

(5)医疗卫生保障

劳卫部门负责组织协调医疗卫生保障工作。应急抢修救援时,积极与地方卫生部门协调,根据现场的需要,及时协调有关医疗专家和医疗卫生小分队进入现场,实施对伤病员的救护。

(6)物资保障

铁路运输企业要按规定备足必需的应急抢险物资及备用器材、设施,专人负责,定期检查。

(7)资金保障

铁路交通事故应急救援费用、善后处理费用和损失赔偿费用由事故责任单位承担,事故责任单位无力承担的，由地方政府和国铁集团、铁路安全生产监督管理办公室按管理权限协调解决。根据国家有关精神向财政部门申请应急处置工作经费补助。

11. 监督检查

国铁集团、铁路局应急领导小组对预案实施的全过程进行检查督促，确保应急措施到位。铁路局、站段应根据应急预案的要求，定期检查本部门应急人员、设施、装备等资源的落实情况。

12. 培训和演练

(1)培训

按照分级管理的原则，国铁集团、铁路局、站段要组织应急管理、应急救援人员进行岗前培训、专业培训，提高处置高速铁路突发事件的技能。根据需要，可开展国内外的工作交流，充分学习和借鉴国内外的先进成熟经验。

(2)演练

各铁路局、站段要结合实际，定期开展演练，提高处置高速铁路突发事件的实战能力。

7.6.3 提高应急救援能力

高速铁路运营安全管理除了要加强应急响应管理，还要加强应急救援体系建设，全面提升高速铁路应急救援能力。

1. 开展有针对性的训练，以提高救援能力

通过开展有针对性的训练，实现人与装备的最佳结合，充分发挥装备的优势，才能真正实现“练为战”的指导思想。针对高速铁路突发事故的特点，应急人员要在破拆救人上下苦功夫、硬功夫，以达到在最短的时间里实施破拆救人。

2. 抢抓时间，快速开展救援行动

高速铁路列车事故救援是一场与时间争夺生命的攻坚战，在处置事故过程中力求一个“快”字，要尽可能的调集足够的救援力量赶赴现场。对由于车厢挤、卡、堆、压等被困人员处境危险的区域，要充分发挥特勤装备的优势，在列车工作人员的协助下，根据现场情况，实施快速的破拆，积极抢救身处险境的人员生命。

3. 加强预案的制定和演练工作

由于高速铁路列车事故处置的特殊性和复杂性，对力量调集、确定方案、组织指挥、作战协同、战勤保障等方面都提出了更高的要求。

4. 积极完善应急救援机制

高速铁路突发事故的救援是一项复杂的系统工程，涉及多个部门，并且救援难度大、救援力量和救援技术也很匮乏，这些制约了消防部队处置此类事故的能力。当前，需要依托地方政府应急管理办公室，整合各种救援资源和力量，设立一个常设性的应急救援工作协调机构，初步形成统一的应急救援体系。完善应急救援组织指挥体系建设，建立省级应急救援协调指挥机制，理顺参与应急救援的各军队、各警种和各部门的关系，科学划分指挥层次与指挥权限。

8 事故救援和事故调查处理

事故救援和事故调查处理是降低事故带来的伤亡及损失、减少衍生事故发生的重要手段。事故救援和处置主要涉及事故救援、调查和处理、事故信息发布与舆情管理等三个重要环节。

8.1 高速铁路事故救援

高速铁路事故救援是指遇到高速铁路突发事故时应当采取的正确的救援方法。高速铁路暂未出台专门的事故应急救援规则，高速铁路与普速铁路均按照《铁路交通事故应急救援规则》(2007 年铁道部令第 32 号)实施事故救援。

8.1.1 事故救援的一般要求

事故应急救援的总目标是通过有效的应急救援行动，尽可能地降低事故的后果，包括人员伤亡、财产损失和环境破坏等。事故应急救援的一般要求包括下述四个方面：

(1)立即组织营救受害人员，采取措施保护危害区域内的其他人员。抢救受害人员是应急救援的首要任务，在应急救援行动中，快速、有序、有效地实施现场急救与安全转送伤员是降低伤亡率，减少事故损失的关键。由于重大事故发生突然、扩散迅速、涉及范围广、危害大，应及时指导和组织员工采取各种措施进行自身防护，必要时迅速撤离危险区或可能受到危害的区域。在撤离过程中，应积极组织员工开展自救和互救工作。

(2)迅速控制事态，并对事故造成的危害进行检测、监测，测定事故的危害区域、危害性质及危害程度。及时控制住造成事故的危险源是应急救援工作的重要任务，只有及时地控制住危险源，防止事故的继续扩展，才能及时有效进行救援。应尽快组织工程抢险队与事故单位技术人员一起及时控制事故继续扩展。

(3)消除危害后果，做好现场恢复。针对事故对人体、动植物、土壤、空气等造成的现实危害和可能的危害，迅速采取封闭、隔离、洗消、监测等措施，防止对人的继续危害和对环境的污染，及时清理废墟和恢复基本设施，将事故现场恢复至相对稳定的基本状态。

(4)查清事故原因，评估危害程度，事故发生后应及时调查事故发生原因和事故性质，评估出事故的危害范围和危害程度，查明人员伤亡情况，做好事故调查。

8.1.2 事故救援的基本步骤

高速铁路事故救援的目的是在事故发生后最大限度地减少人员伤亡和财产损失，尽快恢复铁路运输秩序。高速铁路事故救援工作应当遵循“以人为本、逐级负责、应急有备、处置高效”的基本原则。事故救援的主要工作包括：救援报告、紧急处置、救援响应、现场救援、善后处理等。

1. 救援报告

事故应急救援实行逐级报告制度。国家铁路局、国铁集团、各铁路局集团公司应当明确报告程序、方式和时限,公布接受报告的各级事故应急救援部门及电话。事故发生后,有关单位、部门应当按规定程序向上级单位和部门报告。

事故发生后,现场铁路工作人员或者其他有关人员应当立即向邻近铁路车站、列车调度员、公安机关或者相关单位负责人报告。接到报告的单位、部门应当根据需要立即通知救援队和救援列车。遇有人员伤亡或者发生火灾、爆炸、危险货物泄漏等事故时,接到报告的单位、部门应当根据需要采取防护措施,并立即通知当地急救、医疗卫生部门或者公安消防、环境保护等部门。铁路运输企业列车调度员接到事故报告后,应当立即按规定程序报告本企业负责人,并向本区域的安全监管局和列车调度员报告。

列车调度员接到事故报告后,应当立即按规定程序上报。预判发生的事故可能是特别重大事故时,国铁集团应当立即向国务院报告。

救援报告的主要内容:

(1)事故发生的时间、地点(站名)、区间(线名、公里、米)、线路条件、事故相关单位和人员。

(2)发生事故的列车种类、车次、机车型号、部位、牵引辆数、吨数、计长及运行速度。

(3)旅客人数,伤亡人数、性别、年龄以及救助情况,是否涉及境外人员伤亡。

(4)货物品名、装载情况,易燃、易爆等危险货物情况。

(5)机车车辆脱轨数量及型号、线路设备损坏程度等情况。

(6)对铁路行车的影响情况。

(7)事故原因的初步判断,事故发生后采取的措施及事故控制情况。

(8)需要应急救援的其他事项。

事故应急救援过程中,人员伤亡、脱轨辆数、设备损坏等情况发生变化时,应及时补报。事故应急救援情况需要向社会通报时,由国家铁路局、国铁集团的宣传部门统一负责。

2. 紧急处置

事故发生后,列车司机或者列车长等现场工作人员应当立即采取停车措施,并按规定对列车进行安全防护。遇有人员伤亡时,应当向邻近车站或者列车调度员请求施救,并将伤亡人员移出线路、做好标记,有能力的应当对伤员进行紧急施救。为保障铁路旅客安全或者因特殊运输需要不宜停车的,可以不停车。但是,列车司机或者列车长等现场工作人员应当立即将事故情况报告邻近车站、列车调度员,接到报告的邻近车站、列车调度员应当立即组织处置。

客运列车发生事故造成车内人员伤亡或者危及人员安全时,列车长应当立即组织车上人员进行紧急施救,稳定人员情绪,维护现场秩序,并向邻近车站或者列车调度员请求施救。

救援队接到事故救援通知后,救援队长应当召集救援队员以最快速度赶赴事故现场。到达事故现场后,应当立即组织紧急抢救伤员,利用既有设备起复脱轨的机车车辆,清除各种障碍,搭设必要的设备设施,为进一步实施救援创造条件。发生列车火灾、爆炸、危险货物泄漏等事故时,现场铁路工作人员应当尽快组织疏散现场人员并采取必要的防护措施。事故发生后影响本线或者邻线行车安全时,现场铁路工作人员应当立即按规定采取紧急防护措施。

3. 救援响应

接到事故救援报告后,应当根据事故严重程度和影响范围,按特别重大、重大、较大、一般四个等级由相应单位、部门作出应急救援响应，启动应急预案。

(1)特别重大事故的应急救援

特别重大事故的应急救援，由国铁集团报请国务院启动，或者由国务院授权的部门启动。国铁集团在国务院事故应急救援领导小组的领导下开展工作，开通与国务院有关部门、事发地省级事故应急救援指挥机构以及现场事故救援指挥部的应急通信系统，征求有关专家建议以及国务院有关部门意见提出事故应急救援方案，经国务院事故应急救援领导小组确定后组织实施，并派出专家和有关人员赶赴现场参加救援。

(2)重大事故的应急救援

重大事故的应急救援，由国铁集团启动。国铁集团事故应急救援工作机构应当组建现场事故应急救援指挥部(以下简称现场指挥部)，并根据事故具体情况设立医疗救护、事故起复、后勤保障、应急调度、治安保卫、善后处理等工作组，开通与事发地铁路运输企业和现场指挥部的应急通信系统，咨询有关专家，确定事故应急救援具体实施方案，立即派出有关人员赶赴现场，调集各种应急救援资源，组织指挥应急救援工作。必要时，协调请求事发地人民政府、当地驻军、武装警察部队提供支援。遇有超出本级应急救援处置能力时，及时向国务院报告。

(3)较大事故、一般事故的应急救援

较大事故、一般事故的应急救援，由安全监管局启动或者督促铁路运输企业事故应急救援工作机构启动，组织成立现场指挥部，并根据事故具体情况设立医疗救护、事故起复、后勤保障、应急调度、治安保卫、善后处理等工作组，开通与现场指挥部的应急通信系统，咨询有关专家，确定事故应急救援具体实施方案。有关负责人和专业人员应当立即赶赴现场，调集各种应急救援资源，组织指挥应急救援工作。必要时，由安全监管局协调事发地人民政府、当地驻军、武装警察部队提供支援。遇有超出本级应急救援处置能力时，及时向国铁集团报告。

4. 现场救援

现场救援工作实行总指挥负责制，按照事故应急救援响应等级，由相应负责人担任总指挥，或者视情况由上级事故应急救援工作机构指定人员担任临时总指挥，统一指挥现场救援工作。各工作组及参加事故应急救援的单位、部门应当确定负责人。救援列车进行起复作业时，由救援列车负责人或者指定人员单一指挥。现场总指挥以及参加事故应急救援的各工作组负责人、各单位和部门负责人、作业人员应当区别佩戴明显标志。

现场指挥部应当在全面了解人员伤亡以及机车车辆、线路、接触网、通信信号等行车设备损坏、地形环境等情况后，确定人员施救、现场保护、调查配合、货物处置、救援保障、起复救援、设备抢修等应急救援方案，并迅速组织实施。在实施救援过程中，各单位、部门应当严格执行作业规范和标准，防止衍生事故。

事故发生后，调度部门应当根据需要及时发布各类救援调度命令。重点安排救援列车出动和救援物资运输。需要其他铁路运输企业出动救援列车时，由国铁集团发布调度命令。事故造成列车大量晚点、造成人员伤亡、涉及货运列车、需要出动救援列车、需要通信保障、造成铁路设备设施损坏、遇有装载危险货物车辆等具体情形时，现场指挥部应当根据应急预案和现场需要迅速调集装备设施、物资材料、交通工具、食宿用品、药品器械等救援物资。铁路运输企业各单位、部门必须无条件支持配合，不得以各种理由推诿拒绝，延误救援工作。物资调用超出铁路运输企业自身能力时，可以向有关单位、部门或者个人借用。

事故应急救援过程中，有关单位和个人应当妥善保护事故现场以及相关证据，并及时移交事故调查组。因应急救援需要改变事故现场时，应当做出标记、绘制现场示意图、制作现场视听资料，并做出书面记录。任何单位和个人不得破坏事故现场，不得伪造、隐匿或者毁灭相关证据。

事故救援完毕后，现场指挥部应当组织救援人员对现场进行全面检查清理，进一步确认无伤亡人员遗留，拆除、回收、移送救援设备设施，清除障碍物，确认具备开通条件后，立即通知有关人员按规定办理手续，由列车调度员发布调度命令开通线路，尽快恢复正常行车。

5. 善后处理

事故善后处理工作组应当依法进行事故的善后处理，组织妥善做好现场遇险滞留人员食宿、转移和旅客改签、退票等服务工作，以及伤亡人员亲属的通知、接待以及抚恤丧葬、经济补偿等处置工作，负责收取伤亡人员医疗档案资料，核定救治费用。

对事故造成的伤亡人员，现场指挥部应当在积极组织施救的同时，负责协调落实伤亡人员的救治、丧葬等临时费用，待事故责任认定后，由事故责任方承担。

事故造成境外来华人员死亡的，事故善后处理工作组应当通知死者亲属或者所属国家驻华使(领)馆，尸体处置事宜按照我国有关规定办理。

对事故现场遗留的财物，事故善后处理工作组或者公安部门应当进行清点、登记并妥善保管。对事故造成的人员伤亡、财产损失以及事故应急救援费用等应当进行统计。借用有关单位和个人的设备设施和其他物资，使用完毕后应当及时归还并适当支付费用，丢失或者损坏的应当合理赔偿。

对事故造成的人员伤亡和财产损失，按照国家有关法律、法规和《铁路交通事故应急救援和调查处理条例》有关规定给予赔偿。事故当事人对损害赔偿有争议时，可以协商解决，或者请求组织事故调查组的机构进行调解，也可以直接提起民事诉讼。属于肇事方责任给铁路运输企业造成损失的，应当按照事故认定书由肇事方赔偿。因设备质量或者施工质量造成事故损失的，铁路运输企业有权依据事故认定书向有关责任方追偿损失。

事故应急救援工作结束后，现场指挥部应当对事故应急救援工作进行总结，于5日内形成书面报告，并附事故应急救援有关证据材料，按事故等级报国铁集团事故应急救援领导小组或者安全监管局备案。由国铁集团事故应急救援领导小组或者安全监管局组织进行全面总结分析，对事故应急救援的组织工作进行评价认定，总结经验教训，制定整改措施，修改完善应急预案及有关制度办法。

8.2 事故的调查与处理

高速铁路暂未出台专门的事故调查与处理规则，高速铁路与普速铁路均按照《铁路交通事故调查处理规则》(2007年铁道部令第30号)实施事故的调查与处理。在高速铁路安全管理工作中，事故调查与处理是确认事故经过、查找事故原因的过程，是高速铁路安全管理工作的一项关键内容，是制定最佳的事故预防对策的前提。

8.2.1 事故调查与处理的基本内涵

事故调查是在事故发生后，为获取有关事故发生原因的全面资料，找出事故的根本原因,防止类似事故的发生而进行的调查。

1. 事故调查与安全管理

概括起来,事故调查工作对于安全管理的重要性可归纳为以下几个方面:

(1)事故调查工作是一种最有效的事故预防方法

事故的发生既有它的偶然性,也有必然性,即如果事故隐患存在,则什么时候发生事故是偶然的,但发生事故是必然的。因而,通过事故调查的方法,可以发现事故隐患,包括事故的直接原因和间接原因,找出其发生发展的过程,防止类似事故的发生。

(2)为制定安全措施提供依据

事故的发生是有因果性和规律性的,事故调查是找出这种因果关系和事故规律的最有效的方法,掌握了这种因果关系和规律性,就能有针对性地制定出相应的安全措施,包括技术手段和管理手段,达到最佳的事故控制效果。

(3)揭示新的或未被人注意的危险

任何系统,特别是具有新设备、新工艺、新产品、新材料、新技术的系统,都在一定程度上存在着某些尚未了解、掌握或被忽视的潜在危险。事故的发生给了人们认识这类危险的机会。事故调查是人们抓住这一机会的最主要的途径,只有充分认识了这类危险,才有可能防止其产生。

(4)可以确认管理系统的缺陷

事故是管理不佳的表现形式,而管理系统缺陷的存在也会直接影响到企业的经济效益。通过事故调查发现管理系统存在的问题,加以改进后,就可以一举多得,既控制事故,又改进管理水平,提高企业经济效益。

(5)事故调查工作是高效的安全管理系统的重要组成部分

安全管理工作主要是事故预防、应急措施和保险补偿手段的有机结合,且事故预防和应急措施更为重要。事故调查的结果对于事故预防和应急计划的制定均有重要价值。

2. 事故调查的目的

必须首先明确的是,无论什么样的事故,一个科学的事故调查过程的主要目的就是防止事故的再发生。也就是说,根据事故调查的结果提出整改措施,控制事故或消除此类事故。事实证明,只有通过深入的调查分析,查出导致事故发生的深层次原因,特别是管理系统的缺陷,才有可能达到事故调查的首要目的,即防止事故的再发生。

同时,对于重大、特大事故,包括死亡事故,甚至重伤事故,事故调查还是满足法律要求、提供违反有关安全法规的资料,是司法机关正确执法的主要手段。这里当然也包括确定事故的相关责任,但这与以确定事故责任为目的的事故责任调查过程存在本质上的区别。后者仅仅以确定责任为目的,不可能控制事故的再发生;前者则要分析探讨深层次的原因,如管理系统的缺陷,为控制此类事故奠定良好的基础。

此外,通过事故调查还可以描述事故的发生过程,鉴别事故的直接原因与间接原因,从而积累事故资料,为事故的统计分析及类似系统、产品的设计与管理提供信息,为企业或政府有关部门安全工作的宏观决策提供依据。

8.2.2 事故调查与处理的基本步骤

铁路事故发生后,应按照“四不放过”的原则进行调查处理。对于事故责任者的处理,应坚持"思想教育从严、行政处理从宽"的原则。但是对于情节特别恶劣,后果特别严重,构成犯罪的责任者,要坚决依法惩处。处理铁路交通事故是铁路各个管理机关的主要职责之一。遵循统一的事故处理程序,是事故处理人员在处理事故中,正确执行国家法律和其他铁路有关法律、明确职责权限、提高办案效率的前提和保证。各级行车安全监察机构是铁路行车事故调查处理的主管部门。国铁集团安全监察特派员办事处根据《事规》参与所辖区域发生的行车特大、重大事故调查,并提出定性、定责建议。

1. 事故调查

特别重大事故由国务院或国务院授权的部门组织事故调查组进行调查。重大事故由国铁集团组织事故调查组进行调查。调查组组长由国铁集团负责人或指定人员担任,国家铁路局、国铁集团、安全监察司、运输局、公安局等部门和国铁集团派出机构、相关安全监管部门等派员参加。较大事故和一般事故由事故发生地安全监管局组织事故调查组进行调查,调查组组长由安全监管局负责人或指定人员担任,安全监管部门、公安机关等部门派员参加。国铁集团认为必要时,可以参与或直接组织对较大事故和一般事故进行调查。根据事故的具体情况,事故调查组还可由工会、监察机关有关人员以及有关地方人民政府、公安机关、安全监管部门等单位派人组成,并应当邀请人民检察院派人参加。事故调查组认为必要时,可以聘请有关专家参与事故调查。

发生一般 B 类以上、重大以下事故(不含相撞的事故),涉及其他地区安全监管部门辖区时,事故发生地安全监管局应当在事故发生后 12 h 内发出电报通知相关地区安全监管部门。相关地区安全监管部门接到电报后,应当立即派员参加事故调查组。自事故发生之日起 7 d 内,因事故伤亡人数变化导致事故等级发生变化,依照《铁路交通事故应急救援和调查处理条例》规定由上级机关调查的,原事故调查组应当及时报告上级机关。

事故调查组履行下列职责:

①查明事故发生的经过、原因、人员伤亡情况及直接经济损失。

②认定事故的性质和事故责任。

③提出对事故责任者的处理建议。

④总结事故教训,提出防范和整改措施建议。

⑤提交事故调查报告。

事故调查组在事故发生后应当及时通知相关单位和人员;一般 B 类以上、重大以下的事故(不含相撞的事故)发生后,应当在 12 h 内通知相关单位,接受调查。

事故调查组到达现场前,组织事故调查组的机关可指定临时调查组组长,组成临时调查组,勘查现场,掌握人员伤亡、机车车辆脱轨、设备损坏等情况,保存痕迹和物证,查找事故线索及原因,做好调查记录,及时向事故调查组报告。

事故调查组到达后,发生事故的有关单位必须主动汇报事故现场真实情况,并为事故调查提供便利条件。事故发生单位的负责人和有关人员在事故调查期间应当随时接受事故调查组的询问,如实提供有关资料和物证。事故调查组有权向有关单位和个人了解与事故有关的情况,并要求其提供相关文件、资料,有关单位和个人不得拒绝。

事故调查组根据需要,可组建若干专业小组,进行调查取证。

①搜集事故现场物证、痕迹,测量并按专业绘制事故现场示意图,标注现场设备、设施、

遗留物的名称、尺寸、位置、特征等。需要搬动伤亡者、移动现场物体的，应做出标记，妥善保存现场的重要痕迹、物证；暂时无法移动的，应予守护，并设明显标志。

②询问事故当事人及相关人员，收取口述、笔述、笔录、证照、档案，并复制、拍照。不能书写书面材料的，由事故调查组指定人员代笔记录并经本人签认。无见证人或者当事人、相关人员拒绝签字的，应当记录在案。

③对事故现场全貌、方位、有关建筑物、相关设备设施、配件、机动车、遗留物、致害物、痕迹、尸体、伤害部位等进行拍照、摄像。及时转储、收存安全监控、监测、录音、录像等设备的记录。

④收取伤亡人员伤害程度诊断报告、病理分析、病程救治记录、死亡证明、既往病历和健康档案资料等。

⑤对有涂改、灭失可能或以后难以取得的相关证据进行登记封存。

⑥查阅有关规章制度、技术文件、操作规程、调度命令、作业记录、台账、会议记录、安全教育培训记录、上岗证书、资质证书、承(发)包合同、营业执照、安全技术交底资料等，必要时将原件或复印件附在调查记录内。

⑦对有关设备、设施、配件、机动车、器具、起因物、致害物、痕迹、现场遗留物等进行技术分析、检测和试验，组织笔迹鉴定，必要时组织法医进行尸表检验或尸体解剖，并写出专题报告。

⑧脱轨事故发生后，在全面调查的基础上，必要时应对事故地点前后一定长度范围内的线路设备进行检查测量，并调阅近期内该段线路质量检测情况；对事故地点前方(列车运行相反方向)一定长度的线路范围内，有无机车车辆配件脱落、刮碰行车设备的痕迹等进行检查，对脱轨列车中有关的机车车辆进行检查测量，并调阅脱轨机车车辆近期内运行情况监测记录。

事故调查中需要对相关的铁路设备、设施进行技术鉴定或者对财产损失状况以及中断铁路行车造成的直接经济损失进行评估的，事故调查组应当委托具有国家规定资质的机构进行技术鉴定或者评估。技术鉴定或者评估所需时间不计入事故调查期限。各专业小组应按调查组组长的要求，及时提交专业小组调查报告。调查组组长应组织审议专业小组调查报告，并研究形成“铁路交通事故调查报告”，由调查组所有成员签认。调查组成员意见不一致时，应在事故报告中分别进行表述，报组织调查的机关审议、裁定。事故调查中发现涉嫌犯罪的，事故调查组应当及时将有关证据、材料移交司法机关。

“铁路交通事故调查报告”应包括下列内容：

①事故概况。

②事故造成的人员伤亡和直接经济损失。

③事故发生的原因和事故性质。

④事故责任的认定以及对事故责任者的处理建议。

⑤事故防范和整改措施建议。

⑥与事故有关的证明材料。

事故调查组应在下列期限内向组织事故调查组的机关提交《铁路交通事故调查报告》：

①特别重大事故的调查期限为 60 d。

②重大事故的调查期限为 30 d。

③较大事故的调查期限为 20 d。

④一般事故的调查期限为 10 d。

事故调查期限自事故发生之日起计算。

事故调查组形成“铁路交通事故调查报告”，报组织事故调查的机关同意后，事故调查组的工作即告结束。国铁集团、安全监管部门应在事故调查组工作结束后15 d之内，根据事故报告，制作“铁路交通事故认定书”，经批准后，送达相关单位。一般B类以上、重大以下事故(相撞事故为较大事故)的档案材料，应报国铁集团备案(3份)。国铁集团发现事故认定不准确时，应予以纠正。必要时，可另行组织调查。

事故调查组成员在事故调查工作中应诚信公正、恪尽职守，遵守事故调查组的纪律，保守事故调查的秘密。未经事故调查组组长允许，调查组成员不得擅自发布有关事故的调查信息。调查事故应配备必要的调查设备和装备，保证调查工作顺利进行。调查设备和装备包括通信设备、摄影摄像设备、录音设备、绘图制图设备、便携电脑以及其他必要的装备。“铁路交通事故认定书”是事故赔偿、事故处理以及事故责任追究的依据。

“铁路交通事故认定书”应按照国铁集团规定的统一格式制作，内容包括：

①事故发生的原因和事故性质。

②事故造成的人员伤亡和直接经济损失。

③事故责任的认定。

④对有关责任单位及人员的处理决定或建议。

事故责任单位接到“铁路交通事故认定书”后，于7 d内，填写“铁路交通事故处理报告表”(安监报2)，按规定报送“铁路交通事故认定书”制作机关，并存档。

2. 事故责任的判定

事故分为责任事故和非责任事故。事故责任分为全部责任、主要责任、重要责任、次要责任和同等责任。

铁路运输企业或相关单位发布的文电，违反法律法规、国铁集团规章或铁路相关技术标准和作业标准等，直接导致事故发生的，确定发文电单位责任。

因设备管理不善造成的事故，定设备管理单位责任。

因产品质量不良造成事故，属设计、制造、采购、检修等单位责任的，定相关单位责任；应采用经行政许可或强制认证的产品而采用其他产品的，追究采用单位责任；采购不合格或不达标产品的，追究采购单位责任。

自然灾害原因导致的事故，因防范措施不到位，定责任事故。确属不可抗力原因导致的事故，定非责任事故。

营业线施工中发生责任事故，属工程建设、设计、监理、施工等原因造成的，确定上述相关单位责任；同时追究设备管理单位责任。已经竣工验收的设备，因质量问题发生责任事故，确属工程建设、设计、施工、监理等单位责任的，确定上述相关单位责任；属设备管理不善的，定设备管理单位责任。

涉嫌人为破坏造成的事故，在公安机关确认前，确定发生单位责任事故；经公安机关确认属人为破坏原因造成的，定发生单位非责任事故。

凡经国铁集团批准或铁路运输企业批准并报国铁集团核备后的技术革新项目、科研项目在运营线上试验时，在限定的试验期限内确因试验项目本身原因发生事故，不定责任事故；但由于违反操作规程以及其他人为因素造成的事故，定责任事故。

事故发生后，因发生单位未如实提供情况，导致不能查明事故原因和判定责任的，定发生单位责任。

事故涉及两个以上单位管理的相关设备，设备质量均未超过临修或技术限度时，按事故因果关系进行推断，确定责任单位。

事故调查组未及时通知有关单位接受事故调查，不得定有关单位责任。有关单位接到通知后，应派员而未派员接受事故调查的，事故调查组可以直接定责。

铁路作业人员在从事与行车相关的作业过程中，不论作业人员是否在其本职岗位，由于违反操作规程、作业纪律，或铁路运输生产设备设施、劳动条件、作业环境不良，或安全管理不善等造成伤亡，定责任事故。

3. 事故损失认定

事故相关单位要如实统计、申报事故直接经济损失，制作明细表，经事故调查组确认后，在“铁路交通事故认定书”中认定。

下列费用列入事故直接经济损失：

①铁路机车车辆、线路、桥隧、通信、信号、供电、信息、安全、给水等设备设施的损失费用。报废设备按报废设备账面净值计算，或按照市场重置价计算；破损设备设施按修复费用计算。

②铁路运输企业承运的行包、货物的损失费用。

③事故中死亡和受伤人员的处理、处置、医治等费用(不含人身保险赔偿费用)。

④被撞机动车、非机动车、牲畜等财产物资，造成的报废或修复费用。

⑤行车中断的损失费用。

⑥事故应急处置和救援费用。

⑦其他与事故直接有关的费用。

有作业人员伤亡的，直接经济损失统计范围、计算方法等按《企业职工伤亡事故经济损失统计标准》(GB 6721—1986)执行。负有事故全部责任的，承担事故直接经济损失费用的100%；负有主要责任的，承担损失费用的50%以上；负有重要责任的，承担损失费用的30%以上、50%以下；负有次要责任的，承担损失费用的30%以下。有同等责任、涉及多家责任单位承担损失费用时，由事故调查组根据责任程度依次确定损失承担比例。负同等责任的单位，承担相同比例的损失费用。

4. 事故统计、分析

国家铁路局、国铁集团、铁路局及基层单位应按照本规则规定，建立事故统计分析制度，健全统计分析资料，并按规定及时报送。各级安全监察部门负责事故统计分析报告的日常工作，并负责监督指导有关部门(单位)做好事故统计分析报告工作。

事故的统计报告应当坚持及时、准确、真实、完整的原则。事故的统计应按照事故类别、等级、性质、原因、部门、责任等项目分别进行统计。每日事故的统计时间，由上一日18:00至当日18:00止。但填报事故发生时间时，应以实际时间为准，即以零点改变日期。

责任事故件数统计在负全部责任、主要责任的单位，非责任事故和待定责事故件数统计在发生单位，相撞事故统计在发生单位。负同等责任或追究同等责任的，在总数中不重复统计件数。一起事故同时符合两个以上事故等级的，以最高事故等级进行统计。

发生人员伤亡的事故应按以下规定统计：

①人员在事故中失踪，至事故结案时仍未找到的，按死亡统计。

②事故受伤人员因正常手术治疗而加重伤害程度的，按手术后的伤害程度统计。

③事故受伤人员经救治无效，在 7 d 内死亡，按死亡统计；经医疗事故鉴定委员会确认为医疗事故的，或 7 d 后死亡的，按原伤害程度统计。

④事故受伤人员在 7 d 内由轻伤发展成重伤的，按重伤统计。

⑤未经医疗事故鉴定委员会确认为医疗事故的伤亡，按责任事故统计。

⑥相撞事故发生后，经调查确认为自杀、他杀的，不在伤亡人数中统计。

铁路各级安全监察部门应建立“铁路交通事故登记簿”(安监统 1)、“铁路交通事故统计簿”(安监统 2)、“铁路运输企业安全天数登记簿”(安监统 3)、“铁路作业人员伤亡登记簿”(安监统 4)和“铁路交通事故分析会记录簿”。铁路运输企业专业部门、各基层站段应分别填记“铁路交通事故登记簿”(安监统 1)，并建立“铁路交通事故分析会记录簿”。以上台账长期保存。

国铁集团所属铁路运输企业每月 27 日前将本月安全分析总结报国铁集团安全监察司。企业内部各业务部门须按月、半年、年度，对本系统事故进行分析总结，向上级主管部门报告，并抄送安全监管部门。合资铁路、地方铁路、专用铁路须按月、半年、年度，对本单位事故进行分析，并报安全监管部门。

8.3 事故和突发事件信息发布与舆情管理

随着互联网技术的迅猛发展，信息网络化正在对我国政治、经济、社会、文化等领域产生着广泛而深刻的影响。通过高速铁路突发事故的舆情研究，引导和把控舆情，可为政府和企业科学应对高速铁路突发事故提供决策，增强舆情的有利影响，消除舆情的不利影响，增强舆情的有利因素，最终使高速铁路突发事故得到完备的解决，减少不必要的损耗。

8.3.1 事故及突发事件的舆情特征及分析

1. 高速铁路突发事故的舆情特征

铁路是国家重要基础设施、国民经济大动脉和最大众化的交通工具，这决定了高速铁路突发事故也有其突出的特征：

(1)舆情传播连锁反应快

铁路运输点多、线长、面广，牵一发动全身。一趟列车故障，往往会迅速产生连锁影响，轻则造成几趟列车晚点，重则影响整条铁路通畅。因此，高速铁路一旦发生突发事故，舆情传播速度快，如果不能及时采取应对措施，一个局部问题瞬间就会变成了一个影响全局的大问题。

(2)舆情处置涉及部门多

高速铁路突发事故发生后，在舆情处置方面涉及部门多，经常会出现跨单位、跨部门、跨地区等现象，不仅需要铁路内部多个部门的配合协作，而且还需要与一个、甚至几个地区宣传部门、新闻媒体协调，共同做好应对工作。

(3)舆情应对社会责任重

铁路作为大众化交通工具，其安全与否直接影响到大众的生命财产安全，甚至会影响整个社会和谐稳定。铁路行业的社会性与公众性使高速铁路一旦发生突发事故，在舆情应对方面的社会责任更重，要求更高。

2. 不同原因下的高速铁路突发事故舆情分析

高速铁路突发事故有不同的原因，原因可分为三种：自然灾害、管理不当、人为破坏，有些事件的原因比较复杂，可依据主要原因来定性。

(1)自然灾害：舆情周期短，结构单一

自然灾害是导致高速铁路突发事故的主要原因之一，由自然原因导致的高速铁路突发事故产生的舆情比较温和，一般是关于高速铁路突发事故本身和组织救援情况的报道，也有部分舆论指向对事故的反思。

以自然灾害为主要原因的舆情结构比较单一，舆情主要包括对三方面的关注：一是对事故本身的关注，主要是事故发生的地点、事故的原因和事故的影响；二是对事故处置的关心，包括对事故救援情况和善后工作的安排的追踪；三是对事故的反思，包括呼吁对安全的重视和对自然灾害预警体系构建的思考。以自然灾害为主要原因的高速铁路突发事故的舆情周期均较短，由于舆情结构比较单一，一般在 5 d 以内舆情就消退。

(2)管理不当：舆情周期长，焦点随责任认定而转移

管理不当是高速铁路突发事故最为常见的原因之一，一般会涉及多个部门，关于相关责任的认定需要较长时间的梳理，这往往是一个复杂的过程，由此引发的舆论相对于自然灾难更加会引起人们的关注。

管理原因很大程度是由于铁路系统职工的思想放松和违规操作所导致的，所以其通常需要追究个人或者组织的责任，而责任的认定需要一定的过程，所以此类高速铁路突发事故通常是有一定长的舆情周期，并且舆情会随着事件原因与事件责任的认定而产生波动。

(3)人为破坏：舆情消散快，性质单一

人为破坏的主要表现形式是违法故意破坏铁路设施的行为导致了高速铁路突发事故的发生。

人为破坏为主要原因的高速铁路突发事故舆情有如下特征：一是，舆情周期不定，警方需要一个破案与侦查的过程来确定破坏者；二是，舆情消散快，由于事件性质比较单一，并不会牵扯到多的部门与个人，而且发生概率较小，在获得定性以后，舆情很快就衰减。

在上述三个原因中，自然灾害与人为破坏因素导致的高速铁路突发事故所产生的舆情结构相对单一，舆情的焦点往往限于对事故本身属性的探明，一旦事情被分析清楚，舆情就会快速消散。而管理不当为主要原因的高速铁路突发事故往往会受到人们的关注，原因在于责任的追究和对事件的反思，由于与公众的切身利益相关，公众会因此担忧自己会不会成为下一个受害者，由于关注点的增多导致舆情的复杂化会让舆情的周期延长，且随着人们的讨论，舆情又会出现往复的现象。之后随着责任者的查明，相关部门对事件进行反思，舆情热度才会开始回落。

3. 不同处置下的高速铁路突发事故舆情分析

高速铁路突发事故的处置分为两个方面，一是对事故本身的处置，二是对于事故所产生舆情的处置。

(1)事故处置失当：引发更多疑问，舆情呈负面

事故处置失当，指在高速铁路突发事故发生时，有关部门与人员做出的不利于事故解决

的欠缺考虑的行为，一般来说，事故处置失当会加强负面舆论的产生与传播，甚至造成民众对铁路行业不信任。

(2)事故处理恰当：舆情平稳消散，舆情呈正面

事故处置恰当，指在事件发生后，采取了恰当的处置措施，较大程度减少了事故的损失，经过这种处理所得到的舆情一般都是正面的，而且会在短时间内快速消散。

(3)舆情处置失当：产生新的舆论，舆情呈负面

除了对事故本身的处置会引发舆论，对引发的舆论进行处置同样会产生新的舆情现象。

(4)舆情处置恰当：舆情快速消散，舆情呈正面

一般来说，良好的舆情应对会发生两种情况，一是正面的舆情会得到发展，二是舆情会快速消散和冷却。

在高速铁路突发事故中，对事故的处置分为两个方面，一是对高速铁路突发事故的处置；二是对高速铁路突发事故产生的舆情的处置。总的来说主要表现在三个方面：一是，当事故发生后，官方没有在第一时间作出回应时，网友就会自行地去挖掘事实真相，谣言也会随之散开，导致舆论高潮的到来；二是，事故发生后，官方采取了相应的处理措施，但没有得到网友认可时，也会引发舆论高潮；三是，事故发生之时，官方适时地采取了正确的举措，并且得到了网友的认可。但这三个方面舆论的内容倾向是不尽相同的，前两者是负面的、消极的评论比较多，而后者则大都是正面的、积极的评价。

4. 不同强度下的高速铁路突发事故舆情分析

高速铁路突发事故的强度指事故的综合影响程度，包括事故的损失程度、事故的受关注程度、事故的性质的特殊性等一些因素的叠加。不同强度的高速铁路突发事故会呈现不同的舆情形态。

(1)高强度事故：舆情周期长，高潮点来临滞后。

(2)中强度事故：舆情周期适中，高潮点来临较快。

(3)低强度事故：舆情周期短，当日出现高潮点。

舆情的强度是与事件的强度呈正相关的，事件的强度越大，产生的舆论影响就越大。

8.3.2　事故及突发事件信息发布的要点

信息发布是应急管理工作的重要内容，要按照“及时、准确、公开、透明”的原则，主动发布事故及其处置准确权威信息，积极回应群众关切。做好高速铁路突发事故信息发布，进行有效沟通，及时回应社会关切，提升政府、企业的形象和公信力，重点应把握好六个“度”。

1. 速度：第一时间占据主动

高速铁路突发事故是社会关注的热点、媒体报道的焦点。“好事不出门、坏事传千里”，谣言总是与高速铁路突发事故相伴而生。在新媒体迅猛发展的现代开放社会，“真理还在穿鞋，谣言已经跑遍半个世界”。随着信息来源和传播渠道变得日益多样、快速、便捷，人人都是记者，个个都有麦克风，传统封闭社会中政府主导的“我说你听”单向信息传播模式变得不再有效，政府不再是人们获取信息的唯一来源和主要来源。面对高速铁路突发事故发生后社会各方严重关切和诸多质疑，信息发布必须“领跑不跟跑”“领唱不跟唱”，下好先手棋，打好主动仗。为此，要改变“外媒不攻击不说、网媒不炒作不说、公众不质疑不说、上级不要求不说”“先做后

说、多做少说、光做不说"、坐等谣言泛滥才进行被动应对的传统习惯性思维，在第一时间主动发布权威信息，最大限度地压缩谣言生存的空间，牢牢把握舆论引导的主导权和话语权。

2. 梯度：循序渐进掌控节奏

高速铁路突发事故信息发布的形式是多种多样的，包括召开新闻发布会，接受媒体采访和提供新闻通稿，领导发表讲话，利用官方网站、微博、微信等新媒体发布等。高速铁路突发事故发生后，由于事发突然，发展迅速，人们所掌握的信息往往是不及时、不准确、不全面的，需要随着时间的推移才逐步变得清晰、准确、完整。因此，高速铁路突发事故信息发布是一个细水长流的循序渐进过程，不是"一锤子买卖"，不可能"一步到位""毕其功于一役"，必须随着事态发展和救援进展，灵活利用各种形式进行不间断更新。"对症方能下药"在事件发展的不同阶段，信息发布要根据具体情况有针对性地选择发布形式，打好"组合拳"。通常，在事件刚发生的初始阶段，因信息缺失严重，宜采取"通报不回答"的形式，单向发布所发生事件和救援的基本情况，易于掌控局面；随着信息逐渐变得清晰、丰富、准确，宜采取"既通报又回答"的形式，通过双向互动问答来回应社会各方的问题。

3. 黏度：多方参与凝聚合力

高速铁路突发事故信息发布是"合唱"不是"独唱"，不是新闻宣传部门一家的事，更不是新闻发言人一个人的事，而是一项由新闻宣传部门搭台，党政领导、应急抢险部门、涉事铁路局等相关各方一起"唱戏"的集体活动。为此，要在应急指挥部的统一部署下，建立以高速铁路突发事故新闻中心为核心、多方共同参与的信息发布体系，实现各方合理分工、共享信息、统一行动、一致对外，"心往一处想、劲往一处使"，避免"各吹各的号、各跑各的调"。其中，新闻宣传部门是信息发布的牵头机构，必须了解和参与应急处置过程，杜绝应急处置和新闻发布"两张皮"，"说"的人不"做"，"做"的人不"说"的现象，发挥好信息收集整理和信息发布的组织协调作用；地方党政领导和铁路局领导要敢于担当，必要时以参加新闻发布会、接受媒体采访、发表讲话等方式主动参与信息发布；涉事路局、应急指挥部成员单位等要按照职责分工，向新闻宣传部门提供最新信息并参加信息发布。

4. 广度：全面覆盖消除盲区

媒体是高速铁路突发事故信息传播的主要渠道，公众是高速铁路突发事故信息传播的主要受众。高速铁路突发事故发生后，受影响的群体可能涉及事件的当事人及其家属、关注该事件的普通大众等各个层面，他们可能来自不同地域、不同年龄阶段、不同文化背景，对信息的需求度存在很大差异。同时，就内容而言，高速铁路突发事故信息分为两类：一类是告知性的，如最新的伤亡情况和救援进展等公众想了解的有关情况；另一类是警示性的，如危险化学品泄漏需要公众采取措施进行防范和应急准备等重要信息。为此，高速铁路突发事故信息发布必须做到"广而告之"，采用广播、电视、报刊、互联网、手机短信、电子显示屏、有线广播、宣传车或组织人员通知等方式，实现对高速铁路突发事故相关群体的全覆盖、零遗漏，确保民众能够及时掌握所应了解的信息（尤其是各种警示性信息）。特别是，对老、幼、病、残、孕等特殊人群以及医院、学校等特殊场所和警报盲区，应当采取有针对性的信息公告方式。

5. 态度：诚恳友善激发共鸣

高速铁路突发事故信息发布的过程是一个进行有效沟通的过程。高速铁路突发事故发生后，往往造成人员伤亡、经济损失、环境破坏和负面社会影响，当事人及其家属容易产生紧张、恐慌、焦虑情绪，媒体和社会公众可能会提出一系列质疑和批评。俗话说："态度决定一切。"要提高高速铁路突发事故信息发布的效果，有效安抚公众情绪，回应社会质疑，必须换位思考，将心比心，站在媒体和受害者家属等受众的角度，"好事说好、坏事好好说"。要善学善用"新闻语言"和"百姓语言"，减少和杜绝让公众反感的"灾难八股文"。在内容上，既要关注各级领导的动态，更要关注事态发展和抢险救援进展的情况，积极回应社会关注的热点和痛点。在词语上，要多讲带人情味、接地气的"人话"，动之以情、晓之以理，以情感人、以理服人，少讲"高度重视""第一时间""亲自过问""作出批示""现场指挥""认真落实"等"高大上"的官话、空话、套话、"正确的废话"。

6. 信度：实事求是赢得信任

真实是信息的生命。高速铁路突发事故发生后，社会各界最关心的是到底发生了什么、为何发生、谁该为此担责。高速铁路突发事故信息发布必须坚持事实为上，一次失实，可能得用十次真话来消弭，这是"狼来了"效应。具体而言，要按照"快讲事实、重讲态度，慎说原因、慎下结论"的要求，重点围绕事件的演变情况和抢险救援的进展情况，向媒体和社会公众介绍四个"什么"——发生了什么、做了什么、正在做什么、下一步将要做什么，实事求是、就事论事，不说假话，不掩盖、不歪曲事实真相。对暂时还不掌握的情况，要耐心解释说明；对前期发布的有误信息，要诚恳致歉和及时更正；对事件原因等一时难有定论的信息，宜在权威结论出来之后再详细发布。同时，可安排专业人士、现场抢险救援人员、事件当事人、独立第三方等参与信息发布，提高信息的权威性和可信度。

8.3.3 舆情管理应对措施

针对当前复杂的网络现状和应对网络舆情的薄弱环节，要求铁路部门必须更新思想观念，充分认识网络舆论的巨大力量，化被动应对为主动引导，切实提高网络舆情热点的舆论引导能力；完善各项工作机制、加强队伍建设，有效提高网络舆情热点的应急处置能力。高速铁路突发事故舆情研究的最终落脚点在于提出可以解决相关问题的建议与方法。

1. 政府层面的舆情应对措施

政府是舆论应对的主导力量，舆情的流动与兴衰和政府的处置方式息息相关。

(1)建立舆情专题数据库，科学应对舆情

属地管理的原则已经被现代高速传播的网络所打破。面对网络舆情危机，建立政府主导的公共信息资源库，能对政府信息化的进程进行完善。应对网络舆情危机应该是公共信息搜集和处理机构的建立目的所在。收集的信息应包括重要的经济与政治方面的信息、社会与自然方面的信息。资源库的建设，特别是涉及的公共资源，应该具有一定的公用意识，在于消除地区或者部门之间的交流障碍，实现资源公用。同时，需要重视运用体制的科学性，提高系统运行的效率以及各种公共部门之间的信息共享，这将有助于各级政府能够更快捷有效地了解情况。数据库建设所收集的历史数据也将起到应有的作用，参考历史数据能较科学地和有依据地进行网络舆情危机的研究判断和决策。

(2)构建疏导平台，加强信息透明

除了建设信息资源库，还需要在资源库的平台之上，做电子政务、电子政府等的尝试，打造一条主要的官方渠道，让公众在上面能够查询到需要的政务相关信息。政府官方网站是公众与政府部门之间进行沟通的重要桥梁,也是政府部门面向公众的窗口工程,同时也要注重官网中沟通功能的完善和使用,构建网络论坛。在高速铁路突发事故来临之时,信息发布与交流平台就会起到应有的作用,随时解答公众的疑问,也可以随时对网络舆情进行把控,针对该时段的民众态度做出相应的决策。这样就能赢得公众的信任,能有效地吸引将公众的视线吸引到政府能把握的范畴之内,在此基础上建立起高效沟通的氛围,从而形成良性的舆论影响力,在时机成熟时有机会成为意见领袖。此外,政府需要重视官方微博的重要性。政府在微博平台上能把政务信息及时公布,这样就能与民众更多更直接更快的沟通,尤其是在高速铁路突发事故出现的时候,地方可以在其官微发表一些相应的观点,这样既能引导舆论走向,公开相关信息,也更能够让民众满意,长此以往也能借微博来获得民众的支持。

(3)重视媒介联动,多角度强化信息传播

建立政府与传统媒体、新媒体之间的沟通与合作,进行舆论引导、监管控制。在面对突发公共事件时,政府部门应把握信息发布主动权,在第一时间,通过各种方式与各类媒体展开沟通与合作,并在整个过程中保证沟通的畅通,引导媒体尤其是新媒体以正面信息为主,尊重事实的及时报道。要引导主流媒体在事实的基础上对危机中的要素进行公正的评判以及做出正能量的报道,这样网络舆论的引导才有保障。除了与传统媒体进行协同运作,更重要的是不能忽视新媒体的力量,要尝试形成与新媒体的长期的合作关系。尤其需要在与网络新媒体的合作交流中形成一套长期的合作模式,在实践工作中不断地累积经验。网络中的意识形态的改变可能是网络舆情危机的一种,但是其影响的范围远远不止如此。在现实中,这些意识改变又会进一步发酵使事态变得更为严重,而这些事态往往是社会矛盾的累积反应。不管是虚拟世界还是现实生活,所有手段的终极的目标都是给网络舆论一个正确的运行路线,尽可能地减少损耗,从而消除风险。

(4)准确把握重点,提高舆情信息工作的针对性

当网络舆情发生时,要能够迅速分析研究判断,查找发生问题的根源,并以权威发布的方式,及时回应公众疑问,有效解决网络舆情事件,维护铁路部门的形象和公信力。面对涉及铁路部门的突发网络舆情事件,铁路部门不能采取缺席失语、消极对待的方式,而是要积极主动、迅速处理,用有说服力的事实和科学的方法积极应对,第一时间满足公众知情权,避免出现网络上认为铁路部门“不作为”“不承责”“不公开”的情况,引导网络舆情朝着正确的方向发展。当突发网络舆论事件后,要根据相关的工作规范和纪律,充分发挥工作机制的优势,采取得当的措施,科学、合理应对网络舆情,不作无谓争辩,不跟风炒作,不人为制造热点,保证舆论的正确导向。同时要敢于打破常规做法,及时跟进,第一时间组织力量调查事件真相,第一时间把真相公布于众,如事件复杂,不要等到有完整结果后公布,要根据进展情况分段公布,来满足公众的期待,从而减少网上谣言传播。在应对网络舆情时,要从公众的视角出发,综合考虑公众在该舆情事件中的需求、利益,注意应对方式方法,既澄清事实,又讲究情理。对网民的“拍砖”、过激的言论等,要沉得住气、搁得下面子,做到冷静分析、平和交流、坦诚沟通,在交流中求得理解,在沟通中取得共识,在讨论中凝聚人心。

(5)利用先进网络信息技术,建立高效的信息发布与交互平台

充分利用当前各种先进的信息技术,通过官方网站、短信、网上新闻发布会等高效手段,第一时间将高速铁路突发事故的全面信息、最新进展、政府措施等准确无误地向公众发布。建立政府与公众沟通、互动的机制。加强政府与公众的直接对话,建立多样化的对话平台,

完善政府与公众间沟通、互动机制，帮助政府在突发公共事件情况下，及时了解民众的意见与建议，更好地应对高速铁路突发事故。

2. 铁路企业层面的舆情应对措施

除了政府方面对舆情要进行一定处理策略，作为铁路舆情的核心点，铁路企业对舆情的处理也有着至关重要的作用。

(1)控制舆论走势：把握准确的处置时机

高速铁路突发事故舆情处置时机往往稍纵即逝，一旦不能及时正确把握，轻则会使舆情应对陷入被动，重则会产生不良社会反应，影响企业形象。需要做到：一是，危机公关意识要增强，当铁路出现突发事件发生时，在情况不明朗、信息不完整而导致"小道消息"出现时，要"争分夺秒"地恰当地选择网络传播渠道抢占主动权，敢说话、早说话、会说话，尽量做到"统一、准确、及时、全面、客观"地发布信息。二是应急反应要适度，铁路突发事件的变化因素多，发展趋势难以预测，当网上出现舆情信息时，要认真分析做好预想，时刻关注其发展态势，把握火候和分寸。

高速铁路突发事故对外信息发布应在坚持"赶快说、说真话"原则的基础上，善于捕捉不同阶段的信息发布时机，掌握舆论主动权。一般高速铁路突发事故对外信息发布可分阶段实施。第一阶段为信息缺失期，该阶段公众媒体需要在第一时间了解事件情况，信息要突出"快"字，要在正确研究判断、统一口径的基础上及时发布，此时的信息宜粗不宜细。第二阶段为信息暴发期，通过前一轮报道，部分媒体报道重点将会转向事件发生的原因和产生的后续影响上，而恰恰此时的信息最多，真的、假的，官方的、小道的，该阶段信息发布要讲究"准"字，要用正确的、正面的信息占领舆论阵地。第三阶段为信息平稳期，经过前两轮的信息发布，高速铁路突发事故将进入一个信息平稳期，此时对外信息发布要注重"导"字，就是要利用媒体说出铁路企业想说的话，从而达到引导舆论、控制影响、变"危"为"机"的目的。

(2)占领舆情高点：主动引导舆论

随着网络媒体迅猛发展，网络容量正在无限扩展，影响力也在不断扩大。网站的联动效应和链接效应可以在极短的时间内实现最大范围的传播，任何一条新闻线索或报道，经过有影响的网站转载后，都可能会在很短的时间内成为全国性的乃至世界性的新闻。因此，高速铁路突发事故发生后，如何用正确的舆论占领互联网这个阵地，加强网上舆论引导，对铁路企业来说是一个全新而紧迫的课题。加强网上舆论引导，一是要坚持早发现、早处置，组织力量进行网上 24 小时全程监控，及时发现不良信息。二是要建立一支以专家、学者为主要力量的网评队伍。与铁路学者、专家保持密切联系，针对不同时期铁路重大事件、敏感话题、社会焦点，适时组织专家、学者进行网上评论，从专业角度进行解读和分析，以理服人。三是要加强网上正面宣传，主动占领网上舆论。要充分利用网络媒体传播快、不受时间和篇幅限制的特点，大量提供铁路新闻资源，通过邀请网站参加新闻通气会进行网上直播、制作专题网页、组织重点题材网谈等方式，加强网络媒体的正面宣传。

由于铁路行业的特殊性，高速铁路突发事故的舆情处置需要政府与铁路企业两者的配合才能达到最好的效果。政府作为网络舆论的主要监管者，要保证信息的透明和传输的畅通。铁路企业应以主动的姿态去应对舆情，处置时机要把握准确。此外，面对高强度的高速铁路突发事故，要善于联合多方力量进行处置，这样才能将损失最小化。

参考文献

[1] 贾利民.高速铁路安全保障技术[M].北京：中国铁道出版社，2010.

[2] 张开冉，王建军.高速铁路运营安全管理[M].成都：西南交通大学出版社，2015.

[3] 肖贵平，朱晓宁.交通安全工程[M].2 版.北京：中国铁道出版社，2007.

[4] 贾利民.铁路运输安全工程[M].北京：中国铁道出版社，2013.

[5] 贾华强.高速铁路接收及运营管理相关问题研究[D].成都：西南交通大学，2012.

[6] 张鹏.高速铁路联调联试过程安全风险分析及控制研究[D].北京：北京交通大学，2018.

[7] 李双.高速铁路列控系统故障应急处置安全风险管控研究[D].北京：中国铁道科学研究院，2017.

[8] 齐晓坤.高速铁路信号系统运营安全风险建模研究[D].北京：北京交通大学，2017.

[9] 曲思源.高速铁路运营安全保障体系研究[C]//中国城市科学研究会轨道交通学组.智慧城市与轨道交通，2016：245-250.

[10] 徐文秀.高速铁路运营安全风险辨识与管理研究[D].大连：大连交通大学，2015.

[11] 张艳潮.高速铁路运营安全风险分析与评估[D].大连：大连交通大学，2017.

[12] 袁旭冉.高速铁路运营安全评价与预警对策分析[D].石家庄：石家庄铁道大学，2013.

[13] 王娇娇.高铁运营过程安全因素相关性分析及其实践[D].大连：大连交通大学，2014.

[14] 唐丹.基于复杂系统理论的高速铁路运营安全研究[D].大连：大连交通大学，2014.

[15] 王宇光.基于原因-后果模型的高速铁路运营安全风险分析研究[D].北京：中国铁道科学研究院，2017.

[16] 李宛玉.极值理论在高速铁路运营安全风险分析中的应用研究[D].北京：中国铁道科学研究院，2013.

[17] 温文杰.中国高速铁路安全运营的系统学分析[D].太原：太原科技大学，2013.

[18] 陈泳文.中国高速铁路发展趋势分析[J].绿色环保建材，2018(11)：108-109.

[19] 秦勇，贾利民，张媛，等.基于安全域的轨道交通主动安全保障方法及应用[M].北京：科学出版社，2014.

[20] 杨述明.面向装备健康管理的可测性技术研究[D].长沙：国防科学技术大学，2012.

[21] 中华人民共和国国家质量监督检验检疫总局，中国国家标准化管理委员会.轨道交通可靠性、可用性、可维修性和安全性规范及示例：GB/T 21562—2008[S].北京：中国标准出版社，2008.

[22] 董锡明.轨道交通系统安全工程[M].北京：中国铁道出版社，2014.

[23] 董锡明.机车车辆故障与可靠性分析[J].铁道机车车辆，2004(6)：42-47.

[24] 董锡明.轨道列车可靠性、可用性、维修性和安全性[M].北京：中国铁道出版社，2009.

[25] 秦勇，林帅，李宛瞳，等.高速列车系统安全可靠性分析评估方法研究[J].机车电传动，2016(1)：6-13.

[26] 董锡明.高速列车维修及其保障技术[M].北京：中国铁道出版社，2010.

[27] 焦风川.机车车辆运用与维修[M].北京：北京交通大学出版社，2013.

[28] 王彩霞.高速动车组主要零部件损伤规律及维修周期的研究[D].北京：北京交通大学，2012.

[29] 孙妍婷.动车组关键零部件维修决策模型的研究[D].北京：北京交通大学，2012.

[30] 李学伟.高速铁路概论[M].北京：中国铁道出版社，2010.

[31] 赵金方.动车组零部件预防性维修周期决策模型的研究[D].北京：北京交通大学，2010.

[32] 王卫东，顾世平，杨超.高速综合检测列车[J].铁路技术创新，2012(1)：14-17.

[33] 刘再民.高速铁路接触网维修规则框架与管理技术创新[J].中国铁路，2016(4)：13-16.

[34] 邓琼.安全系统工程[M].西安：西北工业大学出版社，2009.

[35] 卢岚.安全工程[M].天津：天津大学出版社.2003.

[36] 齐奥.可靠性与风险分析算法[M].北京：国防工业出版社，2014.

[37] 中国铁路总公司.铁路动车组运用维修规则[S].北京：中国铁道出版社，2017.

[38] 中国铁路总公司.铁路技术管理规程[S].北京:中国铁道出版社,2018.
[39] 中国铁路总公司.高速铁路有砟轨道线路维修规则[S].北京:中国铁道出版社,2013.
[40] 中国铁路总公司.高速铁路无砟轨道线路维修规则[S].北京:中国铁道出版社,2012.
[41] 中国铁路总公司.高速铁路接触网运行维修规则[S].北京:中国铁道出版社,2015.
[42] 中国铁路总公司.高速铁路信号维护规则技术标准部分[S].北京:中国铁道出版社,2015.
[43] 王莉,秦勇,徐杰,等.突发事件条件下的铁路行车组织[J].东南大学学报(自然科学版),2013,43(增刊Ⅰ):12-17.
[44] 王莉,朱涛,徐杰,等.突发事件下旅客列车行车组织双层规划模型[J].东南大学学报(自然科学版),2015(5):996-1001.
[45] 刘建国.高速铁路线路[M].北京:中国铁道出版社,2014.
[46] 韩宝明,李学伟.高速铁路概论[M].北京:北京交通大学出版社,2010.
[47] 兰云飞,仝泽柳,石瑛.高速铁路概论[M].北京:北京交通大学出版社,2016.
[48] 于景飞,张文月.兰新铁路路基病害原因分析及整治措施[J].基建管理优化,2018,3(3):36-38.
[49] 程康.兰新高速铁路某区段路基沉降整治措施及治理效果研究[D].兰州:兰州交通大学,2018.
[50] 马红绛.兰新铁路路基冻害的影响因素和整治措施研究[D].兰州:兰州交通大学,2011.
[51] 韩敏.浅谈路基基床病害及防治措施[J].黑龙江科技信息,2015(22):192.
[52] 杨少坤.普速铁路基床翻浆冒泥病害整治[J].山东工业技术,2018(19):104.
[53] 戎珊.基于网格的高速铁路轨道安全状态评定与预测[D].北京:北京交通大学,2018.
[54] 李融彬.铁路轨道不平顺状态的预测及其应用研究[D].成都:西南交通大学,2018.
[55] 谢远山.铁路线路的常见病害及治理方案分析[J].建材与装饰,2017(28):257-258.
[56] 柴冠华.高速铁路外部环境问题分析及措施建议[J].中国安全科学学报,2018,28(S1):145-148.
[57] 林凯.考虑防灾救援的困难艰险山区高速铁路线路方案综合优化研究[D].成都:西南交通大学,2014.
[58] 刘强.高铁强风灾害对策分析[J].工程建设与设计,2018(12):121-122.
[59] 宋帅孝,潘育山,龙鑫,等.高速铁路地震防灾系统构建及应急策略研究[J].自动化与仪器仪表,2015(7):93-94,97.
[60] 张大伟,铁路防洪对策[J].中国铁路,1998(2):7-11.
[61] 康尔慨.铁路防洪灾害预警及抢险救灾决策系统设计与实现[D].上海:上海交通大学,2012.
[62] 朱磊.基于视频图像识别的铁路雪情分析及预测方法研究[D].北京:北京交通大学,2016.
[63] 王志斌.哈大铁路客运专线雪深监测系统研究[J].铁道标准设计,2012(5):165-168.
[64] 王晓.高速铁路接触网防雷措施研讨与应用[D].北京:中国铁道科学研究院,2018.
[65] 樊翠萍.动车组列控设备动态监测系统概述[J].科技创新与生产力,2015(9):64-65,67.
[66] 刘彬.动车组运行故障图像检测系统(TEDS)运用研究与思考[J].中国铁路,2017(12):61-65.
[67] 崔转玲.动车组运行状态远程监控系统无线通信技术的研究[D].兰州:兰州交通大学,2014.
[68] 张凤林,林永硕,李鸣.高速铁路钢轨伸缩调节器视频监控系统的研发与应用[J].铁道建筑,2012(9):129-131.
[69] 李金虎.高速铁路信号集中监测系统在故障处理中的应用[D].北京:中国铁道科学研究院,2017.
[70] 郑强.高速铁路信号系统 UPS 应用分析[J].电源世界,2012(11):52-55.
[71] 何华武.高速铁路运行安全检测监测与监控技术[J].中国铁路,2013(3):1-7.
[72] 付冬琴.论铁路信号集中监测系统的应用与发展[J].中国新通信,2018,20(16):116.
[73] 康彩妍.浅谈 CTC 综合维护管理系统[J].铁道通信信号,2017,53(4):77-79.
[74] 杨福辉.谈 GSM-R 通信网安全监测系统[J].山西建筑,2014,40(32):143-144.
[75] 庞应刚,李安洪,徐骏,等.铁路路基沉降病害监测技术研究[J].铁道工程学报,2015(12):30-33,85.

[76] 鲁恩斌.武广高速铁路 CTCS-3 级列控系统维护技术研究[J].中国铁路,2012(8):26-31.

[77] 葛双全,周熙襄,钟本善.远程监控系统及其在铁路安全客票系统中的应用[J].电脑与信息技术,2002(4):23-26.

[78] 贾新茹,孙景信,王红,等.铁路客票管理监控系统[J].铁路技术创新,2012(4):13-15.

[79] 甄利贤.大型高速铁路车站客运安全风险分析[D].成都:西南交通大学,2014.

[80] 李刚.高速铁路运营安全风险管理研究[J].设备管理与维修,2018(17):12-13.

[81] 程学庆.高速铁路运营安全风险管理研究[J].交通运输工程与信息学报,2015,13(4):23-28.

[82] 袁旭冉.高速铁路运营安全评价与预警对策分析[D].石家庄:石家庄铁道大学,2013.

[83] 张艳潮.高速铁路运营安全风险分析与评估[D].大连:大连交通大学,2017.

[84] 王宇光.基于原因—后果模型的高速铁路运营安全风险分析研究[D].北京:中国铁道科学研究院,2017.

[85] 张开冉,王建军.高速铁路运营安全管理[M].成都:西南交通大学出版社,2014.

[86] 贾程皓.基于风险管理理论的高铁行调系统风险识别与分析研究[D].北京:北京交通大学,2016.

[87] 彭晋.浅议高铁行车安全保障体系[J].中小企业管理与科技,2015(28):203-204.

[88] 张国全.高铁工务安全风险管理探析[J].山西建筑,2016,42(18):242-243.

[89] 陆国政.关于高铁电务安全控制的几点思考[J].铁道通信信号,2013(4):51-52.

[90] 贾永生.高铁线路治安防控体系与警务机制研究[J].铁道警察学院学报,2014,24(6):5-15.

[91] 邸燕华.高铁技能人才培养项目培训模式研究[D].成都:西南交通大学,2013.

[92] 石岩.人本管理在铁路中间站安全管理的实践[J].上海铁道科技,2016(1):108-110.

[93] 刘彦君.铁路后勤服务人员不安全行为管理策略[J].现代国企研究,2017(24):195-197.

[94] 张龙.铁路运输基础设备维修管理模式研究[D].成都:西南交通大学,2012.

[95] 王华伟.铁路运输设备技术状态大数据平台研究[D].北京:中国铁道科学研究院,2017.

[96] 钟庆华.依法管控铁路外部安全环境风险的实践与思考[J].中国铁路,2016(5):35-37.

[97] 孙林,刘英韬.中国高速铁路安全管理立法思考[J].铁道经济研究,2012(2):6-10.

[98] 刘卫红.我国高速铁路安全监督法治化路径研究[J].铁道运输与经济,2018,40(5):86-89.